埃及博物馆珍宝图鉴

（意）弗朗西斯科·提拉底提　编
（意）阿拉尔多·德·卢卡　摄影
高　伟　李国娇　译

全国百佳图书出版单位

化学工业出版社

·北京·

WS White Star Publishers*is a registered trademark
property of White Star s.r.l.
© 1998 White Star s.r.l
Piazzale Luigi Cadorna, 6 20123 Milan,Italy
www.whitestar.it
Simplified Chinese translation © 2023 Chemical
Industry Press through Copyright Agency of China
本书中文简体专有出版权经由中华版权代理有限公司授权
化学工业出版社独家出版发行。

北京市版权局著作权合同登记号：01-2019-6708

图书在版编目（CIP）数据

埃及博物馆珍宝图鉴/（意）弗朗西斯科·提拉底提编；
（意）阿拉尔多·德·卢卡摄影；高伟，李国娇译. —北京：
化学工业出版社，2021.2（2024.11重印）
　ISBN 978-7-122-37884-2

Ⅰ.①埃…　Ⅱ.①弗…②阿…③高…④李…　Ⅲ.①博物馆-
历史文物-埃及-图录　Ⅳ.①K884.11-64

中国版本图书馆CIP数据核字（2020）第195090号

责任编辑：李锦侠　宋　娟
责任校对：边　涛
装帧设计：尹琳琳

出版发行：化学工业出版社
　　　　　（北京市东城区青年湖南街13号
　　　　　邮政编码100011）
印　　装：北京盛通印刷股份有限公司
710mm×1000mm　1/8
印张52$\frac{1}{2}$　字数633千字
2024年11月北京第1版第3次印刷

购书咨询：010-64518888
售后服务：010-64518899
网　　址：http://www.cip.com.cn
凡购买本书，如有缺损质量问题，
本社销售中心负责调换。

定　　价：398.00元

关于作者

阿拉尔多·德·卢卡（Araldo De Luca）
静物摄影师，雕塑和珠宝摄影专家，本书文物摄影人

弗朗西斯科·提拉底提（Francesco Tiradritti）
埃及学博士，米兰考古博物馆学术委员，本书主编，"埃及博物馆的历史""新王国末期与第三中间期"部分撰稿人

穆罕默德·萨利赫（Mohamed Saleh）
开罗埃及博物馆前馆长，开罗大学埃及学系教授，本书"图坦卡蒙的一生与他的珍宝"部分撰稿人

克里斯蒂娜·齐格勒（Christiane Ziegler）
卢浮宫埃及文物部首席策展人，古埃及方向出版人、制作人，本书"前王朝和早王朝时期"部分撰稿人

扎西·哈瓦斯（Zahi Hawass）
开罗大学考古学教授，著名金字塔专家，本书"古王国时期的辉煌"部分撰稿人

迪特尔·阿诺尔德（Dieter Arnold）
纽约大都会艺术博物馆埃及艺术部馆长，维也纳大学埃及学系主任，本书"中王国时期及王权观念的转变"部分撰稿人

阿德拉·奥本海姆（Adela Oppenheim）
纽约大都会艺术博物馆埃及艺术部的副研究员，珠宝研究专家，本书"第十二王朝的王室珍宝"部分撰稿人

迪特里希·威尔顿（Dietrich Wildung）
柏林国家博物馆埃及艺术部研究馆员，柏林大学埃及学教授，本书"第十八王朝"部分撰稿人

安娜·玛丽亚·多纳多尼·罗维利（Anna Maria Donadoni Roveri）
意大利中央修复研究院考古遗产服务处主任，古埃及方向出版人、策展人，本书"国王谷和戴尔巴哈里的隐蔽墓葬"部分撰稿人

让·尤尤特（Jean Yoyotte）
法国国家科研中心的研究员，埃及学教授，本书"塔尼斯珍宝"部分撰稿人

埃尔曼·德·默勒纳埃尔（Herman De Meulenaere）
布鲁塞尔皇家艺术历史博物馆修复部门前负责人，根特大学埃及学教授，本书"卡尔纳克窖藏"部分撰稿人

埃德娜·R. 吕斯曼（Edna R. Russmann）
纽约布鲁克林博物馆埃及艺术部博物馆员，加州大学伯克利分校古埃及艺术和历史专业教授，本书"古埃及晚期的艺术"部分撰稿人

唐纳德·M. 贝利（Donald M. Bailey）
大英博物馆希腊罗马部门研究人员，埃及罗马时期考古专家，本书"罗马统治下的帝国行省"部分撰稿人

西尔维娅·艾诺迪（Silvia Einaudi）
都灵大学埃及学专业毕业，都灵埃及博物馆工作人员

安娜·莱昂那（Anna Leone）
罗马大学专攻古典考古学，研究罗马非洲方向

罗莎娜·皮尔里（Rosanna Pirelli）
那不勒斯东部大学文学学院古埃及语讲师

关于译者

高伟
中国社会科学院考古研究所埃及考古项目组成员，中埃卡尔纳克孟图神庙联合考古队队员，法国高等研究院埃及考古学博士，本书"埃及博物馆的历史""第十八王朝""图坦卡蒙的一生与他的珍宝""新国王末期与第三中间期""国王谷和戴尔巴哈里的隐蔽墓葬""塔尼斯珍宝""卡尔纳克窖藏""古埃及晚期的艺术""罗马统治下的帝国行省"部分以及文前、附录中文翻译

李国娇
英国卡迪夫大学翻译研究硕士，英国红领巾（Red Scarf Ltd）媒体编辑，本书"前王朝和早王朝时期""古王国时期的辉煌""中王国时期及王权观念的转变""第十二王朝的王室珍宝"部分中文翻译

文前插图编号与所在页码一致

彩插1、Ⅲ、Ⅳ

图坦卡蒙（Tutankhamun）的有翼圣甲虫胸饰（细节）

JE 61884

彩插2

图坦卡蒙的王座靠背（细节）

JE 62028

版权页

奥西里斯（Osiris）玄武岩雕像

来自普萨美提克（Psamtek）墓

CG 38358

Ⅲ

普苏森尼斯一世（PsusennesⅠ）的金碗（细节）

来自塔尼斯（Tanis）

JE 85897

中文序

很荣幸受邀为本书的中文版作序，我希望与即将阅读它的读者朋友们共同分享这份喜悦。

本书原版虽在20年前出版，但凭借着对开罗埃及博物馆馆藏的深度解读，它依然是了解和研究这座世界上最重要的古埃及博物馆的参考书籍。在书中精选的400件藏品中，详细介绍的文物有280件，每幅图均出自摄影师阿拉尔多·德·卢卡之手。本书共分为13个部分，每部分内容均由相关领域的权威专家撰写而成。正文一开始专门回顾了开罗埃及博物馆的建成及其馆藏的历史，该部分内容具有开创意义，影响深远，除埃及学科外，还广泛地被博物馆学的研究者引用。最后部分是开罗埃及博物馆的编目系统和相关参考书目，同时也是研究开罗馆藏文物的新人所要参考的内容。因此无论是从欣赏的角度，还是从科研的角度，本书都具有不可忽视的价值。借由本书中埃及国宝级的文物初识拥有3000年历史的古代埃及文明，也会是一种不错的阅读体验。本书是目前对开罗埃及博物馆介绍得最详尽的著作，同时它也是我对这座博物馆的钟爱的证明。

1988年6月，那时我还是刚走出大学校门的毕业生，第一次参观这座博物馆时便爱上了它。我记得站立在图坦卡蒙黄金面具前所感受到的震撼，也对展厅布满珍宝而应接不暇的体验记忆犹新。此后每次到埃及，我都会花几个小时在博物馆内欣赏和研究感兴趣的文物。后来我与馆长穆罕默德·萨利赫相识，他是我所知的最优秀的博物馆学家之一。正因如此，1994年，我策划的纪念意大利埃及学家路易吉·瓦萨里（Luigi Vassalli）的展览得以在开罗埃及博物馆成功举办。瓦萨里曾协助奥古斯特·马里耶特（Auguste Mariette）完成了对开罗埃及博物馆中首批文物的收藏。

1995年，我策划了一个关于意大利参与建设开罗解放广场建筑的展览，开幕展设在米兰。随后，在时任意大利文化中心主任卡拉·玛丽亚·布里（Carla Maria Burri）博士的热心奔走下，展览得以在开罗举办。

1995年夏，我被意大利外交部委任为负责人来组建一个委员会，专门研究在吉萨地区建造新的博物馆的可行性。在那期间，梅·特拉德（May Trad）给予了我巨大的帮助，她是萨利赫馆长的助理，并且熟知开罗博物馆的一切。正是她带我探知了这座博物馆的奥秘。我还结识了刚刚成为馆员的沙巴·阿卜杜勒拉塞克（Sabah Abdelrasek），她对工作所抱有的热情以及投入的精力令人钦佩，后来她也成为了博物馆的馆长。我的工作不仅包括对藏品的分析，还有对展厅空间、博物馆服务和参观者流量的分析。在休息时，我常与这些馆员进行交谈，因此与其中一些人建立起了长久的友谊。

我在最后的报告里指出，若要新建博物馆的计划可行，只有将图坦卡蒙的珍贵藏品转至新址展出。这个结论一石激起千层浪，当时遭到了许多埃及同事的反对。这种当时认为有些不可理喻的想法，现在得到了证实。据悉，吉萨大埃及博物馆将在2021年开放。这也可能归功于穆罕默德·萨利赫馆长，虽然他不赞成我的看法，但仍然客观地做出了自己的决定。这项工作结束后不久，我便收到了白星出版社的邀约，一起做一本与开罗埃及博物馆有关的书。这简直令人不敢相信，我的梦想成真了！我随即签署了出版合约，与好友古典学家安娜·莱昂那一起返回了埃及。古希腊罗马时期的文物由她负责。我们精选了一份有1500件文物的清单，供摄影师阿拉尔多·德·卢卡拍摄用。

我再次回到开罗时，阿拉尔多正在拍摄图坦卡蒙的文物。为防止游人打扰，拍摄工作不得不在闭馆之后进行。那时我获得了一次永生难忘的经历：我试着将一枚图坦卡蒙的刻有阿蒙神的黄金戒指戴在自己的手上。尽管只戴在了小手指一半的位置，但那种激动的心情溢于言表，那种强烈的感觉至今仍记忆犹新。

回到意大利后，我便开始了图书编写工作。我提议将这本书作为对开罗博物馆的致敬之作，白星出版社表示赞同。我还得到了来自全世界的拥有古埃及馆藏的博物馆馆长和馆员的支持。有关图坦卡蒙的一章专门由穆罕默德·萨利赫馆长撰写，并且也得到了我所敬重的埃及学家扎西·哈瓦斯的赐稿。1997年春，我策划的有关伊西斯主题的特展分别在米兰和开罗举办，这是在开罗埃及博物馆内举办的首个特展。1997年底，本书的意大利语版正式出版，大开本精装书精美无比，近距离拍摄的高清大图和舒适的图文排版给读者带来了视觉享受。英语版、法语版及德语版于1997年底至1998年间相继出版问世，深受全世界读者的喜爱。

2018年，我开始在卢克索西岸的哈瓦墓葬（编号TT 37）开展考古发掘工作。日益繁多的工作让我住在卢克索的时间增多，去开罗的次数寥寥无几。与此同时，这本关于开罗埃及博物馆的书获得了更多大众的认可，多种语言的版本正在计划出版。

今天，看到它的中文版即将与中国读者朋友们见面，我深感自豪。

最后，请允许我向我的好友高伟和译者李国娇致谢，两位承担了全书的中文翻译工作。同时还要向版权经理高小然、尼科洛·波吉奥（Nicolo Boggio）和克劳迪亚·普罗托（Claudia Protto）以及化学工业出版社的工作人员表达我的感激之情，正因为他们的辛苦付出，才使得这本饱含着对开罗埃及博物馆深情的作品得以与广大中国读者见面。

弗朗西斯科·提拉底提
2020年10月30日
意大利蒙特普齐亚诺（Montepulciano）

女性黑曜石头像

来自卡尔纳克窖藏
（Karnak Cachette）
JE 38248 = CG 42101

V

今天的埃及博物馆是开罗埃及文物藏品的第五个家。首批文物展出于 1835 年，地点位于开罗市中心的阿兹巴基亚公园（Azbakiya Gardens）。随后，它们被重新安放在萨拉丁城堡（Saladin's Citadel）的展厅内。1855 年，埃及总督赛义德（Khedive Said Pasha）将这批馆藏作为礼物赠予奥地利大公马克西米利安（Maximilian）。法国埃及学家奥古斯特·马里耶特在尼罗河岸边的布拉克（Bulaq）展出了第三批藏品。1878 年尼罗河洪水威胁到了布拉克的展馆和文物，它们又被搬迁至第四个地点，位于吉萨（Giza）的伊斯梅尔（Ismail）总督行宫的一座附属建筑内。

1902 年 11 月 15 日，在总督阿拔斯·希尔米（Abbas Helmi）的统治时期，现在位于解放广场的博物馆在加斯东·马斯佩罗（Gaston Maspero）的指挥下竣工。最初博物馆的藏品数量约有 50000 件，目前馆内所藏文物已超过 150000 件。每一件文物都会被录入数据库，以确保馆员们能够保持记录更新，以及帮助学者们获取研究所需的信息。大多数通过发掘、购买和没收而获得的文物都会被运至埃及博物馆，在这里展出或者保存。如今，新出土的文物会就近保存在地方博物馆内，这样的博物馆目前全埃及有 27 家。

穆罕默德·萨利赫

前言

埃及博物馆拥有世界上最精美且丰富的古代埃及文物馆藏。这里有来自古王国时期的藏品，例如哈夫拉（Khafre）、孟卡拉（Menkaure）、拉霍特普（Rahotep）、诺夫瑞特（Nofret）、卡培尔（Ka-aper）等人的雕像，以及塞奈布（Seneb）与家人的雕像。此外，还有在胡夫（Khufu）的母亲海特夫瑞斯（Hetepheres）的墓中出土的文物，包括她的伞盖、床、凳子、轿椅以及棺椁，它们在博物馆一层的一间特别的展厅展出。

这里有来自中王国时期的藏品，例如孟图霍特普（Mentuhotep）的雕像，麦斯提（Mesehti）的模型、麦克特瑞（Meketre）的模型，塞努斯瑞特二世（Senusret II）和阿蒙奈姆赫特三世（Amenemhet III）的雕像，以及克努姆特（Khnumet）公主、斯特哈托尔（Sit-Hathor）、斯特哈托尔伊乌奈特（Sithathoriunet）、麦瑞瑞特（Mereret）、乌瑞特（Weret）、伊塔（Ita）、伊塔乌瑞特（Ita-Weret）、奈菲鲁普塔（Neferuptah）等人的饰品。

新王国时期的藏品有阿赫霍特普（Ahhotep）的饰品，哈特舍普苏特（Hatshepsut）、塞内穆特（Senenmut）、图特摩斯三世（Thutmose III）和阿蒙霍特普三世（Amenhotep III）的雕像，尤雅（Yuya）和图雅（Tuyu）的文物，哈普（Hapu）之子建筑师阿蒙霍特普、埃赫那吞（Akhenaten）和奈菲尔提提（Nefertiti）的雕像，以及拉美西斯二世（Ramesses II）、纳赫特敏（Nakhtmin）和其妻子的雕像。图坦卡蒙的珍宝在楼上东侧长廊、北侧室和三号厅内展出。

关于古埃及晚期，博物馆有幸展出于 1939—1940 年出土自塔尼斯的珍宝。这批珍宝包括来自不同时期的珠宝首饰共计超过 600 件，目前安放在环境良好的展柜中展出。

本书由知名埃及学家撰文，结合优秀摄影师的拍摄图像，是首部深度、细致且全面介绍埃及博物馆海量藏品的著作。文字与图像均足以引起埃及艺术及文物爱好者的兴趣。我们希望通过最近对藏品展览展开的现代化工作，包括改善照明系统和引入自动化功能，进一步凸显文物的重要性，提升参观者的观感。位于吉萨的新的埃及博物馆建筑将减轻当前展馆的负担，并为更好地展示藏品提供更多的空间。我们还计划将库房内的馆藏文物运送至各个地方博物馆，从而获得更多的空间用于展览或发挥其他功用。新的布展、特展、新藏品的展出，以及每个月的活动也会及时邀请参观者多次前往观览。

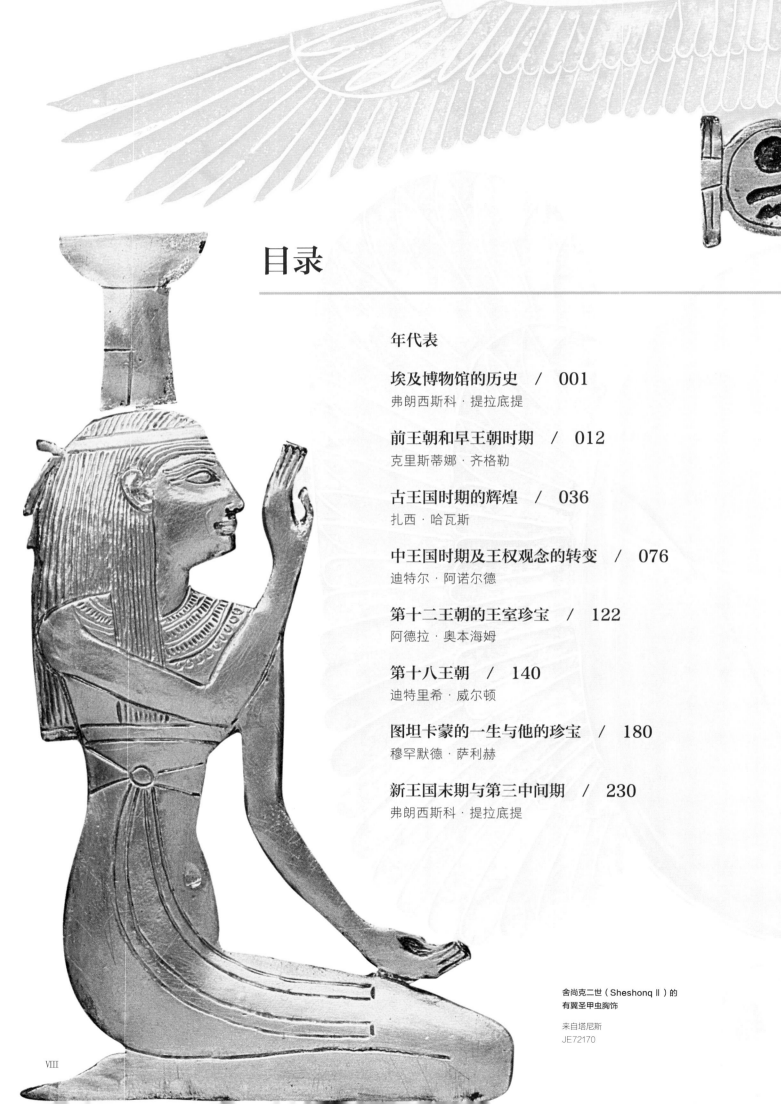

目录

舍尚克二世（Sheshonq Ⅱ）的
有翼圣甲虫胸饰

来自塔尼斯
JE72170

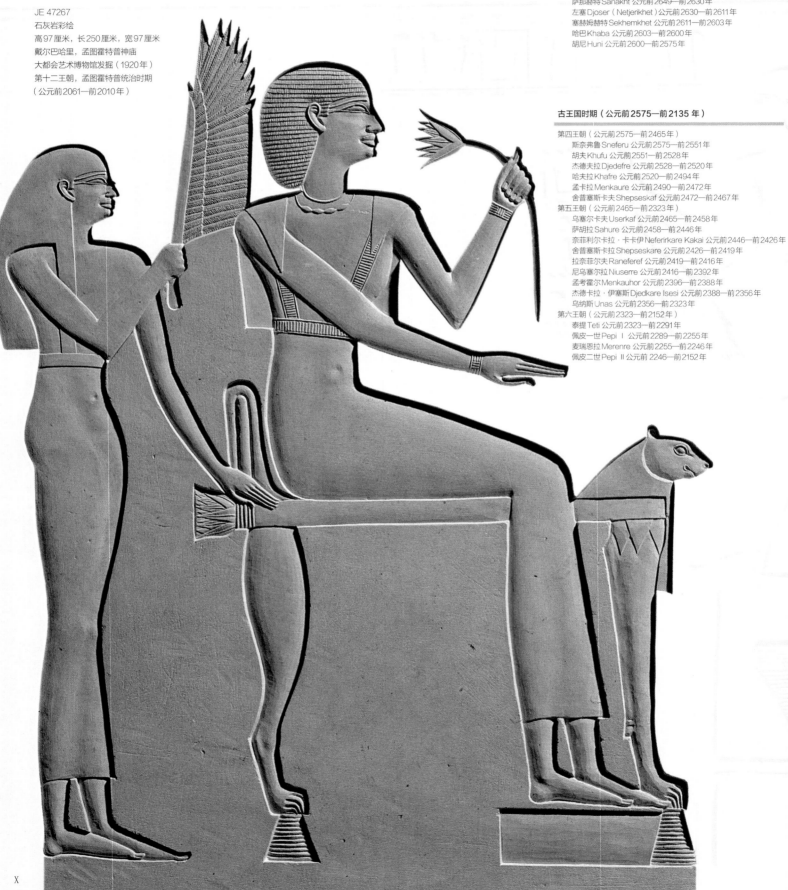

年代表

本书的年代表参考约翰·拜恩斯（John Baines）与杰罗米·马雷克（Jaromír Málek）的专著《古埃及地图集》（*Atlas of Ancient Egypt*，牛津大学出版社，1988年）

阿莎伊特（Ashayt）王后的石棺（细节）

JE 47267
石灰岩彩绘
高97厘米，长250厘米，宽97厘米
戴尔巴哈里，孟图霍特普神庙
大都会艺术博物馆发掘（1920年）
第十二王朝，孟图霍特普统治时期
（公元前2061—前2010年）

第一中间期（公元前2150—前2040年）

第七王朝
　　一个鲜为人知的朝代。据马涅托（Manetbo）的记载：孟菲斯有70位法老先后统治了70年。表明这是埃及的一段混乱的时期

第八王朝（公元前2150—前2134年）
　　有超过20位短暂执政的法老

第九和第十王朝（公元前2130—前2040年）
　　大部分埃及的统治集中在赫拉克利奥波利斯

第十一王朝，底比斯地区（公元前2134—前2040年）
　　安太夫一世Intef Ⅰ 公元前2134—前2118年
　　安太夫二世Intef Ⅱ 公元前2118—前2069年
　　安太夫三世Intef Ⅲ 公元前2069—前2061
　　孟图霍特普一世·奈布海派特拉Mentuhotep Ⅰ Nebhepetre 公元前2061—前2010年

中王国时期（公元前2040—前1640年）

第十一王朝，埃及全境（公元前2040—前1991年）
　　孟图霍特普一世·奈布海派特拉Mentuhotep Ⅰ Nebhepetre 公元前2061—前2010年
　　孟图霍特普二世Mentuhotep Ⅱ 公元前2010—前1998年
　　孟图霍特普三世Mentuhotep Ⅲ 公元前1998—前1991年

第十二王朝（公元前1991—前1783年）
　　阿蒙奈姆赫特一世Amenemhet Ⅰ 公元前1991—前1962年
　　塞努斯瑞特一世Senusret Ⅰ 公元前1971—前1926年
　　阿蒙奈姆赫特二世Amenemhet Ⅱ 公元前1929—前1892年
　　塞努斯瑞特二世Senusret Ⅱ 公元前1897—前1878年
　　塞努斯瑞特三世Senusret Ⅲ 公元前1878—前1841年
　　阿蒙奈姆赫特三世Amenemhet Ⅲ 公元前1844—前1797年
　　阿蒙奈姆赫特四世Amenemhet Ⅳ 公元前1799—前1787年
　　索克·奈夫鲁Sobek Neferu 公元前1787—前1783年

第十三王朝（公元前1783—前1640年后）
　　约有70位短暂的底比斯统治者

第十四王朝
　　统治者数量不明且执政时期短暂

第二中间期（公元前1640—前1532年）

第十五王朝
　　萨利提斯Salitis
　　舍什Sheshi
　　希安Khian
　　阿波菲斯Apophis 约公元前1585—前1542年
　　卡姆迪Khamudi 公元前1542—前1532年

第十六王朝
　　有数位希克索斯统治者与第十五王朝同时期执政

第十七王朝（公元前1640—前1550年）
　　有15位底比斯法老，其中重要的有：
　　安太夫五世Intef Ⅴ
　　索贝克姆萨夫一世Sobekemsaef Ⅰ
　　索贝克姆萨夫二世Sobekemsaef Ⅱ
　　安太夫六世Intef Ⅵ
　　安太夫七世Intef Ⅶ
　　塞凯内恩拉·塔奥一世Seqenenre Tao Ⅰ
　　塞凯内恩拉·塔奥二世Seqenenre Tao Ⅱ
　　卡摩斯Kamose

新王国时期（公元前1550—前1070年）

第十八王朝（公元前1550—前1307年）
　　阿赫摩斯Ahmose 公元前1550—前1525年
　　阿蒙霍特普一世Amenhotep Ⅰ 公元前1525—前1504年
　　图特摩斯一世Thutmose Ⅰ 公元前1504—前1492年
　　图特摩斯二世Thutmose Ⅱ 公元前1492—前1479年
　　哈特舍普苏特Hatshepsut 公元前1479—前1458年
　　图特摩斯三世Thutmose Ⅲ 公元前1479—前1425年
　　阿蒙霍特普二世Amenhotep Ⅱ 公元前1427—前1401年
　　图特摩斯四世Thutmose Ⅳ 公元前1401—前1391年
　　阿蒙霍特普三世Amenhotep Ⅲ 公元前1391—前1353年
　　阿蒙霍特普四世Amenhotep Ⅳ/埃赫那吞Akhenaten 公元前1353—前1335年
　　斯迈恩卡拉Smenkhkare 公元前1335—前1333年
　　图坦卡蒙Tutankhamun 公元前1333—前1323年
　　阿伊Ay 公元前1323—前1319年

郝列姆赫布Horemheb 公元前1319—前1307年

第十九王朝（公元前1307—前1196年）
　　拉美西斯一世Ramesses Ⅰ 公元前1307—前1306年
　　塞提一世Seti Ⅰ 公元前1306—前1290年
　　拉美西斯二世Ramesses Ⅱ 公元前1290—前1224年
　　美楞普塔Merneptah 公元前1224—前1214年
　　塞提二世Seti Ⅱ 公元前1214—前1204年
　　阿蒙麦斯Amenmesse——塞提一世时期的篡位者
　　希普塔Siptah 公元前1204—前1198年
　　塔沃斯瑞特Twosre 公元前1198—前1196年

第二十王朝（公元前1196—前1070年）
　　塞特那赫特Sethnakhte 公元前1196—前1194年
　　拉美西斯三世Ramesses Ⅲ 公元前1194—前1163年
　　拉美西斯四世Ramesses Ⅳ 公元前1163—前1156年
　　拉美西斯五世Ramesses Ⅴ 公元前1156—前1151年
　　拉美西斯六世Ramesses Ⅵ 公元前1151—前1143年
　　拉美西斯七世Ramesses Ⅶ 公元前1143—前1136年
　　拉美西斯八世Ramesses Ⅷ 公元前1136—前1131年
　　拉美西斯九世Ramesses Ⅸ 公元前1131—前1112年
　　拉美西斯十世Ramesses Ⅹ 公元前1112—前1100年
　　拉美西斯十一世Ramesses Ⅺ 公元前1100—前1070年

第三中间期（公元前1070—前712年）

第二十一王朝（公元前1070—前945年）
　　斯门德斯一世Smendes Ⅰ 公元前1070—前1044年
　　阿蒙姆尼苏Amenemnisu 公元前1044—前1040年
　　普苏森尼斯一世Psusennes Ⅰ 公元前1040—前992年
　　阿蒙尼姆普Amenemope 公元前993—前984年
　　奥索尔孔一世Osorkon Ⅰ 公元前984—前978年
　　希马蒙Siamun 公元前978—前959年
　　普苏森尼斯二世Psusennes Ⅱ 公元前959—前945年

第二十二王朝（公元前945—前712年）
　　舍尚克一世Sheshonq Ⅰ 公元前945—前924年
　　奥索尔孔二世Osorkon Ⅱ 公元前924—前909年
　　塔克洛特一世Takelot 公元前909年—
　　舍尚克二世Sheshonq Ⅱ 　　　　　　——公元前883年
　　奥索尔孔三世Osorkon Ⅲ 公元前883—前855年
　　塔克洛特二世Takelot Ⅱ 公元前860—前835年
　　舍尚克三世Sheshonq Ⅲ 公元前835—前783年
　　帕米伊Pami 公元前783—前773年
　　舍尚克五世Sheshonq Ⅴ 公元前773—前735年
　　奥索尔孔五世Osorkon Ⅴ 公元前735—前712年

第二十三王朝（公元前828—前712年）
　　若干王于同一时期不同的政权，各据一方，时序不明，其中包括：
　　佩杜巴斯特一世Pedubaste Ⅰ 公元前828—前803年
　　舍尚克四世Sheshonq Ⅳ
　　奥索尔孔四世Osorkon Ⅳ
　　塔克洛特三世Takelot Ⅲ

第二十四王朝，塞易斯地区（公元前724—前712年）
　　特夫那赫特Tefnakhte 公元前724—前717年
　　波克里斯Bocchoris 公元前717—前712年

第二十五王朝，努比亚和底比斯地区（公元前770—前712年）
　　卡什塔Kashta 公元前770—前750年
　　派昂赫伊Piankhi 公元前745—前713年

古埃及晚期（公元前712—前332年）

第二十五王朝，努比亚和埃及地区（公元前712—前657年）
　　沙巴卡Shabaka 公元前712—前698年
　　沙巴特卡Shabatqo 公元前698—前690年
　　塔哈卡Taharqa 公元前690—前664年
　　塔努塔玛尼Tanutamani 公元前664—前657年

第二十六王朝（公元前664—前525年）
　　普萨美提克一世Psamtek Ⅰ 公元前664—前610年
　　奈卡乌Necho 公元前610—前595年
　　普萨美提克二世Psamtek Ⅱ 公元前595—前589年
　　埃普里斯Apries 公元前589—前570年
　　阿玛西斯Amasis 公元前570—前526年
　　普萨美提克三世Psamtek Ⅲ 公元前526—前525年

第二十七王朝，波斯帝国（公元前525—前404年）
　　冈比西斯Cambyses 公元前525—前522年
　　大流士一世Darius Ⅰ 公元前521—前486年
　　薛西斯一世Xerxes Ⅰ 公元前486—前466年
　　阿塔薛西斯一世Artaxerxes Ⅰ 公元前465—前424年
　　大流士二世Darius Ⅱ 公元前424—前404年

第二十八王朝（公元前404—前399年）
　　阿米尔泰奥斯Amirteus 公元前404—前399年

第二十九王朝（公元前399—前380年）
　　奈菲利提斯一世Nepherites Ⅰ 公元前399—前393年
　　阿考里斯Hakoris 公元前393—前380年

第三十王朝（公元前380—前343年）
　　内克塔内布一世Nectanebo Ⅰ 公元前380—前362年
　　特奥斯Teos 公元前365—前360年
　　内克塔内布二世Nectanebo Ⅱ 公元前360—前343年

第三十一王朝（公元前343—前332年）
　　阿塔薛西斯三世Artaxerxes Ⅲ 公元前343—前338年
　　阿尔塞斯Arses 公元前338—前336年
　　大流士三世Darius Ⅲ 公元前335—前332年

希腊化时期（公元前332—前30年）

马其顿王朝（公元前332—前304年）
　　亚历山大大帝Alexander the Great 公元前332—前323年
　　菲利普·阿利多斯Philip Arrhidaeus 公元前323—前316年
　　亚历山大四世Alexander Ⅳ 公元前316—前304年

托勒密王朝（公元前304—前30年）
　　托勒密一世·索塔尔Ptolemy Ⅰ Soter 公元前304—前284年
　　托勒密二世·费拉德尔甫斯Ptolemy Ⅱ Philadelphus 公元前285—前246年
　　托勒密三世·奥厄葛提斯Ptolemy Ⅲ Euergetes 公元前246—前221年
　　托勒密四世·费拉帕托尔Ptolemy Ⅳ Philopator 公元前221—前205年
　　托勒密五世·埃庇法尼斯Ptolemy Ⅴ Epiphanes 公元前205—前180年
　　托勒密六世·费拉梅托尔Ptolemy Ⅵ Philometor 公元前180—前164年，公元前163—前145年
　　托勒密七世·新费拉帕托尔Ptolemy Ⅶ Neos Philopator 公元前145年
　　托勒密八世·奥厄葛提斯Ptolemy Ⅷ Euergetes 公元前170—前163年，公元前145—前116年
　　托勒密九世·索塔尔Ptolemy Ⅸ Soter 公元前116—前110年，公元前109—前107年，公元前88—前81年
　　托勒密十世·亚历山大Ptolemy Ⅹ Alexander 公元前110—前109年，公元前107—前88年
　　托勒密十一世·亚历山大Ptolemy Ⅺ Alexander 公元前80年
　　托勒密十二世·新狄奥尼索斯Ptolemy Ⅻ Neos Dionysos 公元前80—前58年，公元前55—前51年
　　贝瑞尼斯四世Berenice Ⅳ 公元前58—前55年
　　克里奥帕特拉七世·费拉帕托尔Cleopatra Ⅶ Philopator 公元前51—前30年
　　托勒密十五世·凯撒里昂Ptolemy ⅩⅤ Caesarion 公元前44—前30年

罗马时期（公元前30—311年）

以下仅列出圣书体和世俗体文献中提及的罗马皇帝的姓名：
　　奥古斯都Augustus/屋大维（Octavian）公元前30—14年
　　提比略Tiberius 14—37年
　　卡里古拉Caligula 37—41年
　　克劳狄Claudius 41—54年
　　尼禄Nero 54—68年
　　加尔巴Galba 68—69年
　　奥托Otho 69年
　　维斯帕先Vespasian 69—79年
　　提图斯Titus 79—81年
　　多米提安Domitian 81—96年
　　尼尔瓦Nerva 96—98年
　　图拉真Trajan 98—117年
　　哈德良Hadrian 117—138年
　　安东尼乌斯·皮乌斯Antoninus Pius 138—161年
　　马库斯·奥勒留Marcus Aurelius 161—180年
　　鲁西乌斯·维鲁斯Lucius Verus 161—169年
　　科莫多斯Commodus 180—192年
　　塞普提米乌斯·塞维鲁Septimius Severus 193—211年
　　卡拉卡拉Caracalla 198—217年
　　盖塔Geta 209—212年
　　马克里努斯Macrinus 217—218年
　　狄杜梅尼阿努斯Didumenianus 218年
　　塞维鲁·亚历山大Severus Alexander 222—235年
　　高迪安三世Gordian Ⅲ 238—244年
　　菲利普Philip 244—249年
　　迪西乌斯Decius 249—251年
　　加鲁斯和沃鲁西安努斯Gallus & Volusianus 251—252年
　　瓦勒良Valerian 253—260年
　　加列努斯Gallienus 253—268年
　　马克里安努斯和奎图斯Macrianus & Quietus 260—261年
　　奥勒良Aurelian 270—275年
　　普罗布斯Probus 276—282年
　　戴克里先Diocletian 284—305年
　　马克西米安Maximian 286—305年
　　伽列里乌斯Galerius 293—311年

拿破仑远征埃及从军事角度来讲已被证明是彻底失败的，但至少还有一项功绩，它将尼罗河谷与法老文明重新带回到了地中海文化圈。外国列强在亚历山大和开罗的代表们在埃及任职期间被埃及艺术品所吸引，这些领事们搜罗了大量的文物然后将之运回欧洲各大城市。由此开启的繁盛的艺术品贸易使得欧洲人对埃及的一切东西都充满兴趣——从19世纪初期的家具风格和装饰艺术中可以清楚

弗朗西斯科·提拉底提

埃及博物馆的历史

地看到这一影响。

对埃及及其文物再次流行起来产生的兴趣促使许多欧洲贵族亲身来到尼罗河畔参观游览。装备着难以想象的豪华设施的船只在尼罗河上漫游。除了考察和绘制最重要的古迹

P001 背景
阿蒙尼姆普的丧葬面具

JE 86059
金箔、青铜、彩色石料
高30厘米
塔尼斯
普苏森尼斯一世墓，
阿蒙尼姆普（Amenemope）墓室
皮埃尔·蒙泰（Pierre Montet）发掘
（1940年）
第二十一王朝，阿蒙尼姆普统治时期
（公元前993—前984年）

P001

拿破仑远征埃及时的专家们集合艺术科学委员会167名成员的调查结果出版的巨著《埃及志》（Escription De L'Egypte）有文字9卷、图版10卷，1809—1828年在巴黎印刷出版。

P XII 左
伊西斯雕像

CG38884
片岩
高90厘米

P XII 右
哈托尔（Hathor）和普萨美提克的雕像

CG 784
片岩
高89.5厘米
萨卡拉（Saqqara）
普萨美提克墓
第二十六王朝末期
（公元前6世纪上半叶）

之外，这时的参观者必会购得一些文物向家中的亲朋好友展示。这些19世纪的纪念品通常尺寸可观。木棺是最受欢迎的物品，木乃伊的订货数量同样庞大，尤其是仍然包裹着绷带的。木乃伊到达欧洲后，便开始组织表演，在拆开木乃伊绷带的时候，一些敏感的淑女会当场晕倒。除了木乃伊和木棺，王像与神像的生意同样兴旺，还有石碑、夏勃提（Shabit）像、纸莎草、家具、容器、护身符和圣甲虫等。带装饰和铭文的残破文物会被整个运走，而完整的物件则有可能面临被狂热的欧洲游客拆解的厄运。

即便是圣书体文字的破译者让-弗朗索瓦·商博良（Jean-François Champollion），也无法抵抗塞提一世（Seti I）

墓中彩绘壁画的精美，于是决定拆下一根门柱（如今在巴黎的卢浮宫展出）。商博良的托斯卡纳同事伊波利托·罗塞里尼（Ippolito Rosellini）如法炮制，将另一根门柱拆下运回了佛罗伦萨。

最初，埃及人对于西方人如此热爱从地里冒出来的石头这件事感到迷惑。随后，石头下面有宝藏的谣言开始传开。考古遗址附近的村民们开始洗劫墓葬、神庙和雕像以试图找到珠宝首饰和贵重物品，但都无功而返。不久之后，埃及人才意识到那些外国人是对石头本身感兴趣而不是其他可能掩藏的东西。尽管他们自己觉得这些被雕刻过的石头没有任何吸引力，但他们很快便成为了寻找和发现文物的专家。事实证明，缺少

P002上

在尼罗河上行驶的篷船，背景为卢克索（Luxor）神庙。埃米尔·普里斯·达韦纳斯（Émile Prisse d'Avennes）的画作。这位法国建筑师、艺术家在1843年将卡尔纳克阿蒙神庙区的图特摩斯三世祖先堂内的浮雕移到法国，目前在巴黎卢浮宫展出。（Émile Prisse d'Avennes, *Oriental Album*, London, 1864）

P002中

这幅图描绘的是将拉美西斯二世的巨大胸像从拉美修姆（Ramesseum）运走的场面。这项工作由当时为英国领事亨利·萨尔特（Henry Salt）工作的乔瓦尼·巴蒂斯塔·贝尔佐尼（Giovanni Battista Belzoni）负责，于1816年11月完成。如今该雕像在伦敦的大英博物馆内展出。

P002下

乔瓦尼·巴蒂斯塔·贝尔佐尼，1778年出生于意大利帕多瓦（Padua），是最早系统地搜集埃及文物的欧洲人之一。他的众多"成就"中，包括开启阿布辛贝（Abu Simbel）的拉美西斯二世神庙，在国王谷发现拉美西斯一世（Ramesses I）和塞提一世的墓葬，以及开启位于吉萨的哈夫拉金字塔。

真品文物并不是问题，埃及人立刻便制作出了品相足以乱真的赝品，就连当时的埃及学家也难以分辨。拿破仑远征之后的30年，埃及到处都是因各种原因从事文物贸易出口的人。地方当局的政策措施还促进了埃及文物流向海外。

那时的埃及是在穆罕默德·阿里的（Muhammad Ali）统治下，穆罕默德·阿里被君士坦丁堡（Constantinople）的奥斯曼帝国苏丹任命为总督（viceroy）。拿破仑远征之后，穆罕默德·阿里实行

P003左

这幅水彩画由英国人约翰·加德纳·威尔金森（John Gardner Wilkinson）所绘。一位埃及妇人正在底比斯（Thebes）墓葬的木乃伊堆中寻找珍宝，以贩卖给狂热的欧洲收藏家们。（John Gardner Wilkinson, Manners And Customs Of The Ancient Egyptians, London, 1878）

P003右

1828—1829年，伊波利托·罗塞里尼与让-弗朗索瓦·商博良联合率领的法国-托斯卡纳联合考察团。他们调查和研究了上百座墓葬，发现了许多重要的遗物，图像绘制超过1400幅。这也是首支可以释读出法老王名和铭文的考察团。

P003下

1842—1846年，卡尔·理查德·莱比修斯（Karl Richard Lepsius）率领的普鲁士考察团在埃及进行考察工作。在这期间，他获得了许多重要的发现，尤其是在上努比亚地区。这幅插图由团队画家所绘，一尊阿蒙神巨像被移至戈贝儿巴卡尔（Gebel Barkal）的神庙之后，至少有92名努比亚工人正在进行拖拽。随后雕像被运至柏林博物馆，并展出至今。（Karl Richard Lepsius, Denkmaler Aus Ägypten Und Äthiopien, Berlin, 1848—1859）

P003背景

1816—1822年间，法国博物学家弗雷德里克·卡约（Frédéric Cailliaud）的船在靠近第二满流处的尼罗河上逆流而上。此处有中王国时期建立的塞姆纳（Semn）要塞。（F. Cailliaud, Voyage Àméroé, Paris, 1826）

了广泛地向西方世界开放的政策。外国人，尤其是大国的代表们，可以为所欲为。因此，他们可以轻易地获得在埃及发掘的许可。从与欧洲列强亲密的关系可能带来的经济和商业利益来看，发放"发掘许可"是一件微不足道的事情。

穆罕默德·阿里在外国的援助下成功地开启了现代化的进程，使得埃及中产阶级的生活水平获得了显著的改善，但是事实证明这并没有为贫困人口带来好处。

然而，他的计划同样导致不计其数的古代建筑遭到损毁。许多古迹被拆解，石块被填进石灰窑或被用于建造新的建筑。许多工厂甚至获得官方许可去购买木乃伊，把提取物用于工业制造。焚烧木乃伊可获得一种精细的炭，研磨后可用于糖的提纯和漂白。埃及作为甘蔗主要的生产国广泛地使用这项技术，并且将该原料大量出口到法国北部的制糖厂。

这就是 1828 年商博良所面对的埃及，它的全部精力都关注于未来而对灿烂的历史置之不理。通过对比《埃及志》的图版，这位年轻的法国学者不禁发觉在这三十几年间不计其数的古迹遭受到了人为的毁坏。完整的神庙建筑群不留痕迹地凭空消失了。曾经屹立在神道两旁和庭院中的巨型雕像和普通尺寸雕像变为商博良眼前的一个个沙土地上的深坑。

让商博良尤其感到惊讶的是任何人都可以运走他们想要的东西，国家并没有意愿去管理流出埃及的文物。他特别担心珍贵的文物可能会被锁在欧洲富人的家中永不见天日。然而，他并不反对在官方授权下用于在博物馆或公共场所展出的文物被运出埃及。因此，他对保护埃及古迹有着相当矛盾的态度。一方面，他批评个人可以轻易地获得"发掘许可"；另一方面，他却毫不犹豫地为卢浮宫搜罗藏品（如前文提到的塞提一世墓葬中的彩绘浮雕）。他还计划将卢克索神庙第一塔门前面的两座方尖碑中的一座运走，这一计划最终于 1836 年完成。当时法国的领事弗朗索瓦·米莫（François Mimaut）是极为热情的

支持者之一。然而，他又率先以官方身份提醒埃及政府应重视自身历史和文化遗产。由于对文物的热爱，米莫曾直接向穆罕默德·阿里提出严重抗议，反对拆除一座吉萨金字塔来作为建造尼罗河大坝的石料。

或许是米莫建议穆罕默德·阿里应当委托商博良撰写一份关于保护埃及古迹的报告，商博良在离开埃及前提交了这份报告。他在报告中从历史的角度强调了古迹保护的重要性，并且还指出参观过尼罗河谷的所有欧洲的重要人物都应

对文物古迹的损毁和流散深感遗憾。商博良还呼吁应加强对文物发掘和文物出口的管制，但并未提出任何具体的措施。

然而，当报告提交给穆罕默德·阿里之后，并未有人愿意跟进商博良的建议。贩卖文物的人从中获得了巨额的利润，无论是埃及的文物商贩还是欧洲的富人顾客都不曾真正关心过文物的保护问题。

时光飞逝，埃及人对本国文物古迹的态度发生了转变。曾在巴黎学习和生活过的埃及文化学者瑞法·塔赫塔维（Rifa'a al-Tahtawi）成为了保护埃及文化遗产的具体措施的推动者。他的理念促成了19世纪埃及民族主义意识的发展，并唤醒了人们对历史以及与埃及过去的辉煌有关的一切的兴趣。塔赫塔维

成功地提升了公众对于文物价值的关注度，并于1835年8月15日颁布了一项法令，首次对埃及文物贸易实行了管制。雕刻过的石块和文物禁止出境，文物在开罗的某地被集中保存和展示，这与当时欧洲的所有大城市相同。收集第一批文物并运至阿兹巴基亚花园展厅的工作交由一位长期居住在开罗的法国工程师和地理学家——利南·德·贝勒丰（Linant de Bellefonds）完成。

尽管出台了暂时性的措施，但1835年的法令被长期忽视。埃及文物的对外贸易和对古迹的毁坏仍在毫无节制地进行。穆罕默德·阿里和他的继任者们继续将新的文物藏品视为私有财产，在有需要时便抽取一件当作礼物赠送给贵宾。数年之后，这种做法导致馆藏不断减少，博物馆迁址。

P004

穆罕默德·阿里被誉为现代埃及的奠基者。他所实行的对西方开放的政策使得欧洲的领事们可以大肆搜罗古代文物。（L.N.P.A. FORBIN, *Voyage Dans le Levant*, PARIS, 1819）

P004—005背景

这幅插图来自《埃及志》，描绘的是卢克索神庙第一塔门前的两尊拉美西斯二世巨像中的一座。在拿破仑远征的年代，它们被沙土掩盖至胸口的位置。

P005左

1831年莱昂·科涅（Léon Cogniet）所创作的商博良肖像。商博良成功地带领法国托斯卡纳考察团考察埃及。这位象形文字的破译者曾不止一次反对那些自认为有权掠夺这个国家灿烂考古遗产的人。

P005右

利南·德·贝勒丰于1818年来到埃及，在穆罕默德·阿里的统治下担任要职。他被委托在阿兹巴基亚公园的一座小型建筑内收集大批的埃及文物藏品。

萨拉丁城堡里教育部的一间大厅就足以放下尚未赠送出去的文物了。1855年，当阿拔斯总督将剩下的藏品作为礼物赠送给前来埃及正式访问的奥地利大公马克西米利安时，首座埃及博物馆的故事就这样彻底结束了。

卢浮宫的助理馆员奥古斯特·马里耶特为丰富巴黎科普特手稿收藏而来到开罗已经5年时间了。当他的任务宣告失败时（科普特长老禁止出售任何保存在教堂里的手稿），他决定去萨卡拉做发掘工作，经过多年的努力，他在那里发现了塞拉皮斯墓（Serapeum）的入口。马里耶特继续在圣牛阿匹斯（Apis）的墓地工作了3年，直到他不得不返回法国。

然而，沙漠中的经历给他留下了不可磨灭的印记。他在那三年中必须应对的所有困难使他确信，埃及需要有效的机构来促进其古迹的保护。随后，他抓住了拿破仑二世（Napoleon II）计划游览尼罗河的机会，以为访问做准备为借口再次来到埃及。到达后，他开展了一系列发掘工作，并努力提高地方当局对古代文物的保护意识。

1858年，总督下令成立埃及文物管理局（Egyptian Antiquities Service），这是负责监管全国的考古发掘工作的实体机构。机构负责人的职位自然地落在了马里耶特的身上。上任后，他立刻启动了一连串的考古发掘与研究项目。来自埃及全境的数量庞大的文物很快地便汇聚到了开罗。

在文物管理局成立的初期阶段，马里耶特不得不面临各种难题，被迫与那些想继续从事文物生意的埃及人和欧洲人周旋。一个典型的例子就是1859年，马里耶特的工人们在德拉阿布纳加（Dra Abu el-Naga）发现了阿赫霍特普的随葬品。但基纳（Qena）的市长没收了王后的木棺，他一心想讨好总督，打算把这件宝物送到开罗去。马里耶特派人拦截下运送文物的货船，成功地收回了珍贵的文物，并予以严厉的警告。1867年，阿赫霍特普的珍宝在巴黎万国博览会上展出。即便在这种场合下，马里耶特也不得不回绝欧仁妮皇后（Empress Eugénie）企图得到这批珠宝的心意。

尽管面临各种问题，埃及的经济仍处于困境，但马里耶特还是成功地于1863年利用过境管理局（Administration du Transit）的办公场所向公众开放了第一座真正意义上的埃及博物馆。这座可以俯瞰尼罗河的建筑位于布拉克区。随后，得益于马里耶特及其助手每年组织的考古发掘，博物馆随着藏品数量的增长而多次扩建。1864—1876年间，藏品手册出版发行，并重印了6次。

但是，布拉克的选址在尼罗河泛滥时暴露了严重的缺陷，1878年的那场洪水导致许多文物丢失。一直将布拉克建筑视为临时场所的马里耶特抓住了这次机会，坚持要政府为博物馆提供永久性场所，既可以满足不断增长的馆藏需求，又可以不受洪水侵扰。

埃及政府之前已经批准了在杰济拉岛（Gezira）南端修建一座大型博物

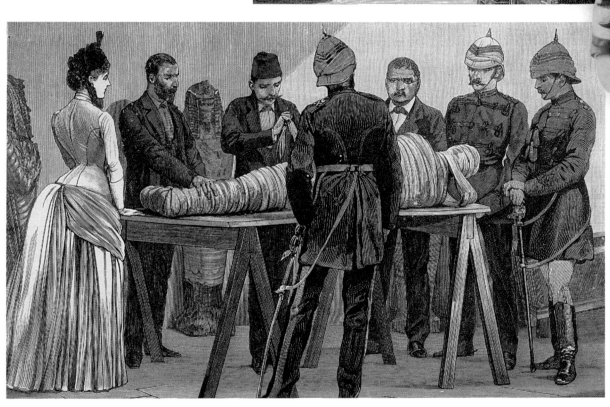

P006 上右和上左

法国埃及学家奥古斯特·马里耶特是一位保护埃及文物的关键人物。在他的指导下，埃及成立了文物管理机构并且建立了首座埃及博物馆。

P006 下

一位寻求庇护的画家路易吉·瓦萨里来到埃及，成为了马里耶特的助手。在后者逝世后，他成为了布拉克博物馆的临时馆长。这两幅由他绘制的精美的水彩画，是孟图姆哈特（Montuemhet）之父——奈希普塔（Nesiptah）棺椁上的彩绘。这具彩绘棺椁之后不幸遗失。

馆建筑的计划。然而，无论是马里耶特所提的要求还是政府发布的法令都没能得到一个很好的解决方案，因此布拉克的博物馆又运行了10年。

马里耶特去世后，博物馆的工作由与马里耶特共事近20年的路易吉·瓦萨里负责。继任的加斯东·马斯佩罗竭尽所能想把博物馆搬离布拉克区，但没有成功。在随后的欧仁·格雷博（Eugène Grébaut）任期内，布拉克馆藏的状况饱受批评。1889年，这座建筑的容量到达了它的极限：展厅和库房内无一处闲置空间，当时发掘出土的文物不得不在上埃及的货船上搁置了许久。

这种严峻的情况迫使总督伊斯梅尔将自己在吉萨的行宫贡献出来（现为

P007 上左

加斯东·马斯佩罗曾先后两次担任埃及文物管理部门负责人。在他的第二次任职期间，位于解放广场的埃及博物馆竣工开放。

P007 上中

1869年奥古斯特·马里耶特在布拉克区建立的埃及博物馆的丧葬展厅，旧址毗邻尼罗河。

P007 上右

埃及总督、王子阿拔斯·希尔米，在他统治时期修建了位于解放广场的埃及博物馆建筑物。

P007 下

加斯东·马斯佩罗正在拆开一具来自戴尔巴哈里（Deirel-Bahri）王室隐藏墓葬的木乃伊，在场的还有驻扎在开罗的英军代表和官员。

P008 上和中左

1897年4月1日在解放广场举办的埃及博物馆奠基仪式上的两个瞬间。出席仪式的有阿拔斯·希尔米王子和加斯东·马斯佩罗。

动物园）作为博物馆的新址。在1889年的夏天至年底期间，藏品被从布拉克搬迁到了吉萨。1890年1月，新博物馆准备向公众开放。

几年之后，建造新博物馆的计划通过审批。在竞标的73份方案中，法国建筑师马塞尔·杜尔尼翁（Marcel Dourgnon）的方案最终脱颖而出。他的设计在当时相当前卫。首先，它是世界上第一座专门作为博物馆而设计和建造的建筑物。其次，建筑物整体采用钢筋混凝土结构，使用的是当时刚刚发现的一种相对新颖的材料。许多竞标设计方

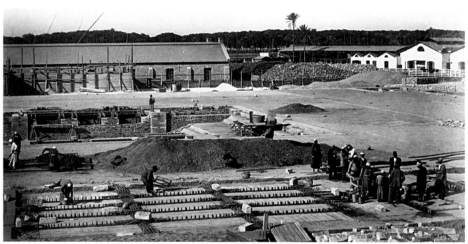

P008 中右

地下库房的建造。博物馆由法国人杜尔尼翁负责设计，由意大利公司格罗佐·扎法拉尼建造。

P008 下左和下右

杜尔尼翁设计的地板线条和正门开始初具规模；拱门的入口隐约可见。后期阶段可见中厅的圆顶。杜尔尼翁在建筑中大量使用当时开始广泛被使用的钢筋混凝土技术。

案的灵感都来自古代埃及建筑模型，而杜尔尼翁设计的博物馆则有着古典的样式和外观。只有平面布局的部分巧妙地与古埃及晚期神庙的格局相融合。例如，大长廊与建筑主体相垂直的部分让人联想到埃及神庙的塔门，而宽阔的中央大厅与周围侧室的布局如今依旧可以在艾德福（Edfu）神庙内见到。

杜尔尼翁将博物馆内部设计成一个开放的空间，不同区域之间没有严格的界线，可以让游客漫步其间，感受古代埃及恢宏的气势。

然而，杜尔尼翁的中标引起了很大的争议，尤其是对为新馆的资金筹措尽心尽力的意大利社群而言，法国人的胜利代表了意大利人的失败，他们觉得自己受到了欺骗。也可能是出于这个原因，博物馆的承建方是来自意大利的格罗佐·扎法拉尼（Garozzo e Zaffarani）公司。新馆于 1897 年 1 月启动建造，地点位于驻扎在开罗的英军营房旁边的空地上。

奠基仪式于同年 4 月 1 日举行，王子阿拔斯·希尔米和马斯佩罗出席仪式。马斯佩罗接替了格雷博的工作，再次担任了文物管理局的负责人。

1901 年 11 月，文物管理局聘用了意大利建筑师亚历桑德罗·巴桑提（Alessandro Barsanti），从 1902 年 3 月 9 日开始将吉萨行宫的藏品运至新馆。运输期间约 5000 个木箱被使用。另有两辆专列火车在两地往返了 19 次，用以运送大型文物。第一次运送的 48 具石棺总重量超过 1000 吨。

搬家工作在匆忙和慌乱中完成了。当所有文物被运抵新

P009 上左

抬起带有伊西斯（Isis）头部装饰的拱顶石的历史性时刻。

P009 上右

即将完工的博物馆主体建筑。

P009 下左

一层的大长廊，与主体建筑垂直，与埃及神庙的塔门相互呼应。

P009 下中

建筑公司的经理们和博物馆的员工们于 1901 年在正门前的合影。

P009 下右

新博物馆的平面图（一层）与埃及后期的神庙建筑相互呼应。

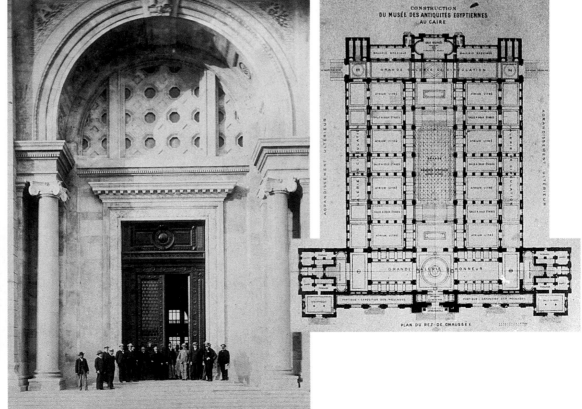

P010上

博物馆前面的花园体现出了杜尔尼翁的设计哲学：博物馆意图成为一处让参观者在古埃及文物环绕下休闲漫步的场所。

P010中左

位于博物馆公园内的狮子坐像（JE41902），出土于泰勒马克达姆［Tell el-Muqdam，古称莱昂托波利斯（Leontopolis）］，年代为古埃及晚期（公元前664—前332年）。

馆后，文物局的官员突然发现一尊法老霍尔（Hor）的精美木制雕像不见了。悬案随后被破，这尊珍贵的雕像在地下库房的角落被找到了。在搬运期间，工人们由于担心受罚，一些文物受到损坏后却并没有被及时上报。

1902年7月13日，马里耶特的墓迁至新馆标志着新馆的搬迁工作完成。依照他的遗愿，他的遗体将与他用毕生精力所收集的文物藏品永不分离。同年11月15日，开罗博物馆正式开馆。

P010中右

由阿蒙霍特普三世和提伊巨像占据的一层的中央大厅。

P010下

1902年马里耶特的墓迁至新馆，标志着新馆的搬迁工作完毕。依照他的心愿，他将永远不会与他心爱的文物分开。

P011上

虽然博物馆有着古典的建筑风格，但是内部中央大厅两侧对称的侧室与埃及神庙的布局类似。这类神庙如今在艾德福依旧可以见到。

P011下

这尊精美的图特摩斯三世斯芬克斯像（JE15208=CG 576）由粉色花岗岩雕刻而成，长262厘米，是由马里耶特在卡尔纳克阿蒙神庙内发现的，年代为图特摩斯三世统治时期（公元前1479—前1425年）。

新馆内的布展设计遵循了 19 世纪末埃及的文化观念。展厅按照时间顺序安排，文物的展陈首先考虑美学标准。出于结构上的原因，体积最大、重量最重的文物被安放在一层，而二层按照年代顺序展出墓葬中的随葬品。生活中的日常物品按照类别被放置在不同的展厅内。

1908 年大长廊两端的天窗需要重建，这项工作由一家法国公司用时一年完成。或许是在此时修建了楼梯四周的小阳台，以用于安放在戴尔巴哈里所谓"第二隐蔽墓葬"（Second Cache）内出土的许多底比斯祭司的木棺。随着馆藏的丰富，该建筑不断被改造，位于一层的一些房间变成了商店。为了扩大书店的面积，为其他服务提供空间，原本展示古迹石膏模型

的门廊也关闭了。

层出不穷的新文物使得展厅的布置不断地变化。例如，在泰勒阿玛尔纳（Tell el-Amarna）的发掘工作，以及随后这一艺术风格的流行，使得博物馆被开辟出了一个专门用于展览该遗址出土文物的展厅。图坦卡蒙的珍宝也需要一个合适的地方保存和展示。1923 年，当图坦卡蒙珍宝入馆时，人们对二层展厅进行了一次彻底的调整。为了给这位小法老所有的随葬品腾出足够的空间，戴尔巴哈里王室隐蔽墓葬内的棺椁不得不被移到了博物馆的其他地方。

虽然博物馆的外观没有重大的改动，但它所处的环境已与之前设想的截然不同。曾经的英国军营如今已变成尼罗河希

尔顿酒店。矗立在博物馆后方的是拉美西斯希尔顿酒店，而前面则是开罗的心脏广场——解放广场。在博物馆和解放广场之间是一座被铁艺栅栏围起来的花园。花园的中央有一座喷泉，四周都是古代雕像。马里耶特的墓原本计划安放在博物馆内（一层展出阿玛尔纳时期文物的地方），而现在位于花园的西侧。奥古斯特·马里耶特，这位为建立埃及博物馆奉献一生的人，至今仍长眠于一座古王国风格的石棺内。

埃及法老文明继承了新石器时代逐渐演化的文化元素，然后在公元前第四千纪经过了一段发展期。公元前7000—前5000年间，埃及人开始种植庄稼和饲养家禽。从公元前4000年左右开始，出现了名为涅迦达（Naqada）的文化。这种文化以上埃及（Upper Egypt）的遗址命名，考古学家在那里发现了2000多个拥有丰富随葬物品的墓葬。在其他墓葬中发现的类似物品，证明了当时人们对于来世的复杂信仰以及高超的工艺水准。这些墓葬由简单的坑穴组成，逝者与随葬的日常物品（如珠宝、象牙梳、发夹、化妆品调色板和大量陶器）放在一起。其中一些容器的颜色为鲜艳的亮红色并用黑色釉面勾

P012左
贝壳形容器（细节）

JE 92656
黄金
长5.3厘米
萨卡拉，塞赫姆赫特（Sekhemkhet）墓葬群
埃及文物部发掘（1950年）
第三王朝，塞赫姆赫特统治时期
（公元前2611—前2603年）

克里斯蒂娜·齐格勒

前王朝和早王朝时期

边，另外一些则装饰华丽。

根据这些容器形式的演变，可以辨认出它们所处的不同时期，因为同时期的不同墓葬会有重复的图案和颜色出现。在涅迦达一期（公元前4000—前3500年），几何设计很受欢迎，特别是在砖红色背景下的奶油色正方形和锯齿形图案。在涅迦达二期（公元前3500—前3100年），出现了造型浑圆的陶罐，上面还有人物、动物和船的装饰形象。这些形象被涂成了深红色并置于浅色背景中。有些容器有足或被塑造成动物的形状。这种非写实的人物形象也在这个时期的石制、象牙和陶制雕像上出现过。这一时期人们的日常生活鲜为人知，大家种植谷物，饲养牛、绵羊和山羊，同时也通过狩猎和捕鱼获取食

P012-013
纳尔迈调色板

JE 32169 = CG 14716S
片岩
高64厘米、宽42厘米、厚2.5厘米
耶拉孔波利斯（Hierakonpolis）
詹姆斯·奎贝尔（James Quibell）发掘（1894年）
前王朝时期
（公元前第四千纪末期）

发现过正在踩踏敌人的公牛装饰图案。

这些作品中的杰作之一无疑是著名的纳尔迈调色板（Narmer Palette），它是为了纪念当时的统治者——上埃及和下埃及的统一者——一般称之为美尼斯（Menes）的胜利而制造的。石板是 1897 年在耶拉孔波利斯的大型神庙建筑群中出土的文物之一。这个建筑群是由泥砖建造的，其历史最早可追溯至前王朝。纳尔迈和哈塞赫姆威（Khasekhemwy）都曾入主神庙，在主堆积处发现了许多带有两个法老王名的祭品，这些随葬品是后来被掩埋的。

前王朝之后是所谓的文化爆发的法老时期。北方的牧民和农民的定居文化催生了麦哈迪（Maadi）和布托（Buto）地区与近东的贸易联系，随后被涅迦达文化同化。在南方，这种变化标志着具有新意识形态的统治阶级的崛起，也标志着城市的形成。无论这种同化过程是和平的还是暴力的，公元前 3000 年左右，人类最早的国家之一就此诞生。

社会自此开始建立在等级制度的基础上，尽管这种制度的基本特征很可能早已确立。法老居于顶端，他是神圣的国王，是宇宙和谐的保证者，他的力量是绝对的。法老的墓葬因其宏伟的规模和随葬品的繁多而与众不同。高耸的石碑将死后的法老置于众神的保护之下，同时宣告了他的非凡地位。

我们零星地发现了许多宣布这一地位的特定仪式，包括加冕礼和赛德节（Sed Festival），仪式宣布法老奇迹般地获得了更强的生命力和统治权。根据记录法老统治时期主要事件的调色板内容看来，重点总是在于法老平息人民的反叛取得的胜利，这表明了他平息叛乱的能力。法老统治的土地会根据严格的等级制度分配，并通过文

物。涅迦达时期的埃及人住在由泥土和芦苇盖成的小屋里，他们会编织，也有着高超的铜器手艺，还掌握了制作细陶的技术。

到了涅迦达三期的末期，埃及的人口已经集中在了大型的集聚地。浅浮雕作为装饰首次出现在象牙匕首的手柄和大块的板岩石板上。这些装饰的主题常常与战争和冲突有关，用于纪念特定的事件，例如狩猎或是与敌方部落的战斗。这些主题揭示了其历史时期。考古学家曾经发现过标有神性崇拜物（Divinity-Fetishes）的符号，这些符号和后来的圣书体文字很相似；也

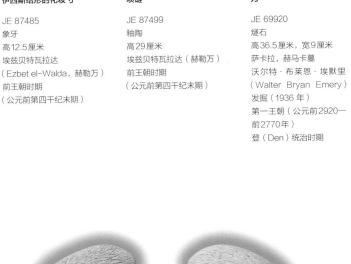

字记录下来。大批的官员和手工业者都聚集在最重要的城市，例如耶拉孔波利斯和孟菲斯（Memphis）。

法老时期的宗教形态已初露端倪。虽然具体的形象非常少见，但在许多铭文中已经出现了荷鲁斯（Horus）、赛特（Seth）、哈托尔、阿努比斯（Anubis）、敏（Min）、奈特（Neith）和拉神（Re）等后来受供奉的主要神明。

象征着生育力的阿匹斯被雕刻在一块石灰板上，他的特征被保留了3000年。尽管没有一座远古的神庙留存至今，但有些罕见的人物雕像和铭文，再加上重要仪式的记录，表明埃及宗教的核心已经巩固完全。阿拜多斯（Abydos）和萨卡拉的墓地提供了许多有关丧葬习俗的信息。成千上万被发掘的随葬品证明，逝者与生者有相同的需求（食物、衣服、武器和工具）。墓葬内竖有刻着图像和文字的石碑，象征着逝者的精神永存。

尽管我们仍知之甚少，但是这一时期的出土文物明明白白地展示了埃及工匠精湛的技术，这些技术都在遵循严格的规范。例如，耶拉孔波利斯的浮雕和第一批王室雕像以哈塞赫姆（Khasekhem）的浮雕为例都表现出了埃及艺术的典型特征。不幸的是，我们对这一时期的认识尚不完整，但是考古学知识为人们打开了对遗失作品进行认知的一些思路。从法老卡阿（Qa'a）时代起，有两个基座和许多足部的雕像碎片证明了真人大小雕像的存在。最早的王室纪年则记录下了铜制雕像的存在。

阿拜多斯、萨卡拉和赫勒万（Helwan）的墓葬出土了大量艺术品，证明了当时

P016-017

杰尔图板

JE 70114
象牙
宽9.5厘米,高8.5厘米,厚0.4厘米
萨卡拉,赫马卡墓
沃尔特·布莱恩·埃默里发掘(1936年)
第一王朝(公元前2920—前2770年),
杰尔统治时期

P016下

封口石罐

JE 34942
白云岩和黄金
高7.2厘米,直径10.5厘米
阿拜多斯,哈塞赫姆墓
威廉·马修·弗林德斯·皮特里(Willian Matthew
Flinders Petrie)发掘(1900—1901年)
第二王朝,哈塞赫姆统治时期(公元前26世纪)

的金匠、珠宝匠和雕刻匠的精湛技艺，他们甚至能够加工最坚硬的石头。特别值得注意的是杰尔（Djer）法老随葬的精美珠宝；大臣赫马卡（Hemaka）墓中有着镶嵌而成的盘子和雕刻精美的石罐以及象牙制成的精巧物品，例如装饰有伊西斯结（Knot of Isis）的汤匙以及牛蹄形状的床腿和小圆柱。

从第二王朝到第三王朝的过渡显然是顺利的，这要归功于一位名叫尼玛阿特哈普（Nimaathep）的女王从中斡旋。我们熟知的五个法老——萨那赫特（Sanakht）、左塞（Djoser）、塞赫姆赫特、哈巴（Khaba）和胡尼（Huni）中，只有两人留下了值得注意的遗迹。五位法老都选择了孟菲斯作为王国的首都，为古王国时期的经典文明奠定了基础。

在尼罗河第一大瀑布的所在地象岛（Elephantine）以及发掘出铜和绿松石的西奈（Sinai）沙漠都发现了他们统治的证据。这些第三王朝的法老促进了国家的发展，每两年进行一次财富和税收普查。他们还设立了行政首长职位，即维齐尔（Vizier）。墓葬位于阿拜多斯的赫马卡可能就曾担任此职务。埃及的纪念性艺术伴随着繁荣的经济和高效的管理而蓬勃发展起来。

左塞统治时期见证了纪念性石制建筑时代的开始。这也是王室陵墓和普通人的墓葬被区分开，开始呈金字塔形的第一个时期。每座金字塔都由许多建筑物组成，以表明对亡者的崇拜以及满足他们来世的需要。

第一座金字塔建在新首都孟菲斯附近的萨卡拉高地上。而这种石制建筑的发明者——著名建筑师伊姆霍特普（Imhotep）的名字至今仍铭刻在左塞雕像的基座上，未经磨

P017中
小封口陶罐

JE 34941
玛瑙、黄金
高4.2厘米，直径6.5厘米
阿拜多斯，哈塞赫姆墓
W.M.F.皮特里发掘（1900—1901年）
第二王朝，哈塞赫姆统治时期（公元前26世纪）

P017上
带黄金手柄的石罐

CG 14341
白云岩、黄金
高14.5厘米，直径22厘米
哈姆拉多（Hamrah Dom）
第二王朝（公元前2770—前2649年）

P017下
项链

JE 87494
陶釉、石
长82厘米
埃兹贝特瓦拉达（赫勒万）
前王朝时期（公元前第四千纪末期）

017

灭。几个世纪以来，他的教义仍世代相传。

早王朝时期的建筑师在那时已经开始用木头、芦苇和稻草制成免烧砖来完善建筑技术。但用更有吸引力、更耐用的石块代替泥砖的想法打开了新型建筑的大门。最早的石制结构模仿的是由易腐材料建成的建筑，所以他们用石头代替原有材料的做法遇到了技术上的困难。

左塞陵墓的独特之处不仅在于它的整个建筑都由石灰岩砌成，还在于它的外形——阶梯式金字塔。然而，它现在的样子显然是一步步慢慢形成的。金字塔由一层层的石灰岩砌块建造而成，矗立在一个占地15公顷的围场的一端，外围是一堵高墙。它最初的结构形式像巨大的马斯塔巴（Mastaba，鉴于其形状，在阿拉伯语中意为"长凳"），后来被扩建为王室陵墓。伊姆霍特普是在这个建筑结构的基础上增加了4层阶梯的第一人。之后，又增加了两层，6层阶梯式建筑指向云霄，成为金字塔的第一阶段。

左塞金字塔高60米，基座长109米、宽121米，即使是在很远处目视也清晰可见。人们通常认为金字塔可使已故法老的灵魂升天并加入永恒的星宿中，这体现了埃及人相信"来世"的信仰。这座建筑的外形轮廓不禁让人联想到太阳从原始丘（Primeval Mound）后升起的画面。从而，这也让人想起了

与赫利奥波利斯（Heliopolis）有关的创世神话，仿佛在暗喻着人的生死轮回和太阳的升落息息相关。

金字塔下方是地下迷宫，储藏室内装有数千个石罐，其中许多可追溯至比左塞更早的时期。法老在金字塔下有自己的随葬间，墙壁上是华美的蓝色釉陶砖。刻有浅浮雕的石灰岩假门碑上是法老举行仪式的情景，旁边还有极度精细的圣书体铭文。

与金字塔相邻的南墓区中发现了许多描述类似场景的浮雕，是对主丧葬建筑浮雕的模仿。整个建筑群被一堵10米高的墙包围着，墙体由精心装饰的石灰岩砌成，呈宫殿正门（Palace Façade）的样式。这座高墙只有一个出口，通向一条华丽的凹槽纹柱长廊。这条长廊又通向一方宽敞的庭院，庭院的西侧是一面宏伟的带有圣蛇装饰的墙。金字塔外围则是储藏室和一系列用于举行仪式的建筑，其中一些用了坚固的模仿木质结构的装饰。这些神殿的屋顶是倾斜的，壁柱模仿的是树干或成束的植物的样子，墙壁上有花卉和芦苇丛装饰，天花板上则刻着假的木结。

所有细节无不精美至极。尽管像植物一样从地面擎起的圆柱没有完全独立于墙壁，但它们已经显示出了形制的多样性：凹槽纹式、原始多立克式（Proto-doric）或纸莎草式（Papyri）。现在，那些继承自有机轻质材料建筑的元素终于第一次在来自图拉（Tura）的精美的石灰岩上被雕刻了出来。

左塞把自己的雕像置于金字塔底部的一座小神殿中，以便和生者的世界进行交流，雕像可以通过狭窄的开口接收充满生机的北风。彩绘石灰岩上的左塞像是一座真人大小的王室雕像。由于粗糙的脸部表情鲜明、颧骨凸出且嘴巴紧闭，因此整个面部都显得很醒目。眼睛那里曾有镶嵌物，但现在眼窝已经空了。左塞的身姿与前任哈塞赫姆威相同，所戴的埃及式头巾（nemes，一种带条纹的经典头饰）以及长长的胡须都是王权的象征。

同时代的雕像很少见，但显然是受到了王室雕像的启发。

P018上
贝壳形容器

JE 92656
黄金
长5.3厘米
萨卡拉，塞赫姆赫特墓葬群
埃及文物部发掘（1950年）
第三王朝，塞赫姆赫特统治时期
（公元前2611—前2603年）

P018下
饰有前王朝时期法老王名的储水罐

JE 88345
片岩
高12厘米，直径23厘米
萨卡拉
第三王朝（公元前2649—前2575年）

赫特普迪夫（Hetepdief）的花岗岩雕像就是一个很好的例子：祭司跪在地上呈祈求姿势。比例过大的头似乎是直接长在肩膀上的，虽然四肢很粗大，但是服装的轮廓以及身体和头发的细节都经过了精心加工。

目前，虽然左塞的继任者塞赫姆赫特尚无幸存下来的雕像，但他的金字塔靠近左塞的丧葬建筑，仍然带来了许多惊喜。除了许多石器外，墓内还藏有许多首饰，例如由串珠和一颗灿烂的金贝组成的手链。尽管人们找到了雪花石膏石棺，它没被人动过而且肯定一直是密封的，但打开时发现它空空如也，还是很令人失望的。

在萨卡拉，距最早的金字塔不远，王室最重要的成员被埋在巨大的泥砖砌成的马斯塔巴中，其中一些装饰有刻着葬礼场面的浮雕。逝者被安置在地下的墓室中，周围摆满了家具和食物，让逝者能够在来世继续生活。墓葬的外面是一方壁龛，那里留有一些祭品，以确保逝者能够生存下去。这些祭品还被刻在了假门石碑或墓内祭堂的墙上。

人们在左塞统治时期的高级官员海斯雷（Hesire）的马斯塔巴中发现了

P019左
海斯雷图板

CG 1428
木
高111厘米
萨卡拉
海斯雷马斯塔巴（编号A3）
奥古斯特·马里耶特发掘
第三王朝（公元前2649—前2575年）

P019右
登基庆典石罐

JE 64872
雪花石膏
高37厘米，直径28厘米
萨卡拉，杰尔金字塔，地下长廊
埃及文物部发掘（1932—1933年）
第二王朝（公元前2770—前2649年）

工匠在浮雕和绘画方面取得的进步。他的墓内祭堂的11个壁龛装饰着带有逝者形象的雕花木板。这些精致的浮雕代表逝者，一般是在行走着或舒适地坐在满是食物的桌子前。披着卷发的严肃面孔采用了极其逼真的手法处理，衣服、权杖和书吏的工具也是如此。

在马斯塔巴通道中装饰的彩绘壁画上也同样体现了工匠对细节的关注。提供给逝者的家具被刻画得非常精确，甚至连木材中的纹理和结节都被画了出来。

作 者 简 介

克里斯蒂娜·齐格勒，毕业于索邦大学高等研究院，巴黎卢浮宫的埃及文物部首席策展人。曾与多个领先的出版公司和重量级专业期刊合作。她编辑过的作品有：《楔形文字和圣书体文字的诞生》（Cuneiformes et Hieroglyphes）、《塔尼斯，法老的珍宝》（Tanis, trésors des Pharaons）和《埃及的史前时期、塔尼斯时期和古王国时期》（Egypte Prédynastique, Thinite et Ancien Empire）。她一直负责为法国和美国有关古埃及的大型展览编纂目录，她合作过的机构包括纽约大都会艺术博物馆、加拿大人类文明博物馆（渥太华）、多伦多皇家安大略博物馆和华沙大学等。她还监制了在法国电视台播出的60集电视剧《尼罗河探秘》（Les secrets du Nil）。1997年，她率领卢浮宫考古队在萨卡拉、拉美修姆和王后谷从事研究工作。

JE 97472

男子头像

·····················

彩绘陶器

高10.3厘米，宽6.7厘米

梅里姆达贝尼萨拉马

德国考古研究院开罗所发掘（1982年）

新石器时期（公元前第五千纪末期）

————————————

近代在尼罗河三角洲西部的一个村庄——梅里姆达贝尼萨拉马（Merimda Beni Salama）的发掘工作揭示了公元前6000—前5000年间的社会发展水平。这是迄今在埃及发现的最早的新石器时代定居点之一，为我们展示了这样一幅社会图景：尽管仍然严重依赖于狩猎和采集，但以农耕和放牧为基础的经济体制已开始萌芽。

通过发掘成果得出的对于尼罗河流域最古老的丧葬习俗的解释仍然存在一些问题。在发掘工作前期，考古人员在房屋之间发现了一些埋有随葬品的圆形墓。随着越来越精确的地层学方法的应用，房屋和墓葬近来被证明实际上属于两个不同的时期。考古人员同时发现，墓地其实是修建在废弃的居民区上的。这里有少量随葬品，说明人们相信精神的世界中是有人生活的。

此陶制头像是在定居点的浅层中被发现的，因此更加神秘。完美的椭圆形脸部有着各种形状和大小的凹陷，代表着眼睛、鼻孔和嘴巴。只有鼻子那里有浅浅的浮雕。有人认为，散布在头部、下巴和脸颊周围的小孔其实长着一簇簇真实的毛发，因而这件头像具有男性特征。

实际上，在远古时代没有和这件头像类似的物品，史前埃及也找不到。由于制造年代久远，它成为有史以来在非洲发现的最古老的人物形象之一。（F.T.）

JE 38284 = CG18804

浮雕装饰陶碗

·······················

黏土

高11厘米，宽19.5厘米

可能发掘于基波林（Gebelein），征集于1906年

前王朝时期，涅迦达一期（公元前4000—前3500年）

陶碗边缘呈扁平状，是典型的埃及文明史前时期生产的陶器。这个时期的陶器通常以红色着色为特征，纹饰为速写几何图形或是动植物图案，由白色颜料绘制且富有艺术感。

在这个容器的外面，却有着一种不同寻常的装饰性元素，这个元素在这个时期内很少能见到。四个泥塑鳄鱼模型分别附在这个陶碗外表面的四个对角上，它们的鼻子几乎都要碰到碗的边缘了。

这些鳄鱼的脊柱呈放松的状态，背部分布着白色的斑点。它们暴露在外面的部分，尾巴的边缘和爪子也都用显眼的白色涂料涂抹过。四只爬行动物由白色菱形图案组成的条饰隔开。

碗的边缘是连续的人字形图案，内饰则是由和碗外表面一样的菱形图案组成的三角形。两个三角形是按一个接在另一个的上面这样分布的，并且都指向碗底部。它们被由不规则的方形组成的条带隔开，条带延伸到碗的基座，不规则方块的面积也随之减小。

这个陶碗并没有被完好地保存下来。四只鳄鱼中的一只缺失了，其余三只中只有一只是完好的。碗的外表面损毁严重，原本的白色涂料已经显示出了很多黄色的斑块，有的地方甚至已经完全没有颜色了。(S.E.)

JE 41247 - 41251 - 26530
= CG 20087

黑口陶罐

·······················

彩绘黏土

双头罐（JE 41247）：高7.6厘米，宽6.5厘米

球形罐（JE 41251）：高7厘米，直径6.6厘米

阿拜多斯，爱德华·罗素·艾尔顿（Edward Russell Ayrton）发掘（1909年）

三脚杯（JE 26530 = CG 20087）：高13.2厘米，直径5.7厘米

基波林，发现于1885年

前王朝时期，涅迦达一期（公元前4000—前3500年）

前王朝时期，埃及生产了大量形状各异的陶罐。其中一些是在南部努比亚地区发现的。那时的水壶、碗、盘子和球形杯子都是利用当地的黏土，通过手工塑型并放置于阳光下晾晒而成的。这些陶罐的表面会用石头仔细打磨，要么保持天然黏土的颜色，要么涂上一层薄薄的颜料。

所谓的黑口陶罐是在涅迦达一期时生产的，其特点是边缘有一条深色的条纹。外表面的其余部分被工匠用赤铁矿染成了红色，而内部则完全是黑色的。这种不同寻常的双色调是通过把罐子倒扣在慢燃的煤上形成的。因为缺乏氧气会使罐口表面炭化，所以会使黏土变黑。这里看到的三只黑口陶罐展现了应用这类工艺所能得到的多种容器形状。

这些容器可以用来盛放液体或固体食物，也经常被放在墓葬中作为普通的随葬品之一。(S.E.)

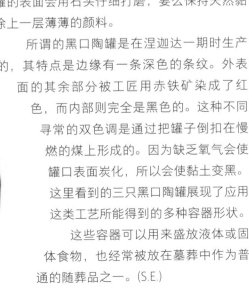

JE 64910

彩绘装饰陶罐

·····················

彩绘黏土
高22厘米，直径15厘米
来源不明
前王朝时期，涅迦达二期（公元前3500—前3100年）

涅迦达二期又叫格尔津（Gerzean）时期。此时陶器生产得到了很大发展，在形式、装饰和技术方面有了许多创新。该时期生产的陶器的特征是使用了浅色黏土，可能是在手动转轮上进行了预处理，黏土保留了其自然状态，并装饰有红色的动物、植物、人和船的图案。

这些图像让人想起了尼罗河谷的景色，那里有典型的河域动植物。此时期最常见的陶罐形式为封闭式，带有把手和可轻易辨认的单个元素。

罐底部稍稍凸起、有着尖锐边缘的平滑罐口下面有两个凸耳，上面有小孔。陶罐外部装饰有红色彩绘。罐身最宽部分的装饰图像是一艘大船，从船上垂下40条线，这些线条被认为是桨。船上有两个舱室，其中一个舱室的舱顶处飘扬着旗帜，旗帜上的符号让人联想到埃及各个地区对应的神圣标志。船旗从船头升起，下面悬挂着马上就要被抛入水中的船锚。船形彩绘下方是非写实风格的四只鸵鸟，两侧是芦荟属植物延续到背面。陶罐另一侧也是类似的场景：一艘船，上方画着非写实风格的树枝。在此之上的是五只鸵鸟，两侧是芦荟属植物。而在河流景观中不容忽视的水元素，则由把手和船底周围那些波浪线暗示其存在。（S.E.）

JE 43103

化妆品调色板

·····················

片岩
高15厘米
格尔塞（Gerza），59号墓
W.M.F.皮特里发掘（1911年）
前王朝时期，涅迦达二期（公元前3500—前3100年）

在埃及发现的最古老的调色板可追溯到公元前5000—前4000年。当时它们作为随葬品的一部分被放到了墓葬中。最初这些调色板是矩形的，用于混合矿物颜料（孔雀石和方铅矿）以画眼妆时使用。在涅迦达一期和二期，出现了新的调色板——形状模仿动物（海龟、鱼和鸟）或盾牌进行雕刻。在后一种情况下，调色板的表面或多或少会装饰有宗教含义的浮雕。从前王朝末期开始，这些调色板要用于神庙的供奉，而不再用于丧葬。一些尺寸较大的调色板会装饰有极其复杂的人物形象，被朝拜者作为供品奉献出去。

这种不常见的片岩调色板是前王朝时期随葬品的一部分，随葬品中也包含普通的容器。调色板呈椭圆形，顶部略宽，有可供悬挂的小孔。岩板的一面是高度抽象的牛头浮雕，牛角弯曲，耳朵凸出。浮雕中有五个星星图案：两个在角尖，一个在头顶，两侧的耳朵处各有一个。此图像设计可能是为了唤醒其中一位牛形的神灵——最具代表性的就是哈托尔。在这一时期，他们被认为是天神。这个调色板实际上是用来研磨化妆品的，正如背面仍然存在的孔雀石痕迹所表明的那样。(S.E.)

JE 27434 = CG 14238

利比亚调色板下部残片

片岩
高19厘米，宽22厘米
阿拜多斯
前王朝时期（公元前3000年）

这个利比亚调色板（Libyan Palette）只有下部幸存下来，因此无法确定哪个是正面。正面应该是用矿物颜料填充的浅浅的凹陷，板上的装饰是为了纪念某个特定的事件。

调色板的一面保留了四栏装饰。在第一栏装饰中，可以看到一排头朝右的公牛。前三只动物彼此分得很开，而最后一只动物的头部和前一只动物的后肢显然由于缺乏空间而重叠在了一起。三只保留了头部的公牛都微微低着头，向前伸展，好像要冲锋一样。第二栏的驴子的线条则没有表现出这样大的张力。第三栏装饰描绘了一排公羊。由于空间有限，最后一只动物的头向后转，这样解决了空间的问题；公羊的个头也比其他动物小。

在调色板的底部，最后一栏有八棵树（可能是橄榄树），排列成两行。调色板的名称来自于调色板右上角的两个圣书体字符：一块土地，上面放置了一根投掷棒，对应于名称tjenehu，也就是利比亚地区。我们现在仍不能确切地知道橄榄是否在那时已经能由人工种植了。调色板的表面装饰被解释为一群利比亚人正在庆祝战争的胜利。依据这种解释，一排排动物则代表了战争的战利品。

在调色板的另一面保留下的场景介于图像和圣书体文字之间。分隔线的上方如今只保留了三只脚，而分隔线下方都被保留了下来。许多动物——隼、狮子、蝎子都各自拿着一把锄头，栖息在城墙上。在七座城市的扶垛墙内，有一个圣书体字符和一些代表建筑物的正方形。这一场景被解释为一系列城市的建立，动物象征着统治者，被封闭于城墙内的圣书体字符则为定居点的名称。（F.T.）

JE 34210 =CG 64868

金柄石刀

燧石、金箔
长30.6厘米，宽6厘米
可能出土于基波林，1900年在基纳被收购
前王朝时期，涅迦达二期（公元前3500—前3100年）

这个带金柄的石刀不适合日常使用。鉴于其精湛的工艺，它可能仅用于宗教活动和仪式中。

石刀片的表面经过了精心打磨，尖端呈叉状并朝着手柄方向略微收紧。边缘被处理成细锯齿状，以利于切割。刀片的手柄为两块金板，由三枚铆钉固定在一起。刀片靠近手柄的部分覆有一层灰泥。手柄与刀片连接处的中间被切出一个小的半圆形凹口，而手柄尾部则呈半月形。

金柄上刻有抽象图案，这些图案来源于涅迦达时期的经典形象，这种形象最先被发现于陶器上。柄的一面是三个抽象的女性形象，她们也许是手牵着手的舞者，左边的人好似握着一把扇子，右边的人的手边则有四条代表水的波浪线。柄的另一面是一艘船，船体顺应手柄的曲线，船上有两个高大的中心船舱和许多小旗。船旁边的空白处则被一棵小小的抽象芦荟占据。对于一个依靠尼罗河而存活的国家来说，船从前王朝时期开始就经常被用作装饰元素，这一点毫不奇怪。（S.E.）

JE 32169 = CG 14716

纳尔迈调色板

绿色片岩
高64厘米，宽42厘米
耶拉孔波利斯［考姆艾哈迈尔（Kom al-Ahmar）］
詹姆斯·奎贝尔发掘（1894年）
零王朝，纳尔迈统治时期（公元前3000年）

纳尔迈调色板是人们在发掘耶拉孔波利斯的荷鲁斯神庙时发现的随葬品的一部分。随葬品包含几个调色板以及许多其他物品。在埃及神话中，荷鲁斯的眼睛被视为日轮，而在祂的

墓葬中发现的调色板可能是用于保护祂的眼睛不受伤害的祭品。在调色板上研磨孔雀石或方铅矿制成的眼影颜料，可用于遮挡刺眼的阳光，同时还具有保持视力的功能。

埃及法老自豪地在丧葬品中的调色板上描绘了他们的事迹。在这块调色板上，纳尔迈的名字被刻在王名框（serekh）的正中间，两侧是两个长着牛耳和牛角的女性头像，这是哈托尔女神最早的画像之一。

石板的主面被分为三个部分。最上层画面是戴着红冠的纳尔迈，他身后跟着提鞋者。法老的前面有五个人，四个较小的人举着旗帜（可以认为他们是埃及各个地区的拟人化象征）。他们前面躺着十具双手被绑在背后的无头尸体，尸体的

上方是一艘船。石板中部有两只脖子极长的猫科动物，它们被带子拴着，还有两个人用力拉着带子的一端。两只动物的脖子交缠为圆形，在王室石板中，凹陷的圆形会涂上用作眼影的颜料。石板下半部描绘的是一头公牛，毫无疑问，这是法老的象征，公牛用角摧毁了城墙，蹄下是一具敌人的尸体。

石板的背面刻画了头戴白冠的法老形象，法老身材高大，挥舞着权杖，以威慑在他身前坠马的敌人。法老的身后是一个尺寸较小的提鞋者。

调色板右上角的一组圣书字符描述了石板上刻画的场景：一只拥有人类手臂的隼抓住一根绳索，绳索系在一个人的鼻孔上，另一端则从一片长着纸莎草的土地上冒出来。这种构图可以理解为："隼（法老）抓住了纸莎草地（三角洲）上的人。"在此场景下方的是另一栏装饰，有两名男性将四肢摊开。

一些人认为纳尔迈就是美尼斯，美尼斯是第一王朝初期的统治者，因此被认为是埃及文明的建立者。因此，调色板上的装饰被解读为庆祝上埃及战胜下埃及的最后胜利。但是，最近的考古发现表明，在纳尔迈时期，埃及早已完成了统一。

纳尔迈戴着白色王冠、拿着权杖的画面是法老作为统治者最早的肖像之一。三角洲敌人的失败则象征着邪恶被粉碎。调色板的正面表现了法老在战争中的英雄气概：戴着红色王冠的纳尔迈看着敌人被斩首后的尸体。

JE 31773 = CG 14142

阿哈的标牌

·············

象牙

高4.8厘米，宽5.6厘米

涅迦达，出土于1897年

部分由约翰·加斯唐（John Garstang）发现（1904年）

第一王朝（公元前2920—前2770年），阿哈统治时期

装油的罐是古埃及人很喜欢的东西，通常会带有各种象牙标签。较小的一般标有数字，并标明了罐里的东西和位置（可能是产地）。较大的则会标上装了什么油、法老的名字和日期信息，日期信息一般由当年发生的标志性事件代表。

在法老一位妻子的随葬品中，分两次发现了刻着阿哈法老王名的标牌碎片。右上角刻有法老的两个王名，旁边是挂标牌的细绳孔。

阿哈（Aha）的荷鲁斯名称被刻在王名框或象征性的宫殿正门之内。在这种情况下，栖息在顶部的隼的脚延伸成为支撑钉锤和盾牌的手臂。这个形象构成了圣书体字符，可读作 Aha，表示"战士"。右侧亭子内的是法老的 Nebty 名（涅布提名或两个女王名）。在埃及语中，Nebty 的意思是"两个女王"，指的是象征着国家联合的两个神明，即上埃及的秃鹫女神奈赫贝特（Nekhbet）和下埃及的圣蛇女神瓦杰特（Wadjet）。两位女神的形象被雕刻到一个类似于圣书体的字符上，这个字符与塞尼特（senet）棋盘游戏形似，读作 men。这种解读的可能性导致了阿哈的两个女王名与美尼斯的关联，曼涅托（Manetho）将美尼斯列为统一埃及的第一位法老。美尼斯也曾被认为是纳尔迈，但他与阿哈的联系在考古证据中得到了进一步证实。

阿哈王名的左侧刻着一艘船，船头装饰繁复，船舱中央有一间小屋。船的上方雕刻着另一艘栖息着隼的小艇，可能在说明船主的身份——法老或荷鲁斯的化身。如果后一种推测成立，那么这个图像可能记录了节日中将神像抬出神庙游行的画面。标牌的最左侧还有数个模糊的圣书体字符，也许代表着法老的一场征战和他下令实施的建筑工程。

标牌的右下角刻画了一个建筑物，有三个人站在其内。另有一人紧靠建筑物，手持物件，面朝向左侧。标牌中央刻着的可能是一艘由两个人分别在两端举起的大船，左侧则是被捆绑的囚犯、一根链条、一头被斩首的牛、几个罐子和被放在草席上的大块烤肉（这和代表"献祭"的圣书体字符一致）。标牌下部刻着一排双臂交叉、向左行进的男性形象以及罐内油的名字。（F.T.）

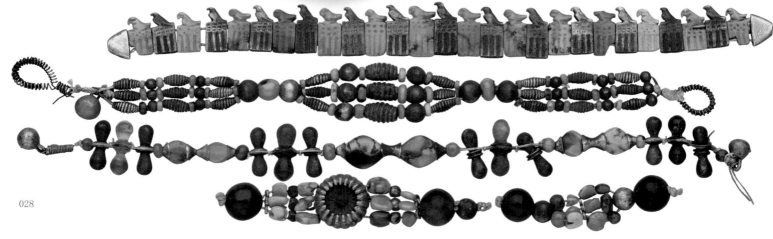

来自杰尔墓葬的手链

黄金、青金石、绿松石、紫水晶
长10.2～15.6厘米
阿拜多斯，左塞墓
W.M.F.皮特里发掘（1901年）
第一王朝（公元前2920—前2770年），杰尔统治时期

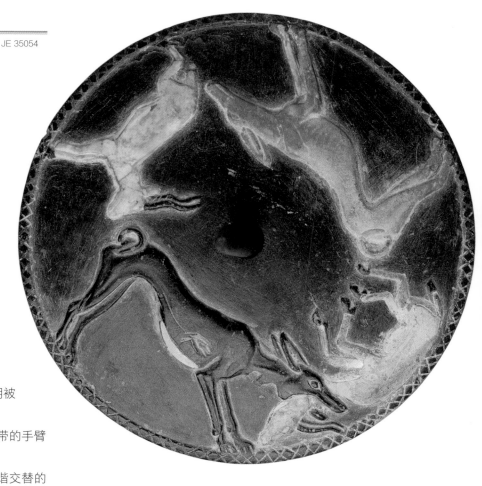

这四条手链是皮特里在第一王朝的第三位法老杰尔的墓中发现的。该墓位于阿拜多斯王室墓地里，对于统一埃及最早的法老来说，那里是重要的中心地带。这座墓在古王国时期就已经被盗掘了。它在新王国时期被认为是奥西里斯的神秘墓地。

这四条手链被发现时却仍然被戴在包裹着亚麻绷带的手臂（也许是女人的手臂）上，并且还被藏在墓室的墙里。

这些手链因被精心设计而样式独特：各种颜色和谐交替的珠子组合成多种多样的图案。这展示了工匠在此时期在加工埃及珠宝方面的精湛技术。

第一条手链由 27 块隼形小饰板组成，是荷鲁斯神的象征。隼栖息在王名框图案上，代表着宫殿正门。王名框中刻有每个法老的荷鲁斯名，它是构成王室命名法的五个王名中的第一个，也是最古老的那个。饰板的尺寸从中心到两端逐渐变小，金色和青绿色交替，形成了精致的色彩对比。每个饰板上都有两个横向的小孔，便于穿线被两端的三角形黄金组件固定。

第二条手链由 3 条串珠组成，这 3 条串珠有包括两端在内的 4 个连接点，3 条串珠中间 3 段珠子的排列组合是完全相同的。中间那条的两端各有一个珠饰组合：每组 3 颗，分别为黄金、绿松石和青金石材质，绿松石珠位于两侧。手链中央部分的珠子比其他的大，但也一样是严格按照相同的顺序排列的。

第三条手链有 12 颗沙漏形的珠子，它们被分成 4 组，每组 3 颗，并由成对的菱形绿松石珠隔开。每组沙漏形珠子最中间的都是一颗紫水晶珠，只有一组是例外，它被棕色玻璃珠代替，两侧是两颗金珠。奇怪的是，这些珠子没有穿线，而是由一条卡在中心凹槽里的金属丝连接起来的，并由一个细长的金环固定住的。菱形的绿松石珠末端有金箔帽，有穿孔可容金属丝通过。

第四条手链是最短的，它被戴在了木乃伊手腕最细的位置。手链由两部分组成，被发现时仍由金线和毛发编织的线穿在一起，毛发可能来自长颈鹿的尾巴。露在手腕外侧的那部分手链一般能被看到，制作得比较精致：中间是一朵金玫瑰花，两侧各有 3 条串珠。每条串珠都由尺寸不规则的绿松石珠组成并被小金环和小金球隔开。3 条串珠的末端都与一个大青金石珠相连，其中一个青金石珠与一个小金球相连作为结尾。手链的另一部分位于手腕内侧，有相同的串珠，但没有中间的花朵，最后青金石珠和金球的顺序颠倒了。（S.E.）

来自赫马卡墓葬的石盘

黑色滑石
直径8.7厘米，厚0.7厘米
萨卡拉，赫马卡墓
沃尔特·布莱恩·埃默里发掘（1936年）
第一王朝（公元前2920—前2770年），登统治时期

生活在第一王朝时期的赫马卡是最早担任司库这一重要政治职位的人物之一，还很有可能曾经以非王室成员的身份成为宰相。他在萨卡拉的墓葬中有丰富的随葬品，其中包括许多带有装饰的圆盘，材质有石、铜、木、牛角和象牙。这些是 1936 年在一个打开的木箱中被发现的。

这些石盘的用途仍不清楚，尽管发现者埃默里认为它们是陀螺。人们可能会把木棍穿入圆盘的中心小孔，使圆盘可以在木箱中旋转。

这种滑石盘一面扁平，另一面略微凸出。凸面上刻有奇妙的狩猎场景——圆盘的圆面上有两只狗和两只瞪羚分列四边，这种巧妙的设计使画面达到了一种平衡和对称。鲜明的色彩对比增强了装饰的象征意义。其中一只狗以及两只瞪羚的角和蹄是在滑石盘上雕刻而成的，而另一只狗和两只瞪羚的身体则是用粉红色脉纹雪花石膏镶嵌在滑石板上的。另外，石盘上有装饰的那一面的边缘由交错的线条环绕着。（S.E.）

JE 47176

有杰特王名的牙篦

象牙
长8厘米，宽4.5厘米
阿拜多斯
第一王朝（公元前2920—前2770年），杰特统治时期

在古埃及，任何物体，不论其正常功能如何，都可能具有象征性的价值。例如，在法老历史的所有时期中，都有一种模仿自然界物体而制作的物件。人们相信当身体与这些物体直接接触时会得到特殊的保护力，个人梳妆美容用品尤其如此。

如此看来，以这个来自阿拜多斯的简单的梳子（牙篦）为例，上面刻有法老的王名也就不足为奇了。仅仅是提到法老的王名，人们便认为这可以赋予物体辟邪的能力。在这种情况下，梳子也许曾经是杰特（Djet）随葬品的一部分，这同样验证了他的王名被刻在上面的原因。

装饰的中心是王名框（王室宫殿的典型视图），上面蹲着隼，刻着杰特的王名。王名框的两侧是象征权力的权杖。右侧还有象征生命的符号。

图画区域的上部被一对翅膀占据着，一艘船停在羽翼上，隼栖息在船舱内。这是带有寓言性的图像，船代表着太阳，羽翼则代表天空，太阳每天从天空划过，意味着每天从天空的东边航行到西边。这艘船与涅迦达二期的陶罐上的图像非常相似，也可与1954年在吉萨金字塔南侧底部坑穴中发现的实体胡夫太阳舟相提并论。

左塞的梳子是这种装饰图案中已知的最古老的例子。如果将之转换为带翼太阳圆盘的标准图像，那么在随后的时期则经常能发现相同的主题，尤其是在石碑和拱形建筑上。（F.T.）

JE 71298

仿编织石篮

片岩
高4.8厘米，长22.7厘米，宽13.8厘米
萨卡拉北部
沃尔特·布莱恩·埃默里发掘（1937—1938年）
第二王朝（公元前2770—前2649年）

石制器皿的制造是埃及史前和原始历史文化中最具特色的工艺之一。那个时期的工匠已有很高的技术水平，即使是最坚硬的石头，也可以雕刻成型。埃及艺术通过把石头雕刻成物品而赋予物品永恒性。这种做法还导致原本由木头、稻草和泥砖建造的神殿自左塞统治时期以后转变为石灰岩结构。

这个石篮发掘于第二王朝时期官员的墓葬中，精确地复制出了纸莎草纸的原始特征。工匠不仅从表面上模仿了纸莎草纸束，还仔细观察了其弯曲和排列的方式，拒绝了所有模式化的捷径。单个茎秆用起伏的线条来表现，根据这些线条，还能观察到厚度的自然变化。将篮筐固定在一起的绳子层层叠叠，极其逼真。

代表"黄金"的圣书体字符被刻在长边之一的末端，也许是纸莎草篮原来所盛物品的说明。后来的发现（最重要的是来自新王国的场景）确实表明了在石篮或托盘中摆放或携带的

是贵金属物品。但是，我们依旧不能肯定这个来自萨卡拉的石篮真的装满了金子。更有可能的是，在物品上刻上"金"字只是象征性地代表贵金属的存在。这个石制器皿如博物馆所藏的石罐，其大麦状的形制（大麦用于制作面包和啤酒）对于逝者的永恒生存是必不可少的条件。（F.T.）

哈塞赫姆雕像

片岩
高56厘米
耶拉孔波利斯（考姆艾哈迈尔）
詹姆斯·奎贝尔发掘（1898年）
第二王朝（公元前2770—前2649年），哈塞赫姆统治时期

　　这尊雕像是埃及法老王室雕像最古老的样例之一。它当时是和一尊类似的石灰岩雕像一起在耶拉孔波利斯被发现的。那尊石灰岩雕像现在被收藏在牛津的阿什莫林博物馆，耶拉孔波利斯这个城市在前王朝末期发挥着重要作用。

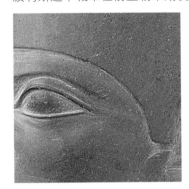

　　这一时期雕像的造型与前一时期的截然不同，具有古王国雕像的风格特征。这一点尤其体现在雕像的三维立体感上。该作品保留并强调了主题的正面视图，但与早期的雕像相比深度和个性都有所加强。法老坐在低背椅子上，头戴白冠，这种处理方法赋予了人物一种整体的垂顺感和轻盈感，这和之前的构图采用尽可能紧凑及互相包含的做法形成了鲜明对比——这是埃及艺术中最典型的做法，即雕刻作品所用的石块要尽可能地紧凑。

　　哈塞赫姆穿着登基庆典（赛德节）礼服庆祝在位30周年，旨在巩固他的权力，宣扬他的统治能力。礼服包含了长至小腿的披风，衣服的右襟盖住左襟，左臂环在腰间，似乎被袖子盖着，袖口有一圈较宽的饰带，右臂搭在腿边。法老的手呈握拳状，掌心中空，可能之前握有代表王室的权杖。与呈现几何感和风格化的手部相反，脚部则被雕刻得十分细致，并且和低矮的王位一起被放在同一基座上。

　　雕像的基座上刻着法老的王名和他击败的敌人的数目（47209）。被肢解的尸体图案装饰了基座的侧面。这些被打败的士兵被刻画得呈现出不同的死亡姿势，这与法老庄严克制的形象形成鲜明的对比。因此，两种不同的象征方式突显了法老君主制的作用：法老要不断进行战斗，以防止混乱（敌人）入侵有序的世界（埃及）。

　　对于这件作品，雕像基座的装饰人物有更具历史意义的解释，有人将死去的敌人形象解读为纪念哈塞赫姆战胜了忤逆中央力量的北方人民。成功之后，法老将他自己的名字改为哈塞赫姆威（意为"两个权力崛起"，暗示了埃及的统一）。根据其他观点，哈塞赫姆和哈塞赫姆威被认为是两个接连统治的截然不同的法老。（F.T.）

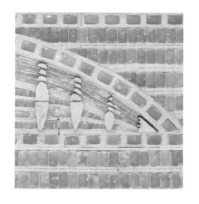

装饰瓷砖板

石灰岩釉陶
高181厘米，宽203厘米
萨卡拉，左塞墓葬群
埃及文物部发掘（1928年）
第三王朝，左塞统治时期（公元前2630—前2611年）

埃及博物馆复原的这块面板是左塞在位于萨卡拉的阶梯金字塔下面的地下房间（也称为"蓝色房间"）墙壁装饰的一个例子。左塞的丧葬建筑群在许多方面都是埃及王室建筑发展史上的里程碑：金字塔形状的选择以及法老陵墓使用的石材是两个最重要的特征。

虽然这两个方面有了重大创新，但其他方面仍保持了上一时期的传统。尽管为了能更好地保存，它们采用石头建造，同时宣告法老与神之间的紧密结合，但左塞建筑群中的所有建筑物都遵循一项传统——用较轻、易腐烂的材料制成传统装饰图案。围墙装饰有宫殿正门图案，这是前面两个王朝用泥砖建造的马斯塔巴的特征。金字塔周围庭院中的小神殿再现了南部和北部神殿的木制建筑。法老的葬室也体现了同样的概念。

这块瓷砖板由镶嵌在石灰岩墙体中的蓝色彩陶瓷砖制成，比编织和彩绘的芦苇垫更精致耐用。类似的面板还被用于装饰南侧墓葬的墙壁，南侧墓葬可以说是法老陵墓的复制品，位于左塞金字塔庭院对面的地下。（R.P.）

左塞雕像

彩绘石灰岩
高142厘米
萨卡拉，左塞墓葬群安灵室
埃及文物部发掘（1924—1925年）
第三王朝，左塞统治时期（公元前2630—前2611年）

左塞法老端坐在高背的王座上。他的右胳膊在五指并拢的情况下贴在胸前，而左胳膊则放在左腿上，手掌向上摊开。他穿着登基庆典披风，披风包裹着他，只露出双手。沉重的黑色假发由三部分组成，两部分束在脖子的两侧，头上戴着古朴的埃及式头巾，简单的布质王室头饰被固定在前额。裸露的耳朵与头部形成直角，这在后面时期的雕像中经常能见到，特别是中王国时期。姿态与脸部的刻画十分便于体现法老的神圣性。

基座的前面刻着法老内捷瑞赫特（Netjerykhet）的头衔和名字。如今，这位法老通常被称为"左塞"，但在当时的铭文中却找不到，只是在后来的文献中才出现。

这尊雕像是埃及真人尺寸雕像的第一例，是在萨卡拉左塞墓葬群的安灵室（serdab）中被发现的。这个小房间紧靠阶梯金字塔的北墙一侧，并且墙上配有两个与雕像的眼睛位置相对应的孔，这样法老就可以眺望和参与相邻神庙中进行的仪式和庆祝活动了。（R.P.）

海斯雷木板

....

木

高114厘米，宽40厘米

萨卡拉，海斯雷马斯塔巴（A3）

奥古斯特·马里耶特采集

第三王朝（公元前2649—前2575年）

雷前面的供桌上有一张满是圣书体字符的清单，列出了向逝者提供的祭品：香料、酒、肉和面包。面板的上部是标题和海斯雷的名字，海斯雷在这里有很多个头衔，分别是首席牙医、王室书吏、布托首领和荷鲁斯祭司。

在 CG 1427 面板中，海斯雷站着，左腿前倾；他的左手握着抄写工具和一根手杖，右手握着代表权力的权杖。在 CG 1428 面板中，海斯雷仍为站立姿势，他的手臂贴在身体两侧，双手展开。与其他面板一样，上方是逝者的头衔和名字。(R.P.)

此处展示的三块面板是人们从海斯雷马斯塔巴中发现的六块面板的一部分，这几块面板位于左塞在萨卡拉的阶梯金字塔建筑群的北部。像往常一样，这位高级官员的"最后住所"被分为地下和地上两部分。地下部分包括安葬逝者的墓室和上层建筑。地上部分包括停放雕像的安灵室和供奉物品的小神殿。小神殿是一个长而狭窄的房间，里面装饰着席纹和壁龛。刻画了海斯雷的各种姿势和服装的华丽浮雕面板就来自这个区域。所有面板的顶部都有一个矩形小孔，用于将其固定在壁龛的墙上。

在第一块面板（编号 CG 1426）中，海斯雷坐在椅子上，椅子腿的末端为狮子的利爪，方向朝右。他戴着短款的卷曲假发，穿着直到脚踝的长披风，但右肩和手臂却暴露在外。海斯

赫特普迪夫雕像

....

红色花岗岩

高39厘米

孟菲斯（1888年）

第三王朝（公元前2649—前2575年）

这尊雕像是一个跪着的男性人物，他的双手展开平放在膝盖上，手掌朝下。男子戴着短而卷曲的假发，假发围绕着头部由垂直线条横切而成。假发突出并放大了这个男人的脸部特征：大而安详的眼睛、长长的鼻子、高高的颧骨、丰满的脸颊和凸起的嘴唇。

与面部细节形成鲜明对比的是粗短的肢干被粗略地包裹在短裙中，只有在后面腰间浮雕处才能辨认出短裙痕迹。基座上用浅浮雕的形式刻着人物的名字"赫特普迪夫"。他可能是一位祭司，专门为第二王朝的前三位法老的崇拜仪式服务。三位法老的王名被刻在他的右肩上：海特普塞赫姆威（Hetepsekhemwy）、拉奈布（Raneb）和尼奈杰尔（Ninetjer）。

这尊雕像应该与一组大约 20 个所谓古代雕像有关，它们具有某些共同的象形特点和风格特征。这些雕像都是用硬石雕刻而成的，有粗略的草图主体，有短而粗的脖子和非常精细的头部，头部与主体相比也比较大。在现场没有发现任何线索，只有一些简短的说明。

这些雕像中的大多数很可能最初来自所雕之人的墓穴。但是，就赫特普迪夫的雕像而言，由于他呈现的是祈祷的姿势，因此，该雕像原来很有可能是被放置在他肩膀上的三位法老之一的神龛中的。

鲜明的风格加上其他铭文的印证，说明这尊雕像的年代可以追溯到左塞统治时期，这个时期也见证了金字塔中雕像的使用。如前所述，其他几座古代雕像可以肯定是属于同一时期的。(R.P.)

古王国时期，尤其是从第四王朝到第六王朝结束这段时期，是古埃及文化的巅峰时期。这一时期孕育了埃及独特的艺术及建筑风格。就好像某种总体规划的预案在第四王朝最终成型，定义了艺术和建筑的具体形式、比例和规则。这一时期，行政和丧葬的每个要素都有自己的模式，要求系统地组织相关要素完成特定职能。每个要素也与其他要素密不可分，属于基本统一方案的一部分。这些要素组合在一起的目的是完美地保证每任法老的统治，强调他与神界的特别关系，这一规范体系一直延续到古埃及历史结束。

我们对古王国时期的了解主要来自古都孟菲斯附近的吉萨、阿布罗阿什（Abu Roash）、扎维耶雅利安（Zawiyet el-Aryan）、阿布西尔（Abusir）、萨卡拉、达舒尔（Dahshur）和美杜姆（Meidum）等沙漠墓地中发现的建筑物和文物。随着19世纪对古埃及的发掘，这些遗址被洗劫一空。大大小小的轻便物品成为外国收

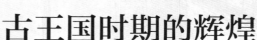

扎西·哈瓦斯

古王国时期的辉煌

藏品。这种大规模的掠夺在1858年埃及文物部成立后停止了。当时，备受埃及总督尊重的年轻人奥古斯特·马里耶特雇用了大批工人清理大型墓地和被掩埋的神庙。重要的艺术品首次留在了埃及。然而，马里耶特是根据工人们发现的物品数量给他们付钱的。有传言说，如果找到的物品很少，那么工人们完全可以在繁荣的文物市场上购买物品来冒充是自己发现的。如果碰上特别多产的遗址，他们甚至会扣留物品，"未雨绸缪"。

后来在这片地区工作的考古学家们更严密地监督着工人们。赫尔曼·容克尔（Herman Junker）、乔治·莱斯纳（George Reisne）、阿布达尔－穆尼姆·阿布·巴克尔（Abdal-Munim Abu Bakr）、阿哈默德·费克里（Ahmed Fakhry）和塞利姆·哈桑（Selim Hassa）详尽地记录了物品出处，为我们了解历史做

出了很大贡献。

第一座真正的金字塔由第三王朝的阶梯金字塔演变而来，在第四王朝初期首次出现。从第四王朝第一位统治者斯奈弗鲁（Sneferu）的实验性金字塔开始，在一代人的时间内，它们迅速进化成了古代世界最宏伟的石制建筑物。

斯奈弗鲁建造了四座金字塔，其中两个在法尤姆（Fayum）入口附近的美杜姆和塞拉（Seila），另外两个（曲折金字塔和红金字塔）在达舒尔。美杜姆金字塔在开始建造时似乎是阶梯金字塔，但在斯奈弗鲁执政第十五年完工时已经是真正的金字塔了。在他执政后期完工的达舒尔金字塔展现了石料加工和工程技术的高度发展。这些金字塔并非独立存在，而是属于建筑群的一部分。一个典型的金字塔建筑群包括14个建筑，每个

P038上
袖珍展览馆的组件盒

JE 72030
镶嵌木
长157厘米，宽22.5厘米，高19厘米
吉萨，海特夫瑞斯一世墓
（编号G7000X）
乔治·莱斯纳发掘（1925年）
第四王朝，哈夫拉统治时期
（公元前2575—前2551年）

P038右
黄金容器

JE 52404 - JE 52405
黄金
带流槽的杯：高5.2厘米，直径8.5厘米
容器：高2.4厘米，直径8.2厘米
吉萨，海特夫瑞斯一世墓
（编号G7000X）
乔治·莱斯纳发掘（1925年）
第四王朝，哈夫拉统治时期
（公元前2575—前2551年）

P038-039
有渔人的浮雕

JE 30191 = CG 1535
彩绘石灰岩
宽145厘米
萨卡拉，无名墓
第五王朝（约公元前2465—前2323年）

P037-038
备用头像

JE 46217
石灰岩
高26厘米
吉萨，西面墓地马斯塔巴（编号G4340）
哈佛－波士顿考古队（1913年）
第四王朝，哈夫拉统治时期
（公元前2575—前2551年）

都有特定的功能和位置。美杜姆金字塔是此类墓葬建筑群的第一个典型范例。除了地形导致的变化，这样的建筑群几乎没有变化地持续贯穿了整个古王国时期。

斯奈弗鲁后代建造的吉萨金字塔群遵循了相同的建筑方案。金字塔坐落在高耸的沙丘上，俯瞰着山谷，是在那些上下神庙中进行的信仰活动的焦点。这些神庙之间有堤道连接，神庙由大厅、房间和走廊组成。走廊对有关法老的灵魂和神明的信仰仪式来说是必不可缺的，宣扬信仰所需的雕像和浮雕也放在走廊内。

尽管大多数建筑几千年来遭到了盗墓者和偷石者的破坏，但勘探和清理时还是发掘出了埃及生产的部分最好的雕像。最早的发现之一是 19 世纪 50 年代哈夫拉河谷庙被清理干净后，马里耶特发现的一尊藏在坑穴里的令人惊叹的闪长岩雕像。

当时的文档记载很少，而且几乎都是根据宗教和王室的要求制作的。国家记录只有枯燥的事实陈述；宗教和丧葬文字自然是令人费解的谜团。第四王朝的官员们只记录了头衔。曾经必然存在过的经济记录没有找到。然而，第四王朝建筑物的高度复杂性和巨大规模，却能让我们洞察政治架构的平淡细节。

由法老直系亲属组成的政府凝聚了整个国家的统治力量。尤其是在前三个法老的统治下，大量运送的石头强有力地证明了法老对国家丰厚农业和矿产资源的控制。从斯奈弗鲁时代开始，建造金字塔就是国家最重要的建设项目。第四王朝时，这些巨型石制建筑的建造理念和方位精度意味着设计者当时已掌握了精深的天文学和数学知识，但这些至今没有书面证据。工程所需的庞大劳动力群体必然来自全国各地的村庄，集结后可能会根据老家来分组。他们的住房和食物供应很可能通过统一的团队系统来管理。这些大型建筑项目的成功表明，必要的社会组织和行政管理技能也已到位。

几年前，有个人在斯芬克斯像南面低洼沙漠边缘骑马时跌跌撞撞掉进了洞里，碰巧发现了一堵泥砖墙。考古学家经调查后发现了那里有一片小而密集的墓地，里面有各种形状和大小的泥砖和石墓：平顶矩形的马斯塔巴墓、"蜂巢"式的锥形墓以及通常用花岗岩和玄武岩建成的拱形走廊及其各类变形建筑。发掘成果表明，这是与金字塔有关的工人墓地。

一段狭窄的台阶从这个墓地沿着悬崖通向了更大的墓地，其中有些是从岩石上凿出来的。这些是工匠和监工的墓。其中

一座墓中，泥砖墙上的一个小洞后面有一双闪闪发光的眼睛。4500 年前，有人在这个壁龛里放了数尊雕像，再用砖砌好并留有一个小洞。

第十五王朝和第十六王朝的法老在萨卡拉和阿布西尔建造了自己的陵墓。尽管他们的金字塔没有吉萨金字塔有名，但它们融合了几项创新。第五王朝的最后一个法老乌纳斯（Unas）用竖排的圣书体字符满满地装饰了自己金字塔内室的墙壁。金字塔铭文写着一系列基于太阳和奥西里斯宗教信仰的魔法咒语，用来确保法老昌盛的来世。书面文字的魔力强大到它的存在本身就让其表达的想法成为了未来的现实。马里耶特在生命的最后时光发现的这些文字，开启了埃及宗教信仰研究的新篇章。

除内室装饰外，金字塔外的神庙的墙上也有着丰富的壁画，并用法老和神的雕像装饰着。路德维希·博尔夏特（Ludwig Borchardt）带领的一支德国队伍在阿布西尔清理金字塔和神庙后，

发现了约 10000 平方米的装饰浮雕。很难相信 80 多年后还能找到什么剩下的东西。然而，当埃及最高文物部决定用发掘机清理风带来的沙子时，一名司机从堤道上发现了装饰砖块。他怕没人相信自己，于是拍了照片，记录下了砖块上雕刻的一群饥饿的人和一队人拖着金字塔顶石的场景。他的发现震惊了文物工作人员。于是人们开始了发掘工作，发现了更多雕刻着奇妙场景的石块。

古王国时期的所有艺术尝试都是在埃及王权和宗教的背景下发展起来的。人民把身体誉为内灵魂的外在形象。一旦开口仪式激活了雕像，它就有可能容纳灵魂，于是灵魂会得到永生。埃及工匠所追求的美为灵魂提供了一个诱人的居所，也为崇拜和供奉提供了仪式中心对象。

如今博物馆大量收藏的墙壁浮雕和王室雕像曾经都装饰着金字塔建筑群。现在我们只能在纸上重建这些作品的原始位置，以展示艺术和建筑之间的复杂互动。而它们本就为此而生。

舒适的比例和精湛的工艺造就了埃及雕塑艺术永恒而独特的吸引力。所有的表现形式都是根据人体比例的规范严格绘制的。据此，不管尺寸如何，身体不同部位之间的比例总是相同的。第三王朝、第四王朝期间，该模式基本定型，此后变化不大。

在绘画和浮雕中，人体头部、下半身和腿部是侧视图，而肩膀和胸部则是正视图。这样的人像虽然在结构上不可能存在，但却十分传神。不管是法老、神明或者墓主人，最重要的人物总是显得特别大。圆柱或浮雕也遵守这一规则，常用于加强和拓展图画和造型艺术的圣书体字符也同样如此。

埃及雕塑艺术的其他传统也是在这一时期成型的。例如，描绘男女人物时会有细微不同，从而表明他们在古代社会中的不同角色。男性大步向前，而女性相反，她们只有一只脚稍稍向前或是两只脚放在一起。女性皮肤被描绘成淡黄色，而男性则是深红棕色，这种惯例被用来区别男性活跃的外向型生活与女性相对安静的家庭型生活。人物的眼睛也镶嵌了东西：虹膜用闪闪发光的岩石水晶制成，上面涂黑了一个洞当作瞳孔。成品栩栩如生，令人震惊，在墓中昏暗的光线衬托下更是如此，与拉霍特普和诺菲勒特雕像被发现时的情况一样。

工匠们在师傅的指导下分组工作，制作雕像和墙壁装饰品。年轻的学徒在工作坊中接受培训。随着技能的日益熟练，他们会被分配到更复杂的任务。雕刻雕像时，首先要在粗糙的石块上画出轮廓。助手们随后用铜凿子和石锤去除多余的石头。接着再次绘制轮廓，重复整个操作，直到粗略地雕出雕像。在这个步骤中，先由熟练的雕刻匠雕完身体部分后，再由师傅完成头部。

工作坊的运作由王室和一些神庙出资维持。艺术的准则最初可能成型于神庙工作坊里，而不时变化的风格细节可能来自王室工作坊。当然肯定也受到了法老和王室理想化的官方肖像的影响。地方工作坊的作品通常不够复杂，比较容易区分。

雕像是功能性的，所以也属于建筑计划的一部分。雕像的大小、类型和位置按照一定的准则融入了它们所装饰的建筑物中。

最早的雕像类型是法老的坐像和立像。第四王朝的第一位统治者斯奈弗鲁只留

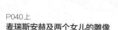

下了一尊雕像。费克里在曲折金字塔的河谷庙中发现了它，雕像被断成了三截，头部的一部分不见了。在德国考古研究院的帮助下，这尊雕像经过修复在埃及博物馆展出。

第四王朝的第二位统治者胡夫的雕像更加不幸。与他相关的只有一尊小雕像幸存下来，不是在胡夫金字塔附近被发现的，而是在阿拜多斯南 500 千米外。"埃及学之父"皮特里发现了它。他注意到工人带给他的无头雕像脖子上的裂口是新的，于是命令工人筛沙寻找，同时去当地古董市场搜寻，直到找到了雕像的头部。两个星期后，雕像头部与身体重新相聚。

哈夫拉的闪长岩雕像无疑是这一时期最著名的王室雕像，它出土于吉萨金字塔的花

P040右和P041
有鸟和纸莎草植物的浮雕

JE 56001
有彩绘点缀痕迹的石灰岩
高102厘米
萨卡拉，乌塞尔卡夫神庙
塞西尔·马拉比·弗思（Cecil Mallaby Firth）
发掘（1928—1929年）
第五王朝，乌塞尔卡夫统治时期
（公元前2465—前2458年）

岗岩河谷庙。这尊雕像是神圣王权的化身。法老坐在他的王座上，展现出前所未有的优雅和威严。身体的结构细节增强了力量和稳定的感觉，而神鹰在他头后盘旋，仿佛要与法老一起飞向神的王国。雕像还代表了奥西里斯、伊西斯和荷鲁斯的三位一体性。隼代表了荷鲁斯，王座构成了代表伊西斯女神的圣书体字符，而法老则代表了冥界之主奥西里斯。

据估计，哈夫拉的吉萨金字塔建筑群曾有58尊雕像，但只有几尊幸存下来，并且也都损坏了。河谷庙入口的两边陈列了四个巨大的斯芬克斯像，每个都超过8米长。长廊有高大的壁龛，龛内曾放有巨型雕像，可能是狒狒雕像。河谷庙内部放置着23尊近乎真人大小的法老雕像，如今只留下几尊雕像的碎片。葬祭庙内室里至少有7尊大的法老雕像，如今露天院子里还有12尊大型雕像。河谷庙旁边的斯芬克斯神庙里，还有10尊巨型哈夫拉雕像。古王国时期其他的金字塔庙里都没有如此多的巨型雕像的遗迹。

不过，哈夫拉统治时期最大的雕像当然是斯芬克斯像。从采石场挖出石块建造好金字塔和神庙后，人们将剩下的石块雕刻成了斯芬克斯像。它被放置在沙丘脚下的一个人工山谷中，紧挨着堤道和哈夫拉金字塔群中的河谷庙。斯芬克斯像的脸被雕刻成了哈夫拉的样子，曾经还有着一条长长的辫状胡须，正如神和神化的法老的胡须一样。乔瓦尼·巴蒂斯塔·卡维利亚（Giovanni Battista Caviglia）在1817年发现了胡须的碎片，并提出了疑问：胡须是原设计的一部分，还是新王国时期的补

充？这些碎片看起来是用跟身体部分相同的石灰岩制成的，但厚度只有30厘米左右，背面粗糙，似乎是用来黏合身体部分的石块。胡须部分只有13%幸存，除非能全面修复，否则就不可能把它再放回去了。如果用替代品，则会彻底改变古代世界最著名的面孔之一。鼻子部分似乎是在14世纪时被刻意凿掉了，也许是当时席卷全国的一波灾难导致的。异教徒形象被认为是当时瘟疫、饥荒、战争等灾难的罪魁祸首。

斯芬克斯像在现代也有所损坏：它的表面正在坍塌，一些古老的外饰石块已经脱落，肩膀上一块厚厚的基岩也脱落了。近代的保护工作加固了它的状况。然而，其倾圮的状态引发了人们的猜测。有人认为它确实比周围第四王朝的建筑要古老得多，但关于更早时间的争论则完全基于地质推测。该遗址的考古学研究清楚地表明，斯芬克斯像和哈夫拉金字塔的下层神庙及堤道是同时建造的。

觉得它没什么价值。在葬祭庙中，捷克团队还发现了埃及传统敌人——亚洲人、利比亚人和努比亚人的雕像。

第六王朝佩皮一世（Pepi Ⅰ）统治时期的两尊铜制雕像最近被修复了。两尊都刻画了法老，一个真人大小，另一个小些。虽然有记录证明早在第二王朝时期工匠就能制作铜雕像，但这两尊雕像是现存的来自古王国时期的仅有的两个例证。

古王国时期，用浮雕装饰神庙墙壁的方式一直在进化。斯奈弗鲁时期，只有河谷庙里才有浮雕。胡夫统治时期，整个金字塔建筑群都有浮雕。到了第五王朝和第六王朝，浮雕的建造得到了充分发展。

墙壁浮雕的制作方法跟圆柱浮雕类似。先是在墙上用红墨水粗略地画出轮廓，再用黑色墨水更正。随后，石匠凿去背景，留下凸出的图像让熟练的工匠雕刻细节。

浮雕的题材有不同类别。一种是统治的场景。法老宣示自己的主权，或是表示征服了宇宙中无序的元素，比如野兽或外国人。这类场景包括在沙漠中狩猎野生动物、殴打外国人以及接受来自埃及国内外的贡品。法老的专用头衔强化了王权的这一重要方面。在其他场景中，法老与神同在，被描绘成隼之神荷鲁斯。他总在神的陪伴下出现，其主要职责之一就是向神献上贡品。此外还有法老举办登基庆典（赛德节）的场景。

哈夫拉的继任者孟卡拉也用雕像装饰了他的金字塔建筑群。莱斯纳发掘神庙时发现了几个完整的雕像和许多碎片，其中有些碎片属于曾矗立在葬祭庙中轴线上的一尊巨大的雪花石膏雕像。保存最完好的一些作品来自河谷庙，显示法老由女神哈托尔和诺姆神（Nome-Deity，诺姆为古埃及的区划单位，类似"省"）陪同。法老总是戴着上埃及的白冠，而那些诺姆神都是上埃及各省的。它们开始时可能是被放在中央天井里，因为在那里发现了不少其他碎片。这些三个一组的雕像也可以解释成代表荷鲁斯（由法老代表）、哈托尔和太阳神拉（由哈托尔王冠上的太阳圆盘代表）。他们将成为太阳神拉信仰的中心，是世界的创造者和维持者。王后是现任法老的妻子和继任法老的母亲，哈托尔（同时是太阳神拉的女儿和妻子）就是带着她的特点被雕刻而成的。这些三合一雕像表明，古王国时期的金字塔建筑群被献给法老和这些神明，以加强他们之间的密切联系。

第五王朝幸存的纪念雕像很少，但展现古王国时期技能的雕像并没有消失。乌塞尔卡夫（Userkaf）在其所建太阳神庙中的雕像的头部品质卓越，位于萨卡拉的其巨大红色花岗岩头像也是如此。

米洛斯拉夫·维纳尔（Miroslav Verner）领导的捷克团队在阿布西尔未完工的拉奈菲尔夫（Raneferef）金字塔中发掘出了这位鲜为人知的法老的六尊小半身像。这些雕像由各种不同的石头精巧地制作而成。在70年前，一个德国团队放弃了这座金字塔的发掘工作，

P042 上
书吏雕像

JE 30272 = CG 36
彩绘石灰岩
高51厘米，宽41厘米，深31厘米
萨卡拉，埃及文物部发掘（1893年）
第五王朝早期（公元前25世纪中叶）

P042 下
书吏雕像

CG 78
白色石灰岩
高49厘米
萨卡拉
第五王朝（公元前2465—前2323年）

他在宫殿里与官员朝臣们一起坐在特殊的赛德节神殿中举行仪式，庆祝他获得王位和完成职责。最后还有神明确认法老权威的场景。浮雕用代表力量、权威、统治和长寿的圣书体字符描绘法老，强化了王位的真实性和有效性。这些场景旨在证实法老永久统治的完美本质，最终在他自己的神化场景中达到顶峰。

一旦一系列场景成了保留剧目的一部分，它们将会在后来的神庙中重现。尽管不总是按照相同顺序，甚至有时候也不完整，但它们仍然有效。例如，第五王朝萨胡拉（Sahure）的神庙中有一个场景描绘了法老在攻击利比亚敌人。200年后，佩皮二世（Pepi II）的神庙精确地复制了所有细节，包括敌人的名字。这件事情的历史事实并不重要，但再现的场景保证了现任法老能够主宰埃及的敌人。

正如墙壁浮雕和一尊尊真人雕像所验证的，那些日常生活和丧葬用的物品遵照一个既能适配神庙也能适配宫殿的方案。在古王国时期的神庙中，南储藏室存放着维持宗教礼仪的物品，而北储藏室则存放着法老来世用的宫殿物品。按照规定程序选出的其他物品放在墓室中。

然而不幸的是，古王国时期的王室墓地全都有所损毁。即便是附属的王室女眷的金字塔也未能逃过掠夺，遭劫时间可能是在第六王朝末期王室政权崩溃的时候。不过，1925年人们在胡夫金字塔东面发现了一个没有标志的竖井。竖井底下的墓室里有不少物品刻了铭文，表明墓主人是斯奈弗鲁的妻子、胡夫的母亲——海特夫瑞斯。被发掘出的物品里有一个空的雪花石膏石棺、一整套卡诺匹克罐

和许多刻有她或者斯奈弗鲁名字和头衔的贴金家具。竖井上方没有任何建筑，墓中也没有遗体，这引发了许多猜想。

该墓的发掘者莱斯纳认为，王后在胡夫统治早期去世，被安葬在靠近其丈夫金字塔的达舒尔。在胡夫统治期间，她的陵墓被破坏、遗体被盗，因此她的儿子把墓中的残留物品移到了吉萨金字塔，匆忙地葬在了他自己的金字塔的附近。

最近也有一种观点认为，吉萨金字塔建筑群建造初期，王后被临时埋在了竖井里，原本计划在上面建造一个小金字塔。结果，为了给吉萨大金字塔堤道让路，小金字塔被建到了更南边，王后遗体被转移，石棺、家具和卡诺匹克罐被留在竖井里。第三种猜测是，王后最初被葬在北方王后金字塔里，但金字塔在古王国时期末期的纷乱中被盗掠了。胡夫的主管丧葬的祭司把墓中家具和空石棺移到了更安全的、没有标记的竖井里。

由于当时的住宅都是用泥砖建造的，所以唯一幸存的非王室建筑就是私人陵墓。与王室金字塔建筑群比起来，这里的建筑缺乏统一连贯的模式，也显示出在古王国阶段有所发展。在古王国早期，法老的家人和官员通常被埋葬在法老墓地附近。后来，这些墓变得更大，装饰也更精细。

古王国时期的城市大多已不复存在，并不能为我们提供多少关于历史和金字塔时代的文明的真相。我们所知的部分，大多来自沙漠墓地。这些墓地从北部的阿布鲁韦斯（Abu Roash）延伸到南部的美杜姆，呈一条巨大的弧线。臣民们的墓围绕在王

P043
书吏普塔舍普希斯（Ptahshepses）雕像

CG 83
白色石灰岩
高42厘米
萨卡拉，马斯塔巴（编号C10）
第五王朝（公元前2465—前2323年）

头衔。后来，又增加了家庭和墓主人传记的细节。简单的祭祀石碑被精心设计成了整个供礼人队伍、对政治家庭生活的描绘以及娱乐场景。古王国时期末期，简朴的单间祭堂变成了精装房间和走廊构成的迷宫。

这一时期，多次出现的墓室浮雕主题从有关渔业、农牧业的户外场景，转变成了更具体的工作坊、办公室。内室里的场景通常表现的是供奉、供礼人队列、动物以及屠宰。实际的供品清单被刻在最里面祭堂里的假门旁边。

墓内祭堂的形状也随尺寸的增加而改变，不过它们的基本方案很灵活，能够适应建筑的变化。尼罗河沿岸悬崖上的岩凿墓呈现不同的方向，因为祭堂入口的位置是由地形而非建筑师决定的。

私人雕像与王室雕像一样，被当作承接逝者灵魂的合适容器，成了仪式和祭品的核心。大部分私人雕像由石灰岩和木头制成，比坚硬的石头更好造型。少数木质雕像幸存下来，比如著名的贝勒德（Sheikh el-Beled）村长——一个真名叫卡培尔的富裕的中年官员。这些软质石料令眼睛、耳朵和发丝的细节得到了精细的展现。最近，在吉萨金字塔中发掘出了一个罕见的非王室玄武岩私人雕像。他是个矮人，叫柏尼安胡（Per-nyankhu），手持手杖和权杖。他右腿上的铭文刻着"每天取悦陛下的人"。最近的证据表明，他是矮人塞奈布的父亲。

这个时期的个人雕像几乎都是男性，通常雕成立像，坐在椅子上或是坐在地上盘着腿像书吏一样的雕像少一些。雕像人物通常持有一根手杖或是其他显示等级的标志物。虽然雕像通常描绘的都是人物有精瘦肌肉的壮年时期，但雕像中也包括过着舒适生活的年纪较大的官员。另一方面，女性雕像基本都被刻成了苗条年轻的状态。即使是怀孕也只表现为原本平坦的腹部被刻成单独的圆形。单独的女性雕像十分稀少，最著名的就是诺夫瑞特的坐像。然而，她的雕像与丈夫拉霍特普的雕像成为了一对，准确地说，应该算作群像的一部分。这对高级别雕像的写实雕刻方式代表了第四王朝初期三维艺术突飞猛进的发展。

夫妻双人像雕刻中，女性通常比男性更矮、更瘦，这一区别反映了男女骨骼结构的真实差异。孩子们几乎总被刻成赤身裸体，有时候用手指抵住嘴巴，

室金字塔脚下，其中既有像萨卡拉金字塔周围的泰（Ty）和梅勒鲁克（Mereruke）这样的高级宫廷名人，也有像吉萨金字塔附近的德布恩（Debhen）这样的小人物，还有一些工人的墓。吉萨金字塔附近的私人墓形成了一个名副其实的亡者之城，它们就坐落在正常的街道上。马里耶特的手下们第一次看到这些带倾斜坡面的平顶长方形结构时，他们想起了自己房子外面的泥砖座椅，于是称之为马斯塔巴——阿拉伯语中"长凳"的意思。从此便为人所知。

墓内祭堂是私人墓葬的核心。它从可确定墓主人姓名、头衔的供碑以及联结逝者与生者世界的"假门"演化而来。到了古王国时期，这两个特点被安置到了墓内祭堂的西墙上。这种逐步丰富的基本特征，与对墙壁空间增多的需求一起，成为了私人墓扩大的动力。开始的时候，铭文只记录墓主人的姓名和

做出孩子的手势。虽然孩子的雕像体型较小，但身体比例与成年人相同。

在这些雕像中，夫妻常常同时出现，例如将他们刻成并排成对的雕像。妻子把一只手臂放在丈夫的腰上，另一只手抚摸他的肩膀，这是一种传统的表达爱和支持的姿势。这有种把男人向前推的效果，仿佛是要接受供品。丈夫迈步而妻子双脚并拢的惯例更加强化了这种联想。这反映了现实生活中的情况，即养家的人在生前供养他的妻子和孩子。同样，他死后将代表他的家人接受墓中的祭品。在这类人物雕像的另一种常见惯例中，妻子会被刻得小得多，她跪在丈夫的膝盖上，紧抱着他的腿。以这种小尺寸出现时，妻子通常不比身边的小孩大多少。

矮人塞奈布和他的妻子的双人雕像有着不同寻常的安排。他盘坐在长凳上，这样他就和旁边的妻子一样高了。雕像中通常应该放腿的地方换成了塞奈布的两个小孩。这是一种明智的做法，可以让人们不再注意他矮小的身材，同时满

足了刻画这个典范家庭的要求。

除了私人雕像之外，古王国时期的工匠们还制作了另一种类型的雕像，即所谓的仆人雕像。这种雕像都是一些小的雕像，男女都有，刻画的是日常工作的场景，比如研磨谷物、酿制啤酒、照看生火、烘烤面包以及屠宰动物。也许把这些人物放在墓中能神奇地保证逝者的食物供应。目前还不清楚，他们是仆人还是帮手，抑或是家庭的一员。

另一类雕像是神秘的"备用头部"。这些都是真正的头像，没有任何迹象表明他们曾附着在身体上。第四王朝时期，这些头像被放在了某些人墓室的入口处。目前只发现了37件这样的雕像，其中有些是人像艺术的杰作，可能是由王室工作坊制作的。因此，这些雕像很可能就是给法老的礼物。

它们的用处可能是在木乃伊或逝者的雕像损坏时作为替代品。这些雕像有一个目前还没有合理解释的奇怪特点，那就是几乎所有雕像的耳朵要么断裂，要么就是丢失了。这可能是盗墓者粗暴地对待雕像，或是故意肢解的结果。

第六王朝末期，孟菲斯政府的崩溃带来了一个世纪的饥荒和动乱。古代资料称佩皮二世在位超过90年，或许正因如此，中央政府的控制力减弱才导致了动乱。又或者，罪魁祸首是带来饥荒的干旱或极具破坏性的高位尼罗河洪水。大规模的建筑和艺术品制作停止了。可能就是在这段时间，墓葬和金字塔被盗掠。直到第十二王朝，南部底比斯的一系列统治者重新统一了国家，繁荣才得以恢复。

P044左
泰雕像

JE 10065 = CG 20
彩绘石灰岩
高198厘米
萨卡拉，泰马斯塔巴（编号60）
第五王朝，尼乌塞尔拉（Niuserre）统治时期
（公元前2416—前2392年）

P044右
女性立像

CG 134
雪花石膏
高50厘米
萨卡拉
第五王朝（公元前2465—前2323年）

P045右
乌赫维（Urkhwy）雕像残块

JE 72221
有彩色点缀痕迹的石灰岩
高35厘米
未知出处
第六王朝（公元前2323—前2150年）

作者简介

扎西·哈瓦斯是吉萨金字塔和萨卡拉金字塔的总负责人。他发现了辛勤建造金字塔的工人墓以及位于吉萨大金字塔西面胡夫的官员墓。他也是第一个发现建造金字塔方法的可靠迹象的人。

在他最新的考古事业中尤其重要的是对孟卡拉金字塔区域发掘的指导，以及拉美西斯二世双重雕像的发现。1998年5月完成了穆巴拉克（Mubarak）总统推动的斯芬克斯像的修复项目之后，扎西·哈瓦斯现在正致力于对整个吉萨高原的细致探索。他将很快提出一种新的方法，来解决现代埃及学较为棘手的问题之一：如何协调大众旅游与考古学之间的关系。

为了表彰他在埃及学领域的工作成就，宾夕法尼亚大学向他颁发了富布赖特奖学金和博士学位。他还为许多与埃及和近东考古学相关的权威的百科全书类作品做出了贡献，并出版了关于金字塔、古埃及王室中女性的角色以及很多类似主题的书籍。他在开罗大学教授考古学，曾在加利福尼亚大学洛杉矶分校开设埃及学课程以及在世界各地举办讲座。

JE 34571 = CG 1742

"美杜姆鹅"

彩绘石膏
高27厘米，宽172厘米
美杜姆，奈菲尔玛阿特马斯塔巴
奥古斯特·马里耶特发掘（1871年）
第四王朝，斯奈弗鲁统治时期（公元前2575—前2551年）

这个粉刷过的石膏碎片是位于美杜姆的奈菲尔玛阿特（Nefermaat）和阿泰特（Atet）的马斯塔巴墙壁装饰的一部分。准确来讲，它装饰了通向阿泰特祭堂的通道的墙壁底部。1871年，马里耶特在该地区发掘时发现了这幅画。这件文物一经问世，就被认为是古埃及绘画最伟大的杰作之一。

这幅作品用蛋彩画技术画成，使用经水稀释的矿物颜料。结合剂的确切性质尚不清楚，可能是一种胶状物质或蛋清。

它描绘了一块田里的六只鹅。一些细微变化打破了整体对称性，这是古王国时期埃及艺术的典型做法，也是后期的艺术特色。画中的六只鹅被分成两组，三只一组，面向相反的方

JE 43809

两片有镶嵌装饰的墙壁残片

·········

石灰岩、色浆
高61.5厘米，宽138厘米；高62厘米，宽124厘米
美杜姆，奈菲尔玛阿特马斯塔巴
W.M.F.皮特里发掘（1892年）
第四王朝，斯奈弗鲁统治时期（公元前2575—前2551年）

这两块碎片出自斯奈弗鲁的儿子奈菲尔玛阿特的马斯塔巴。皮特里于1871年、1892年分别从墓里发掘出了这两块碎片，它们原本属于同一块建筑部件。

这两块碎片的装饰方法是当时的工匠用先进创新技术进行试验的证据。古埃及工匠们似乎并不满意试验结果，因为尚未发现使用这种技术的其他例子。

这些雕像的轮廓先被刻在石灰岩上，然后用色浆填充。干燥后，糊糊往往会脱落。也许这就是镶嵌的墙壁装饰最终被放弃的原因。新王国时期有些例子使用的是琉璃。这种材料色彩生动，有纵深感，试验效果很好，因此古埃及工匠们采用了这种材料。

这里展示的右边的碎片上，两个区域中都有彩绘。两个区域都描绘了狩猎的场景，下面的场景里有一条狗追着三只狐狸，还咬着最后一只狐狸的尾巴。上面区域描绘了一个蹲在豹子后面的男人。他手里拿着两根投掷棒（一种不能返回的飞镖），用来猎杀远处的动物。

另外一个碎片上有三个区域，但最上面的状况很糟，不过还是能分辨出各种动物的脚和植物。中间区域描绘了另一个狩猎场景。水鸟被困在六角形的网中。有两个人跪在左边，向后仰着拉绳子，绳子收紧了网，困住四只鹅。网的下方跟人处在同一平面上，刻画的另外两只鹅正在啄食草地上的东西。作为对场景的说明，人和网之间有圣书体字符动词 sekh，意思是"收（网）"。下面区域是耕作的场景。右边一头牛正在人的牵引下拉犁，牛的色浆已经没有了。他们后面另一头牛和另一个人摆着同样的姿势。人和牛之间可以看到圣书体字符 seka，意思是"耕作"。

这些场景是这一时期墓葬墙壁上彩绘的日常生活场景的一部分。这种场景的展现旨在维系逝者与生者世界的关系。伴随这类场景的是，逝者经常被刻画成正在接受丧葬供品。私人墓葬的装饰方案旨在确保逝者继续享有与尘世生活相同的地位。(R.P.)

向。其中四只鹅头抬着，两端的鹅正俯身啄食。许多细节，尤其是色彩的使用，带活了画作，克服了缺乏动态画面的缺点，将一个可能平庸的构图转化成了杰作。

右边那对抬着头的鹅的羽毛跟另一对有所不同，在重复的颜色序列中创造了显著的变化，但它们的尾巴排列得更加对称，这在整个构图的焦点处创造了十分有效的分离效果。

两组鹅构成了两个截然不同的部分。从脖子伸展的鹅喙到尾巴构成了虚拟的半圆，每部分都包围在各自的半圆之中。鹅被分为三只一组并非偶然，在古埃及语中，三个一组是工匠们表达复数概念的方法。因此，左右的三只鹅分别代表若干只

鹅。如此一来，这个场景就超越了简单的艺术刻画和惯例，成为象形文字系统的真实案例。

工匠们没有试图描绘自然界中存在的鹅，他们所画的两种类型的鹅的特征并不能让人识别出其种类。相反，工匠们以鹅的原型进行创作，羽毛的高度风格化让它们更像是圣书体字符，而非真正的鹅。背景选用了中性的粉灰色，把鹅衬托得更加醒目，进一步证明了壁画实际上就是原稿。

鹅与鹅之间发芽的一簇簇草，为有序的场景提供了从容有趣的对比，延续了避免对称的安排。正是这种不对称让这件作品成为了永恒的杰作。(F.T.)

拉霍特普和诺夫瑞特雕像

彩绘石灰岩

拉霍特普（CG 3）：高121厘米

诺夫瑞特（CG 4）：高122厘米

美杜姆，拉霍特普马斯塔巴

奥古斯特·马里耶特发掘（1871年）

第四王朝，斯奈弗鲁统治时期（公元前2575—前2551年）

这些刻画了拉霍特普和他的妻子诺夫瑞特的雕像被发现于斯奈弗鲁金字塔背面的拉霍特普马斯塔巴中。两个人物坐在相当坚固的方形椅子上，靠背高而宽，只比他们的头稍低一些。拉霍特普的椅子比妻子的稍微宽一些。

他的右臂弯曲置于胸前，左臂搭在左腿上，双手握拳。

他戴着一顶黑色的短款假发，完全露出瘦削的脸和高高的前额。他的五官雕刻得很逼真。大眼睛镶嵌着石英和水晶，用浓重的黑色眼线勾勒出轮廓，上面画着眉毛。鼻子的形状挺括，黑色的胡须突出了相当大的嘴巴。他的脖子上戴着一条细链，上面有挂坠。他只穿着一件白色短裙。他的躯干和手臂显示出均衡有力的肌肉，而腿和脚则相当粗壮。他头部两侧的椅背上有三列圣书体字符，列出了他的头衔和名字。他被称作"法老之子"，其他头衔包括"赫利奥波利斯的拉神祭司""工程总监"和"远征总监"。

诺夫瑞特被雕刻成双臂交叉，裹在披风里。她的右手露在披风外面，披风包裹着她的上衣，展示着她的身段。她的脖子上挂着宽领项链（usekh），上面串着各种颜色的珠串：浅蓝色、深蓝色、红色以及最边上有一排蓝色坠饰。沉重的黑色假发落在肩头，额头上绑着装饰着花卉图案的带子。她的面容很清晰，细节精美。镶嵌的眼睛比拉霍特普的略窄一些。她的鼻子很小，曲线柔和，嘴巴也很小，嘴唇很丰满。头部两侧的靠背上各有一串铭文，写着"了解法老的诺夫瑞特"。

两个人物的肤色差异遵循埃及描绘男女的惯例。男性总是赭色（有时几乎是红色），女性则是淡黄色。

尽管姿势僵硬，目光不变，这两尊雕像也仍然能够揭示出工匠赋予石像生命的卓越才能。即使没有铭文能确定这两个人物是王室成员，雕像质量之高也足以证明它们是王室工匠的作品。（R.P.）

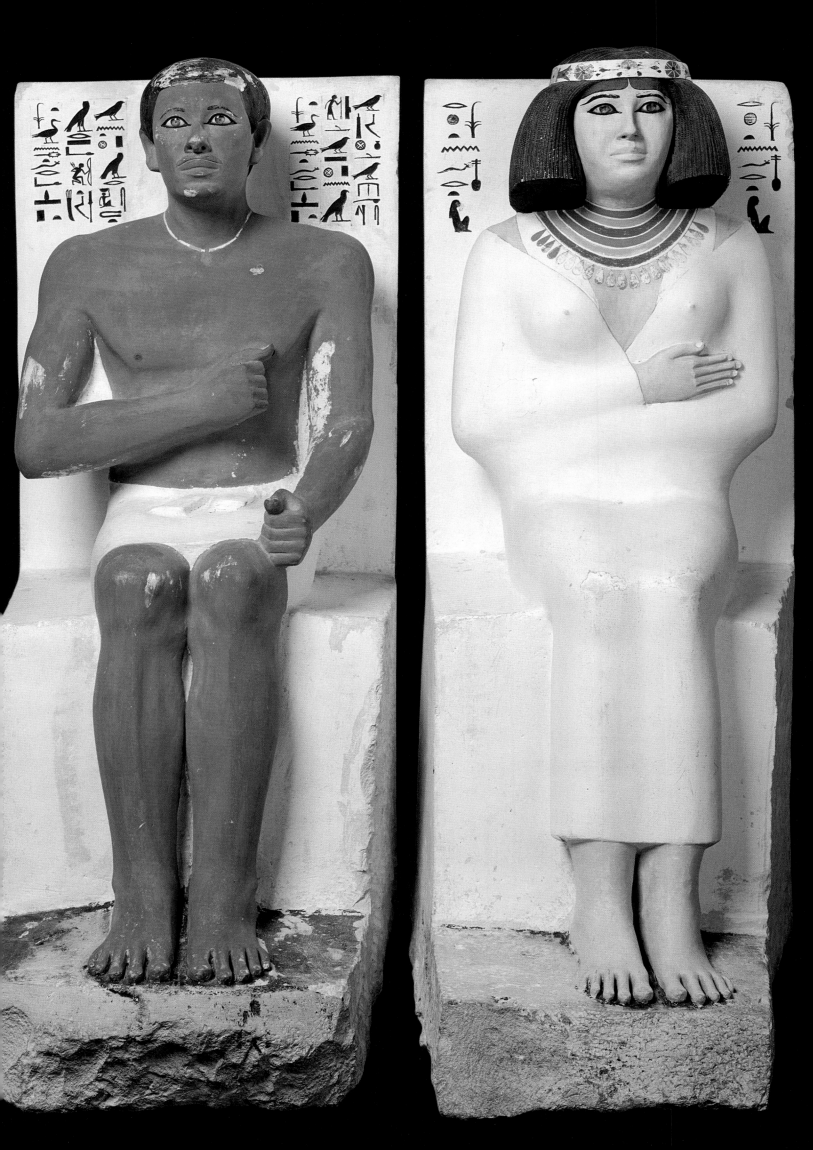

海特夫瑞斯的椅子

....

木、金箔
高79.5厘米，宽71厘米
吉萨，海特夫瑞斯一世墓（编号G7000X）
乔治·莱斯纳发掘（1925年）
第四王朝，斯奈弗鲁统治时期（公元前2575—前2551年）

这把椅子及另一把类似的椅子和其他家具被发现于海特夫瑞斯墓中王后的雪花石膏石棺旁边的一堆乱七八糟的东西里。天然木制成的座椅和靠背周边环绕着一个简单的木质框架，上面覆盖着金箔，高高的扶手为贴金木制。

扶手包括一个水平杆，表面弯曲，刻着平行的切口。靠背由另一个木质组件构成，表面装饰着一块编织的垫子。扶手下方镂空雕刻着优雅的花卉，构成了椅子的主要装饰元素。它由三朵纸莎草花组成，是下埃及的象征。花卉的茎被绳子绑着。中间的花茎是直的，两侧则是弯曲的，显示出精致而优雅的编织效果。

椅子的靠背通过中间支撑物在后面加固，原本是用丧葬物品堆里的镶嵌板来装饰的。可能就是在座位下面发现的那块板，上面刻画了一个女人将一朵莲花举到鼻子前。

椅腿也是贴金木制成的，形状是狮子的爪子放在小圆柱形支撑物上。椅子前面比后面高，因此又深又宽的座位略微向后方倾斜。(S.E.)

海特夫瑞斯的床

....

木、金箔
长178厘米，宽97厘米，高21.5～35.5厘米
吉萨，海特夫瑞斯一世墓（编号G7000X）
乔治·莱斯纳发掘（1925年）
第四王朝，斯奈弗鲁统治时期（公元前2575—前2551年）

海特夫瑞斯的床是王后丰富的随葬物品组合的一部分。它可能被放在用贴金木制成的便携华盖下面，这个华盖也在墓中被发现了。有一种观点认为，她的墓一开始在达舒尔，随葬物品也放在那，后来转移到了设想中更安全的位于吉萨的墓里。

墓被发掘时里面很混乱，床倒放着，床腿对着天花板，床头朝向墓室入口。

两根长长的边条组成了床的木质框架，上面覆盖着厚厚的

金箔。边条通过两个拇指十字架相互连接，两端呈现艺术化的纸莎草形状。四个床脚由贴金木制成的支架构成，形状像狮子的脚，通过皮带固定在床框上。床头略高于床尾，呈现出一个平缓的坡度。

床垫底座由两根长木梁支撑，固定在床的外框上。床架上也许会有一张薄薄的床垫放在上面。本该放在床头的金盒子里面有贴金的和贴银的两个枕头。

床尾是一块木板，通过插入铜座的木制榫头连接到底部横梁上。面向床的一面用两条带状物装饰着，上面的那条是连续的羽毛图案，下面的那条除了羽毛外还有三个玫瑰花环。另一面则是光板。(S.E.)

JE 53265・53266・52281

装有手镯的木匣

....

木匣（JE53265）：
贴金木
长41.9厘米，宽33.7厘米，高21.8厘米
手镯（JE 53266 – JE 52281）：
镶嵌玛瑙的白银、青金石、绿松石
直径9～11厘米
吉萨，海特夫瑞斯一世墓（编号G7000X）
乔治·里斯纳发掘（1925年）
第四王朝，斯奈弗鲁统治时期（公元前2575—前2551年）

　　海特夫瑞斯一世是第四王朝第一个统治者斯奈弗鲁的妻子。她的儿子是胡夫，他在父亲死后登上埃及王位。海特夫瑞斯原本的墓可能位于达舒尔，靠近她丈夫的金字塔，但下葬后不久就被盗墓。于是墓中物品被转移到了靠近胡夫金字塔的一个新的更安全的地下墓中。

　　王后的随葬物品十分丰富，佐证了古王国时期王室墓葬的杰出陈设。墓里堆放的众多杂乱无章的物品中的一个箱子里，放着这个贴金木匣。木匣内外表面都贴着平直切割的金箔，具有类似草席编织图案的边缘。

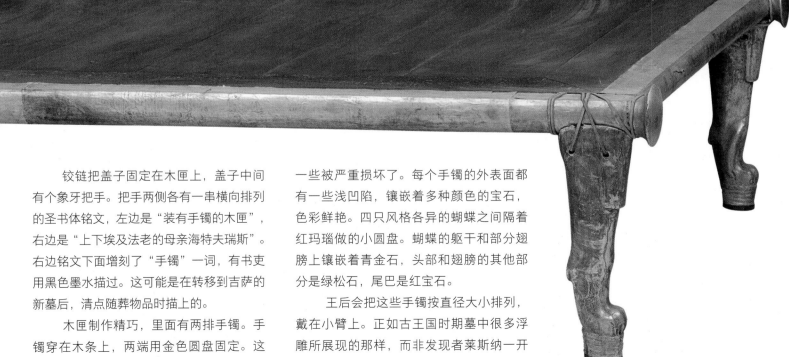

　　铰链把盖子固定在木匣上，盖子中间有个象牙把手。把手两侧各有一串横向排列的圣书体铭文，左边是"装有手镯的木匣"，右边是"上下埃及法老的母亲海特夫瑞斯"。右边铭文下面增刻了"手镯"一词，有书吏用黑色墨水描过。这可能是在转移到吉萨的新墓后，清点随葬物品时描上的。

　　木匣制作精巧，里面有两排手镯。手镯穿在木条上，两端用金色圆盘固定。这些手镯由弯曲的银板制成，内里开口，有

一些被严重损坏了。每个手镯的外表面都有一些浅凹陷，镶嵌着多种颜色的宝石，色彩鲜艳。四只风格各异的蝴蝶之间隔着红玛瑙做的小圆盘。蝴蝶的躯干和部分翅膀上镶嵌着青金石，头部和翅膀的其他部分是绿松石，尾巴是红宝石。

　　王后会把这些手镯按直径大小排列，戴在小臂上。正如古王国时期墓中很多浮雕所展现的那样，而非发现者莱斯纳一开始认为的戴在脚踝上。(S.E.)

胡夫的小雕像

·····················

象牙
高7.5厘米
阿拜多斯
W.M.F.皮特里发掘（1903年）
第四王朝，胡夫统治时期（公元前2551—前2528年）

王座左侧模糊的铭文已无法释读，但右侧仍保留着法老的荷鲁斯名。正因如此，我们才能确认最大的金字塔的建造者，他留存在世间唯一的完整形象就是这尊微小的象牙坐像。

当考古学家皮特里在阿拜多斯发掘出这尊雕像的时候，它的头部是缺失的，但皮特里立刻注意到颈部的裂痕很新，考虑到发现的重要性，他立刻下令重新检查所有发掘出的堆土。经过三个星期的辛苦劳动，工人们才将失去的头部找到。那时皮特里发掘的遗址是一座献给冥王奥西里斯的神庙。神殿最早可以追溯至前王朝时期，最初供奉的神为"西部人之主"（Khentiamentiu），后与奥西里斯逐渐合二为一。神殿在接受后世供奉的过程中逐渐扩大，历代法老或者贵族在此祭拜伟大的冥界之主奥西里斯。他在古埃及的神话中还被认为是国家的奠基者和埃及所有统治者的先祖。（R.P.）

这尊小型象牙雕像展现的是法老胡夫坐在王座上的形象。他是吉萨大金字塔的建造者。法老的右手贴近前胸且执连枷，左手置于左膝上。他头戴代表下埃及的红冠，身着埃及式短裙（shendyt），上面刻有精细的衣褶作为装饰。

虽然这件藏品尺寸微小，但面部的雕刻却极为讲究。细目宽鼻，略大的嘴部和凸出的下巴，刻画得细致入微。头部微微前伸，被安置在宽阔的肩膀上，身体其他部分为一整体。

备用头像

·····················

石灰岩
高25.5厘米
吉萨，西面墓地马斯塔巴（编号G4640）
第四王朝，哈夫拉统治时期（公元前2520—前2494年）

在胡夫、哈夫拉、孟卡拉三位伟大法老的统治时期，与法老直接或间接相关的重要人物的墓全都建在了吉萨金字塔一侧的墓葬区。尤其是在西部陵区内，在逝者的随葬品中，最神秘的是一批被称作"备用头像"的石雕，共出土30多件。出土地点靠近棺椁，它们可能代表了逝者，是一些完整雕像的替代品，其中大部分的年代为哈夫拉统治时期。

这些石雕本身具有的一些特征给人们提供了不同的思考。所有头像都缺少一个标志社会身份的元素：假发。耳朵的部分也被切掉或者缺失了，且没有任何描述人物姓名和官职的铭文。

有一种假设认为，这些头像应当是制作丧葬面具的模具。覆盖丧葬面具是制作木乃伊的过程中必要的步骤，以达到重塑逝者的目的。像其他的丧葬仪式用品一样，这些头像使用后被放在木乃伊身边。这或许是对细心刻画的面部和缺失的耳部的解释。

一些头像被有意地破坏过，基于这个观察，最新的一种假设是这些头像曾在某种仪式中使用过。这种仪式旨在对抗来自逝者精神世界的潜在危险，然而，支持这种猜测的证据并不充足。

头像上杏仁形的大眼睛在雕刻得较深的眼皮、修长拱起的眉毛的映衬下，显得魅力十足。直挺的鼻梁下是宽大厚实的鼻头，它与面部的连接处被处理得清晰有力。微微扬起的嘴角和宽大的下颌给整个雕像带来了一种蕴含于内的力量感。（R.P.）

哈夫拉雕像

闪长岩
高168厘米
吉萨，哈夫拉河谷庙
奥古斯特·马里耶特发掘（1860年）
第四王朝，哈夫拉统治时期（公元前2520—前2494年）

作为埃及艺术的伟大杰作之一，这尊雄伟的雕像刻画了法老哈夫拉坐在高基座的王座上。法老的肩膀上是一只隼，翅膀呈保护性的姿态包裹着法老的头。椅背与法老的肩膀平齐。王座的脚掌被雕刻成狮爪的形状，狮子的头则装饰着座位前部。

狮子腿之间的侧板上刻有"sema-tawy"，代表着"两地结合"。图案由上下埃及的两种纹章植物——纸莎草和莲花组成，它们的茎缠绕在代表气管和肺的圣书体字符周围，可以将其理解为"统一"。

哈夫拉头戴装饰着圣蛇的埃及式头巾，身穿埃及式短裙。他右手拿着一块布，左手张开放在左膝上。他的面部用假胡须装饰着，脸型宽阔。眼睛很小，上有眉毛浮雕，鼻子很宽。深深的线条包围着凸出的嘴巴，脸部唤起内在的力量，而高超技艺雕刻出的强壮肌肉与之呼应。

这尊雕像被发现于哈夫拉金字塔河谷庙的一个坑穴里。神庙至今保存完好，雕像可能最初位于这座宏伟的建筑内。光线透过高高的花岗岩墙壁上的狭缝进入神殿，经雪花石膏地板反射后，照亮了法老的雕像。哈夫拉的神庙作为一座建筑杰作，与他的另一件伟大作品——法老神圣墓地的守护者斯芬克斯像并列而立。(R.P.)

孟卡拉三人雕像

硬砂岩
高93厘米
吉萨，孟卡拉河谷庙
乔治·莱里斯纳发掘（1908年）
第四王朝，孟卡拉统治时期（公元前2490—前2472年）

　　在这尊三人雕像中，中间的是孟卡拉，左边的是哈托尔女神，右边的是一个小得多的男性雕像，他戴着由三部分组成的王冠，留有小胡须，大步向前。孟卡拉头上戴着象征着底比斯诺姆的标志物。相较于其他群像，这些人物虽然紧挨着，但他们之间没有实际接触。女神双臂垂于两侧，两手张开对着腿。法老和第三个人物手中紧握着圆柱形物体。另外还有两尊孟卡拉三人像被保存在波士顿艺术博物馆中。

　　有观点认为，最初有30尊这样的群像，每个埃及省份一个。但最近的解释认为，三人雕像是法老献给哈托尔崇拜最强烈的省份的雕像。如果这个说法是对的，那么总共应该有8尊群像。虽然人物总是相同的，包括法老、女神和南方地区的化身，但三人雕像展示了各种各样的姿势和细节，很可能成了后世私人雕像的模型。硬砂岩很合适，因为与哈夫拉统治期间更硬的闪长岩相比，它允许雕刻家以极高的精度和极强的表现力来塑造人物。(R.P.)

JE 46499

孟卡拉三人雕像

硬砂岩
高95.5厘米
吉萨，孟卡拉河谷庙
乔治·莱斯纳发掘（1908年）
第四王朝，孟卡拉统治时期（公元前2490—前2472年）

　　这尊三人雕像中的孟卡拉头戴上埃及的白冠，身穿埃及式短裙。他的一边是握着其手的哈托尔女神，另一边是几乎与女神相同尺寸的女性人物，她头上的装饰物是上埃及第七个行政区帝奥斯波里斯（Diospolis）诺姆的象征，其省府名为胡［Hiw, 帝奥斯波里斯帕尔瓦（Diospolis Parv）］。

　　基座、背板和人物用一块硬砂岩雕刻而成。人物脚旁雕刻的是女神的身份、地区的供品和法老的王名。王名表示为上下埃及的统治者孟卡拉以及他的荷鲁斯名——卡辉（Kakhui）。

　　孟卡拉三人雕像可能是一组八个雕像中的一部分。这些雕像装饰着法老金字塔建筑群中河谷庙的一个房间，雕像由法老献给女神哈托尔。祭品来自对女神崇拜尤甚的上埃及所有诺姆。(R.P.)

JE 40679

孟卡拉三人雕像

....

硬砂岩
高92.5厘米，宽46.5厘米
吉萨，孟卡拉河谷庙
乔治·莱斯纳发掘（1908年）
第四王朝，孟卡拉统治时期（公元前2490—前2472年）

这尊雕像再次刻画了三人站在一个基座上，背靠着一块宽背板。中间戴着上埃及白冠的是法老孟卡拉，看上去在大步向前。左边的是女神哈托尔，右边的女性从她头顶的符号来看，是上埃及第十七个诺姆的女性化身。

法老戴着象征神的胡须，穿着带褶的埃及式短裙，腰带光滑宽阔。他双臂垂于两侧，握着两个常出现在法老手中的圆筒形印章，其功能尚不清楚。孟卡拉的脸部很圆润，他的眼眶很深，拱形的眉毛底部宽阔，延续了鼻子的线条，裸露的耳朵紧贴在头的两边。法老的身体被刻画得很仔细：宽阔的肩膀和胸部，线条优美的腿部和手臂肌肉象征了力度、能量和安全感。哈托尔也摆出大步走的姿势，戴着一顶由三部分组成的假发，上面有深深的刻痕。她的头上是特有的太阳圆盘和牛角标志——这是女神的动物性象征。她穿的紧身外衣一直延伸到脚踝上面，突出了她的身体形态。她右臂侧垂，手握着永恒的象征。她左臂穿过法老身后，搭在法老的左臂上。另一位女性身材略矮于哈托尔，与其他两位比起来，她表现出静止的姿势。

她戴着和哈托尔一样的假发，穿着一样的外衣，但她头上有一面印有阿努比斯神像的旗帜。她的右臂穿过法老身后，手握法老的右臂。根据古王国时期雕像的惯例，这两个女性人物的脸与法老的脸相同。在三人像脚边刻着的文字包括了法老和女神的名字和头衔："上下埃及的统治者，孟卡拉，永恒的宠儿""哈托尔，所有无花果树的主人"以及一段献词，其中拟人化的诺姆承诺法老"一切美好……并荣耀地作为上下埃及的统治者而永生"。(R.P.)

JE 90220

乌塞尔卡夫头像

硬砂岩

高45厘米

阿布西尔，乌塞尔卡夫太阳神庙

德国和瑞士在开罗的研究院联合发掘（1957年）

第五王朝，乌塞尔卡夫统治时期（公元前2465—前2458年）

这件法老乌塞尔卡夫头像来自第五王朝法老献给拉神的五座太阳神庙中的第一座。正如孟卡拉的著名雕像那样，选择硬砂岩能让雕刻家创造出线条极其庄重的法老形象，其面部的生动细腻也令人印象深刻，就像冻存在永恒的青春中一样。

法老椭圆形的脸庞，向上与红冠逐渐收紧的线条流畅衔接，向下终止于下颌的柔和曲线。阳刻的眉毛向太阳穴拉长，正如眼线拉长了眼睛的轮廓。所有这些特征都由标记王冠底部的切割线所包围。鼻底宽阔圆润，虽与孟卡拉的雕像类似，但在略宽且更锐利的嘴巴上方还略微阳刻着胡须。只有从正面看雕像，才能看到相对较小的耳朵。

这件灵动的头像极具感染力，是古王国时期塑造的戴着下埃及红冠的法老的罕见雕像之一。它代表了埃及雕塑家在法老时期初期艺术发展的一个重要阶段。

JE 98171

拉奈菲尔夫雕像

粉色彩绘石灰岩

高34厘米

阿布西尔，拉奈菲尔夫葬祭庙

捷克考古队发掘（1984—1985年）

第五王朝，拉奈菲尔夫统治时期（公元前2419—前2416年）

法老拉奈菲尔夫坐在一个立方体王座上，王座前部有个凸出的基座，仅存的脚就在这个基座上。法老的头部微微偏向自己的右侧，右臂蜷曲在胸前，手里拿着银色权杖。他的左臂只有上面部分幸存，不过它原本可能是搭在左腿上的。法老戴着一顶被漆成黑色的假发。前额中间有个洞，可能是连着圣蛇，蛇的卷曲的身体只在头饰上看得出来。拉奈菲尔夫穿着埃及式短裙，其中一截从光滑的腰带上露了出来。

虽然身体只有一小部分保存了下来，但根据头部的精致程度可以看出雕刻水平的高超。圆脸被带有侧翼的假发包围，眼睛在略微凸起的表面上被雕刻出来，上面是阳刻的眉毛，笔直的鼻子很小。两条深线之间，围绕着微笑的大嘴画着薄薄的胡须。

假胡须曾附着在下巴上，但现在已经不见了。就像哈夫拉雕像一样，一只栖息在拉奈菲尔夫身后的隼用翅膀包裹着法老的头和耳朵下面的脖子。这种鸟是荷鲁斯的一种象征，它的爪子里有两个代表保护和稳定的符号。

这尊雕塑是在1984—1985年间，由捷克考古队在阿布西尔的拉奈菲尔夫金字塔葬祭庙中发现的。(R.P.)

卡培尔雕像

西卡莫木
长112厘米
萨卡拉，乌塞尔卡夫金字塔附近的马斯塔巴 C8
奥古斯特·马里耶特发掘（1860年）
第五王朝，乌塞尔卡夫统治时期（公元前2465—前2458年）

这尊雕像通常被称作"村长像"，是马里耶特的工人发现雕像时所起的名字，因为它与他们村庄的村长长得很像。实际上雕像刻画的是一名主诵经祭司，真名叫卡培尔。

在埃及雕像史中，这尊雕像刻画了这位高级官员一种不同寻常的姿势：他大步向前，左脚先行。与传统雕像不同的是，人物的重心落在了前脚，而后脚则处在运动之中。他的手臂被分开雕刻，再附在躯干上，这符合木雕的惯例。他的右臂垂于身侧，左臂弯着，向前握住一根手杖（如今以现代复制品替代），卡培尔似乎是靠手杖支撑着自己。

雕像体型宽大，头部圆润，身体相当丰满，腿部健壮。卡培尔留着短发，几乎只用在面部周围进行切割以及在头皮上进行点画的方式来表现。高而光滑的额头上，拱形眉毛略微阳刻，覆盖着醒目的眼睛。眼睛用铜线勾勒出了轮廓，并镶嵌着水晶石。鼻子小而直，嘴巴很大，丰满的肉和双下巴令宽阔的下颌稍显柔和。圆圆的肚子被裹在短裙里，短裙长至膝盖并在腰部打结。

不同寻常的是，这尊雕塑遵循了极端现实主义，完美地体现了富人的心理和生理特征，在缓慢而庄严的动态造型中捕捉到了与他本身的阶级相适应的特征。

这尊雕像是第五王朝私人雕像的华丽典范，也理所当然地成为了现代书籍中最常见到的和最受推崇的古王国时期的文物。（R.P.）

矮人塞奈布及其家人雕像

彩绘石灰岩
高34厘米，宽22.5厘米
吉萨，塞奈布墓
赫尔曼·容克尔发掘（1926—1927年）
第五王朝末期至第六王朝初期（公元前24—前23世纪）

这组家庭像正是存在于所有埃及艺术形式中的伟大和谐感及秩序感的例证，其中包括了一个不同寻常的人物。家族首领塞奈布是法老衣橱的主管，负责第四王朝法老胡夫和杰德夫拉（Djedefre）的祭祀工作。

塞奈布的成长受到了侏儒症的影响，这在雕像上如实地被表现出来：他的头很大，身体和四肢相对较短。尽管如此，埃及工匠还是创造了一个框架能够在不影响构图平衡的情况下展现他不同寻常的体形。塞奈布坐在妻子旁边的长方形座位上，双臂交叉放在胸前，双腿交叉摆成书吏的姿势。他的妻子坐姿传统。塞奈布座位下面的空间，一般来说应该是雕像放腿的地方，而这里却是这对夫妇的两个孩子。

塞奈布留着短发，眼睛大而微微朝上，鼻子和嘴巴凸出，耳朵很小。他穿着一件白色短裙。他的皮肤被涂成了赭色。他的妻子塞内提蒂斯的皮肤颜色很浅，戴着披在肩头的顺滑黑色假发，穿着白色长袍。她用双臂深情地拥抱着丈夫。她的右手放在丈夫的右肩上，左手放在丈夫的左臂上。两个孩子赤身裸体，都把手指放在嘴唇上。右边的男孩戴着代表青春的假发。座椅面板和基座上刻有四个人物的名字和头衔。

这尊雕塑被发现于吉萨的塞奈布墓的小型石灰岩内殿中。（R.P.）

JE 30272 = CG 36

书吏雕像

彩绘石灰岩
高51厘米
萨卡拉墓地
第五王朝早期（公元前25世纪中叶）

这尊雕像被置于一个黑色的长方形基座上，刻画了一个双腿交叉坐在地上的书吏。他左手握着一张部分展开的纸莎草卷轴，放在交叉的腿上。右手握着笔，正在展开的纸莎草纸上书写。

这名男子戴着向外张开样式的黑色假发，露出耳垂，强壮的面部特征被巧妙地塑造出来。他的脸相当圆，额头宽阔。眼部用粗铜线勾勒出轮廓，里面镶嵌着两只眼睛，加上上面阳刻的眉毛，产生了惊人的效果。鼻子直而端正，画工干净的嘴唇十分饱满。脖子上的一条未上漆的带子表明本应有一条多股项链。面部和脖子的皮肤颜色是浓烈的橙色，其他部位褪成了黄色。肩膀和胸部宽阔，胸肌明显，这与通常呈坐姿的男人的放松姿态不一样。

他穿着白色短裙，系着腰带，肚脐旁边露出一个环。下半身看上去完成得不够好，腿部造型相当粗略，姿态僵硬，与身体其他部分的流畅线条形成了对比。

像这样的书吏人物雕像在私人雕像中十分流行。这些雕像出现在第四王朝，最早的例证是生活在胡夫统治时期的卡乌阿布（Kauab）王子。(R.P.)

JE 30273 = CG 35

男子坐像

彩绘石灰岩
高61厘米
萨卡拉
埃及文物部发掘（1893年）
第五王朝早期（公元前25世纪中叶）

这尊雕像刻画了一个坐在立方体宝座上的男子，他的脚靠在宝座凸出的台阶上。这名男子头戴本来要涂成黑色的头盔状卷曲假发，穿着打褶的白色短裙。他的双手放在膝盖上，右手竖直握紧拳头，左手张开放在腿上。

男子的圆脸略向上抬，有着广泛而强烈的光泽。铜线勾勒出镶嵌式大眼睛的轮廓，上面是阳刻的眉毛。鼻子宽而直，跟嘴巴一样很小，但嘴唇饱满。面部的亮度、活泼的眼神和嘴巴的形状使得面部呈现出喜悦的表情。相比于头部，他的身体略小且完成得不太好，尤其是手臂相当僵硬。宽阔的肩膀、方形的躯干和肌肉发达的腿部与平静的脸庞形成了鲜明的对比。

雕像被发现于萨卡拉，毗邻上文谈到的书吏雕像（编号CG 36）。(R.P.)

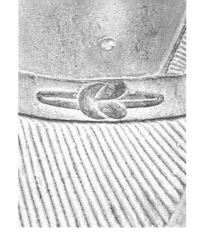

JE 10063 = CG 19

戴着假发的拉奈菲尔雕像

彩绘石灰岩
高178厘米
萨卡拉，拉奈菲尔马斯塔巴（编号40）
奥古斯特·马里耶特发掘（1860年）
第五王朝前半期（公元前25世纪中叶）

　　这尊雕像雕刻的是大祭司拉奈菲尔
（Ranefer），与对页的雕像一起被发现于
他位于萨卡拉的墓中。两者都证明了古王国
时期埃及雕塑家的艺术水平所达到的高度。

　　雕像中的拉奈菲尔正大步向前。基座
的后部在他身后垂直上升，直到头的高度，
形成了背板，衬托着整个身形。他戴着向外
张开样式的假发，露出耳垂，构成了具有复
杂面部特征的脸部轮廓。黑色的线条点缀着
眼睛，线条末端略微向下，上面是彩绘的阳
刻眉毛。鼻子笔直，底部稍微变宽。嘴巴很
小，轮廓清晰。脸颊的弧形线条使颧骨和略
宽的下巴稍显柔和。颈部强健，肩膀宽阔，
一条直达肚脐的中心线突出了有力的肌肉躯
干。胸骨通过逐渐变细的曲线与手臂相连。
人物手中握着两个圆柱形物体，突出了手臂
上被拉紧的肌肉。

　　拉奈菲尔穿着短裙，褶皱部分用一条
中心打结的皮带系紧。正如其他人物一样，
他的腿部肌肉也被刻画得很仔细，显示出健
康年轻人的力量和强健的体格。

　　基座上前脚旁边刻着拉奈菲尔的名字
和头衔：普塔（Ptah）和索卡里斯（Sokaris）
祭司。(R.P.)

拉奈菲尔雕像

·····················

彩绘石灰岩
高186厘米
萨卡拉，拉奈菲尔马斯塔巴（编号40）
奥古斯特·马里耶特发掘（1860年）
第五王朝前半期（公元前25世纪中叶）

　　雕像中的拉奈菲尔呈站姿，站在基座上。基座的后部垂直上升形成背板，高度几乎与人物平齐。姿态与他的其他雕像一样，手臂沿着身体下垂，双手各握着一个物体。然而，这尊雕像在着装和相貌方面有几处与上一尊雕像有很大不同。

　　拉奈菲尔穿着宽松的短裙，短裙长至膝盖，前面腰部垂着一条打了个结的皮带。黑色的头发非常短，像帽子一样附在头上。面部特征与其他雕像非常相似，但脸颊略凹陷，有轻微双下巴。

　　虽然与其他雕像的体格相似，肩膀宽阔，四肢有力，但这尊雕像的肌肉紧张度更低，更柔和、更宽广的曲线隐藏了骨骼结构。起分隔胸部作用的中央凹槽并不明显，肚子却略显凸出。所有这些都清楚地表明，这尊雕像刻画的是更加年长的、更成熟的拉奈菲尔的形象。

　　雕像被发现于萨卡拉墓地中拉奈菲尔马斯塔巴祭堂后墙的两个壁龛中，他的妻子赫克努（Hekenu）的一尊雕像也在那里。马斯塔巴的规格和雕像的质量证明拉奈菲尔的社会地位较高，而雕像的制作者则是王室宫廷雕塑家。（R.P.）

卡姆克德跪姿雕像

....

灰泥及彩绘石灰岩

高43厘米

萨卡拉墓地群，司库威尔尼墓（编号62）

奥古斯特·马里耶特发掘（1860年）

第五王朝后半期（公元前24世纪早期）

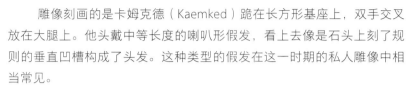

雕像刻画的是卡姆克德（Kaemked）跪在长方形基座上，双手交叉放在大腿上。他头戴中等长度的喇叭形假发，看上去像是石头上刻了规则的垂直凹槽构成了头发。这种类型的假发在这一时期的私人雕像中相当常见。

祭司穿着优雅的短裙，上面有褶皱，还有一条系着四排珠子的打结腰带。他瘦削的脸部特征明显：带有眼线的眼睛由粗铜线勾勒出其轮廓；宽大的鼻子，底部圆润；嘴巴很大，嘴唇丰满，露出平静的微笑。他的肩膀宽阔，胸肌明显，中间的凹槽延伸到肚脐，清晰可见。

这尊雕像艺术品质很高，与墓主人、司库威尔尼（Werirni，卡姆克德是他的丧葬祭司）形成了奇怪的对比。这尊雕像是在官员墓里跟其他仆人的雕像一起被发现的。

这种跪姿在古王国时期并不常见，但另一位古代第二王朝时期法老丧葬仪式的祭司赫特普迪夫的雕像曾有过这种先例。(R.P.)

尼玛阿特赛德双人雕像

....

彩绘石灰岩

高57厘米

萨卡拉，尼玛阿特赛德马斯塔巴（编号56）

奥古斯特·马里耶特发现（1860年）

第五王朝后半期（公元前24世纪早期）

这尊雕塑刻画了尼玛阿特赛德（Nimaatsed）祭司和法官的双重形象，与奈菲利尔卡拉·卡卡伊（Neferirkare Kakai）太阳神庙里的哈托尔和拉神的信仰有关。黑色的基座上刻着白色铭文，包含了尼玛阿特赛德的名字和头衔。背板从底部一直延伸到两个人物肩膀的高度。

除了左边雕像略有旋转角度之外，两个人物之间唯一的实质性区别是高度略有不同，右边的那个更高一些。两个形象中，尼玛阿特赛德都以传统的大步向前的姿态出现，手臂放在两侧。他戴着喇叭状的黑色假发，这是这一时期私人雕像的一个相当常见的特点。他的耳垂裸露在外，椭圆形的脸被大眼睛衬托着。两个人物的嘴唇都很丰满，点缀着黑色胡须。脖子上挂着蓝白相间的多股项链。

裸露躯干的胸肌清晰，向下到腰部逐渐变窄。他们的皮肤被涂成了赭色。白色短裙刚刚到膝盖上方，右手边折叠的褶皱被涂成了黄色。褶皱另一端插入腰带下方，从肚脐处出现。虽然腿很细，但有着坚实的肌肉。

马里耶特在萨卡拉的尼玛阿特赛德马斯塔巴里发现了几尊他的雕像。这尊雕像无疑是重要且有研究价值的史料，它结合了这一时期雕塑的传统美，并且保存完好、颜色鲜艳。(R.P.)

JE 87818

女子研磨谷物雕像

彩绘石灰岩
高32厘米
吉萨墓地
第五王朝（公元前2465—前2323年）

JE 72232

仆人拔鹅毛雕像

彩绘石灰岩
高28厘米
萨卡拉
塞利姆·哈桑发掘（1935年）
第五王朝（公元前2465—前2323年）

人们从古王国时期的马斯塔巴中发掘出了很多刻画仆人的小雕像。它们可按照年代和材质分为两个主要的组别。年代最早的那批雕像由石灰岩制成，可追溯到第四王朝，至少到第五王朝时还在出产。一开始它们集中在孟菲斯，尽管有一些起源于中埃及的达拉（Dara）。后来的雕像由木头制成，大多被发现于省墓地中。木质小雕像最早出现于第五王朝，并一直延续到中王国时期末期（突出例子是大臣麦克特瑞墓中的女祭祀者雕像）。多数情况下，雕像刻画的是工作中的人，他们代表了为墓主人服务的人。中王国时期出名的雕像刻画的是为墓主人服务的整队士兵，而古王国时期的雕像则展示了仆人的各种家务工作，最常见的就是捕捉或屠宰动物，或是准备不同类型的面包和蛋糕。男人清洗或浇铸罐瓶，女人准备啤酒、揉面团或是研磨谷物，就像这尊雕像所展示的那样。

女子身体前倾地跪着，用伸出的手臂撑着身体。她的手里拿着一块圆柱形的石头，代表手推石磨。她前面有一块长方形的石头，两端凸起。她正在滚动磨盘（有些雕像里磨盘的末端有容器来盛颗粒）。正如对页上准备啤酒的仆人一样，她只穿了一条短裙，露出了手臂和躯干发达的肌肉。她的脸被雕刻得十分细腻，极具表现力。她抬着头向前看，似乎已从繁重的任务中解脱了出来。

她头发卷曲，展开在脸庞两侧，刻画得极具细节。头发由一条丝带固定，末端落在脖子后面。她的脸十分圆润，眼睛又窄又长，眼皮略向下倾斜，眉毛同样如此。鼻子很小，具有规则的形状，丰满的嘴唇略微分开。(R.P.)

男子拔鹅毛的雕像属于古王国时期马斯塔巴里发现的仆人系列雕像的一部分。直到第六王朝初期，这些雕像都被放在墓主人雕像旁边的安灵室里。后来，有的也放在竖井或壁龛中。这个雕像刻画了一个在不规则形状的基座上跪着的男性人物。他右膝着地，左腿弯曲在胸前。他头发很短，很难看出痕迹，耳朵露在外面，身穿白色短裙。

他的脸特征明显：眼睛不对称，又长又窄；鼻子形状整齐；嘴巴宽大；胡须很薄。按照男性雕像传统，他的皮肤被涂成了赭色。他的手臂呈直角弯曲，向前伸出，双手放在一张小桌上，上面有一只已被屠宰的鹅，长脖子被折叠起来。

从一开始，供品中的鹅和牛腿就都是献给神明和逝者最珍贵的礼物。事实上，献鹅的仪式在陵墓装饰方案中起着核心作用，特别是在古王国时期和中王国时期，这与献给逝者供品清单和宰牛的场景有所关联。

正如古埃及传统一样，鹅在丧葬和祭祀的背景下象征的价值各有不同。虽然鹅可能与阿蒙（Amun）有关，被视为生命力的象征，但它也被认为是赛特的象征，因此象征着战败和死亡的敌人。这一点也得到了清楚的证明，圣书体字符 senedj 描绘了一只被宰杀的鹅，意为"恐惧"或"恐怖"。(R.P.)

女子酿造啤酒雕像

彩绘石灰岩
高28厘米
吉萨墓地，麦瑞斯安赫斯马斯塔巴
塞利姆·哈桑发掘（1929—1930年）
第五王朝末期（公元前24世纪上半叶）

　　这尊生动的雕像刻画了一个女人俯身在大缸或是带壶嘴的大罐子上。她可能正在调制用于酿造古埃及啤酒的配料：大麦面包、水和用来增甜的枣酒。

　　女子穿着中等长度的紧身裙子，戴着项链，脖子处可以清楚地看到淡蓝色的项链的形状。她头上戴着中等长度的假发，每束头发都是由单独的垂直切口构成的。她真正的头发可以从其额头上的假发下面瞥见。她的脸比较圆润，特征明显：凹陷的大眼睛、浓密的眉毛、扁平的不规则的鼻子，嘴角带着一丝微笑。她的躯干、丰满的胸部和肌肉发达的手臂给人以充满活力和力量的印象，身体其他部分雕刻得不太仔细。虽然很粗糙，但作为一个整体，人物具有很强的现实感和动态感。

　　这尊小雕像是在古王国时期的马斯塔巴里面被发现的众多仆人雕像中的一个。正如提到的那样，它们最早被发现于第四王朝的墓中，再现了富人墓中浮雕壁画描绘的日常活动。(R.P.)

书吏米特里雕像

....

粉刷-彩绘木
高76厘米，宽50厘米
萨卡拉，米特里马斯塔巴
埃及文物部发掘（1925—1926年）
第五王朝末期至第六王朝初期（公元前24—前23世纪）

在位于萨卡拉的左塞丧葬建筑群边界墙东南的米特里（Mitri）马斯塔巴安灵室里，一共发现了11尊刻画了米特里、他的妻子或两人合像的木质雕像。如今，其中5尊收藏在埃及博物馆，还有5尊收藏在纽约大都会艺术博物馆，最后一尊收藏在斯德哥尔摩。

米特里是诺姆的行政长官、上埃及十位要人之首、玛阿特（Maat）祭司。在这尊雕像里，他被刻画成一个书吏，盘腿坐在地上，膝盖上放着一张部分展开的纸莎草卷。矩形基座的外侧边缘刻有他的名字和头衔。

粉刷和彩绘的木头已经掉了很多颜色，表面没有得到很好的保护。但通过他的脸和镶嵌式的明亮眼睛呈现出了特别

的表现力，其生动性和现实主义表达令人印象深刻。他头发较短，露出略微凸出的耳朵，使得圆脸轮廓分明。华丽的眼睛用细铜线勾勒出来，白色是石灰岩，而虹膜则是一块深色的石头。他脸颊饱满，鼻子形状规则，嘴巴很宽，嘴唇很厚，上面画着薄薄的胡须。红色肤色的痕迹在某些地方仍然存在。米特里脖子上戴着一条宽宽的多股项链，项链保留着原始颜色的色块（浅蓝色、绿色和白色）。他裸露着胸膛，穿着短裙，短裙的一段塞在腰带下面。与脸部形成对比的是，平静天真的目光展现了他的年轻，躯干和四肢肌肉强健，但完成度不够。脸部和身体造型的这种对比在不同时期的私人雕像和王室雕像中都能发现，可以与同时期的佩皮一世铜制雕像进行比较。(R.P.)

伊卡的假门碑

....

相思木
高200厘米，宽150厘米
萨卡拉
埃及文物部发掘（1939年）
第五王朝（公元前2465—前2323年）

供奉给卡（ka，古埃及人认为灵魂有多种，卡为其中的一种）的食物会放在墓中的假门碑前。这些碑通常是用石头雕刻的，但这个特别献给伊卡（Ika）的碑，是为数不多的已知的木制假门碑。它准确地再现了门道的所有功能性元素：上方有一个圆柱体，代表可以放下关门的稻草垫。门两边是凹陷的嵌板，上面有一个门楣。在这上面是一个带有装饰面板的矩形空间。另外两个支撑件构成了框架，上面支撑着第二个门楣。

伊卡拥有净化（wab）祭司和王宫总管两个头衔。门道描绘了伊卡和儿子杰恩提（Tjenty）；左边的面板上是他和另一个儿子阿拜都（Abedu）；右边的面板上是他的妻子伊美瑞特（Iymeret）和女儿杰恩泰特（Tjentet）。这对夫妇在门楣上方也有展现，他们坐在放着面包的桌子的两端。其他地方布满了圣书体字符，记录着献给这对夫妇的供品。

在左边的凹陷中，伊卡被刻画成正在走路的样子。他穿着带褶的短裙，假发长至肩膀，类似三个多世纪前第三王朝时期的官员海斯雷所戴的假发。事实上，人物的造型、服饰、徽章以及选做假门碑的木材，似乎都强调了伊卡想在自己的墓葬模仿他伟大的前任海斯雷。伊卡右手也拿着权杖，左手握着长杖。

他在门道摆出类似的姿势，戴着短款假发。他的妻子伊美瑞特（Iymeret）是哈托尔女祭司。在右边，她双脚并拢站立，穿着配有宽带的长袍，露出胸部。她的右手举起对着伊卡，手中拿着一朵莲花。门框、门楣和嵌板上刻着传统的供奉用的圣书体铭文，随后是伊卡的名字和头衔。(R.P.)

JE 87807 - JE 87806
87804-87805

奈菲尔海瑞恩普塔一家

彩绘石灰岩
麦瑞提特斯（JE 87807）：高39厘米
萨特麦瑞特（JE 87806）：高53厘米
奈菲尔海瑞恩普塔（JE 87804）：高65厘米
伊提森（JE 87805）：高37厘米
吉萨墓地，奈菲尔海瑞恩普塔马斯塔巴
塞利姆·哈桑发掘（1936年）
第五王朝末期至第六王朝初期（公元前24世纪中期）

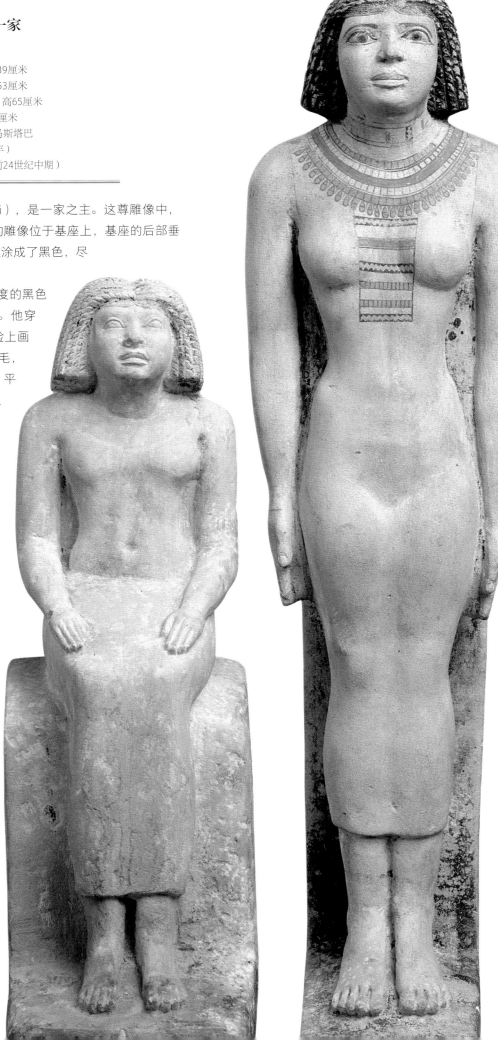

奈菲尔海瑞恩普塔，又名非非（Fifi），是一家之主。这尊雕像中，他被雕刻成了男性雕像特有的姿势。他的雕像位于基座上，基座的后部垂直竖立，形成了宽背柱。雕像和基座都被涂成了黑色，尽管现在已经褪色。

非非戴着能完全遮住耳朵的中等长度的黑色假发，蓝白相间的项链挂在他的脖子上。他穿着白色短裙，腰部系着腰带。非非的圆脸上画着蓝色的大眼睛，上面是扬起的修长眉毛，眉毛形状随着眼睛在外侧稍稍向下倾斜，平静的目光似乎在望向天空。他的鼻子大且宽，小而丰满的嘴巴上方的窄胡子起到了装饰性作用。

虽然他的身体不像这里描述的其他雕像那样结实，但比例很好，肌肉即使不算强壮，也算得上清晰。尽管体积相对较小，造型也有一定程度的僵硬感，但这尊小雕像是第五王朝末期制作的一个非常吸引人的雕像。在非非墓的安灵室里，他的小雕像被放在他儿子和他妻子的中间，他的女儿在妻子的另一边。

非非的妻子萨特麦瑞特（Sat-meret）的雕像矗立在低矮的基座上，其身后有一根背柱。她僵硬的姿势与小雕像的亮色形成了鲜明的对比，鲜艳的颜色是小雕像的一个显著特征。萨特麦瑞特的体形比她丈夫小，呈站姿，手臂僵硬地贴在身体两侧，双手放在大腿上。头戴中等长度的黑色假发，头发上有一些细小凹槽。她身体的僵硬感也反映在她的面部特征上：双眼圆睁，黑色的瞳孔呈放大状态，她的鼻子短，嘴巴似乎紧闭着。脖子上戴着的宽领项链包含了蓝色、白色和红色。项链上还挂着一件坠饰，那是由一串串不同颜色的珠饰组成的长方形装饰物，为白色长袍增添了彩色。长袍合身，长至小腿，面料显然轻薄而高级，表明长袍下的身体也同样如此。她胸部丰满，有腹肌，腿也匀称。这种传统姿态和其他雕像的僵硬感对比，可能是特意而为之。

尽管这对夫妇的儿子伊提森（Itisen）的雕像尺寸较小，但他被刻画成了成年人，而非孩童。他坐在一个有基座但没有靠背的立方体座位上。他紧握的右手竖直放在膝盖上，左手手掌朝下放在左腿上。他戴着卷曲的黑色假发，与脸部线条一致，假发长度比他父亲的要短。他的脖子上有宽领项链的白色轮廓（未上色）。他穿着带褶的白色短裙，系着腰带，腰带向上露出一截。

伊提森脸很圆，眼睛大，瞳孔呈黑色，上面阳刻着涂漆的眉毛。他的鼻子形状整齐，略为凸出的嘴不怎么宽，但很丰满。他的脖子细长，肩膀很宽，与消瘦的躯干形成对比。胸前有一条凹槽，躯干在腰部明显变窄。虽然很瘦，但他的膝盖和腿被雕刻得很细致，通过形状能看出里面的骨骼结构。他的皮肤被涂成了深赭色。正如他父母的雕像一样，伊提森也有明显的僵硬感，只是部分被强烈的颜色所掩盖，减弱了这种感觉。

在奈菲尔海瑞恩普塔马斯塔巴的安灵室里发现的四尊小雕像中，伊提森的妹妹麦瑞提特斯（Meretites）的雕像是最有表现力的。诚然，它缺乏某种程度上给人带来活力和光彩的颜色，但麦瑞提特斯近乎放空的目光和她柔软的身体线条赋予了这尊雕像一种特殊而高贵的优雅感。她的雕像比她哥哥的稍微大点，呈现为传统的坐姿，双手张开，手掌向下放在膝盖上。她穿着长及脚踝的长袍，还有一条未上漆的项链作为饰品。她戴着相当大的中等长度的假发，遮住了头部，头发从中央分开并梳成了细小的辫子。在她的额头上，她真正的头发只能在假发边缘看到。她的头稍稍向后倾斜，导致她较宽的脸部似乎向上仰了起来。她的眼睛也似乎在朝某个未知点看去，有一种几乎充满灵气的神情。她的鼻子形状规则，嘴巴线条精细而柔软，嘴唇较厚。麦瑞提特斯背部挺直，胸部没有她母亲那么丰满，躯干和臀部更加圆润。她似乎是按照更古老的美学准则设计的，可以追溯到第三王朝末期和第四王朝早期之间。(R.P.)

JE 32158

隼头

黄金、黑曜石
高37.5厘米
耶拉孔波利斯，奈肯（Nekhen）荷鲁斯神庙
詹姆斯·奎贝尔及弗雷德里克·威廉·格林发掘（1897—1898年）
第六王朝（公元前2323—前2150年）

新王国时期，在耶拉孔波利斯的荷鲁斯神庙被完全重建后，庙里的一些物品被收归在一起，而后被小心地埋在了新墓室下面的储藏室中。它们后来被詹姆斯·奎贝尔和弗雷德里克·威廉·格林（Frederick William Green）在1897—1898年间发掘出来。

这个精美的隼头被发现于主墓室的地板下，代表着荷鲁斯神。虽然对它的制作年代（最有可能的是第六王朝时期）猜测众多，但目前还没有定论。难点在于这件作品极其忠实地再现了这种鸟的特征，这直接受到了埃及各个时代艺术风格典型的自然主义倾向的启发。然而，雕像的某些细节是以更多的几何形状、更加抽象的方式来呈现的，例如代表鸟的脸颊和头后面不同颜色羽毛区域的细刻线条。单条黑曜石穿过头部构成的眼睛特别有神，形成一种穿透性的深刻凝视的感觉，非常类似于真正的鸟的眼睛。这个特性给作品带来一种严峻的气氛，带有潜在威胁的暗示。

这只隼的头部最初是一个由各种材料组成的宗教雕像的一部分。身体部分是铜的，用铜和金钉与头部固定在一起。它的前面有一尊法老雕像，这是后来增加的，旨在表达法老想要将自己置于荷鲁斯的庇佑之下的愿望。

羽毛头饰前面装饰着王室的圣蛇标志，这是后来增加的，可能是在其头部被放在神庙地板下之前不久的新王国时期添加的。(F.T.)

佩皮一世的两尊铜像

········

铜
JE 33034：高177厘米
JE 33035：高65厘米
耶拉孔波利斯，奈肯荷鲁斯神庙
詹姆斯·奎贝尔及弗雷德里克·威廉·格林发掘（1897—1898年）
第六王朝，佩皮一世统治时期（公元前2289—前2255年）

在耶拉孔波利斯的奈肯荷鲁斯神庙的发掘过程中，考古工作人员发现了一个坑穴，其中包含一尊哈塞赫姆的片岩雕像、一只陶狮（现藏于牛津阿什莫尔博物馆）和两尊坏掉的铜雕像。较小的铜雕像被拆成若干件，放在较大的雕像（也被拆除）的躯干内，上面铺了一块铜板。铜板上刻着一段圣书体铭文：两地的宠儿、上埃及和下埃及的法老，神之子佩皮（Pepi）荷鲁斯万岁，祝他的生命和权力永恒。登基庆典的第一天……

由于雕像氧化时间过长，金属已经严重腐朽。雕像被发掘出土后，一项漫长而复杂的修复计划立即开始实施。两尊雕像被重新组装，在单独的展柜中展出。如今，做进一步的修复是有必要的，事实证明这同样艰苦而困难。

发现铜像后，通过铜板铭文可以立即确定较大的雕像刻画的是佩皮一世，而较小的雕像却不是这样，为此需要进行一些鉴定。其中最有说服力的猜测是，这是法老麦瑞恩拉（Merenre）的雕像，他与其父佩皮一世被刻画为在登基庆典上共坐王位。另一种假设是，两尊雕像都在刻画佩皮一世，较小的那个雕像展示了登基庆祝活动的成果：法老重振王权。两种假设都基于一种推测，即这些雕像是同一群体的一部分，因为它们是一起被发现的。然而，这并不意味着它们的原始位置一定相同。较小的雕像是在较大的雕像的躯干内被发现的，而后者被放在提到佩皮一世的铭文下，只能说明它们具有同一身份。

两尊雕像由铜板制成，并用钉子组装。眼睛上镶嵌着石灰岩和黑曜石。较大的雕像刻画了法老大步前进的姿态，右臂握拳垂于身侧，左臂向前伸展，握

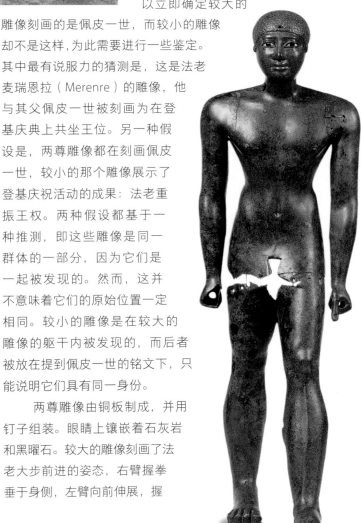

着一根权杖。头骨后部缺失，因为它原本戴着王冠。整个遗失的盆骨部分本由不同材料制成的短裙覆盖。脚指甲上覆盖着金箔，这从仍存在的少数痕迹中可以看出。

较小的雕像也刻画了法老大步前进的情景，但他的双臂都放在身侧。他的两只手分别握着两个王室制作的物品，身着的短裙也是王室制作的。这尊雕像中，佩皮一世似乎戴着卷曲的假发，额上的洞显然是曾置有各种材料制成的蛇形饰物留下的痕迹。这尊雕像的脚指甲也被金箔覆盖住了。(R.P.)

佩皮二世雕像

········

雪花石膏
高16厘米
萨卡拉，佩皮二世南部葬祭庙
古斯塔夫·杰奎尔（Gustave Jéquier）发掘（1926—1927年）
第六王朝，佩皮二世统治时期（公元前2246—前2152年）

根据底座上的铭文，这尊雪花石雕像刻画的是法老佩皮二世。他被刻画成了一个孩子，姿势在私人雕像和王室雕像中都很不寻常。法老蹲坐在地上，双腿弯曲，略微分开。他的左手放在膝盖上，右手手指以传统的荷鲁斯儿童式的姿态放在嘴边（现遗失）。

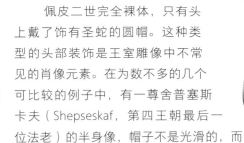

佩皮二世完全裸体，只有头上戴了饰有圣蛇的圆帽。这种类型的头部装饰是王室雕像中不常见的肖像元素。在为数不多的几个可比较的例子中，有一尊舍普塞斯卡夫（Shepseskaf，第四王朝最后一位法老）的半身像，帽子不是光滑的，而是有着平行的印迹，并且装饰着圣蛇。还有一尊拉奈菲尔夫（第五王朝）的残缺不全的雕像，不过与其说是帽子，更精确的说法是他戴着短款假发，前面有圣蛇装饰。

法老的圆脸显得年轻而非幼稚，有相当不规则的特征。他的眉毛阳刻而成。他的鼻子底部很宽，嘴巴很大，部分被右手食指盖着。优美的四肢和略圆润的肚子表明工匠想要刻画一个男孩的形象。

关于佩皮二世的雕像有两个不同寻常的事实。尽管他被认为是埃及法老中最长寿的（据称他的统治时间长达90年），但已知雕像仅有两尊（另一尊收藏于布鲁克林博物馆），这两尊雕像还都是法老的孩童形象。如果佩皮二世6岁登上王位可以解释这一点，那么奇怪的是没有其他关于他长期统治的文献留存下来。有可能这些雕像都来自他统治的早期，在此期间他的母亲安赫奈斯迈里瑞（Ankhenesmerire）摄政。这些雕像旨在强调王后在国家统治中、在年轻法老成熟前发挥的重要作用。(R.P.)

开罗埃及博物馆的中王国时期藏品，无论是在数量上还是在质量上都远远超过了世界上所有其他馆藏，包括纽约大都会艺术博物馆的藏品以及卢浮宫里同样卓越的藏品。事实上，中王国时期的王室雕塑藏品是埃及博物馆最壮观的部分，它用优秀的实例展示了埃及从第十一王朝到第十三王朝的艺术发展进程。同时，雕塑藏品还展示了古埃及王权的不同特点，特别是其在中王国时期的表现方式。这一时期与前几个时期有很大不同，以前无所不能的神一样的法老是隼神荷鲁斯以及太阳神拉之子的化身。

第六王朝末期，孟菲斯政府权力下降，中央集权国家分裂成更小的单位。这种政治权力的下放也把迄今被忽视的省（尤其是上埃及腹地的省）的艺术从孟菲斯模式统治中解放出来。从第六王朝晚期到第十一王朝末期的160年间，盛行的传统发生了戏剧性的变化。这在中埃及和上埃及的私人墓葬中的墙壁装饰和彩绘石碑上表现得很明显，比如在纳加代尔（Naga

P076左
塞努斯瑞特一世壁柱（细节）

JE 36809
石灰岩
高434厘米，宽95厘米
卡尔纳克，阿蒙－拉神庙
埃及文物部发掘（1901年）
第十二王朝，塞努斯瑞特一世（Senusret I）
统治时期
（公元前1971—前1926年）

P077右
塞努斯瑞特一世坐像

JE 31139 = CG 414
石灰岩
高200厘米
利什特（Lisht），塞努斯瑞特一世金字塔神庙
法国东方考古研究院发掘（1894年）
第十二王朝，塞努斯瑞特一世统治时期
（公元前1971—前1926年）

P076-077背景
阿蒙奈姆赫特三世金字塔的尖塔

JE 35122
玄武岩
高140厘米，底部宽185厘米
达舒尔，阿蒙奈姆赫特三世金字塔
第十二王朝，阿蒙奈姆赫特三世统治时期
（公元前1844—前1797年）

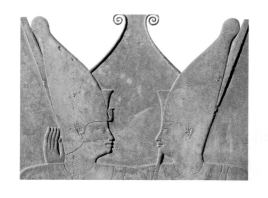

迪特尔·阿诺尔德

中王国时期及王权观念的转变

al-Deir）、底比斯和莫阿拉（Mo'alla）的那些。由于没有底部的线，修长的、矫揉造作的、不成比例的人物看起来往往像是飘浮在空中，这显然是从旧的僵硬的比例束缚中解脱出来的结果。

在上埃及，这种地方风格的盛行期很快被第十一王朝中期底比斯统治者们的政治和艺术新秩序取代，特别是当时最有权势的法老孟图霍特普·奈布海派特拉（Mentuhotep Nebhepetre）。尽管底比斯的工匠们试图重现孟菲斯风格，但他们的作品还是注入了上埃及的主题和元素。这种风格的融合被开罗博物馆的一些来自孟图霍特普·奈布海派特拉统治早期的重要物品准确地记录下来，例如在戴尔巴哈里法老神庙中发现的卡维特（Kawit）公主和阿斯哈伊特（Ashayt）王后的石灰岩棺。它们的浮雕装饰展现了似乎是学过木雕的工匠们的手艺。富有表现力的地方风格和新奇主题独立于古王国时期的孟菲斯派原型，并将原有的次要主题，例如仆人为王后装扮或给奶牛挤奶，提升到了中心主题的高度。

经过漫长的斗争，孟图霍特普在自己的统治中期接管了赫拉克利奥波利斯（Herakleopolis）。来自丹德拉（Dendera）的法老雕像神殿可以说是他的胜利纪念碑。它的装饰和铭文清楚地表明，神殿是在女神哈托尔的圣所里建造的，以纪念法老的胜利和国家的统一。神殿尽头墙上的浮雕描绘了军事荣耀的主题：法老正在击打两国的纹章植物，这是埃及法老一种独特的反抗表现。其他墙上的浮雕强调了统治者神圣的一面，表明神殿里有王室雕像，旨在成为为法老避邪的圣殿。浮雕的主题、形式和工艺展示了一种新形成的上埃及风格。王室雕像放在丹德拉受到哈托尔的保护绝非巧合。女神不仅在第十一王朝的上埃及宗教生活中发挥了重要作用，而且从最早时候就被视为赋予法老生命的母亲，保证他们死后再生。

另一座小神庙是孟图霍特普献给孟图（Montu）的，据信是这位神庇佑了孟图霍特普的胜利。这座神庙的一些砖块是动荡过后上埃及释放出新的艺术能量的绝佳例证。

这一时期最重要的纪念性建筑是底比斯戴尔巴哈里的孟图霍特普神庙,它先是被献给了孟图,后来又被献给了阿蒙－拉(Amun-Re)。它的梯形结构和围绕神庙核心的开放式柱形大厅似乎起源于上埃及的建筑思想。一尊真人大小的彩绘砂岩法老雕像被埋葬在神庙下方70米处的墓穴里。雕像被发现时呈卧姿,头与身体分开,再加上颜色很深,表明它是作为随葬品的一部分被埋下的。强壮的身体、圆圆的脸和大大的眼睛表明,底比斯蛰伏已久的强大乡土力量就此觉醒。同样的特征再次出现在另一座非王室成员安太夫(Antef)的雕像中。

孟图霍特普·奈布海派特拉的神秘继任者塞昂赫卡拉(Seankhkare)用一座更大的三层神殿取代了他在陶德(Tod)建造的孟图神庙。这个建筑有一组装饰砖块幸存,现藏于开罗博物馆。有趣的是,在孟图霍特普·奈布海派特拉之后的一代人中,上埃及地区艺术发展出一种显然受到孟菲斯派原型影响的新风格,这也反映在了那个时期的私人石碑上。

随着第六王朝结束,古王国时期马斯塔巴墙上描绘的五颜六色的图画世界几乎消失。从那一时期起,日常生活场景退到地下,以壁画的形式出现在墓室里,以木质微缩模型的形式描绘了工具、武器、船以及各种动物和不同职业的人物形象。这些模型当然是为逝者往生世界的家庭预备的。埃及博物馆收藏的这些模型是无与伦比的。其中一个突出的群体来自第十二王朝早期的大臣麦克特瑞墓(编号TT 280)。它包括拖着渔网的渔船、其他船只、厨房场景、带门廊的花园、木匠作坊、纺织车间等的模型。最引人注目的是有一大群人正在为牛做检查。

一尊杰出的供品搬运者雕像高1.23米,在大小和质量上都超过了墓中其他所有雕像。这尊女性雕像造型精美,是古埃及最精致的女性形象之一。另外两个令人惊叹的中王国时期早期的模型是位于艾斯尤特（Asyut）的麦斯提墓中的一群群色彩鲜艳的行军士兵模型。这两个群体在肤色、着装和装备上有所区别，似乎组成了逝者的保镖队伍。

在底比斯的政权结束后，出于某种未知原因，阿蒙奈姆赫特一世（Amenemhet I）将他的住所转移到了古王国时期的首都孟菲斯，在伊蒂塔维（Iti-Tawi，即现在的利什特）建造了新住所。在他明显无力统治后，他的儿子塞努斯瑞特一世成功重现了埃及昔日的辉煌。此言非虚，他不仅在利什特建

造了一座大金字塔，还在所有重要的圣所都进行了大规模的建造活动。

建筑、雕塑和浮雕在这一时期的特点是回归古王国时期的传统，在不少情况下是直接照搬的。第十二王朝时期的这种保守而仿古的倾向是埃及艺术几次文艺复兴或文艺焕新中的第一次。第十二王朝雕塑发展的早期阶段的典型代表是位于利什特的法老金字塔建筑群中 10 个超大尺寸的塞努斯瑞特一世坐像。这些白色的未上色的石灰岩雕像从未被放进神庙，可能是因为设计图有变。王座两侧的浮雕装饰表达了对法老的称

赞——法老是统一两地重建埃及的开国英雄。法老僵硬、冷漠的表情带着冰冷的微笑，将人物与古王国时期后期的雕像联系起来。这些缺乏个性的雕像是那个时期王权观念的"纪念碑"。

装饰塞努斯瑞特一世金字塔内部石头围墙的百块嵌板中的一些也收藏在开罗博物馆中。这些嵌板最初位置相同，放在 5.6 米的高墙的内外部，展示着一种富饶的形象：一群人带着复活水和面包进入神庙。每个人物上方都有一个雕刻精美、细节独特的宫殿，围绕着法老的王名。与古代一样，王室荷鲁斯隼栖息在嵌板上，宣布封闭的金字塔区域是荷鲁斯王的居住地。

通往塞努斯瑞特一世金字塔的堤道两旁排列着所谓的奥西里斯雕像，王

室头像放在木乃伊般的身体上，靠着背柱。身体与木乃伊的相似性造成了一种误导，让人以为这样的雕像象征着奥西里斯。由于这种雕像通常缺乏个性，因此它们很可能代表了最普通的、非标志性的王权形象。

塞努斯瑞特一世还在卡尔纳克建造了圣所，与王室赛德节有关。最壮观的就是所谓的白色圣堂（White Chapel），现在在卡尔纳克的露天博物馆重建了。另一个类似的结构包含了坚固的石灰岩柱子，创造出了宏伟的光影表面纹理，它们的装饰包括普塔神拥抱法老的图像以及圣书体铭文。

在自第六王朝以来的一些方块雕像之后，这座第十二王朝的雕像开创了私人随葬雕像的新纪元。早期的例子是来自萨卡拉的两尊海特普（Hetep）雕像，

他的头衔是总管和王室印章持有者。虽然在后来的大多数雕像中，披风都紧紧包着蹲着的身体，只能在披风下隐约看到蜷曲的腿，但在这些早期的作品中仍然能看见仔细勾勒的腿和手臂。

这在第十二王朝艺术的"古典"阶段，即阿蒙奈姆赫特二世（AmenemhetII）和塞努斯瑞特二世的统治时期，在不朽的塞努斯瑞特二世两尊坐像和他的王后诺夫勒特的两尊小雕像中就有明显的体现。埃及式头巾的宽翼围绕并突出了法老的脸，散发着神圣的和谐感以及兴高采烈的气息。诺夫勒特戴着王室圣蛇饰物（圣蛇王冠）和巨大的仪式假发，卷曲的顶端通常与哈托尔神联系在一起，从而确保王后与她那神圣的夫君相配。一个在利什特发现的小而精美的木质雕像（可能是王后、公主或是贵妇）可追溯到第十二王朝中期。头部是一个不及真人大小的复合雕像的一部分。厚重的黑色假发上点缀着金色的饰品。温和的脸精雕细琢，但原本镶嵌着的眼睛丢失了。1860年，有人在萨卡拉幸运地发现了另一个年轻女子的头像。它也可能要追溯到第十二王朝中期，但不是与之前那个雕像出自同一个木雕作坊。年轻的椭圆形脸庞被一头卷曲的黑发包围着。

一尊木质的彩绘小雕像最初是两个王室小雕像组合中的一部分，代表了第十二王朝中期前后雕塑发展的同一阶段。这两个肖像是在利什特第十二王朝中期伊姆霍特普马斯塔巴砖墙里隐藏的一个小窖藏里发现的。发现的物品被分离后，红冠雕像被分配给了大都会艺术博物馆，白冠雕像被分配给了开罗埃及博物馆。由于这些人物没有王室名字，也没有王冠前面的王室圣蛇饰物，因此它们不指向特定的法老。相反，它们似乎是神圣的王权的一种形象，与某种未知的随葬功能有关。即使与当时的统治者没有直接联系，这些人物的面孔（方形，眼睛被笼罩在深深的阴影中）也清楚地显示了第十二王朝中期法老的特征，这很可能是阿蒙奈姆赫特二世。

第十二王朝中期的作品散发着安全感与和谐感，它们好似来自一个朝气蓬勃的世界，那个世界由埃及神话宇宙的掌控者阿玛特永恒且完美地统治着。这种积极的世界观在接下来的时期——该王朝的第三个（也是最后一个）阶段变得模糊起来，这个阶段由两位杰出的统治者塞努斯瑞特三世（Senusret III）和阿蒙奈姆赫特三世统治。在他们的统治期内，国家显然非常富裕，但也存在严重的政治、宗教和艺术上的不安。王室雕像和私人雕像的脸上开始出现怀疑、沮丧和年岁的痕迹也就不足

P080左
奈姆耶玛阿特（Nemtyemhat）石碑

CG 20088
彩绘石灰岩
高57厘米，宽23厘米
阿拜多斯
中王国时期（公元前2040—前1640年）

P080右和P081
伊希（Ihy）石碑

CG 20525
彩绘石灰岩
高49厘米，宽38厘米
阿拜多斯
中王国时期（公元前2040—前1640年）

为奇了。官方王室形象中有多少真实的、个性的特征很难确定，而且并不能引起人们的兴趣，因为埃及工匠们努力创造的主要是"法老"这个形象。因此，王室形象的变化必须被解释成反映了统治者的角色变化，而非人的变化。

底比斯地区有几尊塞努斯瑞特三世的花岗岩雕像。他将一组六尊真人大小的立像献给了戴尔巴哈里的孟图霍特普·奈布海派特拉法老的神庙。这组作品中最令人惊叹的那部分在开罗展出。雕像中塞努斯瑞特三世是以崇拜的姿态展现的，所以这些雕像很可能代表了法老的祭司职能，供祀着尊敬的祖先。另一尊宏伟的法老雕像出自底比斯附近梅达姆德（Medamud）的孟图神庙。它展现了一个充满活力、更加年轻的统治者的形象，仪态威严，可能暗示着法老扮演年轻的荷鲁斯为其父亲奥西里斯报仇。

王权的一个重要象征体现在塞努斯瑞特三世的一座纪念碑式的石灰岩大门上。在梅达姆德人们发现了许多它的装饰性砖块，随后在埃及博物馆复原。这种纪念性建筑是一种常见的建筑类型，带有赛德节大门的浮雕装饰。这些大门上的装饰通常是站在神殿前的埃及主要神明的画像。一个门框展示了上埃及神

像，另一个门框展示了下埃及神像。神明们显然是在赛德节之际聚集在法老周围参加庆典。这些节日浮雕的高潮是一个雕刻在门楣上的场景：法老穿着登基庆典的礼服坐上了双王座。在赛德节仪式的最高潮，代表着荷鲁斯和赛特的旗帜向法老递上永生的符号。这些场景具有多层次的意义，可以追溯到埃及历史早期。最终，王室宗教建筑群入口处的石头永久记录下了法老与众神所做的交换：神赋予法老新的权力，法老向神保证粮食供给和持续信奉。

塞努斯瑞特三世的儿子阿蒙奈姆赫特三世的很多王室雕像都保存了下来。在三角洲东北部的塔尼斯神庙遗址，发掘出了一组至少七尊阿蒙奈姆赫特三世的花岗岩斯芬克斯像。这些令人敬畏的王室形象与大多数其他因其占主导性的、强大的动物本性而闻名的斯芬克斯像有所区别。虽然斯芬克斯像的头部通常完全是人类，但这尊雕像中法老的脸却被巨大的狮子鬃毛所包围，这是融入在狮子体内的法老的超人力量

的威慑体现。

塔尼斯也出土了用闪长岩雕刻而成的罕见的阿蒙奈姆赫特三世双胞形象。这尊雕像将法老并排雕刻了两次，他戴着又长又重的假发和假胡子，这是国家原始创造神明的特征。法老带着丰厚的供品，供品的重量压得他微微弯曲。正如谦逊的姿态所暗示的，这些雕像很可能表现了法老神明供品提供者的身份。古风装饰支撑了这种观点，它既让人回忆起最早的时代，又让人想起创造和繁衍。狮子之王和生育之王两种雕像类型可能都属于雕像设计的一部分，为了纪念王权及其在创造宇宙时不同寻常又意义非凡的作用。

人类统治者被认为是古代王权的化身，这也体现在从麦地那法尤姆（Medinet el-Fayum）鳄鱼崇拜区发现的阿蒙奈姆赫特三世宏伟的花岗岩半身像上。在这个罕见而迷人的形象中，法老穿着祭司的服装，戴着象征原始神明的厚重假发：与王权的主要特征结合，显示着人类统治者神性的一面，以及他

被赋予作为神的最高祭司所拥有的神的权力和要承担的神的职责。在这样的背景下，上了年纪的法老强调着王权与创造和"太初"（理想化的过去）的联系。对"年迈法老"的反复引用似乎反映了一种急切尝试的意愿：用新鲜的生命来弥补自塞努斯瑞特三世时代以来就已经失去重要性的王权形象。第十二王朝、第十三王朝晚期的王室雕像并不代表年迈的个人，而是代表古代的王权制度。

当达舒尔的阿蒙奈姆赫特三世的第一座金字塔出现结构问题时，在靠近哈瓦拉（Hawara）的法尤姆绿洲入口处建造了第二座金字塔作为法老的陵墓。来自希腊和罗马的旅行者将其巨大的神庙与"迷宫"的传说联系在一起。那里发现了几尊阿蒙奈姆赫特三世的重要雕像，保存得最完好的是一尊真人大小的石灰岩坐像。阿蒙奈姆赫特三世从这个雕像看上去是个脆弱的人。这很正常，因为这个雕像很可能是放在他的祭堂的圣所里，用来接受王室的祭祀仪式的。

中王国时期巨型王室雕像很罕见。开罗埃及博物馆收藏了一个来自布巴斯提斯（Bubastis）的76厘米高的阿蒙奈姆赫特三世花岗岩头像，其躯干部分可能是一个3.5～4米高的巨型雕像。如今凹陷的眼眶原本是有着镶嵌物的，能给雕像带来使人恐惧的神奇生命。

博物馆里还有一组中王国时期的大致还算完整的五个金字塔尖（顶石）。这些顶石令人印象深刻，用它们封顶的金字塔有着四面巨大的石灰岩白色表面，而它们本身则是由坚硬的黑色石头切割而成的，与人们通常认为的古王国时期金字塔顶部会贴金相反，没有迹象表明金字塔曾贴过金。最壮观的例证是阿蒙奈姆赫特三世早年在达舒尔建造的金字塔。它是一个微型金字塔，高1.31米，雕刻精美，石头被抛了光。东面的大眼睛"凝视"着太阳神拉，就像铭文中所说，日出时太阳神的光线照射到金字塔上。

第十二王朝出现了新的雕像类别——神庙用的私人雕像。这些雕塑本身并不形成宗教崇拜，但作为谦逊的客人被允许放在神庙大门处或供奉在大厅内，神庙的祭司向他们保证会持续进行维护。神庙雕像根据其功能代表它们的主人，大多以谦逊的姿势坐在地上。它们远离其主人的墓，需要很长的铭文来确认其主人的身份并吸引路过的祭司注意以及祈祷。它们的从属地位和公众知名度似乎使雕像的功能从灵魂的载体转变成了纪念碑。

中王国时期建筑的主要成就之一是在中埃及和上埃及的贝尼哈桑（Beni Hasan）、巴沙（Barsha）、艾斯尤特、卡乌卡比尔（Qaw el-Kabir）、底比斯和阿斯旺（Aswan）等地建造了神庙般的岩石陵墓。除了现在博物馆里的一些精美浮雕外，这些陵墓的建筑物只能在现场见识到。不过，底比斯第十二王朝哈尔霍特普（Harhotep，编号TT314）的持章人墓室在埃及博物馆复原了。这个房间不是举行仪式的墓室的一部分，但它很好地说明了奢华的地下墓室通常是用来存放逝者石棺的。在底比斯和其他地方，摇摇欲坠的岩壁上经常覆盖着精细的白色石灰岩板，上面装饰着随葬用品、假门、祭品清单和棺椁上的文字。

在中王国时期，"小艺术"在逝者领域发挥了巨大作用，开罗博物馆充分展示了这一点。例如，从中王国时期收集的大量王室和私人的卡诺匹克（Canopic）罐和卡诺匹克箱。卡诺匹克随葬品在古王国时期出现得不多，但在第十二王朝时期变得特别重要。它们变成了一座独立的附属墓穴，里面有方形石棺形的箱子。这些箱子由雪花石膏制成，里面装有四个用于盛放木乃伊内脏的卡诺匹克罐，并配有雕刻成人头形状的盖子。

P082
德杜索贝克（Dedusobek）丧葬碑

CG 20596
彩绘石灰岩
高28.5厘米，宽18.5厘米
阿拜多斯，北部墓地
中王国时期（公元前2040—前1640年）

P083下左
将军石碑

JE 45969
彩绘石灰岩
高80厘米，宽55厘米
纳加代尔
第十二王朝（公元前20世纪后期）

P083上
森比（Senbi）的木棺（细节）

JE 42948
彩绘木
高63厘米，长212厘米
阿哈默德·卡玛尔（Ahmed Kamal）
发掘（1910年）
第十二王朝（公元前20世纪后期）

083

知王室雕像的一半。这些雕像表情严肃，看起来阴郁而紧绷，耳朵硕大，显然延续了塞努斯瑞特三世和阿蒙奈姆赫特三世时期的王室形象。它们的身体结构似乎表达了这些统治者的军事实力，明显的几何表面设计突显了这一点。这些雕像面部特有的死气沉沉的表情可能反映了这一时期王权的衰败，支撑了埃及不再由法老统治而是由官员管理的观点。

第十三王朝最早的王室雕像是奥布雷·霍尔（Auibre Hor）法老的木质真人大小雕像，它阐述了法老另一个重要特质，即其永恒的耐力。根据头上抬起的一对手臂（卡的象征）可以看出，这尊雕像代表了法老神秘的第二生命的存在。卡是一种无形的生命力，死后从身体分离出来暂时居住在雕像身体里。

除了来自卡尔纳克和塔尼斯的奈菲尔霍特普一世·哈塞海姆拉（Neferhotep I Khasekhemre）和索贝克霍特普四世·哈奈菲尔拉（Sebekhotep IV Khaneferre）法老雕像外，埃及博物馆还藏有两尊赛门卡拉·梅尔梅肖（Semenkhkare Mermeshau）花岗岩巨型坐像，这是塔尼斯发现的最大雕像。

P084-085
阿蒙奈姆赫特三世金字塔的尖塔

JE 35122
玄武岩
高140厘米，底部宽185厘米
达舒尔
第十二王朝，阿蒙奈姆赫特三世统治时期（公元前1844—前1797年）

P085右
萨卡赫卡（Sakaherka）雕像

JE 43928
石英
高62厘米
卡尔纳克，阿蒙－拉神庙
第十二王朝晚期至第十三王朝早期（公元前18世纪）

在随后的法老名单中出现的第十三王朝统治者的惊人数量（约70人）尚未得到充分证实。很明显，王权在第十二王朝的卓越地位已经结束，但未发现权力下放、权力斗争或政治经济混乱的迹象。孟菲斯地区的中央政府似乎在接下来的130年里一直保持着控制力。尽管一些雕像质量很好，但王室、私人建筑和雕像的数量及重要性却大幅下降。第十三王朝时，大部分统治权由法老移交给维齐尔（法老任命的古埃及政府最高首领的称谓），通过雕像来反映就是王室雕像的衰落，取而代之的是高级官员雕像。这些官员雕像代表着"年迈的"明智官僚，他们秃顶，有时戴着又长又重的假发。他们穿着长裙，长裙的两端在胸前打结，或者把披风固定在肩膀上。开罗博物馆收藏着这一时期已

P084左
阿蒙奈姆赫特三世双人像

JE 18221 = CG 392
灰色花岗岩
高160厘米
塔尼斯
第十二王朝，阿蒙奈姆赫特三世统治时期（公元前1844一前1797年）

它们的特点是面容紧绷且丑陋，身体和腿部表面呈几何结构，腰身极为细窄。

大约在公元前 1650 年，第十三王朝势力逐渐衰落，让外国势力有机会从东北逐渐渗透到三角洲地区，后来被称为希克索斯入侵（Hyksos Invasion）。希克索斯人夺取政权，结束了第十三王朝，标志着埃及历史进入新的篇章，即第二中间时期。

作 者 简 介

迪特尔·阿诺尔德，自 1985 年以来一直担任纽约大都会艺术博物馆埃及艺术部馆长。自 1963 年起，他一直在埃及进行发掘，特别是位于底比斯、利什特和达舒尔的中王国时期考古遗址。他曾在德国考古研究院开罗所工作，并被任命为维也纳大学埃及学系主任。在其职业生涯中，他积累了法老建筑、建筑技术，特别是中王国时期艺术和考古领域的专业知识。

JE 30810 = CG 241

搬运者雕像

....

彩绘木
高36.5厘米
梅尔，黑人尼安佩皮墓（编号A1）
埃及文物部发掘（1894年）
第六王朝，佩皮一世统治时期（公元前2289—前2255年）

正如木质雕像底座上铭文记录的那样，黑人尼安佩皮（Niankhpepi the Black）是"上埃及的总管，下埃及法老的大臣，（法老的）挚友，伟大神明所尊重的人，仪式祭司，伟大的祭司"。尼安佩皮是上埃及第十四省的省长，他的墓是在库斯（Qus）地区首府梅尔（Meir）的岩石上凿出来的。他那以佩皮一世为基础的复合名表明，他生活在第六王朝末期。这是埃及历史上的一个关键时期，随着政权的解体，一些较大的地区变为自治国家。

人们在墓内两米深的竖井中发现了印有尼安佩皮主要头衔的木质雕像，其周围堆放着许多描绘逝者仆人的其他雕像。这尊雕像刻画了一个搬运者，以其形式之美和色彩之绚而引人注目：他脖子上挂着白色带子，带子连着背着的背包。我们不知道背包里有什么，但它一定很重，因为第二条固定带缠在搬运者的左臂上，他还向后弯着左臂，以便稳定负重。

带子的底部有两个凸起，可能是卡在地上的，这样背包放下时就可以竖起来。搬运者右臂在胸前呈直角弯曲并托着一个篮子。这个由植物纤维编织的篮子有一个手柄，上面装饰着黑色、绿色和红色的小正方形，形成了菱形几何图案。（F.T.）

三个搬运者模型

彩绘石灰岩
高59厘米，长56厘米
梅尔，黑人尼安佩皮墓（编号A1）
埃及文物部发掘（1894年）
第六王朝，佩皮一世统治时期（公元前2289—前2255年）

古王国时期末期，埃及的变化极大地影响了黑人尼安佩皮的墓。它的装饰似乎直接受到了当时孟菲斯马斯塔巴壁画的启发，随之而来的木质随葬小雕像的组装是一项创新，在第一中间时期被广泛采用。

作为省长，尼安佩皮是这一时期开始与中央集权的权力结构保持距离的新贵族之一。他的家族权力成为当地众多政权之一，这些当地政权对法老的权威提出了质疑并建立了个人重要性的新意识。这些新省级官僚阶层利益与孟菲斯贵族利益不同。这一变化导致了一种原始的艺术风格的发展，无论是在地理上还是在概念上都与首都相距甚远，因此缺乏宫廷工匠所积累的经验和技术。然而，这些作品充满了新的文化张力，其中强调了动态感和即时感。

尽管尼安佩皮墓中这三个女性搬运者模型表面看上去很简单，但它们揭示了那个时期的一些新的艺术趋势。在古埃及，数字"3"被用来表示复数，因此也表示多数。所以，这三个人物实际上代表了数位搬运者。

三个人物结合在一起且动作统一是孟菲斯艺术中已有的一种形式。另一个并不新颖的特点是，其中一个人物的姿势与其他两人略有不同，从而避免了绝对对称。因此，第一个搬运者右臂低垂。这尊小雕像的创新之处在于，首选的视角不再是正面的（就像前一个时期的作品那样），而是一个三边形的视角，可以让观者欣赏到三个人物逐渐变小的透视效果。三个人的身高从第一个到第三个逐步降低。这并不是为了简单地区分这三个人物，这点从服装和面部特征的完全一致中可见一斑。此外，尺寸的减小只影响到了人物的上半身，腿到臀部的长度都是一样的。

因此，这三个搬运者给人一种逼真的印象，那就是一排前进中的人物随着她们逐渐接近观者而变得更大。这个构图也可以被视为试图再现行走的动作，因此对这三个人物的另一种解读可能是，她们实际上正在展示同一个人：当她向观者走去时，有人在三个不同的位置描绘了她。（F.T.）

制作面包和啤酒的模型

....

彩绘石灰岩
高35厘米，长53厘米
梅尔，黑人尼安佩皮墓（编号A1）
埃及文物部发掘（1894年）
第六王朝时期，佩皮一世统治时期（公元前2289—前2255年）

面包和啤酒是古埃及的主食。一个罐子和一条面包，连同仪式经文和逝者的名字及头衔经常一起出现，被放在古埃及历史上各个时期各地的供桌上。

面包在埃及饮食中的重要性体现在这样一个事实上：人们知道40多种面粉的名称、特征、添加的比例以及不同的面包所用面粉的类型都不同。首先磨碎谷物，再精炼和筛分面粉。接下来，加入牛奶和其他配料来调味或者让面包变甜。这时，将陶炊具在火上加热，然后放入准备好的面团。在新王国时期，更好的烤炉改进了烘焙技术。由大麦制成的啤酒是饮食中的另一个重要部分。大麦被磨碎后加水，倒入容器短暂加热，然后把枣放入水中浸泡，以增加甜味。大麦发酵后，将产生的液体过滤到另一个容器中。

这个来自尼安佩皮墓的模型展示了面包和啤酒制作的最后阶段。两个工人一前一后，短发整齐，穿着简单的白色短裙。站着的人物上身微微前倾，双手伸进放在支架上的容器里，啤酒正在其中发酵。坐着的人物伸展的腿间有一个陶俑模具，他正在往里面加面团。他前面还有一堆用于制作面包的模具。(F.T.)

耕作人模型

....

彩绘木

高29厘米

梅尔，黑人尼安佩皮墓（编号A1）

埃及文物部发掘（1894年）

第六王朝时期，佩皮一世统治时期（公元前2289—前2255年）

在黑人尼安佩皮墓中发现的众多工人雕像中，这个正在耕种土地的人物雕像最能展示古王国时期不断变化的审美。它显示了当时文化审美对动态造型的兴趣以及对日常现实的细致观察，同时也带来了某种印象派感觉，整体视觉效果比准确呈现细节更重要。这些创新预示着下一时期的文化前景，捕捉即时感变得比构图的吸引力和平衡感更重要。这些新的艺术倾向首先在人物极其细长的形态中展现出来，有意识地违反了之前的所有典型范例。不自然的比例，身体的线条转变成一系列曲线元素，传递的不仅仅是一个人在田里干活的简单形象。

烤鸭者模型

....

彩绘木

高24厘米

梅尔，黑人尼安佩皮墓（编号A1）

埃及文物部发掘（1894年）

第六王朝时期，佩皮一世统治时期（公元前2289—前2255年）

黑人尼安佩皮墓室中发现的几尊木质雕像再现了前一时期孟菲斯贵族最高级别官员的马斯塔巴墙上浮雕描绘的日常生活场景。最常描绘的主题与准备食物有关。

这个模型刻画了一个蹲在火盆前的人。他头发很短，穿着简单的白色埃及式短裙。他的左手拿着一根棍子，棍子的一端插着一只鸭子。他的右手拿着一把扇子，用于复燃盆里炽热的余烬。在埃及，鸭肉和牛肉改变了当时人们以蔬菜为基础的饮食结构。肉类是昂贵的食物，通常只有富人才吃得起。这类食物在穷人的饮食中很少出现，他们对蛋白质的需求首先是通过尼罗河中丰富的鱼类来满足的。

在装饰古王国时期墓内墙壁的场景中，猎鸭是一个经常出现的主题。这样的狩猎是在沼泽中进行的，使用的是隐藏在芦苇荡之间空地上的渔网。墓主人经常被描绘成在用棍子猎鸭，在古王国时期的随葬品中，我们经常看到各种雕刻着烤鸭场景的石块。装在烤鸭形状的白色木棺里的真正木乃伊鸭，通常被放在新王国时期统治者墓葬里的随葬食物中。（F.T.）

这个人物的意义不仅仅在于其外面刻画了什么，还在于它成功地传达了一种动态感。很明显，制作者试图以雕塑的形式再现一个人中午在田野中工作的动态场景：当太阳光照射下来时，热浪似乎能让人热得颤抖。

制作者不只进行简单的模仿，还用细致入微的观察描述了周围的环境，没有忽视每个细节的准确转换。这就解释了为什么人物没有脚，他的脚踝直接连接雕像底部。这是一种成功的设计，它再现了农民在被水淹没脚踝的田地里工作的情景。因此，这尊农民耕种田地的小雕像可以被视为其制作时代的一件创新作品。它呈现出了第一中间时期作品中最典型的特色，而第一中间时期经常被错误地描述为埃及文明中的一个衰退期。

如果我们用孟菲斯的艺术标准来评估这件小木雕，那么它会被认为是衰退的。因为在孟菲斯，模式化秩序是至高无上的。事实上，我们可以在这个人物大步行走的姿态中看到那个时期严格有序的作品风格，这种风格在锄头的两个部件的开合之中有重现。但是，制作者严格按照精确规则来构建这种风格，这种缺失可以通过一定程度的新鲜感和直观性得以充分弥补，这在早期的作品中是很少见的。（F.T.）

JE 362195

孟图霍特普·奈布海派特拉雕像

....

彩绘砂岩
高138厘米
戴尔巴哈里，孟图霍特普·奈布海派特拉衣冠冢
霍华德·卡特发掘（1900年）
第十一王朝，孟图霍特普·奈布海派特拉统治时期（公元前2061—前2010年）

法老双臂交叉在胸前，坐在一个没有装饰的立方体王座上，王座本身放在一个长方形基座上。他戴着下埃及的红冠，留着象征着神的长长的假胡子，穿着刚到膝盖的白色短款仪式披风。皮肤被涂成黑色，与披风的白色形成鲜明对比，这使得他的手和部分胸部都暴露在外。

尽管与真人大小相同，但雕像似乎更大，呈现出威严而权威的法老形象，没有多余的细节。身体似乎只是由砂岩块粗略雕刻而成。与身体的其他部分相比，腿部和脚部显得不成比例地大而笨重。只有在脸部和头部的渲染中才展现了细节。庄严的红冠框住了方形的脸，令大耳朵没有被盖住。紧靠在一起的眼睛被涂成了白色，瞳孔则是黑色的，炯炯有神。整尊雕像展现了美尼斯之后第二个统一埃及的伟大法老的强势而庄严的形象。这尊雕像还象征着君主的二元性：在活着的世界里，他象征了隼神荷鲁斯——强大的征服者；而在死后，他被认为是冥王奥西里斯。

1900年，这尊雕被发现于戴尔巴哈里的孟图霍特普葬祭庙庭院东北部的一个竖井底部，被发现时外面包裹着许多层细亚麻布。当时的埃及文物部督察员霍华德·卡特（Howard Carter）骑的马跌倒了，才发现了通往这个密室的走廊入口。马蹄踢开了覆盖着地下通道的石板。为了纪念这一奇怪的事件，人们给这个被发现掩埋雕像的地洞取了一个阿拉伯语名字：Bab al-Hsan，是"马门"的意思。

人们提出了许多假说来解释这些地下房间的性质。有人说它们是法老的原始陵墓，随着神庙更宏伟的建筑工程的完成，这座陵墓被遗弃了。或者，它们可能被用作法老（作为统一两地的统治者）的第二座墓葬。然而，有一件事似乎是肯定的：这个房间具有举办仪式的功能。因为孟图霍特普在这里穿上了王室登基庆典的传统披风，在这个仪式上，法老的权力和神圣性得到了再次确认。(R.P.)

阿蒙奈姆赫特丧葬碑

·····················
彩绘石灰岩
高30厘米，宽50厘米
阿萨斯夫（Assasif，编号TT R4）
大都会艺术博物馆发掘（1915—1916年）
第十一王朝（公元前2134—前1991年）

这块宽且不高的长方形石碑雕刻着色彩鲜艳的献祭场景。一行圣书体铭文横跨顶部，镶嵌在两条被深深切割的线条之间。

石碑左边有三个人物坐在黑色长凳上，凳子腿被雕刻成狮子腿的形状。长凳下放着一个篮子，一面镜子的把手从篮中伸了出来。坐在长凳右端的是这块石碑的主人阿蒙奈姆赫特，他的妻子伊吉（Iji）在左边，儿子安太夫在中间。该场景有着一种令人惊叹的自然感，三个人物被用一种深情亲切的姿势刻画出来。女子搂着儿子的肩膀，儿子的左手搭着父亲的右手、右手搭着父亲的左手。三个人的脖子上都戴着绿色的宽领项链。伊吉戴着黑色长款假发，穿着白色束腰外衣，袒露胸部，戴着几个手镯和脚环。男士们穿着白色短裙，戴着黑色短款假发，父亲还蓄着山羊胡。长凳的右边是一张供桌，上面堆满了食物，供桌的另一边是一个站立的女性，她的穿着像伊吉，与其他三个人物相比更小。一行圣书体铭文表明她是哈皮（Hapi）。

石碑上给奥西里斯的献词是：献给可敬的阿蒙奈姆赫特和可敬的伊吉。(R.P.)

JE 89858 - 91169

安太夫将军雕像

彩绘砂岩
高58厘米
阿萨斯夫，安太夫将军墓
德国考古研究院发掘（1963—1964年）
第十一王朝，孟图霍特普·奈布派特拉统治时期
（公元前2061—前2010年）

这尊部分缺失的雕像是由两个碎片修复而成的：头部和躯干有单独的埃及博物馆库存编号。

这尊雕像是在安太夫将军墓内的祭堂里被发现的，离戴尔巴哈里的孟图霍特普法老神庙不远。安太夫的墓有门廊立面，这是这一时期底比斯丧葬建筑的特色。安太夫是王室军队的将军，根据他的丧葬建筑的位置和大小来看，他显然是法老的亲信。

将军被雕刻成坐姿，双手放在膝盖上。他戴着短款假发，假发盖住了耳朵。精细的雕刻刻画出紧密的卷发。他的圆脸与他侍奉的法老们有几分相像：闭着的双眼用同样的眼线描绘，轮廓清晰的嘴巴上方雕刻着笔直的鼻子。他的脖子粗壮，肩膀宽厚，胸部下方的一条线在视觉上分割出了方形的躯干。手臂粗壮，但肌肉并不发达。手臂紧贴着身体，小臂则用力压在大腿上。安特夫穿着有褶皱的短裙，系着跟法老们一样的腰带。

JE 30986 = CG 258

埃及士兵部队

彩绘木
高59厘米，宽62厘米，长169.5厘米
艾斯尤特，麦斯提王子墓
第十一王朝（公元前2134—前1991年）

　　这支由40名埃及士兵组成的部队被放置在一个基座上，分成10排，每排4人。根据他们的各种特征来看，有可能确定他们的民族。他们的皮肤是浅色的，虽然比过去用于描绘达官显贵和法老的棕色要深一些（这是一种经历了不同生活方式的明显迹象，涉及长时间的露天活动）。他们被描绘成一支紧凑的队伍，有几个细节为他们的动作和服装的规律性及统一性增添了一定程度的活泼感。每个盾牌各不相同，都是模仿各种动物的皮肤绘制的。人物高度也不一致，造成了一定的参差感。虽然每个人的脸都各有特点，但他们装饰着细细眼线的大眼睛都展现出了同样的非常活泼的凝视的眼神。

　　这一时期的墓葬中出现了武装部队的模型，这无疑是新的社会政治形势的反映。当地的王子们显然觉得有必要引入创新的人物元素来代表他们自己和他们的地位，以强调他们新获得的权力和自主权。(R.P.)

努比亚弓箭部队

彩绘木
高55厘米，宽72.3厘米，长190.2厘米
艾斯尤特，麦斯提王子墓
第十一王朝（公元前2134—前1991年）

　　这组木制模型被放置在一个基座上，展示了 40 名弓箭手，这些弓箭手排成 10 排，每排 4 名。根据他们黑色的皮肤和衣服能看出其努比亚军队成员的身份。他们步调一致，大步向前，左手拿弓，右手拿箭。每张脸都独一无二，白色的大眼睛在深色皮肤的映衬下显得格外鲜明。浓烈的色彩、各异的面孔以及不同的身高在这个原本统一的群体中创造出了极大的动态感和活跃感。这个模型被发现于麦塞赫提王子墓，很可能是其军队的一部分。

　　随葬品中涵盖仆人和工人小雕像的做法在古王国时期已经出现，主要表现农业与工业活动。在第一中间时期和中王国时期之间，木制模型经常被用来刻画整个军队的形象，以及展示与逝者生活相关的某种活动。(R.P.)

供品搬运者

彩绘木
高123厘米
戴尔巴哈里，麦克特瑞墓（编号TT280）
大都会艺术博物馆发掘（1919—1920年）
第十一王朝（公元前2134—前1991年）

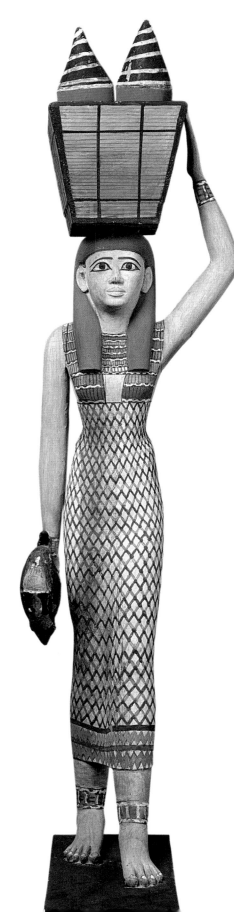

　　这座木制雕像的尺寸大约为真人大小的三分之二，是麦克特瑞墓中发现的 25 个模型之一。呈现形式之完美与追求色彩和细节之和谐相结合，因此它可以被视为一件展示人物形象的复杂而非凡的文物。

　　女子雕像被安置在方形基座上，人物呈走姿，头上顶着柳条筐。柳条筐四角已被加固，装着四个用锥形盖子密封的红色葡萄酒瓶。她的左手举过头顶扶着筐，右臂垂在身侧，抓着一只鹅的翅膀。她的手腕上戴着彩色手镯，脖子上挂着一条红绿白蓝四色的多股项链。女子戴着由三部分组成的黑色假发，假发的前面部分从耳朵后面穿过，搭在其娇嫩的脸颊的两侧。杏仁形的大眼睛被漆成白色，瞳孔呈黑色并画着深色的眼线，细长的黑眉毛紧贴眼线。她的鼻子挺直，嘴巴小而圆。两条宽带支撑起长到脚踝的束腰外衣并包裹着胸部，宽带的颜色呼应着项链的颜色。束腰外衣的装饰格外优雅，网状图案由红色和绿色交替组成。外衣底部有两圈钻石形带状图案。女子赤着脚，双脚戴着相同的宽脚镯。细腰、翘臀和长腿构成了她婀娜的身姿，束腰外衣更是突出了这一点，而非掩盖了这一点。(R.P.)

JE 46721

房屋和花园的模型

·····················

彩绘木

高43厘米，宽40厘米，长87厘米

戴尔巴哈里，麦克特瑞墓（编号TT280）

大都会艺术博物馆发掘（1919—1920年）

第十一王朝（公元前2134—前1991年）

考古遗迹、古墓中保存的绘画、浮雕和模型以及文学作品，都提供了关于在尼罗河流域发现的各种类型房屋的详细信息。埃及的房屋一般用未烧制的砖建造，屋顶覆盖着轻质材料，当然，每一座房屋会根据居住者的财富和社会地位而有所不同。它们可能是一层或多层楼高，大小有限，也可能非常宽敞豪华，最重要的是，它们可能被花园、小农场或大片耕地所包围。中等大小的房子总是有一块菜地和一个带花园景观的游泳池，家庭成员可能会在那里度过大量的时间。

这件来自麦克特瑞墓的模型展示了一座房子的内部庭院。模型中房屋和花园之间有个门廊，门廊由两排各四个带凹槽的圆柱支撑，圆柱的外形像是莲花茎顶着未开的花朵。门廊前面有一个蓝色的矩形水池，三边被无花果树环绕，它们的叶子和果实都被细致地刻画了出来。巧妙的色彩组合和对建筑元素及植物的精确绘制，既证明了埃及富裕家庭的品位，又证明了这些微型模型创作的艺术水准。（R.P.）

统计牲畜数量的模型

彩绘木
高55厘米，宽72厘米，长173厘米
戴尔巴哈里，麦克特瑞墓（编号TT280）
大都会艺术博物馆发掘（1919—1920年）
第十一王朝（公元前2134—前1991年）

这个来自麦克特瑞墓的模型为我们提供了一个与埃及农业生活相关的生动场景。工人们驱赶着牲畜，房子的主人正在监督他们清点和检查牲畜。麦克特瑞和其他官员坐在树荫下的亭子里，各种花纹皮肤的动物从他们面前走过。

麦克特瑞坐在一张大椅子上，而他的儿子和一些书吏坐在他旁边的地板上。每个书吏都在腿上放着一卷敞开的纸莎草卷，每个人的前面都有一张低矮的小桌子，桌子上放着笔和墨水。另有两个人站在附近，右手拿着手杖，随时准备惩罚下属的违规行为。实际上，在亭子外面，一名监督员正在将他的手杖举到一名站立的男子的背部，男子面向屋主，他很可能是一名行为有疏失的牧民，他略微向前弯着腰。

另有17名男子正在忙着驱赶这些任性的牲畜朝预定的方向前进。他们中的一些人配备了助手，而另一些人则用系在牲畜角上的绳子拽着几只动物。4名男子直立着靠在后墙上，很可能是在监督行动。男人们的衣服有一部分是用真正的布料制成的，给这一令人回味的场景增添了一丝现实主义色彩。

这些模型不仅从艺术角度，而且作为生动的文献证据对学者和研究人员尤为重要。通过这些作品，古埃及人为我们提供了了解他们日常生活的窗口。(R.P.)

101

捕鱼场景模型

彩绘木
高31.5厘米，宽62厘米，长90厘米
戴尔巴哈里，麦克特瑞墓（编号TT280）
大都会艺术博物馆发掘（1919—1920年）
第十一王朝（公元前2134—前1991年）

古王国时期埃及墓葬的墙上绘有被称为"日常生活"的场景，其中就有对狩猎和捕鱼的生动刻画。捕鱼时要么是从陆地上撒网，要么是从芦苇船上拖网。从麦克特瑞墓中发现的模型中，这个刻画在船上捕鱼的模型无疑是最生动的模型之一，这要归功于所用的颜色、现实主义风格以及弥漫在场景中的动态感和鲜活感。

　　两艘船平行航行，两艘船上各有五名男子：一个坐在船头，一个坐在船尾，另外三个站在中间。坐着的两个人，一条腿盘在甲板上，另一条腿蜷曲到胸部，他们在船的右侧划着长桨。坐着的人都穿着长至膝盖的宽松短裙。站着的人

正向两艘船之间的网探出身子。靠近侧面的两个人分别握着一根被连在网上的绳子，他们所穿的短裙也长至膝盖，一条交叉在胸前的单条皮带系着短裙。所有的人都是棕色皮肤，中等长度的黑色假发遮住了耳朵。浅绿色的船环绕覆盖着黄色的条纹，这是在模仿芦苇束拧成的绳索。在每一端捆扎成束。船头像莲花，船尾则窄得多。

　　这两艘船被固定在涂有绿色油漆的木制基座上，网也被放置在基座上。圆形的网从带有浮子的绳上悬挂下来，里面装有各种鱼。(R.P.)

JE 46723

织造工坊模型

彩绘木
高25厘米，宽42厘米，长93厘米
戴尔巴哈里，麦克特瑞墓（编号TT280）
大都会艺术博物馆发掘（1919—1920年）
第十一王朝（公元前2134—前1991年）

这个模型刻画了一个沙黄色的长方形房间，角落里有一扇门微微开着。内部是一派繁忙景象，一群妇女正从事着各种与织造有关的活动。两个跪着的人正在两台几乎并排放置的水平织机上工作，占据了房间的中心。有 8 名妇女站立着，她们要么在纺线，要么在把线缠绕在绞绳上编织。另有三个女人背对着墙蹲在地板上。她们的肤色较深，头发整洁；她们的衣服是由朴素的、未染色的布料制成的，可能最初是红色的。穿法非常简单，由床单当衣服包裹在身体上，通过一条带子挂在肩上。

织造是古埃及女工占主导地位的一项活动。妇女可以通过这种独立于丈夫的工作来赚取收入，这使得她们能够自己进行各种类型的交易。此外，正如第十九王朝塞提一世统治时期的一张纸莎草纸所描述的那样，她们还经常承担为法老和宫廷生产面料和衣服的重要工作。(R.P.)

JE 46722

木工工坊模型

彩绘木
高26厘米，宽52厘米，长93厘米
戴尔巴哈里，麦克特瑞墓（编号TT280）
大都会艺术博物馆发掘（1919—1920年）
第十一王朝（公元前2134—前1991年）

这个模型呈现的场景不仅是可能发生在埃及的一个重要庄园车间里的活动的证据，也是展示工人工作条件的证据。在这个场景里，十几个木匠占据了一个相当小的车间，车间的一角有一道门。

车间的角落里有一个很大的白色带盖箱子。箱子里面装着一系列工具，其中一些与如今仍在使用的工具非常相似，包括凿子、斧头、锯子和各种尺寸的锯片。一根带有完整黏土封条的绳子固定着箱子。车间中心位置站着的人正在锯着一块固定在垂直立柱上的大块木头。几个工人坐在侧面，整理着木板；几个跪着的工人正在炉膛里对工具进行淬火。

虽然这个模型的用色相当暗淡（从淡黄色到赭石色，从假发的黑色到皮肤的棕色），但男人们正在执行的各种任务和活动使场景变得活跃起来。(R.P.)

JE 48851

塞努斯瑞特一世的奥西里斯柱

彩绘石灰岩
高470厘米
卡尔纳克
第十二王朝，塞努斯瑞特一世统治时期（公元前1971—前1926年）

许多塞努斯瑞特一世的雕像都被描绘成了奥西里斯倚柱而立。其中大多数来自利什特，法老和他的前任阿蒙奈姆赫特一世在那里建造了金字塔，周围是他们的亲戚和最重要的达官显贵的陵墓。阿拜多斯有另一尊刻画了塞努斯瑞特相同姿势的雕像，尽管它的风格与其他雕像一样，与同一艺术流派有关，但在卡尔纳克发现了另一个例证（如图所示）。塞努斯瑞特被描绘成传统的木乃伊形状，双臂交叉在胸前。他的每只手都拿着一个生命之符。然而，有意思的是，与其他奥西里斯巨

型雕像不同的是，这里的手臂和手与身体明显不同，就好像裹住身体其他部位的裹尸布没有裹住手臂一样。这两个生命之符是用高浮雕形式雕刻而成的。

塞努斯瑞特戴着上埃及的白冠，前面有一个洞，这个洞曾经装饰着王室圣蛇饰物。在法老头部两侧的柱子上，右边写着"塞努斯瑞特之子"，左边写着"天空之主阿蒙－拉的宠儿"。

这尊雕像似乎更类似于第十一王朝时期的雕像，而非第十二王朝时期的雕像，它与其他法老的奥西里斯雕像明显不同，那些雕像缺乏这尊巨型雕像所表达的内在力量。(R.P.)

JE 36809

塞努斯瑞特一世的石柱

彩绘石灰岩
高434厘米，宽95厘米
卡尔纳克，阿蒙拉神庙窖藏庭院
乔治·勒格兰（Georges Legrain）发掘（1903—1904年）
第十二王朝，塞努斯瑞特一世统治时期（公元前1971—前1926年）

这根柱子刻画了第十二王朝的第二位法老，四面各有不同的神伴随着他。尽管有所残缺，但这件作品无疑证明了埃及工匠们不仅有制作大型圆雕的石工技艺，而且在制作复杂优雅的浮雕时同样如此。

塞努斯瑞特一世给我们留下了几座具有极高艺术水平的纪念建筑和艺术品，比如白色圣堂，它是用从卡尔纳克的阿蒙－拉神庙第三座塔的填充物中发现的石块重建的。正是这样的作品，比如早期雄伟的古王国时期建筑物，展示了埃及工匠无与伦比的存在感，他们在稳固而强大的中央集权时期美化了埃及的神明和统治者。

塞努斯瑞特石柱的四面显示了法老在拥抱四个不同的神。其中一个是隼头形象的艾德福神荷鲁斯（然而铭文中描述为"赫利奥波利斯之主"）。在另一面，人形的底比斯神阿蒙戴着传统的双羽毛头饰。一行圣书体铭文记下了阿蒙"卡姆泰夫"（Kamutef）的称号，字面意思为"他母亲的公牛"。第三个是工匠的守护神普塔，它在神殿内，戴着工匠的帽子。

第四个是阿图姆（Atum），它戴着双冠，象征统一的埃及的王室权力。

塞努斯瑞特本人在阿图姆和荷鲁斯面前戴着双冠，而在阿蒙（卡姆泰夫）面前戴着下埃及的红冠，在普塔面前戴着埃及式头巾——这是与王室圣蛇一起装饰在额头上的头巾。在塞努斯瑞特和众神的上方，简短的圣书体字符点明了场景中的人物，还包含了对法老的祝福语，这些祝福语也出现在了柱子基座上的铭文遗迹中。(R.P.)

JE 44951

法老雕像
....
粉刷-彩绘雪松木
高56厘米
利什特，伊姆霍特普墓，靠近塞努斯瑞特一世金字塔
大都会艺术博物馆发掘（1915年）
第十二王朝，塞努斯瑞特一世或阿蒙奈姆赫特二世统治时期
（公元前1971—前1892年）

　　这尊置于长方形基座上的小木制雕像刻画了正在大步前行的法老。他的右臂紧贴身体（曾握着一根权杖，但如今已缺失），左臂向前伸展，手握着一根长杖。这根长杖的端部是钩状的，因此很像弯钩权杖（heqa）。就像一般的木雕一样，人物手臂和其他部位是分开雕刻的，后用榫头固定在身体上。

　　法老戴着代表埃及的白冠，身穿白色短裙。另有一座木制雕像与这尊相似，法老戴着代表下埃及的红冠，现收藏于纽约大都会艺术博物馆。这两尊雕像是在大臣伊姆霍特普墓内一个房间里被发现的，他为自己建造的丧葬建筑离塞努斯瑞特一世的墓地不远。由于伊姆霍特普墓靠近法老金字塔，因此这座小雕像被认为是塞努斯瑞特一世的肖像，但目前没有任何元素能证实它是法老的肖像。最新的风格分析证据表明，这两尊小雕像是阿蒙奈姆赫特二世的肖像。（R.P.）

这件优雅的头像是在阿蒙奈姆赫特一世金字塔区域内被发现的,它原本是一尊女性雕像的一部分,其手臂后来被找到了。这件雕像刻画的是否为王室公主甚至王后没有办法确定,但精美的制作和贴金的假发表明,这件作品出自王室工坊。

这个较小的头部由独立的面部和假发两部分组成,它们通过榫头连接在一起。这些特征引人注目,呈现出结构上的和谐感:高高的前额,阳刻的眉毛,细长的眼睛(曾经镶嵌着饰品,但不幸遗失),眼睛外角的凹槽代表眼线的延长线。方形的黄金(部分保存)插入假发的表面,显然原本是棋盘图案。假发的顶部要薄得多,与两边宽度不成比例,这表明上面曾戴过王冠或头饰。修长、光滑的脸上有着适度甜美的表情,让人可以想象出一个即将成熟的年轻女子的状态。

尽管它的尺寸很小,但这件头像体现了对完美的追求,这是埃及历史上不同时期的王室和个人雕像的共同特征。(R.P.)

女性头像

....

彩绘木贴金
高10.5厘米
利什特,阿蒙奈姆赫特一世金字塔区域
大都会艺术博物馆发掘(1907年)
第十二王朝,阿蒙奈姆赫特一世统治时期(公元前1991—前1962年)

109

霍特普的方块雕像

灰色花岗岩
高73厘米
萨卡拉墓地
第十二王朝早期（公元前20世纪）

这尊方块雕像在中王国时期出现，它刻画了一个人坐在地上，双腿提至胸部，手臂交叉至膝盖。这种体裁在早期时例子不多，但后来发展起来并越来越流行。埃及博物馆中的两尊霍特普（Hotep）雕像，一座是石灰岩的，另一座是花岗岩的，是迄今发现的此类最古老的雕像。

这两尊雕像都把霍特普刻画成了仿佛坐在一把轿椅里，手臂高抬，背部弯曲，只有头、手臂以及腿和脚的前部从椅子上露出来。除了极少数例外，轿椅这种象征着高社会地位的物件在后来历代方块雕像中消失了。在后来的雕像中，这个姿势的人物通常被覆盖着一件大披风，只留下手臂，偶尔也会露出脚。

在这尊花岗岩方块雕像中，霍特普戴着顺滑的假发，中间略有分开，露出了他凸出的耳朵。与身体的造型形成对比的是，面部的线条柔和细腻，经过了精心打磨。手臂平放在立方体的上表面，粗脚踝，宽脚背，下方的大腿雕刻精细。深深的切口刻画出了骨骼结构和肌肉组织。献词及人物的名字和头衔被刻在了双腿的两侧和中间。

（R.P.）

JE 45625

尼特普塔石碑

....

彩绘石灰岩
高23厘米，宽30厘米
阿萨斯夫墓地（编号TT R6）
大都会艺术博物馆发掘（1915—1916年）
中王国时期末期（公元前18世纪后半叶）

这块长方形的石碑上绘有一排色彩鲜艳的人物，并刻有他们的名字。在人物的上方有一行圣书体铭文，用以确保逝者和他的家人在普塔-索卡里斯神面前享受伊玛胡（Imakhu）

（这个术语通常被翻译为"可敬的"或"崇敬的"）的待遇，普塔-索卡里斯神被要求替他们出面，使他们的卡能够享用"啤酒、牛肉和家禽"。

逝者阿伊（Ay）之子尼特普塔（Nitptah）在石碑的最右端。他被刻画成行走的姿势，左手拿着手杖，右手拿着类似鞭子的东西。挨着尼特普塔的大概是他的妻子，圣书体铭文确认她是"泰（Tai）的女儿塞尼（Seni）"。这对夫妇身后是他们的两个孩子——儿子"塞尼所生的安太夫"以女儿杰度（Djedu）。安太夫的造型与父亲相同。

四个人物全都站在由黑色、赭色和绿色三条线组成的基座上。按照古埃及男性和女性的习惯，女性的皮肤颜色被涂成浅黄色，比男性的浅；男性皮肤被涂成砖红色。尽管场景和人物都很传统，但鲜艳的色彩为场景增添了活力和美感。(R.P.)

JE 36445

胡伊木棺

彩绘木
长189厘米
艾斯尤特，8号墓
法国东方考古研究院发掘（1910年）
第十二王朝中期（公元前20—前19世纪）

对于古埃及人来说，棺材不仅仅是盛装遗体的容器，更重要的是，将遗体放入棺材中是保存身体以获得永生的最重要的手段。这一概念深深地根植于埃及历史的各个时期，在经常被用作棺材概念的生命之主（neb ankh）和生命容器（nenen ankh）这两个术语中得到了很好的证明。最古老的例子可以追溯到古王国初期。棺材再现了宫殿的形式和装饰图案，棺材东侧的一扇门和一双眼睛让逝者与生者接触，生者的供品为灵魂的永生提供了必要的营养。

在古王国时期末期，高级官员不再被埋葬在墙壁上完全覆盖着浮雕装饰的雄伟的马斯塔巴中，棺材上开始点缀着更多的装饰元素。棺材内部开始被图像和文字覆盖，人们认为这些图像和文字对冥界的逝者很有用。浮雕包含了葬礼中最重要的祭品和其他物品，整个表面都堆满了一排排的文字，其中包含被认为对永生至关重要的祈祷、神话、咒语和方术。

随着朝臣和最高等级阶级对王室特权和权威的侵占，铭刻在棺材上的大部分文字被证实与以前法老的葬礼仪式有关，或者至少受到了这种仪式的启发。中王国时期的棺材中开始出现一系列不同起源和性质的宗教文字。随着时间的推移，经过不断筛选，棺材内壁上的铭文也达到了标准化，最终被编制成了一本今天被称为棺材铭文的汇编。

胡伊（Khui）的木棺可以追溯到第十二王朝时期，当时这一标准化过程显然已经完成。这个木棺里所有的东西都能在当时的其他棺材上找到，只有一个例外。在他的木棺外壁上，在一双可以让他向外看世界的眼睛旁边，他被描绘成和那只可能是他最喜欢的狗——伊尤普（Iupu）在一起。

这是一个非常简单的场景，具有那个时期地方作品的生动、朴素的风格。这两个肖像没有基座，似乎悬挂在一个空白的空间里。胡伊的右臂紧贴着他的一侧，拿着伊尤普的绳索。伊尤普是一种尾巴向上卷曲的斑点狗，与如今埃及乡村还能看到的狗非常相似。主人与他忠实犬仆的感人温情是中王国时期精神的典型代表。在这个时期，情感经常压倒形式，产生出令人愉快的艺术作品，其特点是鲜活和直接。（F.T.）

JE 32868 = CG 28083

塞皮木棺

彩绘木
高70厘米，长233厘米，宽65厘米
戴尔贝尔沙（Deir el-Bersha），塞皮三世（Sepi Ⅲ）墓
埃及文物部发掘（1897年）
第十二王朝（公元前1991—前1783年）

这里展示的是塞皮（Sepi）将军木棺短边的内部，他是上埃及第十五区野兔诺姆的一名官员。人们在这个区域发掘出了他的棺椁，现收藏于开罗的博物馆。盛装木乃伊的木棺之外还有一具长方形的外棺。

木棺外部装饰着传统的宫殿正门图案，上面有两只荷鲁斯之眼。这些具有象征性的眼睛被画在木棺的侧面，逝者的脸被丧葬面具保护性地遮盖着，并朝着这个方向。棺壁被涂上了彩绘，并刻上了庇佑语句。木棺内部装饰着更多的避邪咒语和一些棺材铭文中的段落，其目的是使逝者能够顺利踏上前往冥界的旅程，并保护他的灵魂。这些铭文借鉴并扩展了古王国时期的金字塔铭文，因为它们最初只在第五王朝以后的王室金字塔内部被雕刻过。

这块塞皮棺盖有一个被画成三面的框架，由不同颜色交替的正方形组成。框架内面板的主要装饰图案被分成两个大小几乎相等的区域，上面覆盖着一排星星，象征着夜空。上半部巨大的区域由圣书体字符组成，标明了逝者身份，上面写着"你头的下方是尊贵的奈芙提斯（Nephthys，这表明这块棺板位于与逝者头部对应的一端），将军塞皮，确信之声"。在这行铭文下面是一条窄带，上面有更多的圣书体字符，列出了放在两张桌子上的供品：香膏罐、一个亚麻袋、两个头枕、两块布和一盏点燃的灯。下部几乎全部被《两路之书》（Book of the Two Roads）中的一篇丧葬铭文（用圣书体草书题写）所占据，还有一幅有关冥界的图画。它由一系列同心椭圆形组成，冥王奥西里斯坐在王座上。（R.P.）

TR 7.9.33.1

丧葬面具

粉刷–彩绘亚麻布
高50厘米
出处不详
中王国时期（公元前2040—前1640年）

掏空会导致腐烂和分解的内脏和体液，制作木乃伊的目的是恢复逝者的身体，让其尽可能保持接近于完好无损，以备在死后过上新生活。为此，除了用来填充移除内脏后空洞身体的填料和参照奥西里斯遗体重组的绷带外，从古王国时期末期开始，还给木乃伊配备了丧葬面具。这是为了确保逝者面部特征的完全恢复。在某些情况下，还延伸出了一种胸饰。它们是由一层层亚麻布制成的，上面覆盖着灰泥，然后再涂上彩绘，被称为木乃伊面具（cartonage）。这里的面具描绘的人脸为椭圆形，眼睛很大并画着黑色的眼线，还有浓密的眉毛。相对紧凑的假发也被涂成了黑色并且在前面被分为两个部分，其中一部分盖住了颜色各异的多股项链。宽领项链的上方是另一条由长圆柱形珠饰制成（两个黑色和两个红色）的项链。胸口的碎片状态意味着只有项链装饰侧面的一部分被保留了下来，但我们可以看到它是以一圈蓝色的椭圆形珠饰终止的。

通过与其他相似面具的风格进行比较，我们可以确定它产生的年代是中王国时期。(R.P.)

JE 46774

伊内普霍特普的卡诺匹克罐套装

石灰岩、贴金木
高34厘米，直径11厘米
萨卡拉，泰提金字塔北部墓地
埃及文物部发掘（1914年）
第十二王朝早期（公元前20世纪）

第十二王朝的伊内普霍特普（Inepuhotep）和乌塞尔穆特（Usermut）的墓被发现于萨卡拉的泰提（Teti）金字塔以北。他们的随葬品是那个时代的典型范例，包括木棺、卡诺匹克罐、船模、工作中的木制仆人雕像和各种类型及形状的陶器。

存储伊内普霍特普内脏的四个卡诺匹克罐被放在一个珍贵的进口木材制成的盒子里，没有按某种特别的顺序摆放。每个罐子上都有铭文，其中逝者的缩写伊内普（Inepu）与一位

神的名字联系在了一起。

粗略加工的罐子是不合规则的，因为它们是由石灰岩制成的，顶部有一个人头形状的彩绘木制盖子。这些盖子描绘了荷鲁斯四子，保护着在防腐过程中从逝者身体中取出的内脏。其中三张脸为深红色，下巴周围有黑色的小胡子和皮带，其中有一个小胡子掉了。第四个盖子被漆成了黄色，与其他盖子的不同之处在于，它是唯一一个没有小胡子及下巴周围的皮带的盖子。这个盖子代表肝脏的守护神伊姆赛特（Imseti）。

从新王国时期开始，荷鲁斯的其他三个儿子就被描绘成在卡诺匹克罐盖子上的动物头部，伊姆塞特还被描绘成了人。杜阿姆特夫（Duamutef）用鬣狗头代表，克贝赫塞努夫（Qebehsenuef）用隼头代表，哈皮用狒狒头代表。(S.E.)

JE 21365

河马

....

蓝色釉陶
高11.5厘米，长21.5厘米
德拉阿布纳加墓地
奥古斯特·马里耶特发掘（1860年）
第二中间时期（公元前1640—前1532年）

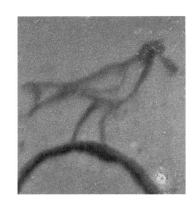

埃及艺术和文学中都曾出现河马。在墓葬和居住区中
已经发现的陶像例证可以追溯到前王朝时期。釉陶河马雕
像经常出土于中王国时期和第二中间时期的墓葬中，但
它们似乎在第十七王朝末期突然消失了。

在墓葬中，这些美丽的雕像通常与象征生育的女
性雕像联系在一起，两者显然在逝者的再生中起到了
共同的作用。它们也似乎都与生殖有关。女性生育女神
和分娩的守护神塔沃里特（Taweret）的形象是结合其
他动物元素形成的"河马"形象。在神庙墙壁上，她出
现在神的结合和法老的神圣诞生场景中。

这里展示的雕像不仅再现了动物本身的真实样貌，
也在它的彩绘装饰中涉及它在尼罗河沼泽边缘的自然栖
息地。它巨大的身体上画着水生植物：盛开的纸莎草花
和莲花。它的嘴巴、眼睛和耳朵在明亮的蓝色的衬托下
都是黑色的。(R.P.)

JE 30742

刺猬

··························
蓝色釉陶
高5.3厘米，长7厘米
底比斯西部
中王国时期（公元前2040—前1640年）

刺猬在埃及工匠的圆雕、浮雕、绘画作品中表现的许多动物中经常出现。这里展示的雕像中，工匠总体上尊重动物的自然形态。它的特点是口鼻长，眼睛小，耳朵尖，短腿支撑着相对较为庞大的身体，全身长满了刺。这些都是相当风格化的，简单地通过动物弯曲背部的十字切口来呈现。雕像最下面有一个椭圆形的基座。

刺猬的古埃及名字目前不详，在艺术表现上往往与豪猪混淆。它出现在古王国时期墓葬的浮雕中，作为船头的装饰或者以独立的泥塑形式出现。无论是在狩猎场景中还是作为丧葬祭品，刺猬通常被视为一种沙漠中的动物。它们很可能是作为护身符被存放在墓中的，与穆特（Mut）和贝斯（Bes）两位神有关，两者都与出生有关：穆特是卓越的神圣母亲，贝斯是母亲和孩子的守护神。

动物形状的陶罐也常采用刺猬形状，特别是希腊罗马时期的釉陶罐（通常用来装油或香水的容器）。它们常见于诺克拉提斯（Naukratis）。(R.P.)

JE 47710

"逝者的妾"

··························
蓝色釉陶
高13厘米
底比斯墓地，奈菲尔霍特普墓（编号T T316）
大都会艺术博物馆发掘（1922—1923年）
第十一王朝，孟图霍特普一世统治时期（公元前2061—前2010年）

早在前王朝时期，埃及就产生了装饰彩绘或雕刻图案的女性雕像，它们是与生育有关的象征和护身符。正如这里展示的这件作品一样，中王国时期随葬物品中的一些雕像只做到膝盖，没有腿的下半部分。目前还不清楚这一奇怪特征是否具有某种神奇或避邪的价值（例如防止雕像离开安放它的墓），还是仅为了把注意力集中在雕像其余那些细节完整的部分。

雕像呈深蓝色，头戴由三部分组成的顺滑假发，耳朵没有露出。脸部大致呈三角形，有着黑色的大眼睛（跟假发和眉毛的颜色一样），嘴巴小，几乎没有画出来。胸部较小，臀部呈圆形，耻骨三角区用虚线图案来强调。雕像大腿前面有菱形图案，现实中应该画有海娜（henna）纹饰。这与在结婚等特

殊场合
用海娜纹饰
涂抹身体部位的做法相一致，至今仍很普遍。

尽管雕像赤身裸体，但戴着有坠饰的长项链、手镯和两串珠子，这些珠子从肩膀上垂下来，与另外两条从肚脐上方绕过腰部的珠子汇合在一起。一条由贝壳和珠子交替组成的腰带覆盖在这位迷人女性的臀部上，类似于在第十二王朝公主们的随葬用品中发现的腰带实物。(R.P.)

JE 15210 = CG 394

阿蒙奈姆赫特三世斯芬克斯像
·····························
灰色花岗岩
高150厘米，长236厘米
塔尼斯
奥古斯特·马里耶特发掘（1863年）
第十二王朝，阿蒙奈姆赫特三世统治时期（公元前1844—前1797年）

阿蒙奈姆赫特三世斯芬克斯像很受后来的统治者们的欣赏。它们在希克索斯时期被尼赫西（Nehesi）法老占有并重新使用，在拉美西斯时期被拉美西斯二世和美楞普塔（Merneptah）占有并重新使用，最后在第二十一王朝被普苏森尼斯占有并重新使用。它们的确切原址不详，但很可能位于布巴斯提斯献给女神巴斯特（Bastet）的神庙里。它们实际出土于塔尼斯，很可能是被普苏森尼斯带走的。一起被发现的还有被挑中的用于点缀第二十一王朝、第二十二王朝国家首都的早期文物。第十八王朝时期，哈特舍普苏特女王模仿它制作自己的斯芬克斯像，证明这种特殊类型的雕像必然享有威望。女王的斯芬克斯像现也收藏于开罗的埃及博物馆。

这尊雕像中的法老是以传统的姿势来刻画的，他有狮子的身体和人的头，但其头部不是由埃及式头巾所包围（通常将统治者描绘成斯芬克斯时都会用这种头巾），而是由从狮子耳后冒出的长而厚的鬃毛所包围的。

占有过雕像的那些法老的头衔在不少地方都可以看到。此外，在略有损坏的基座周围刻着一段铭文，其中包含拉美西斯二世的部分头衔："荷鲁斯、玛阿特所宠爱的强大的公牛，像他父亲塔普一样拥有登基庆典；上下埃及之父乌塞尔玛阿特拉·赛特佩拉（Usermaatre Setepenre）；拉神之子拉美西斯·梅里阿蒙（Ramesses Meriamun）"。基座的前面也能看到同样的名字和头衔。(R.P.)

JE 20001 = CG 395

身穿祭司服装的阿蒙奈姆赫特三世雕像上部
·····························
黑色花岗岩
高100厘米
法尤姆，鳄鱼城发掘（1862年）
第十二王朝，阿蒙奈姆赫特三世统治时期（公元前1844—前1797年）

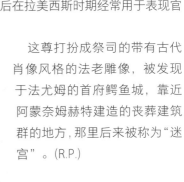

这尊耐人寻味的雕像只有上半部分幸存下来，这块碎片的规模尺寸表明完整的作品远超真人大小。

法老穿着非比寻常的服装，但风格明确无误，其所有肖像都有这个特点。雕像现藏于开罗的埃及博物馆，这张表情丰富的脸实际上与塔尼斯发现的阿蒙奈姆赫特三世的斯芬克斯像非常相似。由于眼睑半闭，所以眼睛看起来相当沉重，脸颊上有很深的皱纹，嘴唇丰满呈波浪形，下巴略有凸出。在额头的中央有一个洞，那曾是圣蛇装饰的位置，头顶上仍可以看到其蜿蜒的身体。

阿蒙奈姆赫特三世穿着豹皮，右肩能看到豹爪，左肩能看到豹头。毛皮通过两条在胸部对角交叉的带子固定好，脖子上挂着梅纳特（menat）项链。下巴和胸部损坏的痕迹证明那里原本应有长而宽的胡子。假发的两侧是两面旗帜的残留部分，旗帜顶部有隼头装饰。这一细节支持了一种假设：这尊雕像刻画了最早的旗手形象，后在拉美西斯时期经常用于表现官员和祭司。

这尊打扮成祭司的带有古代肖像风格的法老雕像，被发现于法尤姆的首府鳄鱼城，靠近阿蒙奈姆赫特建造的丧葬建筑群的地方，那里后来被称为"迷宫"。(R.P.)

神龛里的奥布雷·霍尔的卡的雕像

··

木、金箔
雕像：高170厘米
神龛：高207厘米
达舒尔，阿蒙奈姆赫特三世金字塔区域
雅克·德·摩根（Jacques de Morgan）发掘（1894年）
第十三王朝，奥布雷·霍尔统治时期（公元前18—前17世纪上半叶）

　　这尊引人注目的雕像刻画了第十三王朝的统治者奥布雷·霍尔的卡。根据古埃及人的说法，卡是人的非物质替身，是一种神圣的灵魂或生命力。卡在肉体死亡后幸存下来，在丧葬石碑前放在祭坛上的祭品就是献给这种灵魂的，让居住在雕像里的神的卡得以显现于世间。

　　人或神的卡在圣书体中用两只向上弯曲的手臂来呈现，就像这件雕像中奥布雷·霍尔的头冠。这件雕像的某些部件（手臂、左腿和脚趾）是分开雕刻的，通过榫头组装，与一般木制雕像的情况一样。

　　法老站在长方形的基座上，呈大步行走的姿势。他的右臂紧贴身体，右手原本握着一根权杖；左臂向前伸展，左手原本握着一根直达地面的长杖。人物的大多数身体部位是赤裸的，但腰部周围可以看到腰带的痕迹，肚脐以下有一些洞，可能是用来固定单独的腰带或短裙的。脖子上曾经装饰着贴金的宽领项链。在假发上也可以看到这种贵金属的痕迹。

　　这尊雕像是公元前第二千纪早期木制雕像中的一件精品，在某些方面似乎借鉴了古王国时期的传统经验。

　　当埃及博物馆的藏品匆忙地被从吉萨转移到位于解放广场的建筑内时，粗手粗脚的工人们轻微损坏了雕像的一些部分。为了逃避严厉的惩罚，他们随后决定将这件作品藏在博物馆的地下储藏室里。因此，这尊珍贵的雕像被认定丢失了，直到几年后才被重新发现，并且在修复后再次展出。(R.P.)

中王国时期工匠的技艺和艺术性在为第十二王朝的王后们和公主们打造的首饰中展现得淋漓尽致。这些女性戴着的精心制作的色彩鲜艳的王冠、项链、手镯、脚镯和戒指都属于埃及珠宝工匠们最伟大的成就。当新王国时期和第三中间期的大件作品用黄金和半宝石的精心设计给观众留下深刻印象时，中王国时期的装饰则是以精妙而深刻著称，其复杂的镶嵌图案值得耐心欣赏。

第十二王朝的王室珠宝工匠们主要依靠这几种材料来创作他们的作品：黄金、釉陶、紫水晶、青金石、玛瑙、绿松石、长石，偶尔还有银。复杂的镶嵌工艺先把青金石、玛瑙、绿松石和长石切割成形状优美的小碎片，再将这些碎片插入黄金底

P122左
塞努斯瑞特二世的胸饰（细节）

JE 30857 = CG 52001
黄金、青金石、绿松石、玛瑙
高4.9厘米
达舒尔，塞努斯瑞特三世墓葬群，
斯特哈托尔墓
雅克·德·摩根发掘（1894年）
第十二王朝，塞努斯瑞特三世统治
时期（公元前1878—前1841年）

P122-123
麦瑞瑞特的胸饰（背面）

JE 30875 = CG 52002
黄金、玛瑙、绿松石、青金石、紫水晶
高6.1厘米，宽8.6厘米
达舒尔，塞努斯瑞特三世墓葬群，
麦瑞瑞特墓
雅克·德·摩根发掘（1894年）
第十二王朝，塞努斯瑞特三世统治
时期（公元前1878—前1841年）

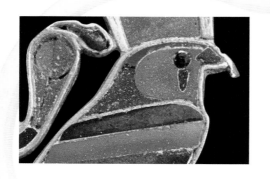

阿德拉·奥本海姆

第十二王朝的王室珍宝

座上由金片组成的空间中。这样产生的作品将深邃明亮的色彩与精湛的工艺技术结合在了一起。各部件都是由单一材质打造的，如黄金和紫水晶，通常采用镂刻或切割。这些部件再加上各种由半宝石制成的珠饰，组装成首饰。在极少数情况下，也发现过用造粒工艺制成的金器，据说此类物品是从地中海北部地区进口到埃及的。

中王国时期的王后们和公主们的珠宝上作装饰的图案和符号既庇护着佩戴者，又表明其地位。比如圣蛇形象和胸饰与法老的王名和图像结合，就在表明佩戴者的王室身份。其他类型的珠宝通常是上流社会的人们所佩戴的。珠宝通常采用符号的形式，旨在保护佩戴者免受邪恶势力的侵

害，带来乐观的事，比如儿童健康出生。

尽管很多第十二王朝的珠宝没有被盗墓者盗窃，但捆绑珠宝的线已腐烂，导致原本的组装方式踪迹难寻。壁画、浮雕和雕像有助于我们理解珠宝的组成和佩戴，它们描绘了戴着各种饰品的王室及非王室女性。此外，有时在腐烂的木乃伊遗骸上也能发现珠宝，露出佩戴特定物品的身体部位。

第十二王朝的王冠只有少数幸存了下来，每一顶都有独特的花卉图案。鲜花经常出现在壁画、浮雕和雕像中女性的头上。工匠用永久材料制作了日常生活中用鲜花制成的饰品，王冠大概就是这类替代饰品。花也会出现在描绘沼泽地狩猎和宴会的场

P124上
斯特哈托尔项链的扣环

JE 30862
黄金、玛瑙、青金石、绿松石
高2.7厘米
达舒尔、塞努斯瑞特三世墓葬群、
斯特哈托尔墓
雅克·德·摩根发掘
（1894年）
第十二王朝，塞努斯瑞特三世统治
时期（公元前1878—前1841年）

P125上
麦瑞瑞特的胸饰

JE 30875 = CG 52002
黄金、玛瑙、绿松石、青金石、
紫水晶
高6.1厘米，宽8.6厘米
达舒尔、塞努斯瑞特三世墓葬
群、麦瑞瑞特墓
雅克·德·摩根发掘（1894年）
第十二王朝，塞努斯瑞特三世
统治时期（公元前1878—前
1841年）

P124下
乌瑞特王后的手链

JE 98785 A, B - 98788 A, B -
98790 D - 98792 D -98793 D
黄金、绿松石、青金石、玛瑙
高4厘米，长15.5厘米
达舒尔，塞努斯瑞特三世墓葬群、
乌瑞特金字塔
大都会艺术博物馆发掘（1994年）
第十二王朝，阿蒙奈姆赫特二世与
塞努斯瑞特三世统治时期中间（公
元前20世纪晚期至前19世纪初期）

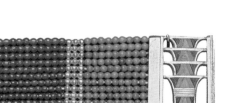

景中，用来强调这些场景中固有的生命和重生。

除了花卉元素，斯特哈托尔伊乌奈特的王冠还有圣蛇饰物，克努姆特（Khnumet）的王冠上还有展翅的秃鹫。这些标志表明佩戴者是王室成员，这样的王冠由此就从任何上流社会女性都能佩戴的饰品变为仅供王后或公主佩戴的华丽饰品。

宽领项链是埃及历史上最受欢迎的饰品。奈菲鲁普塔公主拥有的一条宽领项链是现存的中王国时期最美丽的文物之一。它由多条长串珠组成，宽度延伸至肩部。一串水平排列的珠子挂在背部肩胛骨之间垂下，可起到调节平衡和固定项链的作用。奈菲鲁普塔的项链上点缀着三个荷鲁斯头，宽领两端各有一个，顶部还有一个。隼神荷鲁斯代表着现任法老，这种象征物强调了主人与在位法老之间有着密切的联系。

还有一种完整留存下来的罕见项链，它由一个大而精致的、被叫作胸饰的坠饰和一串可挂起的水滴形珠饰及球形珠饰组成，通常都被戴在胸部。已知最早的胸饰可以追溯到第十二王朝中期，根据法老名字和头衔设计而成。一件第十二王朝后期的文物展现了一个法老控制住了外国敌人的场景。胸饰背面的精致镂刻凸显了埃及工匠高超的技艺，这种细节大概只有在王室女性戴的珠宝上才能看到。

一组镶嵌着铭文扣环的护身符可能与项链有关。这些小扣环由镶嵌的圣书体字符组成，其中包括单词或短句，例如"喜乐""出生"或"两位神的心是满足的"（这句是指仇敌荷鲁斯和赛特的和解）。因为没有相关中王国时期对铭文扣环的描述的记载，也没有在木乃伊身上发现过它，所以其功能仍不能确定。每个铭文扣环都有一个精心制作的滑动扣，用于插入螺纹窄管，因此这些东西可能是简单珠饰和胸饰的紧固件。

这一时期人们最常佩戴的手镯由半宝石制成的小珠饰构成，珠饰之间被金条做成的隔离物所隔开。这种手镯在埃及艺术文物中有很多。王室女性佩戴的手镯往往有精心镶嵌的扣环，上面装饰着法老的王名或杰德柱等符号。杰德柱是一种圣书体标志，代表稳定和耐力。另一种类型的手镯由更大的珠饰制成，护身符的形状是卧着的金狮，象征着法老和王权。这些狮子护身符制作得极为巧妙，实际上就是微型雕像，面部刻出了个性化的表情和细节。埃及艺术之前从未描绘过卧狮护身符，但在中王国时期的木乃伊手腕部发现了这些护身符，表明它们是手镯的一部分。

由半宝石和黄金隔片制成的脚镯在设计上与宽手镯相似，也是常见的装饰品。脚镯也有用更大的珠饰制作的。某些情况

下，脚镯上挂着黄金或是镶嵌着半宝石的黄金爪形坠饰。爪形坠饰和脚镯的关系在中埃及卡乌卡比尔的一座墓葬里的画中得到了证实，画中的舞者就戴着这样的饰品。

　　在第十二王朝，圣甲虫也能作为戒指佩戴。在圣甲虫身上钻一个狭小的洞，插进一根细细的扭曲的金丝，就可做成戒指。墓葬里发现的圣甲虫戒指上已经没有金丝了，表明这些物品已经从可佩戴的首饰变成了丧葬护身符。圣甲虫底部装饰着各种图案，有些被刻上了拥有它们的王室女性的名字和头衔，而其他的则被简单地留为空白。后来在第十二王朝，圣甲虫开始被刻上法老的名字和头衔。古埃及人认为，神圣的圣甲虫每天早晨把太阳推到地平线上升起，这一想法源于甲虫在粪球中产卵的习惯。粪球和从中出现的小甲虫被等同于

P125下
麦瑞瑞特的项链

JE 30884A-30923 =
CG 53169 - 53170
黄金、紫水晶
长34厘米
达舒尔，塞努斯瑞特三世墓葬群，
麦瑞瑞特墓
雅克·德·摩根发掘（1894年）
第十二王朝，塞努斯瑞特三世与
阿蒙奈姆赫特三世统治时期中间
（公元前1878—前1797年）

125

太阳，成为强大的太阳再生的象征。

中王国和新王国时期的绘画和小雕像经常描绘系有货贝腰带的年轻女性，这表明这种类型的腰带已经存在很久了。图像表明，裸体的年轻女性用低垂的腰带来装饰她们的臀部。货贝的椭圆形外形和打开的中间部位暗示着女性性器官，贝壳肯定是被当作帮助生殖的护身符。

我们对第十二王朝王室珠宝的认识大多来自过去100年里发掘的9个完整的窖藏，藏品目前被展览在开罗的埃及博物馆中。发现这些藏品的机缘各不相同，发掘技术反映了20世纪考古实践和理论的发展水平。之前的埃及学考古学家倾向于

强调这些物品的"珍宝"价值，而最近的工作则集中于这些文物的象征意义、它们在王室仪式和宫廷仪式中的地位以及它们的年代发展。后来，人们在发掘时更加小心，再加上越来越多佩戴这类珠宝物品的女性雕像、浮雕和绘画作品已经曝光，使得对这些物品的重构更加准确了。

雅克·德·摩根于1894年和1895年在开罗以南约40千米处的达舒尔发现了6座中王国时期的窖藏，这是现代最先发掘出

的古埃及珠宝例证。这些发现突然出现在报纸和杂志文章里，当时的人们对古埃及及其文物正重新产生兴趣，于是引起了极大的轰动。一开始的两座窖藏是在塞努斯瑞特三世的金字塔建筑群里被发现的，位于一片原本存放8名王室女性遗骸的墓葬中。1894年，德·摩根连着两天发现了斯特哈托尔公主和麦瑞瑞特公主的珠宝，珠宝就埋在她们的石棺前的地板下。虽然女士们的墓葬被洗劫一空，但强盗们没找到她们珠宝箱的藏身之处，里面有华丽的胸饰、手镯、脚镯、圣甲虫和化妆品。

第二年，德·摩根在被认为是塞努斯瑞特三世祖父的阿蒙奈姆赫特二世的金字塔建筑群中又发现了4座窖藏。虽然这些墓葬是在第十二王朝的金字塔建筑群中被发现的，但它们实际上可能属于更晚的时期。相邻的伊塔公主和克努姆特公主的墓葬被发现时正如她们入殓时一样完好无缺。伊塔的随葬品配备了相对简单的手镯、脚镯、宽领项链和由从腰部垂下的长串珠饰组成的腰带，最精美的要数一把镶有刀柄的青铜匕首。大多数情况下，伊塔的珠宝是在其木乃伊身上被找到的，这有助

P127 下
斯特哈托尔伊乌奈特的王冠

JE 44919 = CG 52841
黄金、青金石、玛瑙、绿色釉陶
高44厘米，宽19.2厘米
达舒尔，塞努斯瑞特二世墓葬群，
斯特哈托尔伊乌奈特公主金字塔
第十二王朝，阿蒙奈姆赫特三
世统治时期（公元前1844—前
1797年）

于复原工作的进行。克努姆特的更丰富的珠宝则被发现在她身上和石棺旁的小供品室里。供品室里的这些罕见的王冠、项链和手镯是在盛有香膏罐的棺椁下的杂物中被发现的。不远处，伊塔乌瑞特公主和斯特哈托尔麦瑞特（Sithathor-Merit）公主的没被盗的墓葬里藏有几个手镯和一条宽领项链。

1914年初，英国人在法尤姆伊拉洪（Illahun）的塞努斯瑞特二世金字塔建筑群内发掘出了斯特哈托尔伊乌奈特公主的墓葬，里面藏有令人惊叹的珠宝和化妆工具。斯特哈托尔伊乌奈特墓在古代曾被盗过，但盗墓者没有注意到放着珠宝的狭小壁龛。这个丰富的窖藏包括了一个王冠、胸饰项链、两种类型的腰带、手镯、脚链、铭文扣环、一面镜子和圣甲虫。这些物件被埋藏在泥土中。所有的有机物，包括木头做的珠宝盒和固定物品用的绳子，都已经完全腐烂。珠宝部件因此散落在两个区域，其中一些可能位于原本与其相关的部件的附近。盖伊·布伦顿（Guy Brunton）花了8天时间竭力发掘出了珠宝。为了找回每一颗细小的珠子，布伦顿用上了小铅、笔刀甚至别针。物品被从墓中移走后，泥土被溶解在水中，以保证没有任何细小的碎片被忽略。

1920年，对在伊拉洪的塞努斯瑞特二世金字塔进行发掘时，在法老墓室中发现了一个圣蛇饰物，这是新王国时期之前的少数几个幸存下来的法老标记例证之一。这件作品是在供品室地板上的碎片中被发现的。由于盗墓者只能使用光线微弱的油灯进行照明，因此这样一个相对较小的物体很容易被忽视。

1955—1956年，由纳吉布·法拉格（Nagib Farag）和扎基·伊斯坎德（Zaki Iskander）领导的在法尤姆绿洲的一次发掘，发现了第十二王朝后期完好无损的奈菲鲁普塔公主墓。这位公主被葬在哈瓦拉东南约2000米处的一个小金字塔里，哈瓦拉是她父亲阿蒙奈姆赫特三世金字塔建筑群所在地。墓室里一半都是水和泥，里面的物品没被碰过，七块石灰岩保护了墓室没被偷盗。奈菲鲁普塔的随葬首饰被完好无损地放在她的石棺里。但木乃伊、服装和所有的有机材料包括将珠宝连在一起的线，甚至是公主的遗体，都已经被水全部损坏了。然而，公主华服上的黄金部件和珠饰则保存了下来。根据发现的这些碎片的相对位置，人们比对其他中王国时期的珠宝进行了复原工作。奈菲鲁普塔拥有一套简单的物品，包括一条宽领项链、一条普通项链，以及普通的手镯、脚链和一个串珠围裙。

1994年，大都会艺术博物馆考古队在迪特尔·阿诺尔德（Dieter Arnold）的指导下，在对位于达舒尔的塞努斯瑞特三世金字塔建筑群进行发掘时发现了一个小的珠宝窖藏。这是个巨大的惊喜，因为发现完整的中王国时期的珠宝藏品是极其罕见的事情。发掘出的物品属于乌瑞特王后，据传她是塞努斯瑞特三世的妻子。王后的珠宝藏在通向墓室的竖井底部的一个小壁龛里。对于这样的物品来说，这个地点并不寻常，也许这也可以解释为什么古代盗墓者在残暴地破坏她的墓时忽略了这座窖藏。正如复原后所展现的这样，该系列包括两个带有杰德柱扣环的宽手镯、两个带有狮子护身符的手镯、一个带有釉陶结护身符的手镯、一条带有铭文扣环的项链、两条有爪形吊饰的脚链、一条货贝腰带、两只刻有"阿蒙奈姆赫特二世"的紫水晶圣甲虫以及一只没刻任何铭文的小绿松石圣甲虫。

中王国时期的珠宝艺术品是古埃及宝石工匠最好的作品之一。这些文物大部分在埃及博物馆展出，参观埃及博物馆的珠宝展览馆是一个独特的研究和欣赏这些艺术品的机会。

作 者 简 介

阿德拉·奥本海姆是纽约大都会艺术博物馆埃及艺术部的副研究员。她参加了利什特和达舒尔遗址的十季发掘工作，对中王国时期的王室浮雕和最近发现的乌瑞特王后珠宝有所研究。

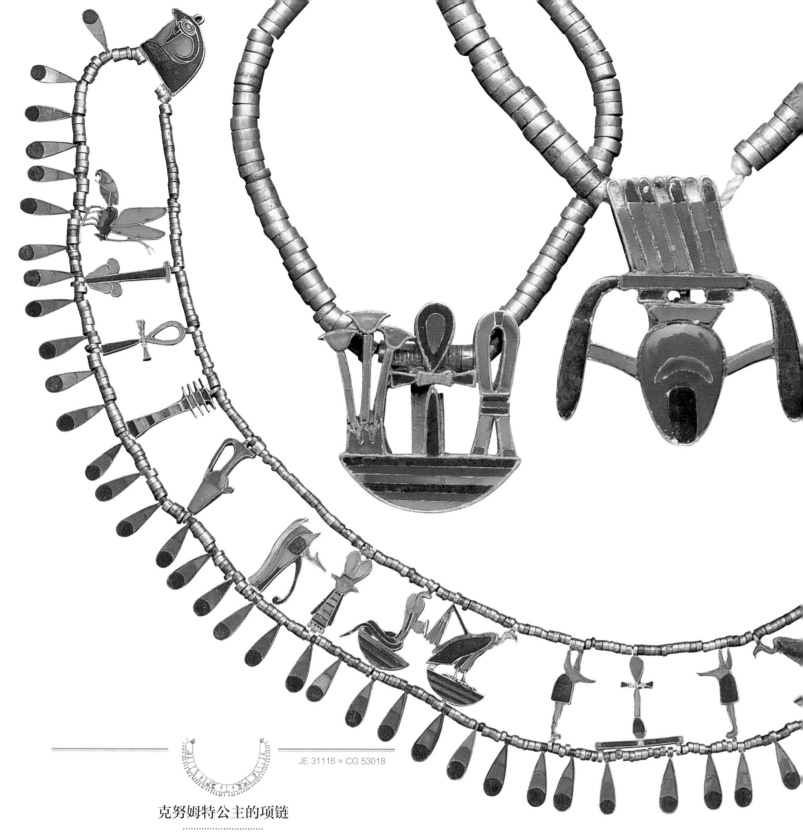

JE 31116 = CG 53018

克努姆特公主的项链

·····················

黄金、玛瑙、绿松石、青金石

宽35厘米

达舒尔，阿蒙奈姆赫特三世墓葬群，克努姆特公主墓

雅克·德·摩根发掘（1895年）

第十二王朝，阿蒙奈姆赫特二世统治时期（公元前1929—前1892年）

这条精致的项链是克努姆特公主墓中发现的众多珠宝之一。这条项链被发现时，它的各个部分散落在木乃伊的绷带中，因此需要对碎片进行复原工作。

这条项链由两条黄金串珠组成，两条串珠中间固定着十对对称排列的圣书体字符，中间的圣书体字符由代表供桌的字符（hetep）以及供桌上代表永恒生命的字符（ankh）组成。从中间向外，分别排列着：豺狼神阿努比斯、分别象征上下埃及王室统治的女神——秃鹫女神奈赫贝特和蛇神瓦杰特、哈托尔女神的叉铃、荷鲁斯之眼、克奈姆（khenem）瓶、代表稳定的杰德柱、代表生命的字符（ankh）、代表气管和心脏的字符（sema）、代表团结的字符以及一只代表下埃及的蜜蜂。

一系列五颜六色的坠饰挂在下面那排金珠上，项链末端分别有两个隼头。除了串珠，所有的部件都镶嵌着半宝石：绿松石、青金石和玛瑙，它们交替排列形成了一种复杂而和谐的色彩组合。(R.P.)

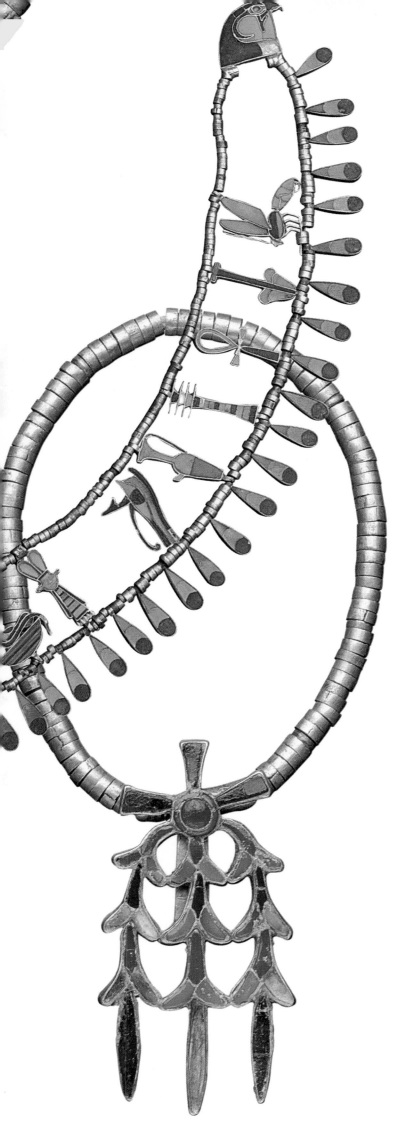

克努姆特公主的臂环

黄金、玛瑙、青金石、绿松石
扣环高度：3.3厘米、1.9厘米、1.9厘米
达舒尔，阿蒙奈姆赫特三世墓葬群，克努姆特墓
雅克·德·摩根发掘（1895年）
第十二王朝，阿蒙奈姆赫特二世统治时期（公元前1929—前1892年）

完好无缺的克努姆特公主墓是在位于达舒尔的阿蒙奈姆赫特二世白色金字塔西边被发现的。发掘者在木乃伊上发现了一些首饰，又在墓室外的附属建筑里发现了丰富的珍宝，其中大部分都是精致的手工制品，件件都是埃及金匠真正的杰作。手镯、戒指、项链和王冠见证了当时工匠的非凡技艺和优雅风格。

与麦瑞瑞特公主其他的臂环相似，这三个臂环由精心制作的带有祈祷符号的扣环组成，点缀着简单的镀金珠串。这些饰品之前可能是被戴在手臂上的。臂环使用了景泰蓝工艺，半宝石被嵌进小黄金格里。

第一个扣环（CG 52958）由四个圣书体字符构成，形成了给克努姆特的祈祷语"所有的保护和生命都在（你）身后"（原文 sa ankh neb ha es）。字符 neb 由六条平行的水平线组成并镶嵌着青金石、玛瑙和绿松石。这个字符构成了保护（sa）、生命（ankh）和纸莎草（ha）的基础，应该从右向左读。圣书体字符（sa）是用绿松石制成的，并添加了多彩小部件：青金石在顶部，两条青金石之间有一条代表中间带子的玛瑙，底部镶嵌了两块玛瑙。生命字符（Ankh）在中间，由青金石框架和一块填满了上面圆环的水滴形玛瑙组成。连接部位用一个小黄金部件来加以强调。

纸莎草的花和茎是用绿松石做的，但它们的底座是小块的玛瑙。第二个扣环（CG 52956）由两个相连的圣书体字符组成，形成了单词"愉悦"（aut-ib）。上面的字符可能代表了一段有肋骨的脊椎，特点是有一些斜线，尖端的材质是青金石，其余部分是绿松石。下面是以玛瑙为主要材质的部件，尖端是向下弯曲的青金石，连接着两个小的青金石做的矩形。第二个圣书体字符描绘了一颗心，通过绿松石的梯形部件固定在

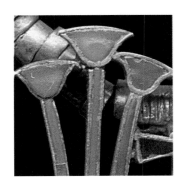

上面的字符上。心是玛瑙做的，镶嵌着一个新月形绿松石，下面是一个椭圆形青金石，两个侧面的凸起也是绿松石。

第三个扣环（CG 52955）由圣书体字符 mes 构成，象征着"出生"。在一个围了一圈绿松石的小圆形玛瑙上，三块青金石分出叉来。由玛瑙、青金石和绿松石组成的三个部分向下弯曲。风格化的圣书体字符代表着三张绑在一起的狐狸皮。每个扣环的背面都是镂空或光滑的黄金，并配备了两个环，而手镯的带子被打结固定到了环上。其中一个环是固定的，而另一个则可以沿着凹槽移动，以便打开手镯。(S.E.)

JE 31091 = CG 52044 - 52045

克努姆特公主手镯的扣环

黄金、绿松石、青金石、玛瑙

高3.9厘米

达舒尔，阿蒙奈姆赫特三世墓葬群，克努姆特墓

雅克·德·摩根发掘（1895年）

第十二王朝，阿蒙奈姆赫特二世统治时期（公元前1929—前1892年）

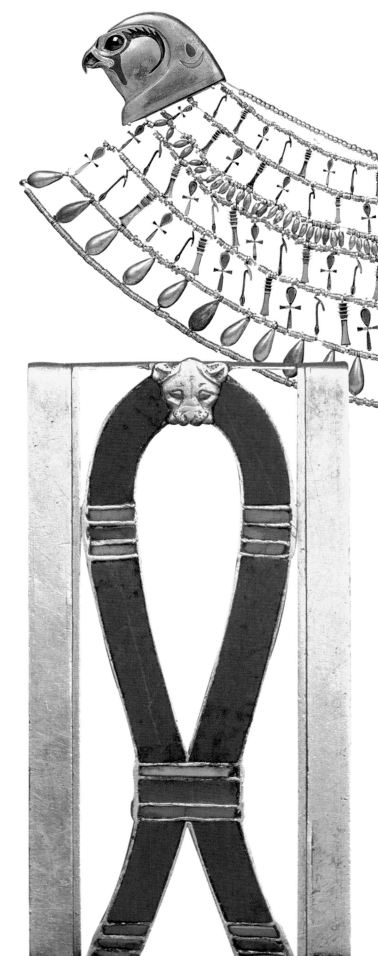

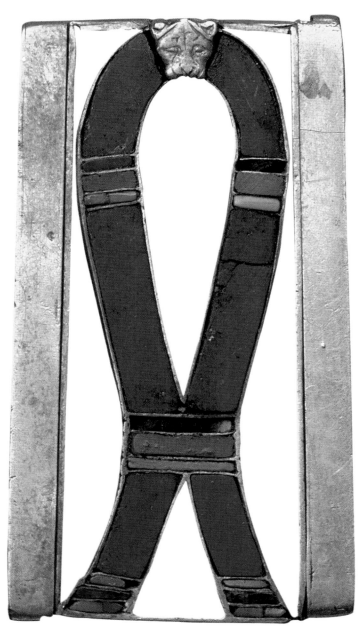

这两个扣环也是克努姆特公主的随葬品。它们分别被固定在两个手镯的末端，被用于绑住由珠饰制成的手镯。两个扣环均由黄金材质的细框组成。金框长边上有 16 个孔，方便手镯上的线穿过。框内是代表保护的圣书体字符（sa）。这个圣书体字符可能是在展现一种用于给牧羊人挡风的可折叠芦苇席，因此它有避邪的意义。字符镶有金边，中间镶嵌着青金石、绿松石和玛瑙，顶部固定着黄金豹头。扣环背面由黄金制成，造型对应着正面的字符（sa）。

克努姆特公主的王冠

黄金、玛瑙、青金石、绿松石
周长64厘米
达舒尔，阿蒙奈姆赫特三世墓葬群，克努姆特墓
雅克·德·摩根发掘（1895年）
第十二王朝，阿蒙奈姆赫特二世统治时期（公元前1929—前1892年）

这顶克努姆特公主的王冠由8个水平部件和8个垂直部件交替组成，构成了和谐的外形。这件饰品使用了景泰蓝工艺，半宝石镶嵌在组成王冠架构的黄金支架中。

每个水平部件都围绕着一朵玫瑰花，玛瑙做的花蕊被14片绿松石花瓣包围着，在青金石的背景下显得格外醒目。每个侧面都有两个风格化的花蕾杯，镶嵌着玛瑙、青金石和绿松石的叶子。叶子尖端萌发出4朵风格化的花朵与中心玫瑰相连，两朵由玛瑙制成，两朵是青金石材质的。

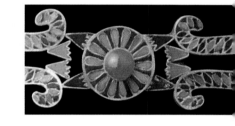

王冠的垂直部件由一个与上述相同的玫瑰花组成，相同的杯形图案附在上面，覆盖着两朵玛瑙花朵和两朵青金石花朵。王冠各个部件由钉在玫瑰上的小金带连接，它们被固定在侧面的横向植物图案上。这件作品内表面由黄金制成，沿着外部装饰图案有部分镂空。王冠原本在前后各有一个装饰部件。第一个装饰部件是一个代表树枝的锥形小管子，上面附着金箔叶子和花朵，玛瑙、青金石、绿松石和黄金材质的珠子镶嵌在银上。这个易碎的装饰部件被插在王冠背面的一个容器里，它被发现时状况很差，掉了很多叶子和珠子。

第二个装饰部件展现了秃鹫女神奈赫贝特，它的翅膀展开着，象征永恒的圣书体字符（shen）被刻在爪子上。当公主戴上王冠时，这个部件就可以给予她女神的庇佑。秃鹫的背部和修长弯曲的翅膀是由一块精致的模拟羽毛的镂刻黄金制成的，而头部、身体和腿则是分开制作的，随后被固定到主要部件上。秃鹫的眼睛镶嵌着黑曜石，圣书体字符shen上覆盖着小的玛瑙片。(S.E.)

克努姆特公主的项链

黄金、青金石、绿松石、玛瑙、长石
底端大小：高3.8厘米，宽4.3厘米
达舒尔，阿蒙奈姆赫特三世墓葬群，克努姆特墓
雅克·德·摩根发掘（1895年）
第十二王朝，阿蒙奈姆赫特二世统治时期（公元前1929—前1892年）

克努姆特公主的木乃伊被发现时，脖子上正戴着这条轻盈精致的宽领项链。这件首饰当时已经散落，发现者复原了它。但两端的隼头对这条宽领项链来说似乎太窄了，让人不由得怀疑德·摩根的复原工作的准确性。

项链由6排坠饰组成，坠饰由黄金串珠分隔开。中间四排水平排列的坠饰均由连续的圣书体字符 ankh、was 和 djed 组成，分别象征着"生命""力量"和"稳定"。每两排之间由黄金隔开，并镶嵌着多彩的半宝石。它们的尺寸从项链顶部到底部逐渐增加。象征权力的权杖在左右两半以不同的方式呈现，以中轴线为对称组成镜像画面。底部是一排水滴形的黄金坠饰，上下各围着一排黄金珠。

两只黄金制成的浮雕形式的隼头挂在项链两端，很可能由一串珠子连在一起。喙部由青金石制成，深色的石榴石眼睛被青金石环所包围。隼的头部还有长石制成的新月，上方有水滴形玛瑙。隼头的背面全由黄金制成。隼的颈部用一个带有7个孔的小饰板收尾，项链的绳子可通过这些孔穿进环扣的内腔。(S.E.)

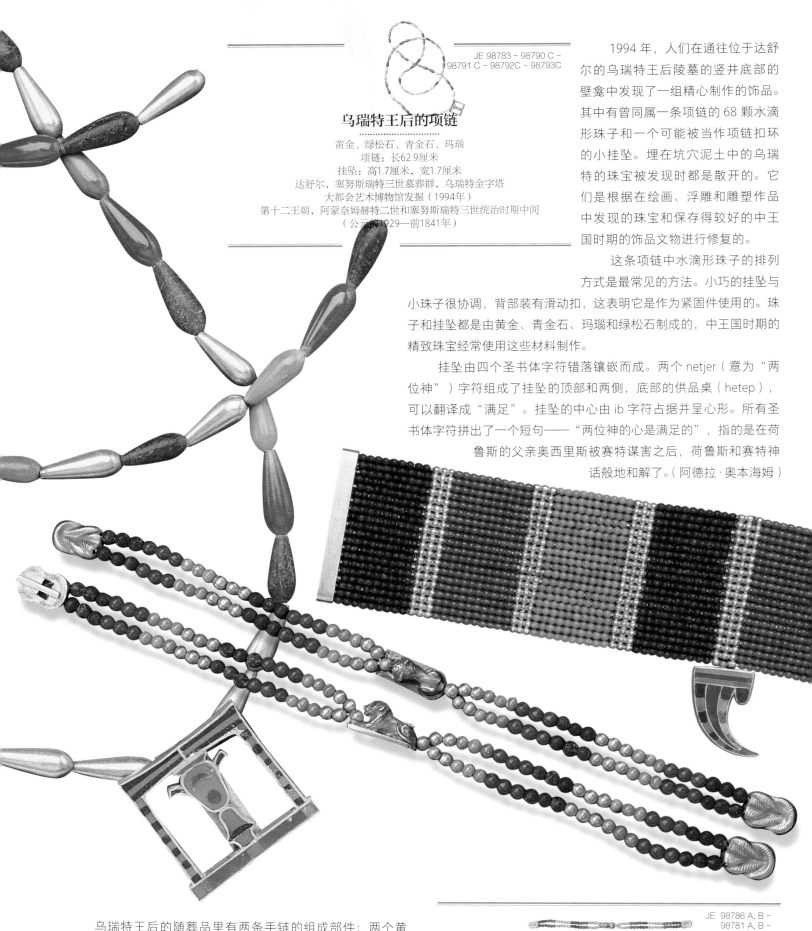

乌瑞特王后的项链

黄金、绿松石、青金石、玛瑙
项链：长62.9厘米
挂坠：高1.7厘米，宽1.7厘米
达舒尔，塞努斯瑞特三世墓葬群，乌瑞特金字塔
大都会艺术博物馆发掘（1994年）
第十二王朝，阿蒙奈姆赫特二世和塞努斯瑞特三世统治时期中间
（公元前1929—前1841年）

JE 98783 - 98790 C -
98791 C - 98792C - 98793C

1994 年，人们在通往位于达舒尔的乌瑞特王后陵墓的竖井底部的壁龛中发现了一组精心制作的饰品。其中有曾同属一条项链的 68 颗水滴形珠子和一个可能被当作项链扣环的小挂坠。埋在坑穴泥土中的乌瑞特的珠宝被发现时都是散开的。它们是根据在绘画、浮雕和雕塑作品中发现的珠宝和保存得较好的中王国时期的饰品文物进行修复的。

这条项链中水滴形珠子的排列方式是最常见的方法。小巧的挂坠与小珠子很协调，背部装有滑动扣，这表明它是作为紧固件使用的。珠子和挂坠都是由黄金、青金石、玛瑙和绿松石制成的，中王国时期的精致珠宝经常使用这些材料制作。

挂坠由四个圣书体字符错落镶嵌而成。两个 netjer（意为"两位神"）字符组成了挂坠的顶部和两侧，底部的供品桌（hetep），可以翻译成"满足"。挂坠的中心由 ib 字符占据并呈心形。所有圣书体字符拼出了一个短句——"两位神的心是满足的"，指的是在荷鲁斯的父亲奥西里斯被赛特谋害之后，荷鲁斯和赛特神话般地和解了。（阿德拉·奥本海姆）

乌瑞特王后的随葬品里有两条手链的组成部件：两个黄金狮子挂坠、黄金结形扣环以及由黄金、青金石、玛瑙和绿松石制作的珠饰。人们在木乃伊的手腕上发现了狮子挂坠，表明它们是手链的一部分。达舒尔和伊拉洪埋葬的许多王室女性的墓中都发现了这种护身符，这对坠饰是其中保存下来的最精美的一对。挂坠上的狮子呈蹲伏的姿势，前爪伸展，尾巴环臀。黄金结形扣环用材贵重，质量较差的手链通常用绳索做扣环。（阿德拉·奥本海姆）

JE 98786 A, B -
98781 A, B -
98790 B -
98791 B -
98792 B -
98793 B

乌瑞特王后的手链

黄金、绿松石、青金石、玛瑙
高4.1厘米，长15厘米
达舒尔，塞努斯瑞特三世墓葬群，乌瑞特金字塔
大都会艺术博物馆发掘（1994—1995年）
第十二王朝，阿蒙奈姆赫特二世及塞努斯瑞特三世统治时期
（公元前1929—前1841年）

JE 98778 A, B

阿蒙奈姆赫特二世的圣甲虫

·········

紫水晶、黄金

JE 98778 A：长2.57厘米，宽1.64厘米

JE 98778 B：长2.51厘米，宽1.64厘米

达舒尔，塞努斯瑞特三世墓葬群，乌瑞特金字塔

大都会艺术博物馆发掘（1994年）

第十二王朝，阿蒙奈姆赫特二世统治时期（公元前1929—前1892年）

埃及人认为圣甲虫是凯普里（Khepri，创造了自己）的象征，是重生的象征，因此它也是强有力的护身符。与圣甲虫有关的神话起源于雌性甲虫的行为，它们沿着地面推动含有卵的粪球，幼小的甲虫后来从这些球中爬出。粪球相当于日出时的太阳，人们相信每天早上太阳都会被圣甲虫推出地平线，甲虫本身则成为太阳再生的有力象征。

圣甲虫最早出现在古王国时期晚期，它们由各种材料制成，包括釉陶和各种石料。它们有不同的功能，既是魔法的护身符，又是实用的印章。后来，又出现了纪念性或庆祝性的圣甲虫被用以纪念特定的事件。

这两件几乎相同的文物被发现于塞努斯瑞特三世的妻子之一乌瑞特王后墓的随葬品中。两只圣甲虫被雕刻得很精美，身体各个部位都被仔细地刻画了出来。底部的铭文被由一条蛇盘绕成的不同寻常的螺旋形图案所围绕。两段铭文的上面都包含了王室称谓"仁慈的神"，下面则是阿蒙奈姆赫特二世，他可能是乌瑞特王后的父亲。

这件饰品用华贵且深邃的紫水晶制成。在逆光条件下，圣甲虫发出深紫色的光，水晶的净度让圣书体铭文可被轻松读出。

JE 98784 A, B
98789 - 98780 A, B
98790 D - 98792 D
98793 D

乌瑞特王后的脚链

·········

青金石、绿松石、玛瑙和黄金

高3.8厘米，长21.5厘米

挂坠：高2.1厘米

达舒尔，塞努斯瑞特三世墓葬群，乌瑞特金字塔

大都会艺术博物馆发掘（1994年）

第十二王朝，阿蒙奈姆赫特二世和塞努斯瑞特三世统治时期中期

（公元前1929—前1841年）

近代大都会艺术博物馆组织的由迪特尔·阿诺尔德领导的考古队发现了塞努斯瑞特三世妻子乌瑞特王后墓，扩充了在达舒尔发现的中王国时期的珠宝窖藏。

法老金字塔南面有附属金字塔的竖井，在那接着随葬室，实际上就在法老金字塔下面。与中王国时期王室女性（斯特哈托尔、麦瑞瑞特、斯特哈托尔伊乌奈特）的其他珍宝一样，乌瑞特的珠宝没有被放在她下葬的地方，可能也因此躲过了古代盗墓者的劫掠。她的珠宝被藏在了通向墓室的竖井底部的一个小壁龛里。

这些物品都有磨损的迹象，表明它们确实是所有者生前使用过的。这些珍宝中发现的大部分物品有可能是法老送给家族女性的王室礼物，也有可能是她们的母亲委托她们保管的或是作为传家宝传给她们的。

这两条彩色的脚链由20排极小的珠子组成，三种材质（青金石、玛瑙和绿松石）的珠子交替排列。相邻的两排不同材质的珠子由金条隔开，金条由熔接在一起的小金珠组成。脚链两端用长长的黄金滑动扣环收尾。每条脚链上都挂着由黄金制成的爪形坠饰，坠饰都镶嵌着半宝石。

一幅中王国时期的陵墓画作罕见地描绘了舞蹈演员戴着这样的脚链的场景，为这些文物的复原提供了基础。（阿德拉·奥本海姆）

JE 30857 = CG 52001

塞努斯瑞特二世的胸饰项链

黄金、青金石、绿松石、玛瑙
胸饰：高4.9厘米
达舒尔，塞努斯瑞特三世墓葬群，斯特哈托尔公主金字塔
雅克·德·摩根发掘（1894年）
第十二王朝，塞努斯瑞特二世统治时期（公元前1897—前1878年）

可能是塞努斯瑞特二世女儿之一的斯特哈托尔公主被埋葬在塞努斯瑞特三世金字塔北边。就像同一时期的其他公主墓一样，从她的墓里发现了许多珍贵的物品：圣甲虫、珠饰、小的狮子肖像和胸饰。专家们已经能够用这些部件拼凑出华丽的珠宝饰品。其中有一条漂亮的带胸饰的项链，与从可能同是塞努斯瑞特二世女儿的斯特哈托尔伊乌奈特公主墓中发现的非常相似。

这件文物由一串水滴状珠饰构成，珠饰有黄金、绿松石、青金石和玛瑙四种材质，中间用大的金珠隔开。精美的长方形胸饰的侧面略微变细，用以模仿埃及凹弧形屋檐笼罩下的神殿。

内部刻画了两只面对面站立的隼，它们头上戴着双冠，站在圣书体字符 nub 上（项链形状，代表"黄金"）。这是黄金荷鲁斯名的图案，黄金荷鲁斯名是法老登基时的五个王名之一。

塞努斯瑞特二世的黄金荷鲁斯名位于两只隼之间、王名圈（cartouche）之上。王名圈里是法老的登基名。在两个上角，隼身后刻着太阳，上面挂着圣蛇，蛇的脖子上挂着生命之符。整体构图是对法老头衔部分平衡而复杂的安排。这条项链可能是塞努斯瑞特二世送给女儿的礼物。(R.P.)

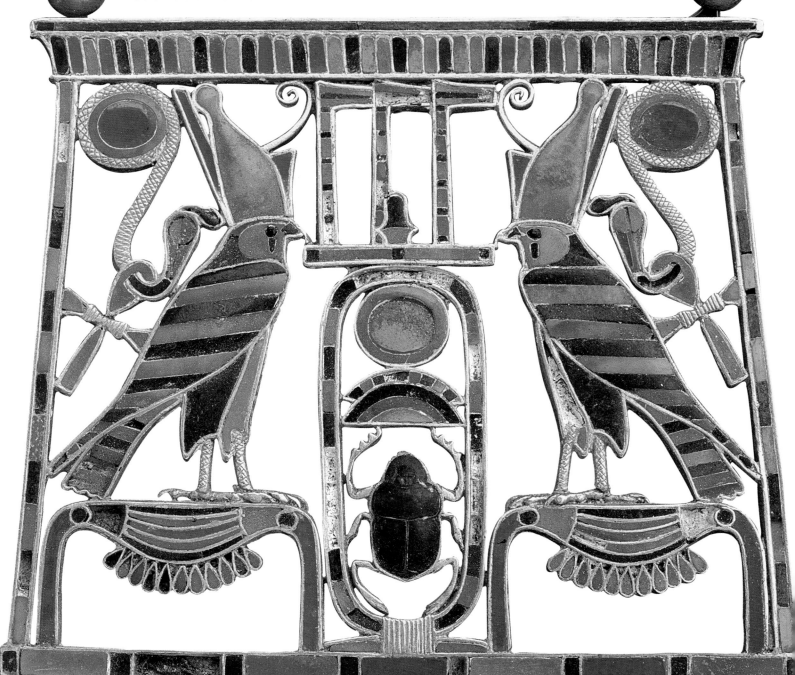

斯特哈托尔的腰带
·····························
黄金、青金石、长石、玛瑙
长70厘米
达舒尔，塞努斯瑞特三世墓葬群，斯特哈托尔金字塔
雅克·德·摩根发掘（1894年）
第十二王朝，塞努斯瑞特三世统治时期（公元前1878—前1841年）

斯特哈托尔公主墓中的很多珠宝主要是根据在伊拉洪发掘过程中发现的同一时期类似的幸存碎片复原而成的。

这条腰带由8排金贝组成，每两个金贝中间都隔着两排彩色珠饰。腰带曾被认为是一条项链。它被保存得并不完整，一些部件已经丢失。玛瑙、青金石和长石材质的珠饰被刻成金合欢种子的形状，并且还被打了孔，以便穿到绳子上。其中一个金贝被剖开，露出了可当腰带扣环的带舌和凹槽。其他金贝内含小颗粒，佩戴它的人走路时能发出叮当声。

这条腰带属于斯特哈托尔，是王朝中期金匠复杂艺术品的典型作品。斯特哈托尔伊乌奈特公主的随葬品中有一条非常相似的腰带。(R.P.)

135

JE 30879 - 30923 = CG 53075

麦瑞瑞特的腰带

黄金、紫水晶
长60厘米
达舒尔，塞努斯瑞特三世墓葬群，麦瑞瑞特公主金字塔
雅克·德·摩根发掘（1894年）
第十二王朝，塞努斯瑞特三世和阿蒙奈姆赫特三世统治时期中期
（公元前1878—前1797年）

JE 30875= CG 52003

阿蒙奈姆赫特三世的胸饰项链

黄金、玛瑙、长石、青金石
高7.9厘米，长10.5厘米
达舒尔，塞努斯瑞特三世墓葬群，麦瑞瑞特公主金字塔
雅克·德·摩根发掘（1894年）
第十二王朝，阿蒙奈姆赫特二世统治时期（公元前1844—前1797年）

　　这条腰带是麦瑞瑞特公主的随葬品之一。黄金的光泽与紫水晶强烈而深邃的颜色相结合，形成了绝妙的对比。紫水晶链子与制作工艺精湛的黄金双面豹头护身符间隔排列。

　　动物元素显然是因人们对其有保护功能的联想而被使用的。豹头经常出现在男女服饰中，常被用作王室短裙上的装饰品。象征夜空的豹皮更是丧葬祭司传统服饰中不可或缺的一部分，它们被视作生育和重生的象征。

　　除了这条腰带，麦瑞瑞特的珠宝里还有一条脚链也是黄金和紫水晶结合制成的。(R.P.)

　　这个胸饰的形状是一个带有埃及式屋檐的神殿，里面再现了法老痛击敌人的经典场面。胸饰悬挂在一条由玛瑙、黄金和青金石珠穿成的项链上。

　　整个场景被置于展开翅膀的秃鹫女神奈赫贝特的保护之下。秃鹫爪子里握着象征生命的圣书体字符和象征稳定的杰德柱，字符一直延伸到下面法老身旁。最典型的神圣称谓之一"天空之主"被刻在秃鹫头部的两边，翅膀的尖端刻有"两地的女主人"的字样。

　　阿蒙奈姆赫特的镜像图样出现在了下面的场景里。法老抓着跪着的敌人，举起棍子打他。法老戴着埃及式头巾和宽领项链，穿着用带子系在一边胸前的短上衣以及五颜六色的带褶短裙。敌人跪在法老面前，举起武器以示投降。根据圣书体字符显示，敌人为 Mentiu Setjet（亚洲贝都因人）。中间是统治者的称谓和名字：仁慈的神、上下埃及和所有土地之主、尼玛

阿特拉（*Nimaatre'*）。

　　在阿蒙奈姆赫特三世背后，生命之符举着保护法老的大扇子。人物和圣书体字符相辅相成，整个场景就像是可被阅读的连续文本："天空之主、两地的女主人奈赫贝特为击败了亚洲贝都因人的仁慈的神、上下埃及与所有土地之主、尼玛阿特拉带来了生命和稳定。"

　　这款华丽的黄金胸饰镶嵌着各种半宝石，每个人物都被刻画得非常精细。其中王室服装的颜色层次分明。装饰时使用的淡蓝色和金色（代表着神圣）以及组成法老王名一部分的太阳的红色，也都值得一提。红色从最初时就与太阳崇拜联系在一起，粉红色花岗岩或红色石英建造的方尖碑便能证明这一点。（R.P.）

137

JE 90199

奈菲鲁普塔的项链

·····················
黄金、玛瑙、长石、琉璃
长36.5厘米，高10厘米
哈瓦拉，奈菲鲁普塔金字塔
埃及文物部发掘（1956年）
第十二王朝，阿蒙奈姆赫特三世统治时期（公元前1844—前1797年）

阿蒙奈姆赫特三世的女儿奈菲鲁普塔的完好无损的墓葬被发现于其父金字塔东南方的一座砖块废墟金字塔下面。花岗岩外棺中放着木棺，木棺在被发现时已腐烂，里面装着逝者的木乃伊，木乃伊身上覆盖着珠宝。经过漫长而艰苦的复原工作，珠宝现在已经恢复了昔日的辉煌。丰富的藏品包括用黄金和半宝石制成的珠带、项链、戒指和手镯，这是第十二王朝的优良传统。这一时期的金匠负责为多位公主制作珠宝饰品。

这条奈菲鲁普塔戴着的宽领项链代表了一种古埃及常见的饰品类别。壁画和雕像经常被用来描绘生前和死后都佩戴着首饰的神明、法老、王后和普通百姓。这条项链不是单纯的饰品，它还被认为有避邪的作用。

项链由六串交替排列的长石和玛瑙管状珠子组成，中间用金珠隔开。下缘镶嵌有长石、玛瑙和蓝色琉璃的水滴形珠子，顶部和底部分别有两串横排的黄金珠。项链两端是装饰着隼头的扣环，它用黄金以浮雕的形式制成。两串玛瑙珠和长石珠从隼的头顶冒出来。这些线连接了第三个较小的隼头，形成挂在脖子后面的后坠的顶部。后坠的组成元素与项链前部图案相呼应，由交替的玛瑙珠和长石珠组成，从上到下长度递增并由金条隔开。后坠下缘以10颗玛瑙珠收尾。3个隼头内部仍有银的痕迹，这是项链的众多珠串曾经相互连接着的原始迹象。(S.E.)

JE 44920 = CG52663

斯特哈托尔伊乌奈特的镜子

白银、黄金、黑曜石、釉陶、合金、半宝石
高28厘米
伊拉洪，塞努斯瑞特二世墓葬群，斯特哈托尔伊乌奈特公主金字塔
W.M.F.皮特里发掘（1914年）
第十二王朝，阿蒙奈姆赫特三世统治时期（公元前1844—前1797年）

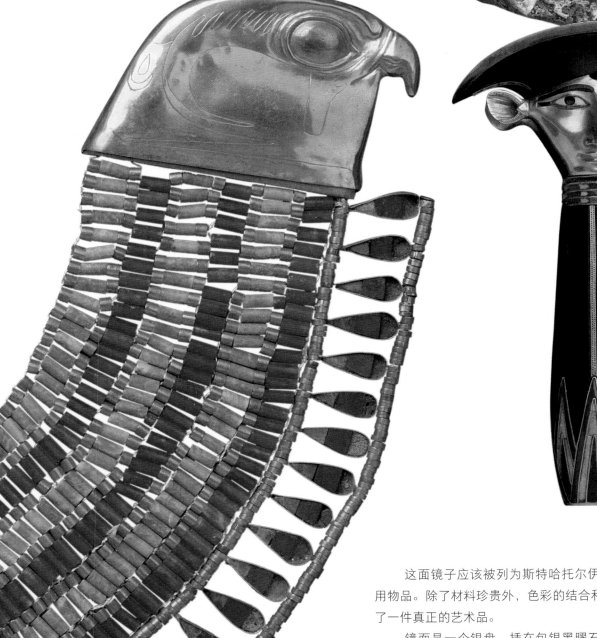

这面镜子应该被列为斯特哈托尔伊乌奈特的饰品而非实用物品。除了材料珍贵外，色彩的结合和精湛的工艺使它成为了一件真正的艺术品。

镜面是一个银盘，插在包银黑曜石支架上。支架呈盛开的纸莎草花形状，边缘由黄金制成。手柄曲线变窄，形成了女神哈托尔的脸。就像哈托尔柱常见的外观一样，黄金材质的女神头部为双面人脸，耳朵是牛耳。头部被放在纸莎草茎形状的黑曜石手柄中。茎和花之间由四个金环来过渡，其中镶嵌着玛瑙、绿松石和釉陶，而茎被金线分成了四个部分，底部用半宝石镶嵌装饰。

这面镜子是和塞努斯瑞特二世的女儿斯特哈托尔伊乌奈特公主的香膏罐一起被发现的。(R.P.)

埃及艺术虽在古王国时期成型，但新王国时期的工匠们为它的发展做出了卓越的贡献，这一点毋庸置疑，例如新王国时期的雕像种类的模型、权威的比例系统、浮雕和壁画的艺术准则，等等。

在某些方面，中王国时期工匠们的技艺已登峰造极，如具有个人特征的王室和私人的雕像。他们在神庙的浮雕、墓室的壁画和铭文方面同样达到了很高的水平。与新王国时期相比，这两段时期虽有近千年的历史（公元前 2575—前 1640 年），

P140上
普塔摩斯（Ptahmose）的夏勃提像（细节）

CG 48406
彩色釉陶
高20厘米
阿拜多斯
奥古斯特·马里耶特发掘（1881年）
第十八王朝，阿蒙霍特普三世统治时期（公元前1391—前1353年）

P140中和P141右
哈特（Hat）的夏勃提像

JE 39590
彩绘石灰岩
高20.5厘米
来源地不明
开罗购得（1908年）
第十八王朝，埃赫那吞统治时期（公元前1353—前1335年）

迪特里希·威尔顿

第十八王朝

但遗留下来的古迹却屈指可数。大约 1500 年后，罗马皇帝统治了尼罗河谷，国家遗产被掠夺殆尽。几乎没有一座古王国或中王国时期的神庙能够保存完好，这时期的雕像数量也非常有限。

当我们关注新王国时期的考古遗址时，就会发现不同的情况。在上埃及的底比斯地区（今卢克索），第十八和第二十王朝的神庙和墓葬都汇聚在一处真正伟大的建筑群内。作为国家的宗教中心，卡尔纳克神庙从历代法老那里得到了丰裕的供品。备受赞誉的宗教义务与创造出来的王权的形式与符号都集中于此。对于这个国家的精英们来说，将带有自己名字的雕像放置在这座神庙内，是一件备感荣耀的事。在卡尔纳克神庙的历史上，它的厅堂和长廊曾不止一次

P140右和P141左
工匠试刻的奈菲尔提提像

JE 59396
石灰岩
高27厘米，宽16.5厘米，厚4厘米
泰勒阿玛尔纳，主神庙
第十八王朝，埃赫那吞统治时期（公元前1353—前1335年）

地被进献的供品填满。雕像不得不被清空，然后埋入坑穴内，以便为新的供品腾出摆放的位置。20 世纪初，考古工作者从这些埋藏处出土了 17000 尊雕像，以 "卡尔纳克窖藏" 而闻名。

重要的墓葬区被建造在卡尔纳克对面的尼罗河西岸地区。新王国时期的法老们就葬在王国谷的石窟墓里面。他们将自己的葬祭庙建造在沙漠边缘地带，建筑物朝向尼罗河。法老的妻子和其他王室成员被葬在王后谷内。中间阶层和上层人士们则躺在沿着底比斯峭壁长达数千米的墓室内。建造墓室和神庙的艺术家及工匠们拥有属于他们自己的墓——位于相邻山谷内的戴尔麦地那（Deir el-Medina）村。底比斯在埃及艺术史上的重要性还包括其政治意义。底比斯曾两次成为统治王朝的发祥地。公元前 2040 年左右，孟图霍特普二世（Mentuhotep II）从底比斯发迹，在第一中间期之后重新恢复了法老的帝国。在中王国末期，埃及再次经历危机，中东外族希克索斯国王统治了尼罗河谷。又是在底比斯，出现了一脉新的埃及统治者。卡摩斯（Kamose）是底比斯一位王公的后人，他击败了希克索斯人，又保护埃及免受努比亚科马（Kerma）帝国的威胁。他的继任者阿赫摩斯（Ahmose）和阿蒙霍特普一世（Amenhotep I）是第十八王朝真正的奠基人，

并且被后人当作民族英雄供奉。

在希克索斯人统治的第二中间期，埃及艺术经历过一次衰退。而后，在第十八王朝前夕，工匠们的意识转向过去那些伟大的艺术经典。在底比斯西岸出土的几尊阿蒙霍特普一世的雕像几乎与 500 年前孟图霍特普二世的形象完全一致。第十八王朝的王室艺术的功能显然与国家的遗产相关。法老的形象不是试图描绘某一个体的样貌，而是体现王权制度。所以区分第十八王朝前半段的法老雕像不是一件容易的事。作为统治权的表现，雕像是超越个人身份的理想化的作品。随着法老的个性从这些作品中消失，不同工匠的个性表达也就消失了。

在公元前 1479 年前后，王朝的特殊时期成为了历史的转折点。法老图特摩斯二世（Thutmose II）去世，他的儿子图特摩斯三世尚且年幼，其继母哈特舍普苏特执政。考虑到王座专属于男性法老，哈特舍普苏特有大量的雕像保持了女性的面容而衣着则为男性法老的专有服饰，并且佩戴了假胡须。

在哈特舍普苏特统治期间，艺术风格打破了过去的规范，浮雕的主题也有所创新。这些在哈特舍普苏特于戴尔巴哈里建造的宏伟的葬祭庙里显露无遗。墙壁上的浮雕描绘了远征蓬特（Punt）的场景。蓬特被称作 "香薰之地"，有可能位于也门沿岸或者厄立特里亚（Eritrean）红海岸边。植物、动物、沼泽，甚至臃肿的蓬特女王都被精确地描绘了出来。

与哈特舍普苏特统治时期出现的风格和主题同样引人注目的是独特的艺术个性的发展。总管塞内穆特（Senenmut）是哈特舍普苏特的女儿奈菲尔鲁拉（Neferure）的老师。他以建筑师的形象被描绘在戴尔巴哈里葬祭庙的多个地方。新类型的雕像的创造也和他有关。大量呈紧凑的坐姿和跪姿的方块雕像描绘了他怀抱着公主奈菲尔鲁拉的姿势。在其他雕像中，公主被描绘成一位演奏叉铃的乐师，手持乐器，跪在塞内穆特面前。目前现存的塞内

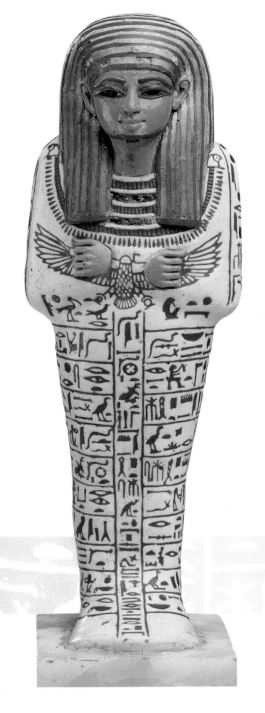

P143左
普塔摩斯的夏勃提像

CG 48406
彩色釉陶
高20厘米
阿拜多斯
奥古斯特·马里耶特发掘（1881年）
第十八王朝，阿蒙霍特普三世统治时期
（公元前1391—前1353年）

P143右
阿蒙霍特普三世雕像（部分）

JE 37534 = CG 42083
滑石
高28厘米
卡尔纳克，阿蒙–拉神庙，窖藏庭院
乔治·勒格兰发掘（1905年）
第十八王朝，阿蒙霍特普三世统治时期
（公元前1391—前1353年）

穆特的雕像约有25尊，这件事已经充
分表明了这位非凡人物的显赫身份。

　　哈特舍普苏特时期出现的风格和
样式，无论是王室艺术还是私人艺术，
都在后世风靡一时。阿蒙霍特普二世
（Amenhotep Ⅱ）的雕像和浮雕的形象
是一位年轻英伟的法老。而英年早逝的
图特摩斯四世（Thutmose Ⅳ）则有着
几乎与婴儿一样的面容。从阿蒙霍特普
三世统治末期开始，第十八王朝早期的
理想化的艺术趋势终于结束了。小到木
像，大到门农巨像，阿蒙霍特普三世都
有着更温柔的面部特征和巨大的身躯。
法老个人特征的形象反映出了统治者独
特的个人主义特征。他与出身低贱的提
伊结婚，并赐予她"伟大的王室新娘"
（Great Royal Bride）的称号。她有一幅
明显带有写实风格和辨识度的肖像，该

肖像是这一时期的一件艺术杰作。

　　杰出的人才可以升至国家的最高层。哈普之子书吏阿蒙霍特普的一生就是最有意思的例证。他有许多书吏样式的雕像,在他去世之后,他被当作埃及博学知识的化身。

　　埃及的政治权力在阿蒙霍特普三世统治期间达到顶峰。图特摩斯三世时期,法老帝国曾一度成为近东和北非地区最强大的国家之一。凭借其经济力量、军事展示和外交关系,埃及确立了自己无懈可击的政治地位。

　　此时的生活方式反映出了当时的国际交流形式。家具、手工制品和首饰展示出的装饰图案来自爱琴海和中东地区。埃及向南入侵苏丹,以获取努比亚的黄金、乌木和鸵鸟羽毛。工匠的领域也是如此,埃及的对外开放带来了更多新的可能。

　　或许是因为对阿蒙霍特普三世时期规范艺术制品的规则制度放宽,使得埃及艺术史上的一次深刻变革才成为可能。阿蒙霍特普四世（Amenhotep IV）因为其兄长图特摩斯的早逝而意外继承了王位。他下诏宣布他所信仰的太阳神阿吞（Aten）为唯一真神，从而首次创立了一神论（Monotheism）。对其他神名的完全否定波及了生活的方方面面，导致了埃及艺术的新转向，将某个时刻变为美学术语，"快照"（Snap-Shot）不再是循环往复的、永恒的、理想化的象征。人类将不再有永恒的来世，而现世就发生在出生与死亡之间——由阿吞创造和维持的短暂的时空中。

展现阿蒙霍特普四世体态特征的实物模型成为了试金石，影响了整个埃及艺术。阿蒙霍特普在卡尔纳克阿吞神庙的院落四周竖立起巨型雕像，其全新的艺术理念或许会让现代的观看者感到不适。丰满的腹部和大腿使人想起确保丰产的尼罗河神的经典形象。异常的面部特征实际上更像是一幅法老的漫画肖像。在王后奈菲尔提提和她的孩子的肖像里，这些特征稍作修

饰后并不明显。

具有显著变化的不仅是王室肖像的风格，还有神庙的浮雕主题。在卡尔纳克阿蒙－拉神庙的后方，阿蒙霍特普四世（Amenhotep IV）为太阳神阿吞建造了一座宏伟的神庙。墙壁浮雕描绘出了法老和王后参与阿吞神的宗教庆典的场景，仪式地点不是一处与世隔绝的华丽场所，而是在神庙活动的现场。神成为了世界的一部分，也成为了他所创造的万物的一部分。

新宗教势必会破坏旧传统。阿蒙霍特普四世和他的妻子奈菲尔提提以及他的宫廷放弃了位于孟菲斯和底比斯的古老宅邸。他将自己的名字"阿蒙霍特普"（阿蒙神心安）改为"埃赫那吞"（太阳圆盘的光辉），在中埃及地区建造了新的都城并将之命名为埃赫塔吞（Akhetaten，即今天的阿玛尔纳）。

阿玛尔纳在埃赫那吞逝世之后立刻被毁坏遗忘，但许多精美的文物被保存了下来。在1911—1914年间，一支由路

P144
雕像头部

JE 38248 = CG 42101
黑曜石
高20厘米，宽15厘米
卡尔纳克，阿蒙－拉神庙，窖藏庭院
乔治·勒格兰发掘（1905年）
第十八王朝（公元前14世纪）

P145
壁画残块

JE 33030 – 33031
彩绘石膏
高101厘米，宽160厘米
泰勒阿玛尔纳，南部宫殿（Meruaten）
亚历桑德罗·巴桑提发掘（1896年）
第十八王朝，埃赫那吞统治时期
（公元前1353—前1335年）

P146左
埃赫那吞斯芬克斯形象的坠饰

JE 97864
黄金、琉璃
直径4.5厘米
萨卡拉,郝列姆赫布(Horemheb)墓葬
杰弗里·马丁(Geoffrey Martin)带领的
英荷考古队发掘(1977年)
第十八王朝,埃赫那吞统治时期
(公元前1353—前1335年)

P146右
阿尼石碑

CG 34178
彩绘石灰岩
高27厘米
泰勒阿玛尔纳,阿尼(Ani)墓葬
亚历桑德罗·巴桑提发掘(1891年)
第十八王朝,埃赫那吞统治时期
(公元前1353—前1335年)

P147左
埃赫那吞的石棺

JE 54934
花岗岩
长285～288厘米,宽121～125.5厘米
泰勒阿玛尔纳,阿蒙霍特普四世/埃赫那吞
墓葬(编号A 26)
亚历桑德罗·巴桑提发掘(1891年)
第十八王朝,埃赫那吞统治时期
(公元前1353—前1335年)

P147右
埃赫那吞的夏勃提像残块

JE 96830
红色石英
高10.5厘米
泰勒阿玛尔纳
第十八王朝,埃赫那吞统治时期
(公元前1353—前1335年)

德维希·博尔夏特带领的德国考古队来到这
里展开发掘工作。第一次世界大战之后,由一
支英国考古队接替继续进行研究工作。考古发
掘工作揭示出了许多重要的神庙、宫殿和居址
的遗存,还包括阿玛尔纳雕塑工匠杰胡提麦斯
(Djehutymes)的作坊。一系列画在石灰岩碎
片上的草图、大量雕像的模型和未完成的法老
及王后的雕像得以重见天日。这些研究工作向
我们提供了一个独特的视角,用来审视这段在
埃及艺术史上短暂而灿烂的时期的艺术创作过
程。在大多数情况下我们都无法区分和辨识一
件埃及艺术品出自哪位工匠之手,但是我们知
晓许多阿玛尔纳艺术家的风格和名字。博尔夏
特发现的王室家族未完成的雕像都来自于同一

间工作室，工作室的负责人名叫杰胡提麦斯。

阿玛尔纳宫殿的壁画和地板上鲜活的植物图案给了法国印象派画家启发，未完成的奈菲尔提提全身雕像和半胸像所具有的柔和之美可以在奥古斯特·罗丹（Auguste Rodin）的作品中见到。在雕像和浮雕中引人注意的是法老和王后的双人像题材反复出现：埃赫那吞亲吻坐在腿上的妻子；他在阿吞神光辉的照耀下出席庆典活动，一旁陪同的是他的妻子和女儿。这些朴素的画面同样具有教化功能，将神与人之间的爱映射到王室夫妻身上。法老亲吻他的爱人就如同太阳神阿吞和大地女神达成了某种神圣的婚姻契约。

由于其超前的形式，阿玛尔纳艺术引起了人们特别的关注。但是，毫无疑问的是，它仅是埃及艺术史中的一章，不能代表整个埃及艺术。根据它所处的时间位置，它应当被视作一种中断，一座有意义的分水岭，被用来判断和理解在其之前的 1500 年的埃及艺术与随后 1500 年的埃及艺术。

随着图坦卡蒙登基，时隔 20 年，埃及艺术再次回归主流的传统。史学称这段时期的统治者为"异端法老"（Heretic King），在他统治期间，艺术上的自由对后世产生了深远的影响。这种在传统与创新之间摆动的源泉，给予了"新艺术"一种奇特的吸引力。新王国时期后半段的拉美西斯时代的古典主义（Ramesside Classicism）无法完全抹去从阿玛尔纳艺术中继承的遗产。

作者简介

迪特里希·威尔顿，1941 年出生于巴伐利亚，毕业于慕尼黑大学和巴黎高等研究院的埃及学和考古学专业。他于 1977—1988 年间担任慕尼黑埃及博物馆研究馆员，1989 年至今担任柏林国家博物馆埃及艺术部研究馆员，先后担任国际埃及学者协会副主席（1976—1989 年）、主席（1992—1996 年），现任柏林大学埃及学教授。他曾于 1978—1989 年间主持三角洲东部发掘项目。1985 年，他的工作成绩得到德国的认可并获得"联邦十字勋章"。他自 1995 年起在苏丹主持发掘项目，1998 年获得苏丹政府颁发的"两尼罗河勋章"。

JE 56259A - 56262

哈特舍普苏特头像

....

彩绘石灰岩
高61厘米
戴尔巴哈里，哈特舍普苏特葬祭庙
大都会艺术博物馆发掘（1926年）
第十八王朝，哈特舍普苏特统治时期（公元前1473—前1458年）

　　这件巨型雕像的头部曾经属于戴尔巴哈里葬祭庙第三层平台柱廊上奥西里斯柱的一部分。1926年，由赫伯特·温洛克（Herbert Winlock）率领的纽约大都会艺术博物馆团队在此处发现了这件文物。柱廊被一座花岗岩大门分为两段，大门后面的"节日大厅"连接着神庙的密室和阿蒙神的圣所。

　　哈特舍普苏特雕像的一些风格特征在这尊头部雕像上有所体现。面部呈三角形，五官非常精致。杏仁形的眼睛很吸引人，硕大的瞳仁透露出天真与纯洁。鼻梁修长，微微隆起，嘴部露出浅浅的微笑。这样的面相不仅在女王的其他雕像中能够见到，在同一时期的一些私人雕像中也能发现。

　　这尊雕像不同寻常的一点是皮肤呈暗红色，这一般是男性雕像的特征。这种情况下，我们有理由认为这里的女王的身份是奥西里斯。蓝色的假胡须强调了法老的神性。青金石的蓝色与金色一起被认为是神性的代表。从女王头饰遗留的痕迹来看，我们可以推断她曾佩戴的是代表上下埃及统一的红白双冠。

（R.P.）

JE 53113

哈特舍普苏特的斯芬克斯像

....

彩绘石灰岩
高59.5厘米，长105厘米
戴尔巴哈里，哈特舍普苏特葬祭庙
第十八王朝，哈特舍普苏特统治时期
（公元前1473—前1458年）

　　这件雕像的狮身采用了经典的姿态，两条前腿向前伸展，尾部卷曲至右后腿处。通常情况下，这类形象的头饰是埃及式头巾，但是这里却是大而浓密的鬃毛，带有风格化的卷曲图案，末端有一条辫子搭在背后。双耳的部分已经残破。

　　女王佩戴着一撮长长的假胡子，面部被一团毛发围绕。因为鬃毛浓密，哈特舍普苏特的脸显得小而精致。细腻的女性五官特征在某种程度上被选择的颜色弱化了。黄色代表黄金，蓝色代表青金石，这符合体现法老神性的通常做法。

　　在胡须下方的前胸上有一列铭文，被代表天空的字符保护着，延伸至两只前爪中间。铭文写道："玛阿特卡拉（Maatkare，哈特舍普苏特的登基名），阿蒙神的挚爱，赐予永生。"

　　哈特舍普苏特有许多尺寸不一的石制斯芬克斯像被保留了下来。其中大部分出土于戴尔巴哈里的葬祭庙内。神庙第二层平台通向主神庙入口的通道两侧曾摆放着许多大型的斯芬克斯像。这里所介绍的是尺寸较小的例子，它们曾位于神庙内部的庆典通道的两侧。（R.P.）

远征蓬特的浮雕残块

彩绘石灰岩

最高49厘米，最宽45厘米

戴尔巴哈里，哈特舍普苏特葬祭庙

第十八王朝，哈特舍普苏特统治时期（公元前1473—前1458年）

这些石块来自哈特舍普苏特葬祭庙第二层平台上的南侧柱廊内。浮雕描绘了著名的远征蓬特的场景。这一事件发生在女王统治的第九年。远征的目的是获取稀有珍贵的物品进献给阿蒙－拉神，尤其是香料。这里的5块残块来自于南墙，其中2块属于一个场景，另外3块属于另一个场景。浮雕被雕刻得非常精细，这一区域描绘了一派独特的风光：一片开阔的水域（可能是红海）的岸边有一座村庄，这里的房屋与棕榈树交错排列。场景的下方展现的是运送特产的当地人与埃及人相遇的场面。

在位于上方的3块石头上有3个赶驴的人。上面有一行铭文描述道："驮着他妻子的驴"。这明显与同一排场景里描绘的蓬特女王有关。在驴身后行走的男人有着一头卷发，前额系着发带，蓄短须。他们穿着短裙并把腰带系在背后，每人手中都握有一根短杖。

下排的2块石头上也雕刻了一头驴，驴的背上驮着行李，一旁有赶驴的人。背景中可以看到一棵稀有的香料树（Antyu Tree）。这两块石头上描绘的人物正是蓬特的统治者帕瑞胡（Parehu）和他的妻子阿提（Ati），后面跟随着3个蓬特当地人。帕瑞胡短发长须，佩戴着一条带有3个挂坠的项链。他穿着短裙，腰带处别着一把匕首，左手握着一根短杖。从埃及的表现形式来看，王后的形象非常特别，工匠准确地描绘出了她臃肿的外观。王后的脊柱向前弯曲，粗短的大腿与身体的其他部位不成比例。王后的长发系在背后，穿着一件齐膝的长袍。她的项链与其丈夫的类似，但是有着更大的珠饰，她的手腕上戴有手镯。

这对王室夫妻后面跟着一位保存得不完整的蓬特人。他同样有着卷发和短须，衣着与帕瑞胡相同。跟在后面的是两个肩扛箱子的当地人。这些人物都拥有黑种人的特征。

这些浮雕残块曾从哈特舍普苏特的葬祭庙内被偷盗出来。后来盗贼被缉拿，原物被运至埃及博物馆保存，现在神庙墙壁上的是翻模的复制品。（R.P.）

远征蓬特的浮雕残块

JE 36923 = CG 42116

塞内穆特和奈菲尔鲁拉的雕像

·····················
黑色花岗岩
高60厘米
卡尔纳克，阿蒙-拉神庙，窖藏庭院
乔治·勒格兰发掘（1904年）
第十八王朝，哈特舍普苏特统治时期（公元前1473—前1458年）

塞内穆特坐在一方四角圆润的高台上。右腿弯曲，收在抵着前胸的左腿下方。这一姿势正好可以支撑塞内穆特双手怀抱孩童奈菲尔鲁拉的形象。这名孩童横坐在他的身上。他佩戴着宽宽的假发，耳朵露在外面，假发垂至肩部。他的面部微微抬起，凝视前方。

他身着的短裙样式在新王国末期开始变得少见，但是在这尊雕像产生的第十八王朝早期和阿玛尔纳时期非常流行。他的双臂环抱着孩童的身体，用大手保护着她。在奈菲尔鲁拉身旁，刻在塞内穆特衣襟上的一列铭文写道："公主奈菲尔鲁拉的总管——塞内穆特"。基座上的两行对称的铭文记录的是塞内穆特的名字与头衔："阿蒙神领土内的家畜、土地以及粮仓的管理者"。（R.P.）

JE 37417 = CG 42072

图特摩斯三世的母亲伊西斯坐像

·····················
黑色花岗岩、金箔
高98.5厘米
卡尔纳克，阿蒙-拉神庙，窖藏庭院
乔治·勒格兰发掘（1904年）
第十八王朝，图特摩斯三世统治时期（公元前1479—前1425年）

王后伊西斯是法老图特摩斯三世的母亲，她坐在带基座的方形王座上。双手置于双膝之上，左手握着一根莲花权杖。双脚平行摆放，微微分开。王后的手指和脚趾纤细修长，指甲被刻画得细致入微。

王后头上戴的柱形王冠上贴着金箔。前额处有两条圣蛇，一条戴着下埃及的红冠，另一条戴着上埃及的白冠。颈部佩戴着一条宽领项链。

图特摩斯三世的母亲伊西斯的出身不是王族，她仅是法老图特摩斯二世的一名妃子。在她腿部两侧的简短献词内并没有提及一般新王国时期王后所拥有的头衔，如"伟大的王室妻子""神圣的新娘"或者"法老的女儿"。铭文写道："完美的神，两土地之主，阿蒙神所爱的蒙赫普拉（Menkheperre，图特摩斯三世的登基名），两土地王座的主人，为他的母亲伊西斯亲造此物。"值得一提的是，铭文中的阿蒙神的名字在阿玛尔纳时期曾被除掉，后期又被重新刻了上去。（R.P.）

JE 43507

图特摩斯三世跪像

方解石
高26厘米
戴尔麦地那，埃米尔·巴雷兹（Émile Baraize）发掘（1912年）
第十八王朝，图特摩斯三世统治时期（公元前1479—前1425年）

这尊雕刻精美的小雕像刻画的是跪在一块方台上的法老的形象。他的双手放在大腿上，手中握着两个名为"nu"的罐子。图特摩斯三世头戴埃及式头巾，前额处装饰有圣蛇，身着带褶短裙。

总的来说，这尊图特摩斯三世雕像的面相很容易使人联想到哈特舍普苏特雕像的风格，或许雕像制作于他统治的早期。尽管雕像的双肩宽阔，颈部有力，但是很明显这里想要强调的不是图特摩斯三世强健的身躯，而是他作为一名祭司的神圣感。

虽然这尊雕像的出土位置是在戴尔麦地那哈托尔神庙围墙附近，但它原本应该位于某座阿蒙神庙内。雕像背柱上的铭文刻的正是法老献给阿蒙神的献词。（R.P.）

JE 38574

哈托尔神殿

彩绘石灰岩
高225厘米，宽157厘米，深404厘米
戴尔巴哈里
第十八王朝，图特摩斯三世统治时期（公元前1479—前1425年）

这座哈托尔神殿由图特摩斯三世建造，位于戴尔巴哈里孟图霍特普二世神庙与哈特舍普苏特神庙之间。它可能是女王神庙区内的某座圣所的替代建筑，或者更简单些，它就是庆祝"美丽河谷节"时圣舟游行队伍在底比斯西岸的一处停靠点。

图特摩斯三世的神殿以较小的规模复制了哈特舍普苏特神龛内的场景：向阿蒙神和哈托尔神（小牛的形象）献祭以及哈托尔神哺育年幼的法老。

神殿呈方形，穹顶上装饰着星空，后墙上装饰着图特摩斯三世向端坐在王座上的阿蒙－拉神进献圣水和熏香的场景。左侧的铭文记录了法老的两个王名以及他的动作。右侧的铭文为阿蒙－拉神的名字和头衔以及他所做的动作。神殿两侧的墙上绘制着带有哈托尔神的场景。首先，呈站立姿势的哈托尔女神，头戴装饰着牛角的太阳圆盘，正在接受来自图特摩斯三世的供奉。然后，她又以牛的形象出现，哺育跪在她面前的年幼的法老。在神殿左墙上，法老由他的妻子梅丽特瑞（Meritre）陪同；在右墙上，法老由两位公主陪同。（R.P.）

JE 39394

阿蒙霍特普二世与麦瑞特塞基尔的雕像

············

花岗岩
高125厘米
卡尔纳克
第十八王朝，阿蒙霍特普二世统治时期（公元前1427—前1401年）

　　这尊雕像展现了一个脚踏代表埃及敌人的"九弓"向前行进的法老的形象。他双臂向身前伸展，双手放在短裙上。法老头上戴有圣蛇装饰的白冠。椭圆形的面部有着一双大而精致的眼睛、高挺的鼻梁以及一张小而圆润的嘴。

　　在法老站立的梯形基座上还有第二个石台，上面有一尊女神麦瑞特塞基尔（Meretseger）的雕像。女神的形象是一条头顶牛角和太阳圆盘的圣蛇，保护着阿蒙霍特普二世的头部和肩膀。

　　女神身后的蛇身自然地盘曲在一起，但是部分被长而粗的纸莎草束覆盖着。法老的腿部两侧各有一列铭文："上下埃及的统治者，阿赫普鲁拉（Aakheperure，阿蒙霍特普二世的登基名），阿蒙－拉的挚爱，赐予生命"和"拉之子，阿蒙霍特普，阿蒙－拉的挚爱，赐予生命"。

　　据说这尊雕像是为该法老制作的首批雕像，自然地让人联想起在戴尔巴哈里其父图特摩斯三世的哈托尔神殿内发现的阿蒙霍特普二世的雕像。小牛外形的哈托尔女神站在他的肩上保护着他，女神的脑后也竖立着一大束纸莎草。（R.P.）

CG 36680 = CG 42077

阿蒙霍特普二世雕像

....

硬沙岩

高68厘米

卡尔纳克，阿蒙-拉神庙，窖藏庭院

乔治·勒格兰发掘（1904年）

第十八王朝，阿蒙霍特普二世统治时期（公元前1427—前1401年）

这尊雕像刻画的阿蒙霍特普二世呈行走姿态，双臂置于体侧。头上佩戴着阿夫奈特头饰（afnet），在额头处系有一根发带，上面装饰着一条圣蛇。身着的这条带褶的短裙非常精致，腰间系着腰带，带扣上装饰着一个王名圈，上面刻着法老的登基名。

短裙上褶皱的精致和他五官的完整与身上其他部位的粗糙形成了鲜明的对比。他的双肩微斜，但几乎没有刻画出肌肉线条，而腿部显得过于粗壮。很明显工匠们将更多的精力放在了对法老面容的刻画上。尽管不同部位之间有些差距，但它仍然称得上是一件新王国时期雕像的代表作。实际上，它也是已发现的阿蒙霍特普二世最美丽的雕像之一。（R.P.）

CG 42080

图特摩斯四世和其母提阿的雕像

....

灰色花岗岩

高111.5厘米，后背宽69厘米

卡尔纳克，阿蒙-拉神庙

第十八王朝，图特摩斯四世统治时期（公元前1397—前1387年）

这是两尊端坐在王座上的王室人物雕像，后面还有一块弧顶的石质背板。身材稍高的是图特摩斯四世，他的左臂放在提阿（Tia）的背后，而提阿的右臂也放在了法老的身后。他们的双臂在雕像构图的中心交叉，两个人都是一只手搭在了对方的肩上，而另一只手摆放在自己的大腿上。图特摩斯的手中握有一个生命之符；提阿的手张开，手掌朝下平放在膝盖上。

不同寻常的是法老没有佩戴王冠，而是戴着常在私人雕像中见到的假发，假发几乎遮住了他的整个前额和耳朵。图特摩斯身着短裙，腰带上装饰着菱形的图案，带扣上刻有法老的王名。在微微分开的双腿中间可以看到一条牛尾。他的双脚放在代表埃及敌人的"九弓"上。

王后头戴长款假发，头顶处覆盖着秃鹫的羽毛（代表着王位继承人之母的身份），前额处装饰有一条王室圣蛇。两个人物形象的面部特征几乎相同，而眼线的画法稍有区别。法老的眼线画得更重一些，并且向两侧鬓角延伸。他的双颊饱满，高颧骨，直鼻阔口，细眼弯眉，双唇紧闭。

王座正面，腿的外侧有两列圣书体铭文，分别记录了他们各自的王名。在王后一侧写道："伟大的王后，他的挚爱，法老的母亲，提阿，言语属实"。最后一个称号通常是给逝者使用的，暗示在建造雕像之时提阿王后已经去世了。（R.P.）

伊本提纳小雕像

彩绘无花果木
龛：高62厘米
小雕像：高38厘米
戴尔麦地那，萨特奈姆墓（编号1379）
法国东方考古研究院发掘（1933—1934年）
第十八王朝（约公元前1490—前1450年）

这尊纤细典雅的人物雕像用无花果木雕刻而成，出土于萨特奈姆（Satnem）的墓内，刻画的是他的妻子伊本提纳（Ibentina）的形象。墓葬的随葬品还包括一尊萨特奈姆的小雕像，与妻子的雕像凑成了一对。这对精致的无花果木小雕像被麻布包裹着。

伊本提纳呈站立姿势，右臂置于体侧。小小的串珠挂在她的左手腕上。她头戴假发，辫子用头绳系住，身着紧身长袍。

小雕像被安插在方形木座上，木座的周围绘有献给奥西里斯的颂辞。小雕像被放在一个完整带盖的神龛之中。根据女性的面部特征和雕刻工匠的水平，推测这可能是一件哈特舍普苏特或图特摩斯三世时期的作品。（R.P.）

阿蒙霍特普三世头像

粉刷-彩绘黏土
高38厘米
卡尔纳克，阿蒙-拉神庙，窖藏庭院
乔治·勒格兰发掘（1906年）
第十八王朝，阿蒙霍特普三世统治时期（公元前1391—前1353年）

已知的阿蒙霍特普三世的雕像数量超过250尊，比其他任何一位埃及法老的雕像都要多。如此数量的雕像让学者们可以研究这位法老肖像的演变过程。他的肖像从旨在实现日益精进的美学平衡的风格，到最后从根本上转变为具象主义的风格，并且最终适合的肖像在其统治的末年才确定下来。这时的法老显示出皮肤光洁、充满朝气的特征。

这尊出自卡尔纳克的黏土头像可以根据风格判断为出自法老统治的最后阶段。它预示了许多在阿玛尔纳时期将会被继承的艺术特点。阿玛尔纳时期的法老正是阿蒙霍特普三世的儿子——阿蒙霍特普四世（即埃赫那吞）。

阿蒙霍特普三世头戴蓝冠，那是法老通常在战争场景中佩戴的头饰。在这一时期，蓝冠格外受到青睐，因为它锐利的线条和充满同心圆纹饰的表面与法老光滑细腻的皮肤形成了鲜明的对比。（F.T.）

尤雅的人形木棺

··························

木、金箔、银箔、琉璃、雪花石膏、玛瑙
高204厘米
国王谷，尤雅和图雅墓（编号KV46）
埃及文物部委托西奥多·戴维斯（Theodore Davis）发掘（1905年）
第十八王朝，阿蒙霍特普三世统治时期（公元前1391—前1353年）

尤雅的木乃伊由四层棺椁包裹着。在最外面的石棺内部，还有三个尺寸递减嵌套在一起的人形木棺。古代的盗墓贼成功地进入了墓室，为了盗取木乃伊，打开了四层棺椁。

在三个人形木棺之中，最里面的木棺无疑是制作最为精良的。逝者的面容被假发包围，双耳露出。眉毛和眼线的部分镶嵌着蓝色琉璃，眼白为雪花石膏材质，瞳仁为黑色琉璃。眼角内侧有一条红线，使得凝视的目光更加自然。

人物的鼻子挺拔修长，嘴较小，宽领项链佩戴在胸前。项链下方有一只用彩色琉璃和玛瑙镶嵌而成的秃鹫，在胸前张开双翼。秃鹫下方是天空女神努特（Nut）的形象。女神高举双臂，站在一个代表黄金的圣书体字符上，身着一条网格纹的紧身长袍。

努特女神的两侧有用彩色琉璃镶嵌而成的圣书体铭文。左侧的内容是向逝者进献供品的请求，而右侧则是尤雅向努特女神祷告的内容。女神伊西斯的形象位于双脚下方，她跪在代表黄金的圣书体字符上，面前是象征永恒的字符（shen）。

棺盖的内侧覆有一层银板，上面刻着另一个努特女神的形象，她同样站在黄金字符之上。

棺体外侧装饰着一些逝者的守护神的形象——托特（Thoth）、阿努比斯和荷鲁斯四子，他们分别被描述他们姓名身份的铭文隔开。在左侧位于肩膀的位置，有一对眼睛被画在一间神殿的上方。

棺体内侧同样覆盖着一层银板，努特女神又一次被刻在了上面。她露在外面的身体和假发的发带为黄金材质。女神头顶上方刻有亡灵书第一百六十六章的内容，用于保护逝者的头部。棺体内侧的装饰与棺体外侧的类似，同样是一些守护神的形象和记录他们名字的圣书体铭文。（F.T.）

162

希塔蒙的椅子

彩绘木、金箔、植物纤维
整体高77厘米，座高34厘米
国王谷，尤雅和图雅墓（编号KV46）
埃及文物部委托西奥多·戴维斯发掘（1905年）
第十八王朝，阿蒙霍特普三世统治时期（公元前1391—前1353年）

这把椅子可以供成年人使用，前后椅腿有两根水平的加固木条，木条两端做了包金装饰。椅腿仿照狮腿雕刻而成，肌肉纹理高度写实。扶手处安放了两个女性的头像，面部、项饰和头冠均贴有金箔。系头带的短款假发保持了原木的颜色。

坐垫采用植物纤维编织而成，靠背的后面有3根竖直的木条，以起加固的作用。椅子采用榫卯结构拼接而成。后侧的坐垫和椅子腿之间又使用了铜钉加固。

靠背装饰场景的最上方是一个伸展双翼的太阳圆盘。下方是一座带有天花板的建筑物，上面垂吊着莲花装饰图案。人物场景分为左右对称的两部分，内容几乎相同。那位端坐在椅子上的女士的身份是"法老的女儿，伟大的、他的挚爱希塔蒙（Sitamun）"。她佩戴着短款假发，一条长而精致的辫子自然垂下。头顶上方装饰着一个纸莎草的圣书体字符，代表着多产与重生。她的一只手里握着叉铃，另一只手中为一条项链。女士们可以把它们当作乐器演奏，摇晃发出声响，如同神庙里哈托尔神在举办庆典时的样子。这种声音嘈杂刺耳，可以驱赶恶灵。

一位年轻的女士站在公主的面前，手里的托盘中放着一条项链。她头顶上的方形物体也许能散发香气，功能类似于同时期墓葬壁画中舞者头顶的锥形香膏。一旁的铭文写道："献上南方外邦的黄金"。

椅子扶手外侧有两幅图画。右手边描绘的是正在击鼓的贝斯神，塔沃里特和另一位贝斯神正在舞双刀，而在左手边描绘的三位贝斯神里，有两位正在击鼓，一位正在舞双刀。

希塔蒙应该是法老阿蒙霍特普三世和王后提伊的长女，图雅和尤雅的长外孙女。这把椅子很有可能是作为众多随葬品之一，由希塔蒙亲自放进外祖父母的墓中的。（F.T.）

163

JE 95248 = CG 51118

图雅的珠宝箱

··························

木、金箔、釉陶、乌木、彩绘象牙
高41厘米，长38.5厘米，宽26.8厘米
国王谷，尤雅和图雅墓（编号KV46）
埃及文物部委托西奥多·戴维斯发掘（1905年）
第十八王朝，阿蒙霍特普三世统治时期（公元前1391—前1353年）

尤雅和图雅的墓葬至少遭到过一次盗掘，在考古学家1905年发现这座墓葬之前，里面的随葬品已经遭到掠夺了。这个用于放置图雅首饰的华美的珠宝箱曾经被打开过，里面的珠宝被洗劫一空。盖子被丢弃在墓室入口的左侧，旁边还有图雅的假发和一个雪花石膏罐。

箱子的装饰相当雅致。四条腿嵌有方形釉陶片和粉色象牙片，中间由黑色的乌木和白色的象牙分隔开。箱体四面和盖子的边框采用同样的条纹装饰，并将面板分隔为上下两部分。

盖子为弧顶，两端嵌有釉陶片，表面为带双羽毛和太阳圆盘的阿蒙霍特普三世的王名圈。下方是象征百万年的神明海赫（Heh），他坐在代表黄金的圣书体字符上，双手握着代表岁月的棕榈叶。整体构图可以解读为对法老长期统治的期盼。盖子上的圆钮和箱体上的圆钮一起使用，可以用绳子将它们捆紧密封保存。

箱体的上沿部分模仿小神殿的屋檐样式，每一侧的下方都有一块釉陶面板，上面有包金的圣书体铭文，内容是阿蒙霍特普三世的王名以及他的妻子——图雅的女儿提伊的名字。下面是一排镂空装饰的圣书体组合字符，它具有辟邪的功能，可以赐予宝箱的主人"全部的生命和权力"。

珠宝箱的制作工艺精湛，但上面的铭文并没有提及图雅，只提到了阿蒙霍特普三世和提伊夫妻二人。这似乎表明这件宝箱是王室造办处为王后专门制作的。随后，提伊把它当作随葬品献给了她逝世的母亲以寄托哀思。（F.T.）

图雅的丧葬面具

石膏、金箔、琉璃、雪花石膏
高40厘米
国王谷，尤雅和图雅墓（编号KV46）
埃及文物部委托西奥多·戴维斯发掘（1905年）
第十八王朝，阿蒙霍特普三世统治时期（公元前1391—前1353年）

图雅的丧葬面具由石膏制成，上面还覆盖着一层金箔。当年它被发现时，表面完整地包裹着一层木乃伊的亚麻布。1982年，修复人员在进行修复时将亚麻布取下来，并将断为两半的面具修好了。部分亚麻布碎片因为年代久远，至今仍附着在面具的假发和前胸上。

图雅是尤雅的妻子，是阿蒙霍特普三世的妻子提伊的母亲。她的木乃伊被层层包裹着，嵌套在两具人形木棺和一具外层石棺里。

亡灵书第一百五十一 b 章解释道，丧葬面具是木乃伊面部的最后一道防护层。图雅的项饰由多种颜色的琉璃制作而成。最里面的一圈珠饰是代表美丽的圣书体字符，外面挨着一圈棕榈叶的图案。其他花卉的图案相对程式化，最外侧的一圈珠饰呈水滴形。

这副丧葬面具是阿蒙霍特普三世后期的手工艺品的杰出代表作，虽然其形制和特点比较单一，但仍然体现出了一种精致与优雅。（F.T.）

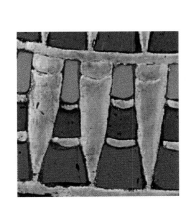

尤雅的四个铭文罐

彩绘石灰岩

高25厘米

国王谷，尤雅和图雅墓（编号KV46）

埃及文物部委托西奥多·戴维斯发掘（1905年）

第十八王朝，阿蒙霍特普三世统治时期（公元前1391—前1353年）

这四个石罐被发现于墓室的东北角，位于图雅石棺的下方，全部被安放在彩绘木质基座上。石罐的内部仅有4厘米深，其中三个罐子配有双耳，第四个罐子装饰着一个羊头形状的假壶嘴。

盖子上刻有动物的造型。左起第一个为黑白花纹的小牛头，第二个是一只呈卧姿的山羊，第三个为一只青蛙，第四个是一只红白花纹的小牛头。

罐身上绘有两列给图雅的献词，字体是简化的圣书体。在第三个和第四个罐子上，除了按照传统称呼逝者为"奥西里斯"外，还出现了另一个称呼——"完美的神"，这类称呼通常被用在法老身上。这种不寻常的称谓或许可以理解为是"奥西里斯"称呼的一种延续。

仅仅4厘米深的内部空间无法盛放任何东西，这清楚地表明它们并不是实用器皿。因此，图雅的四个罐子应当是仿照盛放香膏或香水的器皿制作的。它们的存在充分表明了仿制品也可以象征性地成为随葬品的一部分。（F.T.）

提伊头像

绿色滑石

高7.2厘米

塞拉比特哈迪姆（西奈），哈托尔神庙

W. M. F. 皮特里发掘（1905年）

第十八王朝，阿蒙霍特普三世统治时期（公元前1391—前1353年）

位于塞拉比特哈迪姆（Serabit el-Khadim）的神庙是一座献给绿松石女神哈托尔的神庙。埃及人从古王国时起便冒险进入西奈半岛，寻找这种用于制作珠宝首饰的珍贵矿石。

这件小尺寸的提伊头像被发现于哈托尔神庙遗址内，那里远离尼罗河谷。它应当是一尊献给哈托尔女神的小雕像的一部分。哈托尔女神的职责之一是当女性的守护神。

王后头戴假发，双耳露出，前额处有一对头戴红白双冠的圣蛇，假发上的王冠上原本应当还有一对羽毛头饰。两条有翼的圣蛇中间是刻有王后名字的王名圈。

对王后五官的刻画符合阿蒙霍特普三世时期的经典风格。下垂的嘴角和丰满的嘴唇是提伊肖像的典型特征，使她的形象变得独一无二。这一特征使得整个画面有一种下坠的感觉，虽然没有证据支持，但人们经常把它解释成提伊王后坚韧果敢的性格的体现。提伊突出的五官特征使得有些人怀疑她是否有外国血统，但是并没有任何证据可支撑这个观点。

提伊的父母——图雅和尤雅来自中埃及地区的艾赫米姆（Akhmim），是当地富有的阶层。可以肯定的是，在提伊的某些肖像中，以这件来自塞拉比特哈迪姆的头像最为典型，如长椭圆形的脸预示了阿玛尔纳时期人物肖像的风格特征。（F.T.）

JE 36368 = CG 42127

哈普之子阿蒙霍特普坐像

灰色花岗岩
高117厘米
卡尔纳克，阿蒙-拉神庙，第七塔门
乔治·勒格兰发掘（1901年）
第十八王朝，阿蒙霍特普三世统治时期（公元前1391—前1353年）

JE 44861

哈普之子阿蒙霍特普书吏像

灰色花岗岩
高128厘米
卡尔纳克，阿蒙-拉神庙，第十塔门
乔治·勒格兰发掘（1913年）
第十八王朝，阿蒙霍特普三世统治时期（公元前1391—前1353年）

如同许多其他埃及智者一样，哈普之子阿蒙霍特普在死后成为了人们歌颂和崇敬的对象。传说中他有治疗疾病的能力，托勒密时期他被神化，人们为他在戴尔巴哈里哈特舍普苏特葬祭庙的后面建造了一座神殿。

哈普之子阿蒙霍特普一生都是阿蒙霍特普三世宫廷内部的重要官员。他是制作法老雕像的负责人，法老委派他去督造底比斯地区的建筑物，其中就有位于马勒卡塔（Malqata）的宫城和法老在底比斯西岸的葬祭庙。

哈普之子阿蒙霍特普一生所获得的声望和荣耀还体现在法老给予他的特权上：在底比斯西岸建造一座属于他自己的葬祭庙。这通常是只有法老才能享有的特权。实际上，他的葬祭庙是众多王室葬祭庙当中唯一的一座私人建筑。

另外一项特权是他可以将自己的雕像摆放在底比斯最宏大的圣所内，即为阿蒙－拉神建造的卡尔纳克神庙中。铭文显示雕像被当成了神明和虔诚信徒沟通的媒介，因此它们通常被摆放在神庙的入口处。

哈普之子阿蒙霍特普的雕像有两种，都源自中王国时期的模型。这种对历史的回溯，特别是新王国时期的埃及人认为的经典时代，是体现所刻画人物的威望与涵养的最好的方式。实际上，哈普之子阿蒙霍特普选择书吏这一经典造型更多的是打算强调他的智慧和博学。

书吏的形象与他的身份吻合。哈普之子阿蒙霍特普双腿盘坐，头部微微前倾，看向摊开于膝盖上的纸莎草卷。腹部的赘肉是优越生活的象征。刻在卷轴上的铭文因数百年间信众的触摸而变得已经无法识读。

尽管这些雕像有着典型的阿蒙霍特普三世时期的艺术特征，但它们的制作灵感明显来自于塞努斯瑞特一世时期的宰相兼建筑师孟图霍特普的雕像。在阿蒙－拉神庙内至少保存了10尊他的雕像，其中3尊为书吏像。

这里展示的另一尊雕像中，哈普之子阿蒙霍特普为跪姿，双手平放在大腿上。前胸下方是短裙的衣结，两侧斜垂下来的假发是典型的中王国时期的样式。独特的面部表情同样反映出了塞努斯瑞特一世和阿蒙奈姆赫特三世统治时期的艺术潮流：沉重的眼睑和面部的皱纹刻画出了一个疲倦的人物形象，弥漫着一种难以形容的不安感。

尽管这尊雕像的艺术灵感明显来自于中王国时期的典范，但是也有一些其他的风格元素是属于阿蒙霍特普三世时期的艺术作品的。雕像的面部采用几何图形的处理方式，如眉毛和嘴的轮廓，展现出了对外形完美化的偏好，这是这一时期艺术风格极其显著的特征之一。

哈普之子阿蒙霍特普通过采用这样的方式刻画自己，展示出了他对历史的深刻了解。他甚至预测到了700年之后的审美品位，第二十五和第二十六王朝崇尚仿古，从其鼎盛时期的孟图姆哈特的雕像上可以看出。（F.T.）

哈姆瓦塞特和玛纳纳的雕像

滑石、石灰岩（基座）
高27.3厘米
扎加齐格（1946年）
第十八王朝，阿蒙霍特普三世统治时期（公元前1391—前1353年）

虽然考古学视角下的三角洲地区相对比较贫瘠，但那里曾有过一些零星偶然的发现，并且具有重要的历史和艺术价值。其中的代表作就是这件哈姆瓦塞特（Khaemwaset）与玛纳纳（Manana）的雕像。它是在扎加齐格（Zagazig）的一家医院的基建考古发掘中被发现的。

雕像中的哈姆瓦塞特与玛纳纳呈现出走路的姿态。男士的名字暗示了他的家乡在底比斯（哈姆瓦塞特意为"在底比斯荣耀地出现的人"）。男士的面部被全部毁坏了，衣服光滑的表面上刻有阿蒙霍特普三世的名字。

哈姆瓦塞特双臂置于体侧，左手握着一件圆柱体物品，但是他的右手张开并与身体形成直角而不是平放在大腿上，这在埃及的雕像中并不常见。

玛纳纳站在丈夫的左侧。她有着一张椭圆形的脸和一双硕大的眼睛。她穿着紧身长袍，前胸装饰有玫瑰花图案。带褶衣袖包裹着左臂，右臂裸露在外。她的首饰包括一条宽领项链、一对手镯和一只臂镯。她左手中的那条项链是埃及女性效仿哈托尔女神在节日期间佩戴的饰品。摇晃项链时，串珠撞击后坠（通常为青铜材质）发出的刺耳的声音被认为可以驱赶恶灵。（F.T.）

希阿蒙的香膏容器

象牙、彩绘木
高14厘米
谢赫阿布库尔那（Sheikh Abd al-Qurna），哈提阿伊墓
乔治·达雷希（Georges Daressy）发掘（1896年）
第十八王朝，阿蒙霍特普四世（即埃赫那吞）统治早期（公元前1353—前1335年）

哈提阿伊（Hatiay）是阿吞神殿的书吏和粮仓管理员，他的小型墓葬只有一间没有任何装饰的地下墓室，里面放着四具木棺和一些随葬品。墓室内埋葬着一家四口，其中三位是女性，哈提阿伊是一家之主。女主人的名字叫希阿蒙（Siamun），她也是这件不同寻常的香膏容器的主人。在她的木棺中一起被发现的还有一些个人的盥洗用具。

一名仆人以屈膝弯腰的形象被固定在方形基座上，真正的盛放香膏的容器被他扛在肩膀上。制作工匠非常写实地刻画出他的双手正在握住不同的位置，左臂弯曲托住罐子的底部，右臂则伸直抓住容器的手柄。

罐子是仿照这一时期进口到埃及的叙利亚寰底双耳罐制成的缩小版。盖子呈凸起的圆盘形，外表用象牙装饰且呈小牛的形象。盖子一侧用绳子固定在器身的手柄上，另一侧的钮可以和器身颈部的钮系在一起用于密封。

容器的表面有着丰富的红底黑纹饰。颈部一周装饰着几何图案和花纹。占据器身主要部分的装饰描绘了三只用象牙拼成的小牛在树间玩耍的自然主题的场景。

工匠将写实主义与优雅相结合，成功地创作了这件精致的物品，这是新王国时期小型艺术品中的上乘之作。（S.E.）

 JE 6050 = CG 804

赫努纳赫图雕像

木贴金
高22.5厘米
萨卡拉
奥古斯特·马里耶特发掘（1859年）
第十八王朝末期（公元前14世纪末期）

第十八王朝拥有大量非常优美的男女雕像。这件赫努纳赫图（Henutnakhtu）的小木雕像或许是在埃及艺术史上最灿烂的时期生产的最精致的一件作品。面部特征使人想起阿蒙霍特普三世和埃赫那吞时期的某些肖像表现出的戏剧张力。有些观点认为，这件作品的制作年代应当在阿玛尔纳改革时期之前。

赫努纳赫图被刻画为正在行进的姿势，但是与其他这种姿势的雕像不同，她的右脚微微后撤，且有些倾斜。这一姿势给步幅带来一种分寸和平衡的优雅感。

赫努纳赫图的长袍只有一只袖子。她的左臂垂放于体侧，右臂在胸前弯曲且手握一束鲜花。原本放在头顶上的香膏如今已经不见了。

项链让这尊女像更加优雅精致，她的名字被刻在基座的献祭铭文中。这尊小雕像应该是赫努纳赫图的随葬品之一。（F.T.）

埃赫那吞和一名女性的雕像

石灰岩
高39.5厘米
阿玛尔纳，雕像工坊
路德维希·博尔夏特发掘（1912年）
第十八王朝，埃赫那吞统治早期（公元前1353—前1335年）

我们在埃及发现过许多尚未完成的雕像、草图和粗略雕刻的浮雕。这些未完成品不仅提供了画匠和雕刻匠工作的详细资料，还使我们知晓了他们制作一件艺术品时所使用的技术和处理技巧。尼罗河沿岸的许多遗址以及各个历史时期都曾发现过类似的材料。埃赫那吞建造的都城阿玛尔纳留存的这类文物尤其丰富，其中最负盛名的精品就是现藏于柏林博物馆的奈菲尔提提的彩绘石灰岩头像。

在这些未完成品中，这尊小雕像是最不寻常的一件。它刻画了法老埃赫那吞（因为头戴装饰着圣蛇的蓝冠）怀抱一位年轻女士的样子。雕像的表面仅被初步加工过，难以做更加详细的解释。

法老端坐在王座上，王座上面铺有坐垫，后面的椅腿可以看出是仿照动物腿雕刻的。埃赫那吞头戴着尺寸很大的蓝冠，身着一件短袖长袍。这名女性头戴假发，似乎裸露着身体，坐在统治者的膝盖上。我们不太清楚，她脚下的这块方形石台是否会在作品完成后被工匠移除。

雕像的主题源自埃及艺术的经典，但表现手法与众不同。实际上，这两个人物展现的是亲吻的动作，这种亲密程度在尼罗河谷的艺术品中仅此一例。女性人物用左手抓住埃赫那吞的右手肘，这在古埃及被认为是带有色情含义的姿势。

因此，这位女性的身份应当是法老的一名妃子〔可能是经常戴短款假发的吉娅（Kiya）〕，而不是他的女儿。"女儿"身份更被接受，这是基于女性形象不成比例做出的推测。从整个王室家族的浮雕和石碑上的形象来看，埃赫那吞和妻子形象不成比例是常见的官方表现的特征。（F.T.）

阿蒙霍特普四世巨型雕像的上半身

砂岩
高185厘米
卡尔纳克，阿吞神庙
亨利·谢弗里耶（Henri Chevrier）发掘（1926年）
第十八王朝，阿蒙霍特普四世（即埃赫那吞）统治早期
（公元前1353—前1335年）

在修建阿玛尔纳新都之前，阿蒙霍特普四世（他在其统治的第五至第六年时才改名为埃赫那吞）在底比斯卡尔纳克神庙东侧启动了一项宏大的工程。这位年少的法老意图通过在公开反对宗教改革的底比斯祭司集团的心脏周围建造四座阿吞神庙，从而带来另一种与阿蒙神不同的信仰。

建在卡尔纳克东侧的神庙名为"Gempaaten"，意为"太阳圆盘（阿吞）在这里被发现"。它是阿蒙霍普特四世建造的第一座神庙，内有一座约200米长、130米宽的东西向的柱廊庭院。院内的每根石柱前都立有一尊高约5米、色彩鲜亮的阿蒙霍特普四世的巨型雕像。法老为直立姿势，身穿带褶短裙，大腿部分被完全包裹住了。双臂交叉于胸前，手握象征法老权力的弯钩权杖和连枷。

埃赫那吞被拉长的面部清晰地反映出制作这尊雕像时艺术创新的环境。双眼变得细长，并且被宽阔的眉弓覆盖住。鼻梁修长挺直，细节处带有几何化的风格。嘴部双唇圆润饱满，鼻孔两侧有两道深刻的法令纹。

阿吞神庙的巨型雕像有两种不同的发饰。在经典的埃及式头巾上方，或佩戴红白双冠，或装饰着两根象征空气之神舒（Shu）的羽毛，在阿玛尔纳时期，它还被解释为太阳圆盘的光芒。这里所呈现的雕像的头饰就属于第二种类型。（F.T.）

献祭的埃赫那吞雕像

彩绘石灰岩
高35厘米
阿玛尔纳
路德维希·博尔夏特发掘（1911年）
第十八王朝，埃赫那吞统治时期（公元前1353—前1335年）

这尊制作考究的雕像属于一位埃赫那吞宗教改革的贵族追随者，出土于他位于中埃及新都城的奢华的家中。

这尊小雕像原本应当位于花园的祭坛之上，用来每日向阿吞神献祭。太阳圆盘形状的阿吞神处在当时埃及宗教改革的中心。

埃赫那吞被刻画为向神献祭的姿势，他的双手托着一块石板，上面刻了许多鲜花和食物的图案。尽管这类雕像早在中王国时期就已经出现，但是埃赫那吞的姿势却与众不同。他双脚并拢的姿势与通常埃及雕像中男性迈步（左脚在前）这一最重要的标志形成反差。对于阿玛尔纳时期的艺术来说，运动感与光线在人物刻画上是最重要的参考因素，而令人感到惊讶的是这里所体现出的静止不动，应该是有意为之的结果。这个姿势所代表的含义是法老在神明面前冥想。

法老头戴的蓝冠（分开雕刻）从阿蒙霍特普三世时期通常用于军事场景的头饰逐渐演变为与君权相关联的经典的肖像组成部分。前额的孔洞曾是其他材质的圣蛇安放的位置。法老脚上穿的凉鞋也着重体现了这是一个庄严的时刻，埃及人只有在宗教庆典的场合才会穿上这种类型的鞋。（F.T.）

崇拜阿吞场景的石板

彩绘石灰岩
高53厘米，宽48厘米，深8厘米
阿玛尔纳，王室墓葬
埃及文物部发掘（1891年）
第十八王朝，埃赫那吞统治时期（公元前1353—前1335年）

这块石板被发现于用来封堵埃赫那吞王室墓葬的一堆石块之中，所以很难确定它在丧葬建筑中的功能。人物之间的空白处还保留着工匠起草的方格，从这一点来看，它似乎是墓葬装饰施工时使用的模板。

这幅场景描绘的是阿玛尔纳时期常见的主题：王室家庭正在崇拜阿吞神。太阳圆盘位于图中的右上角，它的光芒照向四周。每一道光线的末端都有一只小手，手中握着象征权力或者生命的圣书体字符。而与埃赫那吞和供桌直接接触的手中则没有握任何物品。空着的手和握着物品的手并非是随意安排的，它们在圣书体文字的解释中分别代表着给予（握着物品的手）与接受（空着的手）的动作。

如此一来，法老与阿吞神之间的相互关系便以图像的形式被表现出来。这幅图向我们展示了埃及祈祷者的经典形象，法老向神明布施（这里是进献供品），从而换取神赐予的"生命、繁荣与权力"。

此外，光线位置的不同使得画面产生了三个层次。光线从王室成员身后穿过，但却位于供桌的前方。这表明埃赫那吞、奈菲尔提提和他们的两个女儿麦瑞塔吞（Meritaten）和麦凯塔吞（Meketaten）位于画面的前景，阿吞神在他们的后面，但位于背景供桌的前面。

石板上人物的面部特征符合埃赫那吞统治初期的艺术标准。许多文章都试图解释埃赫那吞过于女性化的体貌特征，一般认为是因病所致。但是，这种人物的变形还体现在例如王冠等物品上，或许这仅仅是埃赫那吞统治初期单纯的艺术风格特点。（F.T.）

175

JE 59294

工匠试刻的王室肖像

石灰岩
高23厘米，宽31厘米
阿玛尔纳
约翰·彭德尔伯里（John Pendlebury）发掘（1932—1933年）
第十八王朝，埃赫那吞统治时期（公元前1353—前1335年）

同许多在阿玛尔纳出土的文物一样，有关这块石板的许多讨论都集中在两副面孔的身份上。它们被认为是埃赫那吞的两幅肖像，或者其中一人是埃赫那吞，另一位是他的继任者之一斯麦恩卡拉（Smenkhkare）。

根据埃及工匠的做法，这块石板曾被一名雕刻工匠当作构图的画板使用。因此它不能被当作完成品，更像是为解决某个具体问题做试验用的。

鉴于从右到左的书写习惯，位于右侧的头像可能是先被雕刻上的，这名男性人物头戴埃及式头巾，前额处装饰着一条圣蛇，圣蛇的头部已缺失。面部的五官刻痕很深，双眼细长，呈杏仁形，上方是厚重的眉骨。鼻部修长，嘴唇圆润且嘴角微微向下，下巴凸出。左侧头像有着同样的五官，长长的鼻梁和下巴拉长了脸部。

两个头像具有高度的相似性使得人们认为，它们描绘的是同一个人，并且几乎可以确定他就是埃赫那吞。在一块石板上两次出现同一名法老的头像，可以解释为是工匠的练习作品。这里工匠面对的问题可能是正在尝试如何将偏写实的法老头像（右侧）向一种人物线条更加夸张的艺术标准靠近。

因此，这块石灰岩石板有可能雕刻于埃赫那吞统治的初期，当时法老的宗教和文化改革带来的艺术风格标准尚未成型。（F.T.）

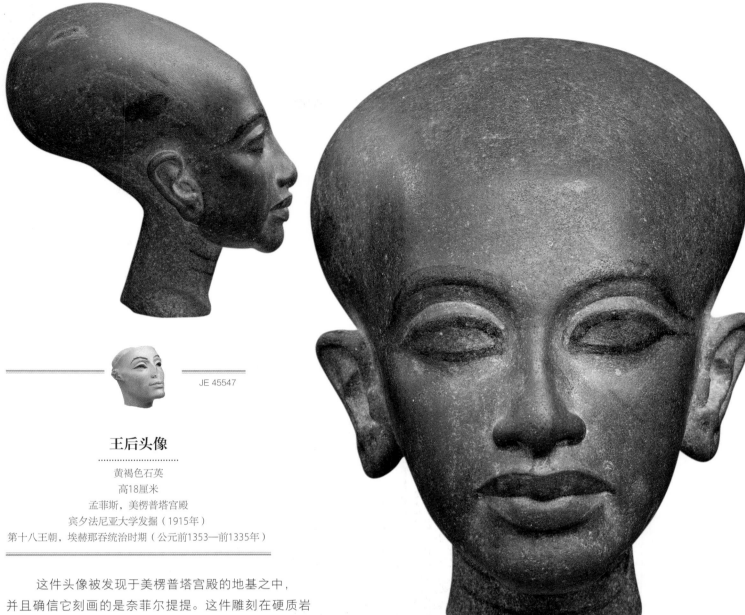

JE 45547

王后头像

·····················

黄褐色石英
高18厘米
孟菲斯，美楞普塔宫殿
宾夕法尼亚大学发掘（1915年）
第十八王朝，埃赫那吞统治时期（公元前1353—前1335年）

这件头像被发现于美楞普塔宫殿的地基之中，
并且确信它刻画的是奈菲尔提提。这件雕刻在硬质岩
石上的王后头像的五官比收藏于柏林博物馆的那件半胸
像更加写实。

这件头像原本应该属于一尊用不同材质制作而成的更大
的雕像，这是阿玛尔纳时期的典型做法。眼睛与眉毛的部分原本
是由不透明的玻璃物镶嵌而成的。额头上方短而宽的凹槽被用于安
装类似于王冠的头饰。

这件文物从颈部断裂，鼻子和耳朵也有缺损。脸颊的肌肉线条清晰，
比阿玛尔纳时期公主们的雕像更加精致。这件文物无论是从风格上还是从
做工上来看，都堪称阿玛尔纳杰胡提麦斯工坊的经典作品。（F.T.）

JE 44870

公主头像

·····················

黄褐色石英
高19厘米
阿玛尔纳，杰胡提麦斯工坊
路德维希·博尔夏特发掘（1912年）
第十八王朝，埃赫那吞统治时期（公元前1353—前1335年）

这件头像是众多阿玛尔纳杰胡提麦斯工坊出土文物中的一件，
被发现于一间储藏室内。

在阿玛尔纳时期的第一阶段（埃赫那吞统治的第十四至第十
七年），公主们的样貌很不自然，有着长长的头骨和细细的脖颈。
这很可能是因为受到强调遗传特征的宗教观念的影响，从而产生的
强行符合新艺术风格的形式主义做法。

这是一位年轻女士的雕像而不是孩童的雕像，但下巴下方仍
然刻画出了圆润的脂肪，以强调她的青春朝气。一双大眼睛画着深
色的眼线，耳朵类似贝壳的形状。耳朵上方凸起的颅骨表明这是一
位年轻人。丰满的双唇代表了女性的特征。颈部下方的凸榫表明这
件头像是组成完整雕像的一部分。（F.T.）

法老图坦卡蒙短暂统治期间的内幕与神秘事迹以及霍华德·卡特发现其墓葬的故事几乎与那些宝藏一样精彩而引人入胜。图坦卡蒙统治的故事需从先王埃赫那吞讲起。埃赫那吞与他的第二任王后吉娅可能育有一子一女。法老去世之后，来自王后提伊家族的朝廷元老——阿伊（埃赫那吞和斯迈恩卡拉的宰相）面临着推举王位继承人的难题。

年轻的王子图坦卡吞（Tutankhaten，后改名为图坦卡蒙）是唯一合适的人选。他的出生名图坦卡蒙意为"阿蒙神长生之相"；他的登基名奈伯赫普鲁拉（Nebkheperure）意为"拉神变化的统治者"。年轻的君主可能出生于埃赫塔吞（即今天的阿玛尔纳）。一些埃及学家认为，埃赫那吞很有可能是图坦卡蒙的生父，因为两个人的外貌特征非常相似。但是，在索勒布（Soleb，今苏丹地区）出土了一尊狮子雕像，上面的一段铭文却记录着这位年少法老的父亲是阿蒙霍特普三世。不过，需要特别指出的是，受到祖父母特殊宠爱的孙辈也可能直呼他们为"父亲和母亲"。

在赫尔摩波利斯（Hermopolis）的阿玛尔纳浮雕上，图坦卡蒙被称为"法老的亲生之子"，但是却没有提及这位法老的具体名字。他的母亲很有可能是埃赫那吞的第二任妻子吉娅公主，她的称呼是"备受宠爱的妻子"。在图坦卡蒙墓葬的随葬品中，有一个套盒中放着王后提伊的一缕头发，或许可以说明她是图坦卡蒙的祖母。

图坦卡蒙结婚时年仅 10 岁，新娘是埃赫那吞的第三个女儿，很可能是图坦卡蒙同父异母的姐姐安赫森帕阿吞（Ankhesenpaaten）。她的名字后来改为了安赫森帕阿蒙（Ankhesenpaamun），意为"因阿蒙神的眷顾而生"。她是埃赫那吞和正妻奈菲尔提提的长女，是王室最正统的继承人，图坦卡蒙通过与她的结合进一步巩固了自己在位的合法性。但是，

P180 背景
图坦卡蒙的第三具棺

JE 60671
黄金、半宝石、琉璃
长187厘米，高51厘米，宽51.3厘米
重110.4千克
国王谷，图坦卡蒙墓（编号KV62）
霍华德·卡特发现（1922年）
第十八王朝，图坦卡蒙统治时期
（公元前1333—前1323年）

P181
图坦卡蒙的面具

JE 60672
黄金、青金石、玛瑙、石英、黑曜石、绿松石、彩色玻璃
高54厘米，宽39.3厘米
重11千克
国王谷，图坦卡蒙墓（编号KV62）
霍华德·卡特发现（1922年）
第十八王朝，图坦卡蒙统治时期
（公元前1333—前1323年）

穆罕默德·萨利赫

图坦卡蒙的一生与
他的珍宝

P180 左
伊西斯和奈芙提斯的胸饰（细节）

JE 61945
黄金、石英、琉璃
高12厘米，宽16.3厘米
国王谷，图坦卡蒙墓（编号KV62）
霍华德·卡特发现（1922年）
第十八王朝，图坦卡蒙统治时期
（公元前1333—前1323年）

P180 右
王名圈形状的宝盒

JE 61490
疑似针叶木、乌木片与象牙
长63.5厘米，高32.1厘米，宽30.2厘米
国王谷，图坦卡蒙墓（编号KV62）
霍华德·卡特发现（1922年）
第十八王朝，图坦卡蒙统治时期
（公元前1333—前1323年）

当时执掌国家的大权在文官宰相阿伊与将军郝列姆赫布的手中。在埃赫那吞的新都城被废弃之前，图坦卡蒙在阿玛尔纳居住了4年，随后搬至国家政治与军事的中心孟菲斯。

图坦卡蒙的体魄并不强健。在一件小神龛两侧的贴金浮雕装饰画中，可以明显看到法老虚弱的身体。他正在用弓箭捕猎野鸭，然而却是坐在座位上开弓放箭，并没有采用狩猎活动本该有的站立的姿态。在他的墓葬被发现后（1923—1924年），病理学家通过X射线检查他的遗体，发现他的颅腔空间大于正常值，推测他生前可能患有脑瘤，并且还可能患有胸部疾病，最终导致他在20岁左右就去世了。墓葬中酒罐年代的考古证据和图坦卡蒙牙齿的磨耗程度都进一步印证了人们对他的统治时长和英年早逝的猜想。

1968年，人们在研究图坦卡蒙的木乃伊时，在法老头骨上发现了一处伤痕。当时推测可能为刺客的利器所致，这也

直接导致了法老的死亡。但是，图坦卡蒙被暗杀和非自然死亡的观点很难令人信服，其原因有以下几点：（1）法老是由阿伊和郝列姆赫布挑选的王位继承人，受到了他们的保护和支持。（2）他恢复了阿蒙－拉的信仰，重新开放了在阿玛尔纳时期关闭的神庙。（3）有文献记载他赏罚分明，重塑神像，修缮全国圣所，向神进献供品。与此同时，重新篆刻神庙墙壁上之前被除掉的阿蒙－拉神的名字，并且归还了埃赫那吞时期没收的财产。（4）阿蒙－拉祭司们感念图坦卡蒙，在他逝世后还为他举办了盛大的葬礼和纪念活动。（5）早逝的法老被葬在原本为阿伊准备的墓葬中，而后者正是图坦卡蒙葬礼的负责人。他后来被葬在国王谷的西边距离阿蒙霍特普三世不远的位置。（6）图坦卡蒙拥有丰富的且属于自己的随葬品，另外还征用了斯迈恩卡拉的物品，例如盛放图坦卡蒙木乃伊的小金棺、木乃伊身上的一些金带以及一个贴金神龛。（7）他的墓葬曾两次在盗窃中幸免于难，没有被彻底洗劫，假如他是被谋杀的，那么在阿伊和郝列姆赫布统治期间，他的随葬品很难保存完好。（8）图坦卡蒙的名字没有出现在塞提一世和拉美西斯二世编纂的王名表中，这应当归咎于他的"异端"家族的身份。（9）若图坦卡蒙是被谋杀的，那么他的遗孀会很难改嫁一位赫梯王子。阿伊会立刻登基，而不是给这位年轻的妇人改嫁国外的机会。

王后丧夫时年龄不到25岁，她本应当再嫁给老臣阿伊——

这位被称作"神父"（God's Father）并在图坦卡蒙逝世后实际掌权4年的人。其间，王后可以按照自己的意愿改嫁，并且保留国家统治者的身份。似乎无论是此时的新法老阿伊还是将军郝列姆赫布都允许安赫森帕阿蒙成为一名女性法老。她给赫梯国王写信要求他派一名可以和自己结婚的王子，并且和自己一起统治国家。信中提及了她丈夫的逝世以及没有子嗣的事实："他们说您有许多王子，假如您能派其中一人来，他便能成为我的丈夫……我绝不会让我的仆人成为我的丈夫。"

赫梯国王没有把王后的请求当真，回信道："我此生从未遇到过这样的事情。"半年之后，他派一名信使去调查此事，王后很不高兴，给赫梯国王写信称："若我有一子，我也不会舍去国家的尊严写信请求您……我给您写信只是因为您有许多王子。如果您能派其中一人来，他便能成为我的丈夫，成为埃及的法老。"这次赫梯国王意识到王后是认真的，他派遣自己的儿子赞南扎（Zannanza）携带彩礼，和随从侍卫一行人马赶赴埃及。埃及方面发现了王后与赫梯人的计划，或许是郝

P182
普塔神像

JE 60739
贴金木、釉陶、青铜、玻璃
高60.2厘米
国王谷，图坦卡蒙墓（编号KV62）
霍华德·卡特发现（1922年）
第十八王朝，图坦卡蒙统治时期
（公元前1333—前1323年）

P183左
图坦卡蒙头戴红冠的夏勃提像

JE 60832
木、金箔、青铜
高63厘米
国王谷，图坦卡蒙墓（编号KV62）
霍华德·卡特发现（1922年）
第十八王朝，图坦卡蒙统治时期
（公元前1333—前1323年）

P183右
图坦卡蒙面容的孔苏神像

CG 38488
花岗岩
高252厘米
卡尔纳克
乔治·勒格兰发掘（1904年）
第十八王朝，图坦卡蒙统治时期
（公元前1333—前1323年）

P184 上左
发现图坦卡蒙墓时的帝王谷。法老的墓葬位于拉美西斯四世墓葬的下方，入口处被矮墙包围（中间）。

P184 中
图坦卡蒙墓葬发现中极其激动人心的时刻之一：霍华德·卡特等人正在开启里面贴金的木龛，里面放有石棺、木棺和法老的木乃伊。

P184 上右
某座贴金神龛密封的细节。底比斯陵墓的印章：一只阿努比斯位于"九弓"（埃及敌人）之上。

P184-185
霍华德·卡特在助手亚瑟·卡伦德（Arthur Callender）与一名埃及工人的帮助下准备打包装运图坦卡蒙的卡的雕像。

列姆赫布将军下的令，这位外国王子在半路便被谋杀身亡了。在几乎同一时间，安赫森帕阿蒙的形象从浮雕中消失了。赫梯国王大怒，准备派兵攻打埃及，但始终未能实现。当然，郝列姆赫布将军那时也已在东北边境集结精兵以抵御入侵。

这一事件发生两年后，宰相阿伊去世。郝列姆赫布继位成为新的法老，国家开始进入安定有序的时期，而阿蒙－拉信仰及其他神明信仰和神庙也开始积极地恢复。从此时开始的150年时间里，埃及重新回到了世界强国的行列。

无论何时提及图坦卡蒙的名字，总离不开其墓葬的发现者霍华德·卡特。1922年轰动一时的图坦卡蒙墓考古发现被看作是全世界最重要的考古发现之一。

在19世纪时，埃及总督的政令允许外国领事馆在埃及的任何地点开展"合法的"发掘工作，甚至允许他们将出土文物归为己有。后来，发掘者被允许拥有出土文物一半的所有权。非法人员盗掘了墓葬和神庙的珍宝，甚至那些被古代盗墓贼忽视或遗留的文物他们也没有放过。

古往今来，王室墓葬和私人墓葬一直在经受盗墓贼的骚扰和破坏。一份拉美西斯九世时期的古埃及文献曾记录了一件王室墓葬被盗案，盗墓团伙的成员是在底比斯墓地工作的官员和工人。纸莎草文献还记录了对盗墓贼的庭审过程和判决。然而，图坦卡蒙墓却从未在这类内容的纸莎草文献中出现，似乎表明盗墓团伙已经忘记了它的存在。

1892年，英国人霍华德·卡特开启了他的考古工作生涯。他起先为埃及考察基金会（Egypt Exploration Fund）在中埃及的贝尼哈桑和巴沙做制图员，随后进入埃及文物处工作。他曾经担任过下埃及和中埃及的督察员，但在1903年因拒绝向与他发生过争吵的法国游客道歉而辞职。

1908年，获得在底比斯发掘许可的卡纳冯勋爵（Lord Carnarvon）请卡特负责发掘工作。图特摩斯四世和哈特舍普苏特的墓葬都是他的重要发现。1914年发掘工作因第一次世界大战而停滞，1917年工作恢复，但是他在其后的5年时间里并没有重大发现。1922年11月1日，卡特继续为卡纳冯工作，地

P185上左

图坦卡蒙的卡的雕像守卫的墓室的
入口。透过开凿的墙壁可以看到里
面的贴金木龛。

P185上右

英国贵族卡纳冯——霍华德·卡特
的资助人。

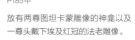

P185中

放有两尊图坦卡蒙雕像的神龛以及
一尊头戴下埃及红冠的法老雕像。

P185下

前厅的一角，堆放着马车以及举行
仪式用的床、凳子、箱盒和食物。

点位于国王谷拉美西斯六世墓葬入口东侧几米处。4天后，工人们发现了一条填满碎石的沟，这条沟通向一处在岩石上开凿出的阶梯。阶梯的底部是一道被封堵的门，上面覆盖着灰浆以及王室陵墓的封印：阿努比斯蹲在"九弓"上的图案。他绝对不会想到，他会发现拥有3000年历史的最重要的王室珍宝。他停下工作，给当时正在英国的资助人卡纳冯发去一封电报："国王谷有重大发现——一座封印未启的墓葬……向您祝贺。"

卡纳冯到达发掘现场时，16级台阶已清理完成，露出一条向下约9米深的墓道，尽头是第二道封堵的门。1922年11月26日，卡特和他的助手们在门上开了一个洞，看到了墓室内金光闪闪的"美妙的东西"。一些物品上刻着的王名清楚地表明，这座墓的主人是法老图坦卡蒙。在此之前，很少有带他名字的文物被发现，仅在几处建筑上记录有他的王名。

图坦卡蒙墓中的珍宝是唯一得以保存的古埃及全盛时期的王室随葬品，数量超过3500件。它们记录了那个时代灿烂的艺术与工艺以及第十八王朝一位法老日常生活的珍贵图景。

我们可以看到他的书写工具，包括不同材质的调色板（木质、象牙、釉陶和石质），上面用于书写及绘画的颜料有使用过的痕迹，所以它们很有可能是法老曾经使用过的。另一件有价值的物品是一个用来打磨纸莎草纸表面的磨光器，它的外观像一把刷子，手柄被雕刻成睡莲的样式。

另有一件精致的雪花石膏香膏罐是由多块部件拼接而成的。罐身被两种具有象征意义的植物——睡莲和纸莎草缠绕在一起，代表上下埃及的统一。两个代表上下埃及的尼罗河之神的拟人形象向王室夫妻献上香水，并确保国家的统一。

我们还可以了解法老的娱乐活动，通过图坦卡蒙珍宝中的另一件重要的物品——一个带乌木托架的游戏盒，托架的外观是床和雪橇相结合的形式。面板上刻画的格子用于玩不同种类的棋，但不幸的是，我们对于游戏规则一无所知。亡灵书第十七章将游戏描绘成逝者在往生世界的首要活动之一。

墓葬内有一件独一无二的真人比例的法老半胸像。有人认为这是裁缝为法老制作衣服时用的模特，新衣在法老上身之前先在模特身上试穿。半胸像双耳处有孔，似乎是佩戴耳环的地方。

墓室内出土了143件精美的首饰，其中一件黄金镂空的扣饰描绘了法老在战车上驱赶敌人的场景，另一件描绘的是法老和王后生活的场景。还有许多工艺和样式都属上乘的项链和胸饰。多种颜色的半宝石展现了首饰的华美，它们通过宗教图案和圣甲虫、太阳舟、生命之符等可以确保法老获得永恒的生命。工匠们掌握了多种珠宝制作工艺，例如景泰蓝、掐丝、累珠和串珠等。

家具（如床、椅子、箱柜和神龛）展现了当时高超的家具制作工艺，尤其是在设计、制图、雕刻和贴金方面。墓葬中发现的多把椅子形状各异，其设计展现了高水平的独特性。

有些是统一带有圣书体字符以作装饰的椅子（折叠椅或者直椅）。

法老的王座可称为一件杰作。它采用珍贵的木材、嵌金板制作而成，扇面装饰有不同的人物。在椅背内侧，太阳神阿吞的光芒照耀着法老和他的王后，这个形象可以追溯到阿吞神至高无上的一神教时期。主画面里刻画的是这对王室夫妻，王后正在为法老涂抹香膏放松身心，浪漫的场面让人不禁赞叹。

另外一把重要的椅子可能是在庆典场合使用的，例如加冕仪式。椅背上用镂空技术细致地刻画了永恒之神海赫，手握两根象征纪年的权杖，头顶太阳圆盘，跪坐在代表黄金的符号上。他保护着图坦卡蒙的王名并保佑法老长生。金色的有翼太阳圆盘盘旋在海

赫头顶上方。

服饰、手套、凉鞋、权杖以及其他神圣的符号一应俱全，这些都是法老生前和死后所使用的物品。在墓葬中发现的被拆解的战车也都形制各异，有些车显露出法老确实使用过的痕迹。在墓室的随葬品中还有50件武器，包括短剑、匕首、盾牌、弓和箭。其中一个喇叭由青铜制成，外表贴金，上面刻有被阿蒙－拉、普塔和拉－霍阿赫提保护和祝福的法老的形象。

墓葬出土的文物还为死后的信仰以及与彼岸世界不同神明之间的关系提供了证据。多尊写实主义风格的贴金雕像展现出法老不同的态度与活动。其中有两尊雕像刻画了法老站在扁舟之上用长矛猎杀河马的景象，太阳神的敌人河马是邪恶的象征。另有一对雕像法老头戴上埃及王冠，手握权杖和连枷，站在一只猎豹的身上。把这对雕像放在墓中可能是为了起到保护法老的作用，帮助他在往生后克服可能会遇到的困难。

最后，还有一些物品与法老的葬礼有关，包括一切保护他的躯体和灵魂的东西。一些神秘的符号可以守护他的灵魂，帮助他重生。食物和饮料、雕像和石棺、黄金面具和神龛，还有

小的黄金的卡诺匹克罐（用来盛放内脏）以及放卡诺匹克罐的木盒和神龛。圣舟模型代表了法老可以顺利地在彼岸世界游走。

图坦卡蒙墓（编号 KV62）的壁画包括法老逝世之后相关丧葬游行的图像和文字。这些都是由他的继任者阿伊负责的，而并非按照传统由长子负责。所以，由阿伊代替长子为法老进行开口仪式。在其他的壁画中，法老被描绘为奥西里斯的样子，或者是努特女神在彼岸世界迎接法老的场景。

这些图坦卡蒙墓葬的随葬品或许暗示着每一座底比斯的王室墓葬都曾经如此奢华，甚至程度更甚。这也可以证

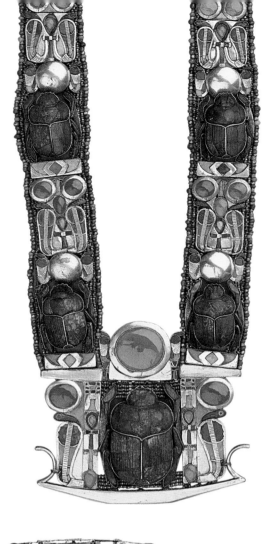

明当时的祭司们与大臣们对法老是如此地爱戴与感激，以至于向他进献如此精美的物品，以感念他恢复阿蒙神和其他神明的信仰。这可以解释图坦卡蒙珍宝为何异常丰富，因为法老代表的是一种王权理念而不是一个单独的人。

　　大部分来自图坦卡蒙墓的文物都被运至开罗的埃及博物馆收藏并展出，有一些则留在了底比斯的仓库中，另外有极少数文物被运送至卢克索博物馆展出。

　　霍华德·卡特和工人们把文物从墓葬移出来的时候，他们先在离开原位之前对物品进行了拍照并且逐一编号，然后对物品做了紧急必要的保护处理工作，工作室设置在塞提二世（Seti Ⅱ）的墓葬内。

P188上
圣甲虫项链

JE 61896
黄金、青金石、玛瑙、绿长石、绿松石
长50厘米
国王谷，图坦卡蒙墓（编号KV62）
霍华德·卡特发现（1922年）
第十八王朝，图坦卡蒙统治时期
（公元前1333—前1323年）

P188-189
胸衣

JE 62627
黄金、琉璃、象牙、玛瑙
高40厘米，长85厘米
国王谷，图坦卡蒙墓（编号KV62）
霍华德·卡特发现（1922年）
第十八王朝，图坦卡蒙统治时期
（公元前1333—前1323年）

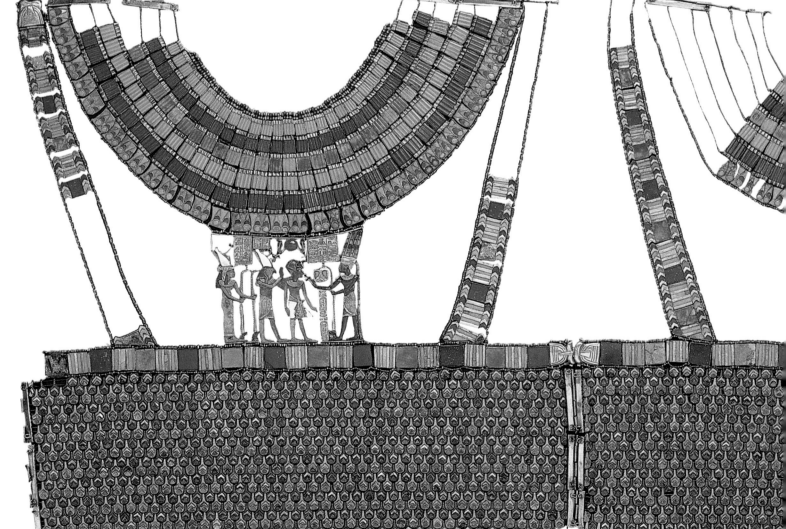

此后，珍宝便被转移至开罗，当它们到达开罗后就可以直接展出了。实际上，博物馆并没有准备好接收这样一批数量庞大（超过 3500 件）且重要的新发现的珍宝。之前放在楼上的文物被转移至其他房间，以便为图坦卡蒙的珍宝腾出足够的空间。

1923 年 4 月，距离发现墓葬不久之后，卡纳冯勋爵在开罗一家医院内因肺部感染病逝。这使得法老复仇的迷信开始蔓延。但是，这仅仅是一个巧合，我们不要把卡纳冯的去世归咎于"法老的诅咒"。假如真的需要有一个人受到惩罚，那么这个人应当是霍华德·卡特本人，然而他在盛名之下度过了 17 年才离世。

P189右上
太阳舟戒指

JE 62450
黄金、釉陶
长 2.8 厘米
国王谷，图坦卡蒙墓（编号 KV62）
霍华德·卡特发现（1922 年）
第十八王朝，图坦卡蒙统治时期
（公元前 1333—前 1323 年）

P189右下
伊西斯和奈芙提斯的胸饰

JE 61945
黄金、石英、琉璃
长 12 厘米，宽 16.3 厘米
国王谷，图坦卡蒙墓（编号 KV62）
霍华德·卡特发现（1922 年）
第十八王朝，图坦卡蒙统治时期
（公元前 1333—前 1323 年）

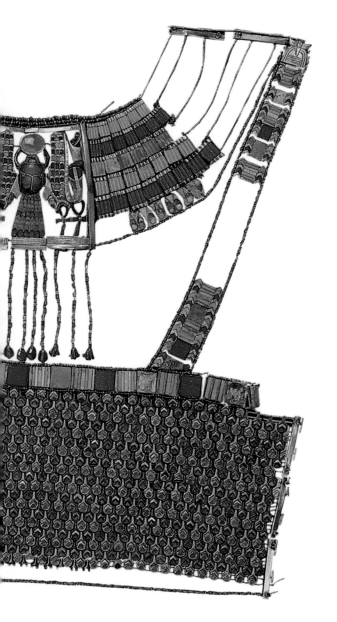

作 者 简 介

穆罕默德·萨利赫，1939 年出生于开罗，先后在开罗大学和海德堡大学完成学业。他先在卢克索担任督察员，后担任开罗埃及博物馆副馆长，1981 年担任馆长一职。他出版了大量埃及学相关书籍并参与制作了许多埃及博物馆的纪录片。1984 年，法国政府授予他"文学艺术勋章"，以表彰他在文化领域所做出的贡献。目前，他在开罗大学埃及学系任教。

JE 60707 - 60708

图坦卡蒙的卡的雕像

木坯涂抹黑色树脂并贴金
高192厘米，宽53.5厘米，长98厘米
国王谷，图坦卡蒙墓（编号KV62）
霍华德·卡特发现（1922年）
第十八王朝，图坦卡蒙统治时期（公元前1333—前1323年）

这两尊雕像位于王室墓葬的前厅内，面对面守护在封闭的墓室入口的两侧。被发现时，雕像还残留着亚麻披肩的痕迹以及两根作为供品的橄榄枝。

迈步向前的法老雕像从真人比例的尺寸和乌黑光亮的表面两方面证明了古代工匠卓越的工艺技术。工匠成功地赋予了这对墓室守卫者几乎超自然能力的气场。但是，黑色的皮肤并不是用于恐吓入侵者，作为法老的卡的形象，它更多地强调了法老自身坚不可摧的能力，以唤起奥西里斯的复活。

两尊雕像之间仅存在着细微的差别，一处是雕像的头饰不同，另一处是短裙上的铭文有所不同。法老被刻画成迈步向前的姿势，右手握有一把锤形权杖，左手执一根纸莎草形的长杖。雕像前额处装饰着青铜贴金的圣蛇，双目内嵌宝石，眼线与眉毛为青铜贴金。胸前挂着一件金光灿灿的胸饰。带褶短裙系在腰间，腰带后面和带扣上刻有法老的登基名。

尽管这两尊雕像造于阿玛尔纳时期终结之后的几年，但是根据凸起的小腹、细瘦的双腿和耳朵上的耳洞，依然可以清晰地看到工匠们受到的前朝艺术风格的影响。（R.P.）

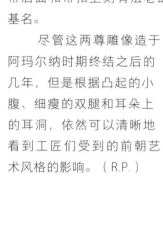

JE 61444

可移动的阿努比斯神龛

木坯粉刷后涂树脂、黄金、白银、石英、黑曜石
高118厘米，全长270厘米，宽52厘米
国王谷，图坦卡蒙墓（编号KV62）
霍华德·卡特发现（1922年）
第十八王朝，图坦卡蒙统治时期（公元前1333—前1323年）

这尊阿努比斯像被摆放在珍宝室的入口处，它的鼻子朝向墓室的方向。卡特发现它时，它的身上还披盖着一块亚麻布，布的上面写有埃赫那吞统治第七年的日期。一块更精致的布围绕在它的脖颈上，下面挂着一个花环。它的两条前腿之间摆放着一块象牙材质的调色板，上面刻有奈菲尔提提的女儿麦瑞塔吞的名字。

依照惯例，阿努比斯被刻画成一只卧在神龛顶部的胡狼形象。这一形象的来源历史悠久，文献中通常记载的头衔为"奥秘的总管"（Supervisor of the Secrets）。

雕像使用木头雕刻而成，后经粉刷并在表面涂有黑色的树脂。耳朵内侧和颈部贴有金箔。眼睛由方解石和黑曜石镶嵌而成。眼线和眉毛为黄金材质。爪子是用银制作的。

阿努比斯下方的神龛是由木头、石膏和金箔制作而成的。神龛的上沿微微向外伸展，四周面板上装饰有杰德柱、伊西斯结和宫殿正门等图案。这座神龛采用可移动的设计，两根长杆从两端伸出用来抬起神像参加葬礼。

神龛的顶部可以打开，里面放着不计其数的釉陶护身符、8件胸饰和2件方解石容器，其中一个里面盛放着像沥青一样的东西。这些物品最初被布包裹着，整齐地摆放在神龛里。但是，当卡特发现它们的时候，看到的却是混乱的情况。看来它们早已被寻找财宝的盗墓贼翻看过了。（F.T.）

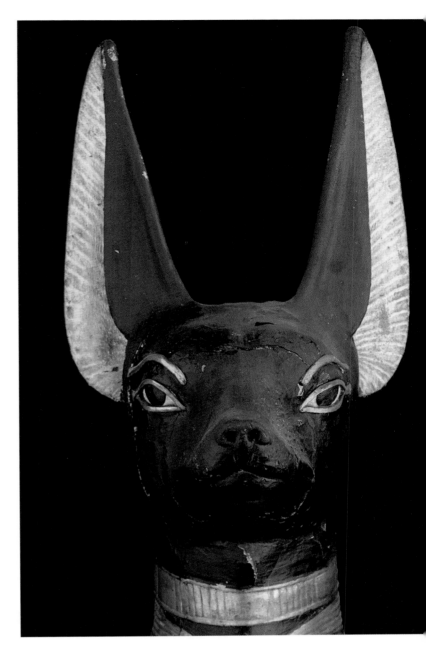

站在黑豹背上的图坦卡蒙

························

彩绘-贴金木
高85.6厘米
国王谷，图坦卡蒙墓（编号KV62）
霍华德·卡特发现（1922年）
第十八王朝，图坦卡蒙统治时期（公元前1333—前1323年）

在图坦卡蒙的墓中一共发现了 34 尊木坯雕像，其中法老像有 7 尊，另外 27 尊是不同神明的雕像。它们大部分被储藏在珍宝室南墙边上的木龛里。其中有一对摆放在一起的雕像，它们的外观几乎相同，都刻画了一位站在黑豹身上的法老。

法老采用实木雕刻，刻功非常精细熟练，然后又经历了彩绘和贴金的工艺过程。图坦卡蒙一只手握着手杖，另一只手握着象征权力的连枷。他头上佩戴着代表上埃及的白冠，前额处装饰有一条黑色的圣蛇。

法老头部和身体的造型受到了阿玛尔纳时期艺术的影响。它们通常会夸张地表达某个身体细节，例如长而前倾的脖子。人们在发现雕像的时候，它们外面还裹着写有埃赫那吞统治第三年日期的亚麻布，因此有理由推测这是原本为埃赫那吞制作的雕像。

法老站在一块黑色的方台上，台子被固定在黑豹的背上。工匠采用非常写实的手法雕刻出了豹子迈步时的缓慢和机警。

法老手中没有持武器，所以雕像所要表现的并不是狩猎的主题，而是另有象征意义。

黑豹或许代表着天空，在史前时期，天空被描绘为一只猫科动物，它在夜晚吞噬太阳。第二天清晨时，太阳才重生。在这里拥有金身的法老则是太阳神的化身。（S.E.）

JE 60709

站在草船上的图坦卡蒙

粉刷-贴金木、青铜
高69.5厘米，宽18.5厘米，长70.5厘米
国王谷，图坦卡蒙墓（编号KV62）
霍华德·卡特发现（1922年）
第十八王朝，图坦卡蒙统治时期（公元前1333—前1323年）

图坦卡蒙墓的珍宝室内有 22 个漆黑的木箱或者木龛，每个里面都摆放着一两尊法老或者神明的木坯雕像。所有置于木龛中的雕像都被安放在一座方台上。被发现时，它们都被一块亚麻布包裹着，布上有埃赫那吞统治第三年的字样。

这对图坦卡蒙站在草船上的木坯贴金雕像描绘的是猎杀象征邪恶的河马的神话主题。法老是荷鲁斯的化身。根据神话传说，荷鲁斯为报杀父之仇与变成河马的赛特战斗，最终击败赛特。

图坦卡蒙像胜利之神一样，以对抗邪恶、维护秩序为己任。雕像中的法老正在向敌人投掷长矛，他向前坚定地迈出了一大步，并将全部精力放在自己的动作上。

图坦卡蒙头戴下埃及的红冠，额头上装饰着一条代表王室的圣蛇，面部的五官精致而年轻。眼睛和眼线的镶嵌物是深色的。颈部佩戴的项链仿照串珠的样式被雕刻在了木质材料上。

图坦卡蒙的双臂与身躯是分开雕刻制作的。手臂的制作突出了狩猎时法老的动态感，右手握着一根长矛，左手拿着一捆青铜的绳索，用来捆绑猎杀的野兽。前脚平踩在草船上，而后脚脚尖着地，真实地描绘出了投掷前的瞄准和准备的姿势。

法老乘坐的草船是古埃及常见的用纸莎草制作的小船的模型，船头和船尾处都有贴金的纸莎草花。草船下面是一块承托着整组雕像的黑色方台。（S.E.）

195

贴金木箱

彩绘木、镶嵌物、釉陶

高39厘米，长49.5厘米

国王谷，图坦卡蒙墓（编号KV62）

霍华德·卡特发现（1922年）

第十八王朝、图坦卡蒙统治时期（公元前1333—前1323年）

香膏盒

黄金、白银、半宝石、琉璃

高16厘米，宽8.8厘米，深4.3厘米

国王谷，图坦卡蒙墓（编号KV62）

霍华德·卡特发现（1922年）

第十八王朝、图坦卡蒙统治时期（公元前1333—前1323年）

前厅的西侧角落随意堆放着许多箱柜，这是古代盗墓贼在墓中出没后的结果。箱柜几乎全都是方形的样式，盖子是平整的或是拱起的，又或者带有三角楣的装饰画。

大部分箱子为木箱，上面嵌有象牙、金箔、绿松石或者琉璃，少数为方解石和芦苇做成的箱子。多数箱子上有祭司体或圣书体的字符，标注了箱子的功能和里面所放的物品，还标出了法老的名字以及"生命、力量和健康"这类祝福短语。

这件方形木箱的下面有四条腿，拱起的盖子采用了上埃及最早的神殿的外形样式。两个用釉陶制成的圆钮可以通过绳子系紧，一个在盖子上，另一个在箱体前面正中间的位置。箱体的装饰典雅而丰富，两种颜色衬托出了主要的效果。面板四周围有装饰边框，主图像为贴金的表面上镶嵌着蓝色的釉陶，色彩对比强烈。

左右两侧的面板上刻画了五个王名圈，中间有头顶太阳圆盘的圣蛇作为装饰。王名圈内分别为法老的出生名和登基名。前后面板上同样有法老的王名圈，两侧对称装饰着守护法老名字的海赫的形象。（R.P.）

这件非同寻常的小盒子有着双王名圈的造型，它曾经用来盛放香膏，里面甚至还有一些香膏的残留物。底座为银质，上面装饰有一圈生命之符和象征权力的圣书体字符。容器表面嵌有琉璃与半宝石。固定在底座上的容器为黄金材质，其造型为两个王名圈。每个上面都一对嵌有红蓝琉璃的羽毛装饰。羽毛中间有一个太阳圆盘。这对羽毛装饰之间由两个金片加固，这样羽毛可以当作盒子的手柄使用。

王名圈中并没有法老的圣书体名字，而是有着蹲坐在庆典符号上的法老的个人形象。他身穿长袍，佩戴宽领项链，手握王室的标志——权杖和连枷。前额处的圣蛇是法老权力的象征。法老的头顶处有一个装饰着两条圣蛇的太阳圆盘，生命之符悬挂在圣蛇的脖子上。法老裸露部分的身体为黄色，镶嵌物与太阳圆盘上的相同。

盒子两侧的装饰图案相同：永恒之神海赫跪在庆典符号上，双手握着两片代表百万年的棕榈树叶，一个手肘上挂着生命之符。肩膀上有两个写着图坦卡蒙名字的王名圈。一只带翅膀的圣甲虫盘旋在海赫的头顶。圣甲虫前腿抱着一个太阳圆盘，两条后腿之间有一个 neb 字符。这是组成图坦卡蒙登基名的三个圣书体字符中的一个。这件香盒的装饰象征着对法老长治久安的美好祝福。（S.E.）

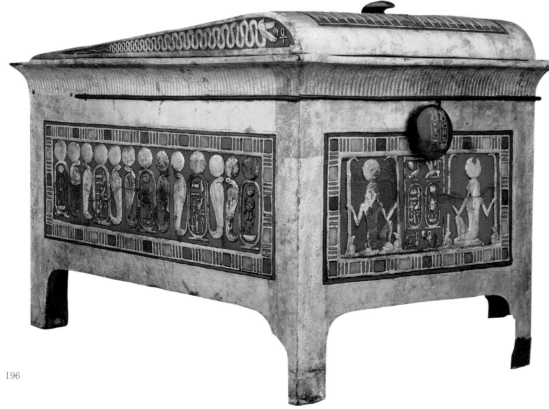

JE 61490

棋盒

....

乌木、象牙

棋盘：高8.1厘米，宽16厘米，长46厘米

支架：高20.2厘米，长55厘米

国王谷，图坦卡蒙墓（编号KV62）

霍华德·卡特发现（1922年）

第十八王朝，图坦卡蒙统治时期（公元前1333—前1323年）

　　这件精美的棋盒由数块组件组装而成，它是被发现于图坦卡蒙墓侧室内的四个棋盒中最大的一个。它的上部是一个长方形的盒子，下面是一个有四条狮腿的支架，狮腿有部分贴了金并被固定在雪橇上。

　　棋盒上面是塞尼特游戏棋的棋盘，表面被木条分隔成30个内嵌象牙板的方块，其中5个写有文字。盒子下面有同样格数的象牙棋盘，其中3格内有文字，用来玩另一种叫杰阿乌（tjau）的游戏棋。

　　盒子的一端有用于放棋子的抽屉，它被发现的时候已经与盒体分离，里面空空如也。很有可能里面曾放满了宝石材

质的棋子，后被盗墓贼盗走了。棋盒四周刻有黄色的铭文，内容为祝福棋盒主人图坦卡蒙的话语。法老的名字和全部头衔也被记录在内。

　　我们尚不清楚这两种游戏棋的使用规则，很有可能是两名棋手对弈，投掷短棒或骰子后，再移动棋盘上的棋子。

　　塞尼特在埃及的流行可追溯至上古时期。墓室中经常存有它的棋盘，以便逝者可以继续下棋娱乐。这种游戏也具有宗教含义，在墓室的壁画和亡灵书中，逝者被描绘成一个独自下棋的人，象征着他已成功地来到了精神的世界。（S.E.）

彩绘木箱

··································

粉刷-彩绘木

高44厘米，长61厘米，宽43厘米

国王谷，图坦卡蒙墓（编号KV62）

霍华德·卡特发现（1922年）

第十八王朝，图坦卡蒙统治时期（公元前1333—前1323年）

　　新王国时期的工匠的工艺水平整体较高，尤其是细木工。这件被发现于图坦卡蒙墓前厅内的拖鞋箱就是最好的证明，它的位置靠近那两尊法老的卡的雕像。箱子的装饰画面分为三组对称的场景，描绘的是第十九王朝神庙内核心的主题之一——法老战胜敌军。

　　箱子前后两面的主要图像"法老驭车图"均被彩色边框和花纹样式包围。法老和其身后跟随的埃及军队秩序井然，而敌军（一侧是努比亚人，另一侧是西亚人）则一盘散沙。法老头戴蓝冠（khepresh），头顶处有天空的标志，并且被太阳圆盘和两个代表奈赫贝特女神的秃鹫保护着。

　　左右两侧的装饰图像含义相同。法老被描绘为斯芬克斯的形象，践踏着来自南北的敌人。箱子盖上的装饰图像与前后两面相同，法老驾车践踏敌人并向敌人射箭。这里的敌人被沙漠中经常猎杀的野兽替代：狮子、羚羊、瞪羚、鬣狗、野猴子和鸵鸟。（R.P.）

JE 61481

贴金神龛

貼金木（神龛）、贴银木（橇）
高50.5厘米，宽30.7厘米，深48厘米
国王谷，图坦卡蒙墓（编号KV62）
霍华德·卡特发现（1922年）
第十八王朝，图坦卡蒙统治时期（公元前1333—前1323年）

贴金的木神龛在被发现的时候仍然立在贴银的木橇之上，它被摆放在图坦卡蒙墓葬的前厅内，外表贴金，金箔下面有一层石膏粉。这种顶部从前方向后面倾斜的样式有着上埃及古老神庙的特征。

神龛为双开门，门闩是两根穿插在金环中的乌木。另有两个门环可以用绳子系紧并用印泥封住。

龛内有一个贴金木的雕像支架，雕像有可能为纯金制品，后被盗墓贼盗走了。雕像基座上还留有两只脚的印迹，背部立柱上刻有图坦卡蒙的王名。地板上还残留着雕像衣物的碎片，这些痕迹在墓葬其他地方也有发现。旁边被一块布包裹着的是一条由黄金、玛瑙、绿长石和蓝玻璃制作的串珠项链，在纯金的挂坠上有女神哺育小法老的装饰画面。

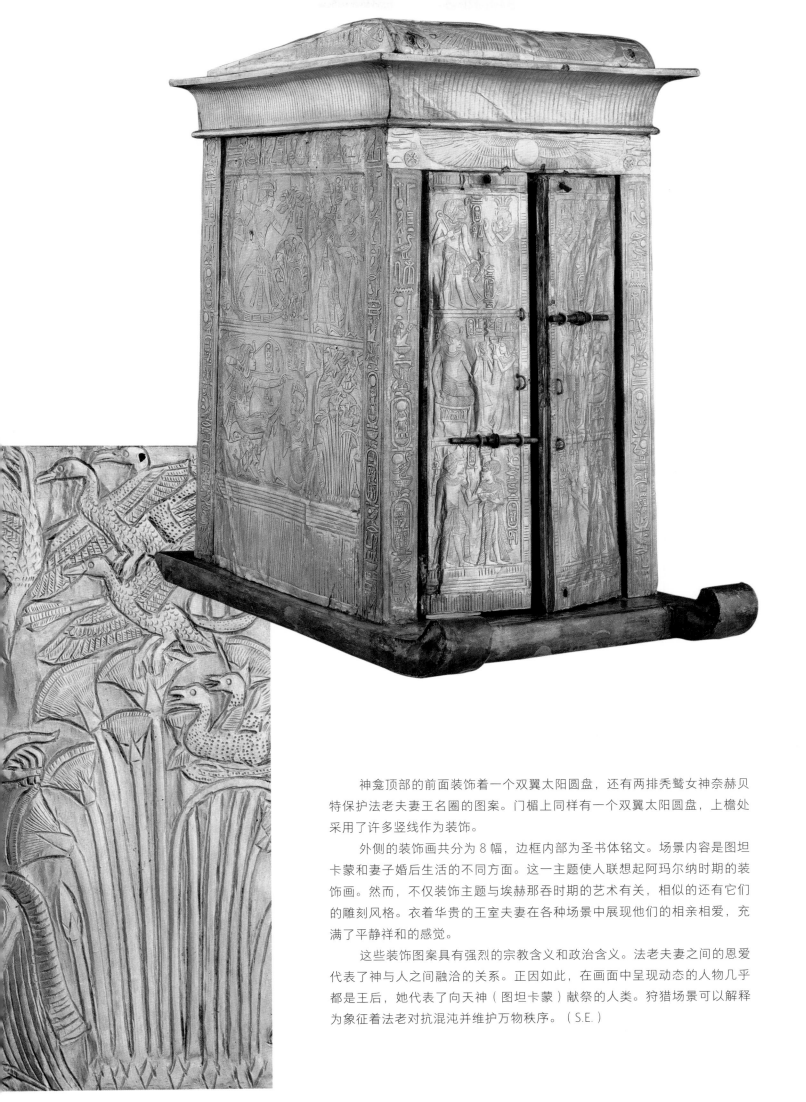

　　神龛顶部的前面装饰着一个双翼太阳圆盘，还有两排秃鹫女神奈赫贝特保护法老夫妻王名圈的图案。门楣上同样有一个双翼太阳圆盘，上檐处采用了许多竖线作为装饰。

　　外侧的装饰画共分为 8 幅，边框内部为圣书体铭文。场景内容是图坦卡蒙和妻子婚后生活的不同方面。这一主题使人联想起阿玛尔纳时期的装饰画。然而，不仅装饰主题与埃赫那吞时期的艺术有关，相似的还有它们的雕刻风格。衣着华贵的王室夫妻在各种场景中展现他们的相亲相爱，充满了平静祥和的感觉。

　　这些装饰图案具有强烈的宗教含义和政治含义。法老夫妻之间的恩爱代表了神与人之间融洽的关系。正因如此，在画面中呈现动态的人物几乎都是王后，她代表了向天神（图坦卡蒙）献祭的人类。狩猎场景可以解释为象征着法老对抗混沌并维护万物秩序。（S.E.）

JE 60828

图坦卡蒙的夏勃提像

·············

木、黄金、青铜
高48厘米
国王谷，图坦卡蒙墓（编号KV62）
霍华德·卡特发现（1922年）
第十八王朝，图坦卡蒙统治时期（公元前1333—前1323年）

"夏勃提"一词来源于古埃及语的"应答者"。当逝者在地下世界被要求做繁重的体力劳动时，应答者便可代替他做工。图坦卡蒙墓共有夏勃提雕像413尊，带铭文雕刻的相对较少。其中，在侧室内发现了236尊，在珍宝室内发现了176尊，前厅内仅有1尊。它们被保存在嵌有黄金或青铜装饰的木匣中，材质多种多样，包括木制彩绘和石头。较大的夏勃提像从造型、尺寸到属性各有不同。它们最明显的区别在于头饰和铭文。

这尊夏勃提像塑造的法老头戴蓝金条纹头巾，双襟搭在胸前，前额处有圣蛇的装饰。图坦卡蒙手握弯钩权杖和连枷，颈部佩戴宽领项链。雕像下方刻有6列亡灵书第六章的圣书体铭文段落。（R.P.）

JE 60830

图坦卡蒙头戴蓝冠的夏勃提像

·············

贴金雪松木
高48厘米
国王谷，图坦卡蒙墓（编号KV62）
霍华德·卡特发现（1922年）
第十八王朝，图坦卡蒙统治时期（公元前1333—前1323年）

每座墓葬中夏勃提像的数量随着时间和逝者生前社会地位的不同而有着非常大的区别。在图坦卡蒙的夏勃提像中，有一部分上面刻写的是官员的名字。这些应当是他们捐献出来的雕像，以此表明他们愿意继续侍奉去世的法老。

在图坦卡蒙墓的413尊夏勃提像中，有365名工人、36名工头和12名监工。工人（对应一年中的每一天）每10人分为一组，每组由一名工头负责。劳动由一名监工负责监管，12名监工对应一年的12个月。

这尊夏勃提像尺寸稍大，是一件小尺寸的木雕精品。雕像呈经典的奥西里斯式站姿，双手交叉在胸前，手中握着代表权力的权杖与连枷，连枷为纯金材质。从面容来看，被塑造的人物明显是图坦卡蒙，他头戴一顶沉重的王冠，一对大耳朵露在外面。前额处有一条宽的贴金头带，上面装饰着一条金色的圣蛇。他胸前的项链用金箔制作，一直覆盖到双肩的后面。

雕像的身体像是被绷带缠绕着的木乃伊。两列圣书体铭文记录的是简化版的亡灵书第六章的内容。雕像脚下的另一段铭文写道："这是将军敏纳赫特（Minnakht）在图坦卡蒙葬礼中献上的供品。"（S.E.）

黄金王座

木、金箔、白银、琉璃、半宝石
高102厘米，宽54厘米，深60厘米
国王谷，图坦卡蒙墓（编号KV62）
霍华德·卡特发现（1922年）
第十八王朝，图坦卡蒙统治时期（公元前1333—前1323年）

尔纳时期的典型风格。形式的优美与装饰的华丽程度及色彩的明亮度完美地结合，是精湛工艺的集中体现。

在靠背上的图像中，法老正坐在王座上呈放松的姿势，双脚放在脚垫上。

这个王座可能制作于图坦卡蒙执政的早期，早于阿玛尔纳时代彻底完结之前。

靠背上华美的装饰图像的主神是阿吞神。它有着太阳圆盘的外形，人们对它的信奉是在埃赫那吞时期迅速流行起来的。阿吞神光芒的末端有一只小手，正在给予这对王室夫妻生命之符。

铭文中提及的王名是这对夫妻在阿玛尔纳时期的名字，那时"图坦卡蒙"被写作"图坦卡吞"，法老的妻子"安赫森帕阿蒙"被写作"安赫森帕阿吞"。王座的形制也是阿玛

他头戴短款假发和组合式王冠，身着当时典型的带褶长袍。露出的凸起的小腹部分，正是阿玛尔纳时期的典型特征。

安赫森帕阿蒙站在法老身前，正在为她爱人的左肩涂抹香膏。她头戴斜款假发，头顶处装饰着哈托尔女神的发饰。王后银色的带褶长袍使双腿周围有一种微妙的透明感。

在王后的身后有一张长腿小桌子，上面摆放着一条项链。椅子的两个扶手为有翼圣蛇的造型，它在前方守护着图坦卡蒙的王名圈。椅子腿是典型的狮腿造型，连接前后椅子腿的图案代表着上下埃及的统一。另有两个狮头装饰在椅子正面的两侧，背面则装饰着一排圣蛇。（F.T.）

仪式用的交椅

乌木、象牙、金箔、石、釉陶
高102厘米，宽70厘米，深44厘米
国王谷，图坦卡蒙墓（编号KV62）
霍华德·卡特发现（1922年）
第十八王朝，图坦卡蒙统治时期（公元前1333—前1323年）

这把椅子与其他许多家具一起被放置在墓葬的侧室里。实际上，它的靠背是后加上去的，因此造型显得与众不同。坐垫高高翘起的两侧超过了靠背的边缘处，靠背则竖直地垂到地面上。

椅子的表面完全采用镶嵌工艺装饰。靠背的顶部装饰着一排圣蛇，正中间是刻有阿吞神名的王名圈以及一个太阳圆盘。下方有一位伸展双翼的秃鹫女神，双爪抓着羽毛扇和圣书体字符。秃鹫的两侧是两对图坦卡吞的王名圈。靠背的下方有用乌木和象牙镶嵌而成的数列圣书体字符和法老的头衔。而在横向的乌木框内书写的王名却是"图坦卡蒙"。

法老早期带有阿吞神的王名和靠背上的主神似乎可以说明，这把椅子的制作年代是图坦卡蒙统治的早期，此时尚未开始进行宗教改革。但是，法老之后的名字"图坦卡蒙"同样存在的现实似乎有悖于这种推测。一种解释是这个乌木框是在椅子被损坏之后添加上去的。

座位上原本放有坐垫，座位表面同样采用镶嵌工艺模仿豹纹进行装饰。椅腿修长精致，末端被雕刻成鸭头的造型，上面同样嵌有乌木和象牙。在椅腿之间和靠背下方中空处装饰着代表上下埃及的花卉图案。（F.T.）

船形水盂

方解石、黄金、宝石、象牙、红绿蓝三色琉璃
长58.3厘米，高37厘米
国王谷，图坦卡蒙墓（编号KV62）
霍华德·卡特发现（1922年）
第十八王朝，图坦卡蒙统治时期（公元前1333—前1323年）

卡特在墓葬的侧室内发现了这件由透明方解石制成的精致文物。它的功能尚不清楚，但是有许多可信的推测。卡特认为，这是一件用来盛放香水或香膏的容器。或许它是庆祝仪式和宴会上的重要摆件，因为它在被发现时上面装饰着许多花环和水果的图案。

这件精美的文物由多个部件组成。船体被安置在一个方台上，船身有纸莎草植物、花蕾和花朵样式的装饰。它们被安插在一个方形的水盂里。水盂有四条圆柱形的腿，外观为屋檐向外延伸的建筑物的造型。水盂上沿的外侧装饰着黄金和彩色琉璃组成的方格纹和花卉纹。正面有三个王名圈，显示的分别是法老的出生名、登基名以及王后的名字。王名圈的下方是圣书体中代表黄金的字符，上面是一对中间有太阳圆盘的羽毛装饰。三个王名圈的两侧有两条小圣蛇，分别佩戴着代表上下埃及的王冠，站在象征埃及统一的纸莎草和莲花上。

船体造型优美，船首和船尾为羚羊头的造型，都朝向同一个方向。羊角部分安插的是货真价实的羚羊角，羊的面部用深色调来描画，它与船身相接的部分是一个用黄金镶嵌多彩琉璃制成的项链造型的装饰。

船的中央竖立起一座小亭子，顶部类似神龛的顶，并且由四根双柱头（纸莎草和莲花）的圆柱支撑。亭子四周被矮墙包围，上面装饰着植物纹饰和几何图案。

船头坐着一位裸露的年轻女子，左手握着象牙做成的莲花并放在胸前。她戴的短款假发是由坚硬的灰色石头制成的。她佩戴着一对金耳环，手腕处嵌有两个黄金的手镯。船尾的矮人形象非常特殊，他是船的舵手。这件文物被发现时，他的手中还握有一根长竿。他的发饰与船头少女的发饰相同。

很明显，工匠曾非常细心地观察过这两个人物的外形特点，从而创造出了这件和谐精致的物品，它的装饰功能必定与预期十分相符。（S.E.）

JE 62111

杯形灯台

方解石

长51.4厘米

国王谷，图坦卡蒙墓（编号KV62）

霍华德·卡特发现（1922年）

第十八王朝，图坦卡蒙统治时期（公元前1333—前1323年）

在图坦卡蒙墓室的神龛周围有数量众多造型各异的随葬品，卡特在其中发现了这盏独一无二的灯。它的造型好似一只精美的杯子，由许多半透明方解石雕刻成的部件组合而成。

杯口是盛开的莲花造型，两侧有丰富的镂空装饰元素。海赫双手高举，跪坐在数株纸莎草植物之上。一只手中的棕榈树枝（圣书体文字意为"年"）成为了画面的边框，另一只手将一个生命之符放在法老王名圈的一侧。两个王名圈被放在代表黄金的圣书体字符上，里面分别书写着图坦卡蒙的出生名和登基名。这一组精心设计的装饰代表了对法老长治久安的美好祝愿。

杯子是用来盛放油的（或许是芝麻油），里面还有一个漂浮的灯芯。只有当把灯点亮时，才能看到内部精心设计的装饰彩绘。在图像的一侧，图坦卡蒙端坐在王座上，从安赫森帕阿蒙手中接过两根长长的、象征着"百万年"的棕榈树枝。在图像的另一侧，在植物图案的装饰下，浮现出法老的两个王名圈。

这种惊艳的效果是通过在外壳内放入小杯子来实现的。彩绘装饰在小杯子的外侧，只有当灯芯被点亮后，发出的光芒才能让人看清装饰的画面。

用来摆放灯的支架为简单的小矮桌的造型，由一整块方解石雕刻而成。（S.E.）

麦海特乌瑞特样式的丧葬床

··

木、上浆彩绘、金箔、琉璃
高188厘米，长208厘米，宽128厘米
国王谷，图坦卡蒙墓（编号KV62）
霍华德·卡特发现（1922年）
第十八王朝，图坦卡蒙统治时期（公元前1333—前1323年）

麦海特样式的丧葬床

··

木、上浆彩绘、金箔、琉璃、宝石
高156厘米，长181厘米
国王谷，图坦卡蒙墓（编号KV62）
霍华德·卡特发现（1922年）
第十八王朝，图坦卡蒙统治时期（公元前1333—前1323年）

在图坦卡蒙墓中一共保存着7张床，其中4张是具有功能性和实用性的床，或许曾经被法老使用过。而另外3张床是仪式性的床，它们的尺寸相对较大，是为了葬礼而特别制作的。在塞提二世墓葬的壁画中，也描绘了3张类似的丧葬床。这一现象表明了这类床在丧葬礼仪中所扮演的重要角色，即便时隔百年，法老仍在使用。

这三张丧葬床被发现于图坦卡蒙墓的前厅内，它们被沿着入口前方的墙壁纵向摆放，并且朝向墓室的方向。当时拍摄的照片显示，它们在被发现时上面载满了献祭供品和其他物品。

这三张床的样式相似。床腿被放在长方形的木制框架上，以增强稳定性。床面平坦，由多种材质制成。床尾处有贴金木板，木板被巧妙地安放在两条优雅弯曲的动物尾巴中间。床的两侧装饰了不同动物神明的造型。例如，第一张床装饰的母狮形象是伊西斯和哈托尔女神毁灭力量的具象化的女神麦海特（Mehet），因为她们的愤怒的力量使得尼罗河每年定期泛滥。

第二张床装饰的神秘动物有着戴假发的河马的头部、猎豹的身体以及鳄鱼的尾巴。这样的组合代表了"吞噬者"阿密特（Ammut）。根据亡灵书记载，它会吞掉未经过奥西里斯审判的逝者的身体。阿密特也存在有益处的一面，以猪的形象出现的阿密特是天空的代表，它通过将逝者吞掉的方式给予他们重生与永恒。

第三张床的两侧是小牛的造型，代表了女神麦海特乌瑞特（Mehet-weret），意为"大洪水（泛滥）"，她是从原始之水努（Nun）中第一个出现的女神。

在葬礼中，遗体会被摆放在这三张床上，借此让逝者能够与三位神明沟通，从而保证他可以获得不同的重生机会。阿密特确保的是太阳的永恒的重生（在夜晚被吞噬，并且在黎明重生）；麦海特代表了尼罗河泛滥季节性的循环；麦海特乌瑞特则生于万物初始的海洋。

在有着麦海特乌瑞特形象的丧葬床上，两个牛头的牛角中间有一个太阳圆盘。眼睛则是隼神的荷鲁斯之眼。身上的黑色斑点强调了神明的天神属性，豹纹图案经常被用来表现与夜空相关的信息。

有着麦海特形象的丧葬床在丧葬主题的画面中经常能够见到，通常一同出现的还有正在俯身处理床上木乃伊的阿努比斯的形象。母狮的鬃毛由黄金制作而成。鼻子和眼睛下方的泪痕镶嵌的是蓝色玻璃，而眼睛周围的部分镶嵌的是黑色玻璃。眼睛本身为水晶材质，瞳孔则用黄色颜料绘制而成。（F.T.）

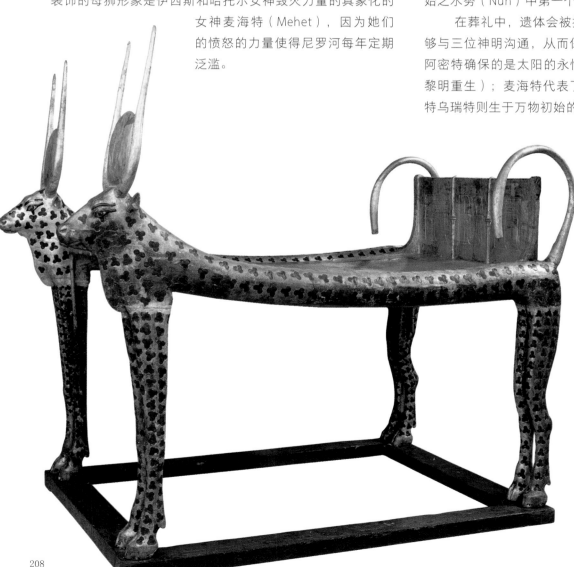

卡诺匹克龛

木、上浆贴金、琉璃和玻璃的镶嵌物
高198厘米，长153厘米，宽122厘米
国王谷，图坦卡蒙墓（编号KV62）
霍华德·卡特发现（1922年）
第十八王朝，图坦卡蒙统治时期（公元前1333—前1323年）

这座用于盛装法老的卡诺匹克龛华丽而精美，它停放在珍宝室的东墙边，正对着墓室的入口。它是由起保护作用的木龛和位于下方的木橇两部分组成的。

木龛内有一个半透明的方解石箱，箱内分成四个隔间，箱盖也用方解石雕刻而成。每个隔间里面放着一具木乃伊形小金棺，这些就是盛放法老内脏的容器。

贴金的卡诺匹克龛被固定在木橇上，以便移动。木橇四角上的柱子支撑着木龛的顶部。每根柱子朝外的两面都装饰有圣书体铭文，内容为法老的名字、头衔和别称。几乎有珍

宝室天花板高的龛顶四周装饰着头顶太阳圆盘的圣蛇形象。

在每两根立柱之间，立有一尊贴金的女神像，她们面向内侧，双臂张开呈保护的姿势。通过她们头上圣书体字符的头饰可以辨识出她们分别是伊西斯、奈芙提斯、奈特和塞尔凯特（Serket）。

雕像的头部微微向左或向右偏，打破了埃及艺术固有的正面视角的模式。这种创新的风格是受到了阿玛尔纳时期的影响。另外，从向前微倾的细长的颈部以及自然风格的躯体造型上都可以看到这种影响。

木龛四壁用浅浮雕的方式装饰着四位女神与荷鲁斯四子面对面并且手牵手的场景。人物四周的空间被圣书体铭文占据，内容与保护法老的内脏相关。（S.E.）

斯坐在 9 名象征埃及敌人的战俘的头上。

石箱的上沿有小的凸起，四壁在靠近基座处稍稍变宽。四角处用高浮雕的工艺雕刻出了四位守护女神：伊西斯、奈芙提斯、奈特和塞尔凯特。她们的眼部有黑色的眼线，双臂张开，保护着逝者的内脏。箱壁用蓝色颜料刻着圣书体的祈祷铭文，铭文上方装饰着一个较大的有翼太阳圆盘。

石箱底部有一圈贴金的装饰图像，内容为双杰德柱和双伊西斯结，分别代表了过世法老的守护神——奥西里斯和伊西斯。方解石材质的卡诺匹克箱被安放在一个贴金木橇上，它与运送重物进入墓葬的木橇相似。

石箱内部仅有 13 厘米深，分成 4 格，间隔上面的盖子均为方解石材质雕刻的法老的形象。法老的形象或许描绘的是图坦卡蒙。他头戴埃及式头巾，上面装饰着代表上下埃及的圣蛇和秃鹫。

用隔间来盛放法老内脏的小金棺的设计与传统上墓葬内的卡诺匹克罐有很大的区别。（S.E.）

JE 60687

卡诺匹克箱

方解石
全高85.5厘米，宽54厘米
国王谷，图坦卡蒙墓（编号KV62）
霍华德·卡特发现（1922年）
第十八王朝，图坦卡蒙统治时期（公元前1333—前1323年）

这个用于盛放图坦卡蒙内脏的卡诺匹克箱被发现于墓葬的珍宝室内。总体来讲，在所有法老的奢华随葬品中，它是杰作中的精品。在贴金的金顶木龛中，放置着这个由透明方解石制作的卡诺匹克箱。箱中放着 4 具木乃伊形的小金棺，里面盛放着法老的内脏。

方解石箱的造型为上埃及耶拉孔波利斯的神殿的样子。石箱的盖子就如同那个从正立面向后倾斜的神殿屋顶。箱盖正面上装饰着一个展翅且呈跪姿的女神，女神上方居中刻着一列圣书体字符并填充了深蓝色颜料。箱盖和石箱通过金环和绳扣固定，上面盖有王室墓葬的封泥。封泥上描绘了阿努比

盛放内脏的小金棺

黄金、玛瑙、琉璃
高39厘米，宽11厘米，深12厘米
国王谷，图坦卡蒙墓（编号KV62）
霍华德·卡特发现（1922年）
第十八王朝，图坦卡蒙统治时期（公元前1333—前1323年）

图坦卡蒙的内脏经过防腐处理和包裹后被放置在四具木乃伊造型的小金棺内。随后，它们被放入精美的方解石容器，安放在墓葬的珍宝室中。

这些小金棺是这位年轻法老的第二具棺的小比例仿制品。它们是高超的黄金加工工艺的代表作品。器身和盖子均使用相同厚度的金板制作而成，上面镶嵌着各色琉璃与宝石。

法老为典型的逝者的姿势，双臂交叉在胸前，穿戴着所有能代表王室身份的服饰。他的面容祥和，头戴蓝金相间的条纹埃及式头巾。代表埃及统一的圣蛇和秃鹫女神立在法老的前额处，它们首要的职责就是守卫法老。

眉毛和眼线由蓝色琉璃镶嵌而成，但眼睛内的宝石没有保存下来。从头巾中露出的两只耳朵都有耳洞，这是当时的风尚。法老的腕部佩戴着两只宽手镯，手中握着的嵌有琉璃的权杖和连枷是权力的象征。他的躯体由秃鹫女神丰满的羽翼包裹着，爪子在背部的位置，抓着代表永恒的玛瑙材质的圣书体字符。盖子中间有一列嵌在金板中的圣书体铭文，内容为女神奈特的祈祷词，并且提及了荷鲁斯四子之一——保护逝者胃部的杜阿姆特夫。

四具小金棺的内部同样装饰物丰富，在器身和盖子内侧的黄金表面有着大师级雕刻水准的装饰图案。每个盖子的内侧都被一个较大的女神形象所占据，如奈特女神。她站在代表黄金的符号上，双臂和双翼向外伸展，代表对逝去法老的内脏的保护。她的周围刻有圣书体铭文，其中包括图坦卡蒙的出生名和登基名。

这四具金棺上面的王名圈均有被更改过的痕迹，或许表明是图坦卡蒙的名字替代了另一位法老的王名圈，即金棺原本主人的名字。（S.E.）

图坦卡蒙的莲花头像

木、上浆彩绘
高30厘米
国王谷，图坦卡蒙墓（编号KV62）
霍华德·卡特发现（1922年）
第十八王朝，图坦卡蒙统治时期（公元前1333—前1323年）

木、上浆彩绘

这件彩绘雕像刻画了年轻的图坦卡蒙，具有明显的阿玛尔纳风格，是这一时期最优秀的肖像作品之一。

蓝色的支架代表水域，莲花从水中升起，绽放出蓝色的花朵。莲花一般分为蓝色和白色两种类型，它是埃及艺术中常见的图案，具有强烈的象征含义。花朵在夜间闭合并沉入水中，待到次日清晨再次绽放。因此，人们认为莲花每天承载着太阳神穿越地下世界，并且于翌日清晨再次升起。

这件文物中，图坦卡蒙被视为太阳神，他的头从花瓣中升起。年轻的法老为秃头形象，拉长的颅骨是典型的阿玛尔纳风格特征。他的面色呈砖红色，是传统意义上男性的肤色。这尊雕像象征性地证实了法老可以像太阳神一样，通过每日清晨花朵再次盛开的方式获得永生。（S.E.）

图坦卡蒙的模型

木、上浆彩绘
高76.5厘米
国王谷，图坦卡蒙墓（编号KV62）
霍华德·卡特发现（1922年）
第十八王朝，图坦卡蒙统治时期（公元前1333—前1323年）

这尊被发现于图坦卡蒙墓中的彩绘木像非同寻常。卡特认为这是为法老试穿衣服与试戴首饰时使用的真人尺寸的人体模型。这是一件有趣且稍显神秘的物品，躯干部分从腰部以下被截去，没有双腿，而双臂也从肩膀以下被截去了。

法老的五官很年轻，头戴一件平顶的黄色发饰，让人联想起柏林博物馆收藏的奈菲尔提提的半身像。前额处装饰有一条代表王室权力的圣蛇。圣蛇的身体部分贴金并且绘有红黑两色。弯曲的蛇尾被简单地用细黑线在头饰上描绘出来。

图坦卡蒙的皮肤为深红色，这是埃及传统艺术中男性的肤色。眉毛、眼线和瞳仁为黑色，在眼角处添加了一些红色。

弯曲的唇线使嘴唇显得更加丰满。直挺的鼻梁和圆润且微微凸出的下巴反映出阿玛尔纳时期典型的造型特征。这一点在奈菲尔提提的半身像和其他杰胡提麦斯制作的雕像中都有所体现。这使得有些学者认为，这尊雕像实际上描绘的并非法老本人，而是图坦卡蒙的妻子——埃赫那吞的女儿安赫森帕阿蒙。（S.E.）

JE 60671

内棺

....

黄金、半宝石、琉璃
长187厘米，高51厘米，宽51.3厘米，重110.4千克
国王谷，图坦卡蒙墓（编号KV62）
霍华德·卡特发现（1922年）
第十八王朝，图坦卡蒙统治时期（公元前1333—前1323年）

图坦卡蒙的木乃伊躺在一具纯金打造的精美绝伦的棺材里。金棺外还有另外两具木乃伊造型的贴金木棺，它们一起被放在一具用石英制成的长方形石棺内，棺盖为红色花岗岩材质。石棺外层层嵌套着的四座精美的贴金木龛填满了整座墓室。

内棺最为珍贵，全部采用厚的金板制作而成。内棺的雕刻极为精细，装饰有多彩琉璃的镶嵌物。棺盖和棺体为法老木乃伊的造型，他像奥西里斯一样佩戴着代表权力的饰物。头部的头巾雕刻着条纹装饰，前额处有圣蛇和秃鹫，它们是王权的守护神。

和其他在墓葬中发现的雕像一样，木乃伊佩戴着精美的黄金面具，内棺上呈现的图坦卡蒙的面容年轻而高贵。

眉毛和眼睑镶嵌有黑色琉璃，而向鬓角延伸的眼线为蓝色琉璃。眼睛内的镶嵌物未能保存至今。厚嘴唇和穿有耳洞的大耳朵是受阿玛尔纳时期艺术影响的有力证据。

法老的下巴上挂着象征神性的假胡子，它是由黄金和蓝色琉璃镶嵌物制作而成的。法老佩戴的项链比较罕见，它是由两串黄金和釉陶小圆片组成的，用花形圆扣固定在耳朵下方。这种项链类似于法老平时赏赐给功臣的项链。

他的胸前还佩戴着另一条宽领项链，由多串彩色镶嵌物组成，最外侧为水滴形图案装饰。双手中紧握着的是象征主权的权杖和连枷，全部由黄金内嵌釉陶、玛瑙和琉璃制成。他的手腕处佩戴着彩色的手镯。

法老的身体被上下埃及的守护神——奈赫贝特和瓦杰特展开的双翼包裹着。她们的身体和双翼由细小的彩色琉璃及宝石仿照羽毛的样式精心镶嵌而成，金色的双爪握着象征永恒的圣书体字符。

棺盖的其他部分，从腹部到脚部都没有镶嵌装饰，但是整个表面都布满了精细的雕刻图案。在长长的羽毛图案中间雕刻有两位女神的形象，伊西斯与奈芙提斯身穿紧身长袍，胸前佩戴着项饰。她们站立着，双臂和双翼向外伸展，意为守护逝者。两位女神之间刻有两列圣书体铭文，是她们念诵的祈祷词。

除了头部和头巾延伸的部分之外，在棺体的外表面同样雕刻着精细的羽毛图案。带有镶嵌装饰的翅膀从法老的前胸处向下延伸到棺体的两侧，穿过了刻在边缘的带有图坦卡蒙王名圈的铭文。（S.E.）

JE 60672

图坦卡蒙的丧葬面具

黄金、半宝石、石英、琉璃
高54厘米，重11千克
国王谷，图坦卡蒙墓（编号KV62）
霍华德·卡特发现（1922年）
第十八王朝，图坦卡蒙统治时期（公元前1333—前1323年）

图坦卡蒙这副令人赞叹的丧葬面具采用纯金打造，上面装饰有玛瑙、青金石、绿松石和琉璃。它刻画出了一位年轻统治者的理想化的五官，属于阿玛尔纳时期过后的时代风格。从整体上看，这件文物符合古埃及传统的艺术标准，而长椭圆形的面部、弓形眉毛下方的杏仁形眼睛、修长的鼻梁以及丰满的嘴唇则受到了埃赫那吞统治时期在艺术上短暂创新的影响。

用石英和黑曜石镶嵌而成的眼睛，其工艺尤其精细。眼角内部的一点红色为人物增添了真实感。双耳的位置并不对称，左耳的位置更靠后。末端上翘的假胡子使用了黄金镶嵌蓝色琉璃的工艺。

法老头戴的埃及式头巾镶嵌着青金石材质的横条纹。前额处的圣蛇与秃鹫分别为上下埃及的守护女神瓦杰特和奈赫贝特，她们象征着统一的埃及王权。胸前覆盖着由12行青金石、绿松石、石英和彩色琉璃镶嵌而成的宽领项链，最外侧为水滴形装饰图案。项饰通过隼头形状的环扣固定在双肩的位置。

面具起到了保护这位年轻法老木乃伊头部的作用，面具背面刻写的圣书体铭文强调了它的这一属性。逝者身体的每个部位都被命名并且与不同的神明相关联，不同的部位对应各自相应的守护神。在新王国时期，这段宗教咒语被编入亡灵书内，根据莱比修斯的编号系统，它的章节编号为151b。（F.T.）

有翼圣甲虫胸饰

....

黄金、白银、半宝石、琉璃
高14.9厘米，宽14.5厘米
国王谷，图坦卡蒙墓（编号KV62）
霍华德·卡特发现（1922年）
第十八王朝，图坦卡蒙统治时期（公元前1333—前1323年）

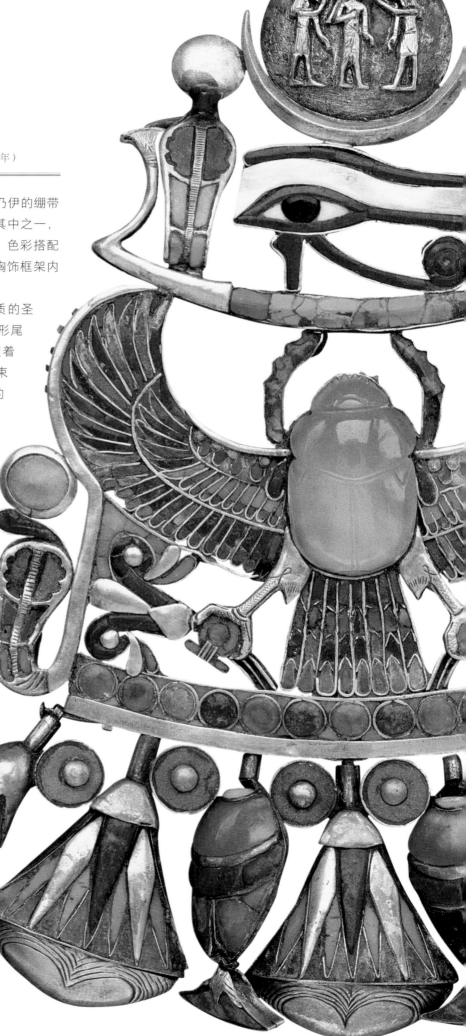

在图坦卡蒙墓内出土的许多首饰或放置在木乃伊的绷带里面，或存放在珍宝室的木盒内。这件胸饰就是其中之一，它是一件精美的金饰，做工考究，极富象征意义，色彩搭配平衡。这件首饰采用景泰蓝工艺，在金线围成的胸饰框架内部镶嵌着彩色宝石和琉璃。

胸饰的中央位置是一只半透明绿色玉髓材质的圣甲虫，它拥有镶嵌着彩色琉璃的秃鹫的双翼和扇形尾部。它的后腿为黄金材质的鸟腿的造型，双爪握着代表永恒的圣书体字符。同时，右爪还握着一束莲花，左爪握着一束百合花，两者均为上埃及的象征。这只造型独特的圣甲虫代表了太阳，两侧有两条彩色琉璃镶嵌制成的头顶太阳圆盘的圣蛇。

秃鹫尾部的下方有一排红蓝圆盘相间的装饰图案，下面垂挂着华丽的花朵，其中包括代表上下埃及的莲花和纸莎草花朵。花朵中间为带有黄金点缀的蓝色小圆盘。

圣甲虫的前腿托举着一条两端上翘的小舟。船上载着代表月亮的荷鲁斯之眼，两侧有两条头顶太阳圆盘的圣蛇。根据古埃及传统，小舟代表了月亮每天夜晚在天空中航行。

荷鲁斯之眼上方有一个白银的满月和一个黄金的月牙。圆盘内有三个黄金的人物浮雕，描绘出一幅在苍穹中加冕的场景。

这件胸饰在简约的构图中融入了宗教的含义，展现了与埃及统治者相关的两个天体——太阳与月亮循环的主题。（S.E.）

JE 61893

隼形坠饰

··························

黄金、青金石、玛瑙、绿松石、琉璃
宽12.6厘米
国王谷，图坦卡蒙墓（编号KV62）
霍华德·卡特发现（1922年）
第十八王朝，图坦卡蒙统治时期（公元前1333—前1323年）

在图坦卡蒙墓的珍宝室内有一个盖子上写有祭司体铭文的木匣，铭文标明木匣内放着珍贵的物品。木匣内堆放着许多首饰，这些是管理墓葬的官员们放在这里的。他们的任务是在盗墓贼洗劫墓葬之后不久，整理修复法老的墓葬。其中一些物品为法老生前佩戴过的饰品，但是大多数首饰是为随葬目的而制作的。各种设计独特、工艺卓越的护身符，将宗教象征和辟邪功能与艺术性和装饰性完美融合。它们很好地证明了工匠们令人赞叹的创造力。

这件坠饰展现了一只拥有巨大双翼的隼，双翼向上弯曲好像是在保护逝去的法老。隼的身体、尾部和双翼采用埃及典型的景泰蓝工艺制成。头顶处有一个硕大的玛瑙材质的太阳圆盘，四周为黄金圆环。这表明，这只隼所代表的神明为组合的太阳神——拉－霍阿赫提。黄金材质的双爪内握着代表永恒和生命的符号，以保佑逝去的法老获得永生。坠饰背部同样为纯金材质，非常细致地复刻出了护身符正面的图案。（S.E.）

223

太阳舟胸饰项链

∙∙∙∙∙∙∙∙∙∙∙∙∙∙∙∙∙∙∙∙∙∙∙∙∙∙∙∙∙∙

黄金、白银、半宝石、琉璃
高44厘米
国王谷，图坦卡蒙墓（编号KV62）
霍华德·卡特发现（1922年）
第十八王朝，图坦卡蒙统治时期（公元前1333—前1323年）

这件精美的镂空胸饰悬挂在一条精致的项链上，它是图坦卡蒙的众多首饰中的一件，被保存在珍宝室内的一个乌木象牙镶嵌的木匣内。匣盖上的祭司体铭文写着："图坦卡蒙墓室内葬礼使用的金饰"。

饰品中间的装饰图案是一只青金石圣甲虫，前腿托举着金边玛瑙材质的太阳圆盘，后腿握着代表永恒的圣书体字符。圣甲虫代表着凯普里，是一天中太阳从地平线上升起时的太阳神，保佑逝去的法老可以获得重生。圣甲虫坐在一艘小船上，船身镶嵌有装饰物，两端上翘代表它是每天清晨把太阳带回人间的太阳舟。

两只狒狒蹲坐在黄金神殿的屋顶上，头顶各有一轮黄金的满月，下方为一个白银的月牙，这是月亮神托特的象征。它们出现在象征太阳的圣甲虫的两侧或许与古埃及信仰有关，古埃及人认为狒狒每天都会对清晨的旭日行礼。

图像的上方边缘为一个代表天空的圣书体字符，内嵌有青金石和一排金星。底部边缘是一个长方形的蓝色琉璃条，里面有弯曲的金线被用于模仿泛舟的水面。两根代表王室权力的权杖连接着天与水，形成了图像两侧的边框。这件胸饰通过固定在顶部的铰链与一条精致的项链相连。（S.E.）

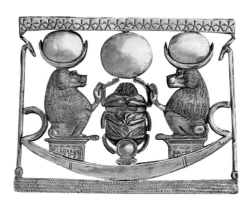

月亮舟胸饰项链

∙∙∙∙∙∙∙∙∙∙∙∙∙∙∙∙∙∙∙∙∙∙∙∙∙∙∙∙∙∙

黄金、合金、半宝石、釉陶
项链：长23.5厘米
胸饰：宽10.8厘米
国王谷，图坦卡蒙墓（编号KV62）
霍华德·卡特发现（1922年）
第十八王朝，图坦卡蒙统治时期（公元前1333—前1323年）

这条项链是一件造型异常精美且纯粹的饰品，很好地平衡了色彩与几何元素。它的简约美与图坦卡蒙随葬品中其他许多首饰的复杂奢华形成了鲜明的对比。

挂坠的主要元素是一条黄金的月亮舟，船上载着一轮合金材质的满月和一个黄金的月牙。船身两侧各有一个黄金牌饰，上面刻有圣蛇保护下的图坦卡蒙的王名圈图案。它们连接着一条由四串圆柱体和椭圆形珠子组成的项链，珠子的材质为黄金、蓝色青金石、红色玛瑙、绿色长石和深色树脂。

船身下方是一块轻盈的镂空装饰板，上面有4枝长茎的蓝莲花，中间穿插有5枝花苞和8枝嫩芽。花朵生长在一块由青金石镶嵌的窄条装饰上，这是圣书体文字中天空的字符，下方深浅相间的蓝色水滴可能是雨水的图案。这样的造型寓意月亮舟每晚都会完成跨越天河的航程。

项链还配有一个很大尺寸的后坠，硕大的莲花图案两侧各有一朵小莲花，花瓣镶嵌有深浅两种蓝色和红色的琉璃。后坠上悬挂着19条由金线和釉陶珠穿成的串珠珠饰，末端各有一个铃铛形状的坠饰。（S.E.）

荷鲁斯之眼胸饰项链

黄金、青金石、绿松石、釉陶、琉璃
挂坠：高5.7厘米
国王谷，图坦卡蒙墓（编号KV62）
霍华德·卡特发现（1922年）
第十八王朝，图坦卡蒙统治时期（公元前1333—前1323年）

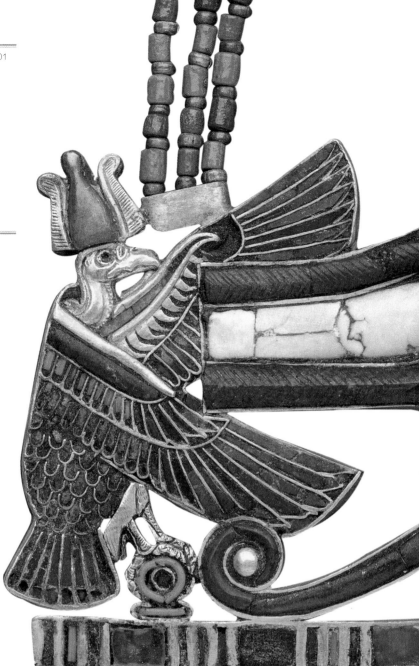

这条项链被发现于缠绕着图坦卡蒙木乃伊的绷带内。卡特认为，它是图坦卡蒙生前佩戴过的一件首饰。

它的装饰图案主要起到保护作用，位于中央的荷鲁斯之眼是具有强大能量的护身符。据传说记载，荷鲁斯在与赛特战斗时，失去了一只眼睛。托特神找到了它并且物归原主。隼的脸颊上的痕迹被认为是荷鲁斯的伤口。荷鲁斯之眼的符号有"健康的"或"全部的"这两种含义，与战斗之后眼睛被治愈的事件相关。

中间的荷鲁斯之眼的材质为青金石（瞳孔、眼线和眉毛）和绿松石（眼球和眉毛下方），被嵌入黄金材质的轮廓里。两侧为埃及的两位守护女神。右侧为圣蛇女神瓦杰特，下埃及的女王，头戴红冠；左侧为秃鹫女神奈赫贝特，双翼守护着荷鲁斯之眼。作为上埃及的女王，她头戴两侧各有两根羽毛的白冠，爪子里抓着一个代表永恒的符号。图像底部是一根带有竖条纹图案的装饰条。（F.T.）

图坦卡蒙、普塔和塞赫麦特的胸饰

黄金、白银、石英、方解石、合金、琉璃
胸饰：高11.5厘米，宽14.1厘米
后坠：高8.4厘米
国王谷，图坦卡蒙墓（编号KV62）
霍华德·卡特发现（1922年）
第十八王朝，图坦卡蒙统治时期（公元前1333—前1323年）

这条挂有胸饰的华丽而精致的项链被放置在一个由乌木和象牙镶嵌的木匣里。木匣被发现于图坦卡蒙墓珍宝室的地板上。这件镂空的胸饰挂在一条宽链上，另外还配有一个装饰丰富的后坠。

由多彩镶嵌物组成的装饰图案并非与丧葬相关，而是法老加冕的主题。法老从神的手中接受权力。因此，这条项链是在法老登基时制作的，而并非随葬品。

胸饰的轮廓是神庙塔门的形状，墙壁下方的底座装饰有8个太阳圆盘，圆盘之间有代表永恒的字符。边框内的图像为两位孟菲斯神明普塔和塞赫麦特（Sekhmet）为法老加冕的场景。

法老佩戴着象征王室身份的配饰：蓝冠、宽领项链以及权杖和连枷。他面对着普塔，普塔的手中握有权杖和生命之符。头顶太阳圆盘的狮头女神塞赫麦特端坐在王座上，右手里有一枝象征万年的棕榈树枝，左臂伸向法老，呈保护的姿

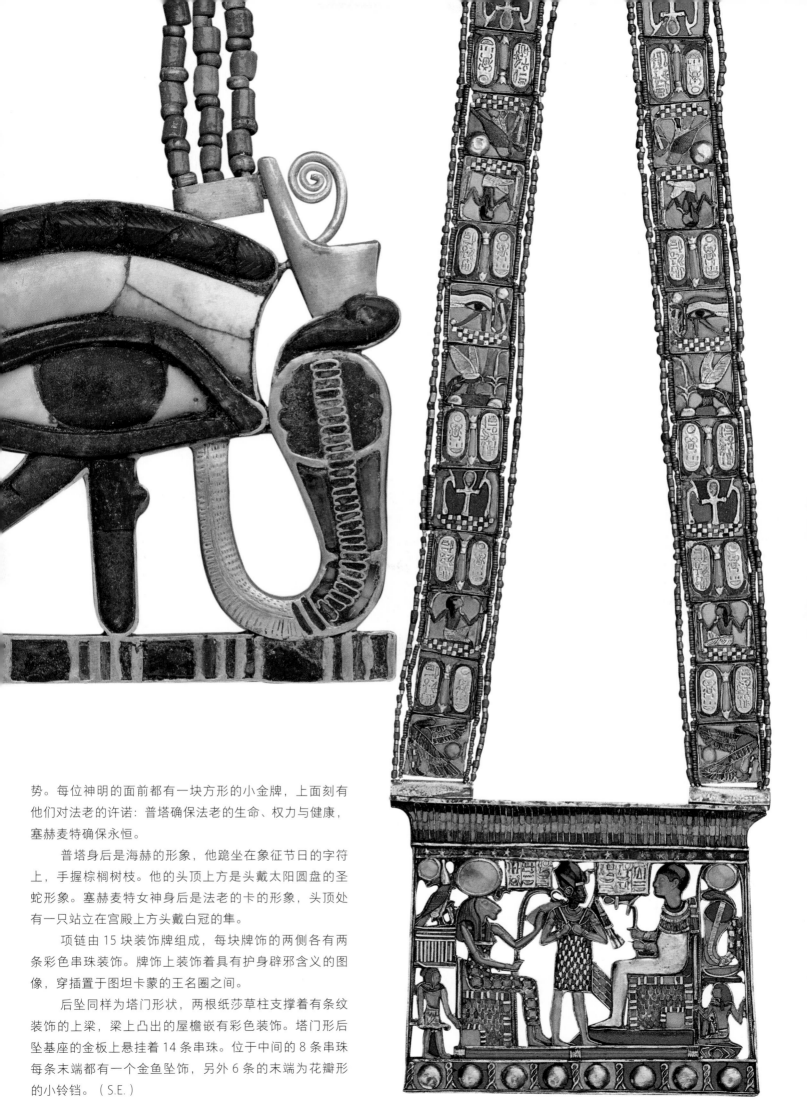

势。每位神明的面前都有一块方形的小金牌，上面刻有他们对法老的许诺：普塔确保法老的生命、权力与健康，塞赫麦特确保永恒。

普塔身后是海赫的形象，他跪坐在象征节日的字符上，手握棕榈树枝。他的头顶上方是头戴太阳圆盘的圣蛇形象。塞赫麦特女神身后是法老的卡的形象，头顶处有一只站立在宫殿上方头戴白冠的隼。

项链由 15 块装饰牌组成，每块牌饰的两侧各有两条彩色串珠装饰。牌饰上装饰着具有护身辟邪含义的图像，穿插置于图坦卡蒙的王名圈之间。

后坠同样为塔门形状，两根纸莎草柱支撑着有条纹装饰的上梁，梁上凸出的屋檐嵌有彩色装饰。塔门形后坠基座的金板上悬挂着 14 条串珠。位于中间的 8 条串珠每条末端都有一个金鱼坠饰，另外 6 条的末端为花瓣形的小铃铛。（S.E.）

JE 62374

圣甲虫手链

黄金、青金石、玛瑙、蓝琉璃、方解石、合金
手链：长10.7厘米，宽3.5厘米
圣甲虫：高6.6厘米，宽5.1厘米
国王谷，图坦卡蒙墓（编号KV62）
霍华德·卡特发现（1922年）
第十八王朝，图坦卡蒙统治时期（公元前1333—前1323年）

在图坦卡蒙墓的珍宝室内出土了一件王名圈形状的木匣，里面放着 3 条中间有圣甲虫的手链。在木乃伊的绷带内侧和手腕的周围还发现了另外 24 条形制各异的手链。

这类首饰的首要功能与丧葬和宗教含义相关，因为埃及人认为圣甲虫是旭日神凯普里的化身。因此，它象征着逝去法老的重生。

手链上主要的饰物为镶嵌在黄金中的青金石圣甲虫。金线勾画出了圣甲虫身体不同部位的轮廓以及三对腿，整体自然而写实。两只前腿抱着一个由青金石镶嵌成的法老登基名的王名圈，圣书体字符部分为黄金材质，而后腿部分为浅蓝色琉璃镶嵌的圣书体字符 neb。

手链部分共分为 7 段，并通过一块金片与圣甲虫相连。（S.E.）

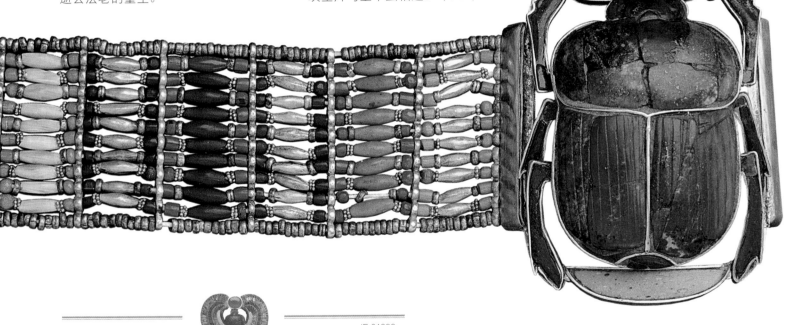

JE 61886

有翼圣甲虫胸饰

黄金、玛瑙、绿松石、绿长石、青金石、方解石
高9厘米，宽10.5厘米
国王谷，图坦卡蒙墓（编号KV62）
霍华德·卡特发现（1922年）
第十八王朝，图坦卡蒙统治时期（公元前1333—前1323年）

这件胸饰应该曾经被这位年轻的法老佩戴过。它和许多其他首饰一样，出土于墓葬珍宝室内的乌木象牙镶嵌的木匣中。法老下葬后不久，墓葬就遭受过盗墓贼的侵扰，守护墓葬的官员奉命重新整理法老墓室，于是许多首饰被随意堆放在木盒之中。

根据图坦卡蒙首饰一贯的风格，这件胸饰充满了一系列具有象征含义的符号。中间位置是一只青金石材质的圣甲虫，

它有一对隼的翅膀，羽毛部分采用景泰蓝工艺镶嵌而成。镶嵌物为精心挑选的浅色宝石。

古埃及认为圣甲虫是旭日神凯普里的象征，它每日将太阳推出地平线，这与甲虫将带有卵的土滚成球的特殊习性有关。这里的太阳圆盘为玛瑙材质，位于圣甲虫两个前腿之间。

这件胸饰不仅具有宗教含义，还是法老名字的图像化的展示。圣甲虫与下方的圣书体字符 neb 之间有三根垂直的竖条，内嵌玛瑙。这些不同的字符从下至上组成了图坦卡蒙的登基名。

在玛瑙材质的太阳圆盘的背面固定着一段横置的短管，表明这件胸饰原本应当悬挂在一条金属项链或绳子上，以便佩戴在颈部。（S.E.）

JE 62360

圣甲虫手镯

黄金、青金石、玛瑙、绿松石、绿长石、石英石
直径5.4厘米
国王谷，图坦卡蒙墓（编号KV 62）
霍华德·卡特发现（1922年）
第十八王朝，图坦卡蒙统治时期
（公元前1333—前1323年）

这个沉甸甸的、坚固的手镯和其他几件首饰一起被保存在一个王名圈形状的木盒内，木盒被放置在图坦卡蒙墓的珍宝室内。

其装饰物具有明显的象征含义，同时它也是将规整的设计与杰出的工艺相结合的代表作品，证明了底比斯工匠精益求精的能力。

手镯的直径很小，明显是为一只细手臂而设计的。上面的使用痕迹证明，法老曾在短暂的统治期间内佩戴过它。在手镯顶部面积较大的区域内装饰着一只圣甲虫。它的身体做工精细，金线轮廓内嵌入了青金石装饰物。它的身体下面为纯金材质，腿部被刻画得细微而写实。

圣甲虫两侧的平面上各有一条由小金珠排列而成的细线以及一排由青金石、黄金、绿松石和玛瑙制作的装饰条。手镯铰链的上方装饰有精美的花卉图案。手镯下方采用雕刻工艺装饰有 4 列并排的小金珠，中间镶嵌着彩色的宝石。（S.E.）

阿玛尔纳时期早年所运用的夸张的表现形式在埃赫那吞统治的后期发生了变化。阿玛尔纳的工匠们从最初带有试验性的风格特点中发展出一种与以往截然相反的艺术风格，最后创造出了一种没有夸张元素的范式，反映了当时社会风尚的变化。在阿吞信仰即将终结的那段时间，艺术风格达到了成熟平衡的阶段。这种平衡在埃赫那吞逝世后的几年里得以维持，并反映在了图坦卡蒙肖像的细节特征上。在这位年轻的法老短暂统治之后，继任的是大祭司阿伊和将军郝列姆赫布。后者在登基后支持打击阿吞信仰，并抹去了埃赫那吞相关的所有痕迹。

虽然阿吞神庙被全部毁掉，并严禁举办一切与其相关的宗教活动，但许多阿玛尔纳时期的特征仍得以幸存。因此，当阿蒙-拉再度成为全国最重要的神之后，其形象仍时常受到埃赫那吞后期艺术风格的影响。这一时期残存的特

P230中
哈托尔头部坠饰（细节）

JE 86780
黄金、青金石
高5.5厘米，宽5.3厘米
米特拉西那（Mit-Rahina，孟菲斯），舍尚克王子墓
亚历山大·巴达维（Alexander Badawy）发掘（1942年）
第二十二王朝，奥索尔孔二世（Osorkon II）统治时期（公元前883—前855年）

P230上、下和P231
浮雕残片

JE 69306
砂岩
高70厘米，宽75厘米
来源未知
第十九王朝（公元前1307—前1196年）

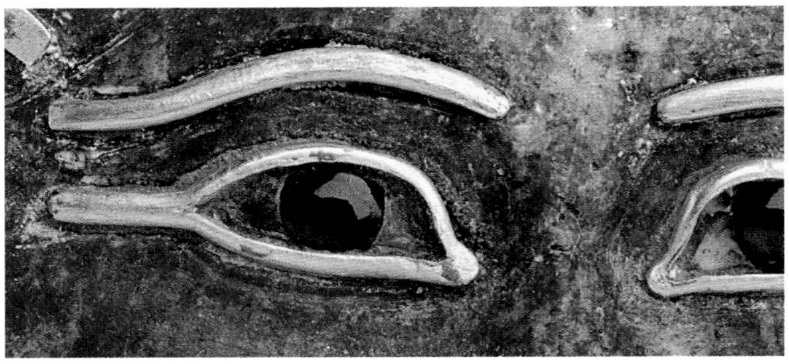

弗朗西斯科·提拉底提

新王国末期与第三中间期

征也可以在私人雕像上看见。例如，纳赫特敏夫妻的残像都有着清瘦的面容以及生动的细节刻画。厚大的眼睑包裹着杏仁形的眼睛，明显是阿玛尔纳时期的风格。这与雕像上其他源自阿蒙霍特普三世时期的正式刻板的部分细节形成对比。

朝代更迭，新王朝掌权后也带来了重要的文化转变。一位来自三角洲地区的族长曾是法老郝列姆赫布的左膀右臂并担任过宰相，他登基后取名拉美西斯。他的儿子塞提在他逝世后继承王位，积极地向东进行军事扩张。

塞提一世在阿拜多斯实施了一项重要的建造计划，他为他之前所有的埃及法老建造了一座神庙，以彰显法老的无上荣光。神庙内还有一座献给奥西里斯的神殿，用来向现任法老举行朝拜的

仪式。塞提一世开创了一种崇拜统治者的礼仪，这在他的儿子拉美西斯二世统治时期发展到了顶峰。塞提一世在其幼子的陪伴下，向历代先辈法老的王名圈献上香薰，利用历史上伟大的统治者来证明自己统治权力的合法性。

在所有先辈法老里，塞提一世尤其偏爱图特摩斯三世。后者的宏图大略不可能不吸引这位军人的后代。塞提一世时期的艺术效仿第十八王朝初期的庄重而又文雅的风格。阿拜多斯神庙墙壁的彩色浮雕和位于国王谷的塞提一世精美的墓室清晰地体现了这一点。这一时期的雕塑艺术与图特摩斯时期的同样具有可比性，阿拜多斯出土的塞提一世旗手像就是一个很好的例子。其面部特征与第十八王朝早期法老的特征相似，然而长袍上精致的衣褶又使人回想起阿玛尔纳时期的风格。

从卡尔纳克窖藏坑出土的雪花石膏雕像体现出截然相反的外观特点。珍贵的材质和理想化的面部特征与第十八王朝末期的传统一致。一种假设认为这尊雕像制作于塞提一世统治之前，

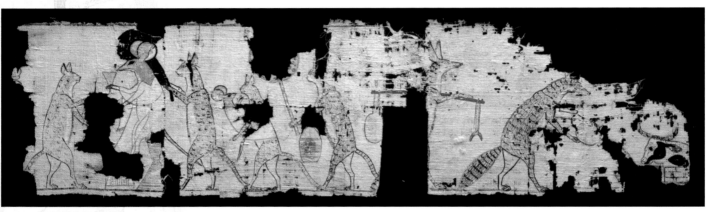

P232中
纸莎草纸

JE 31199
纸莎草
长55厘米，宽13厘米
图那戈贝尔（Tuna el-Gebel）
第十九至第二十王朝
（公元前1307—前1070年）

P232-233
拉美西斯二世神殿

JE 37475 = CG 70003
红色石英
高156厘米，长271厘米，宽190厘米
塔尼斯，阿蒙－拉神庙
W.M.F.皮特里发掘（1904年）
第十九王朝，拉美西斯二世统治时期
（公元前1279—前1212年）

P233中
拉美西斯二世抓住敌人浮雕（细节）

JE 46189
彩绘石灰岩
高99.5厘米，宽89厘米
米特拉西那（孟菲斯）
收藏于1917年
第十九王朝，拉美西斯二世
统治时期（公元前1290
—前1224年）

当塞提一世法老拥有它之后，便将自己的名字刻在了上面。

在拉美西斯二世掌权期间，埃及经重新回到了军力强盛、文化中兴的盛世。留给塞提一世之子的任务就是坚守国力，将其父的政治宏图发扬光大。在国内，拉美西斯二世主持了一项史无前例的建造工程，以宣扬法老的形象和王室的权威。对外方面，他有意让埃及重新夺回对叙利亚巴勒斯坦地区的控制权。那段时期，在埃及东北边界发生了许多场战役，其中包括与赫梯国王姆瓦塔里（Muwatallis）对抗的卡叠什（Kadesh）之战。这场战役最后以一份宣告双方力量均等的和平协议告终。然而，拉美西斯二世在宣传时很难承认对叙利亚的战争是失败的，因此卡叠什战纪被美化成一个传奇故事。为了颂扬法老的英勇，这个故事被以图像叙事的方式雕刻在许多神庙的墙壁上。

在这一时期，图像叙事的方法已经成熟，工匠们利用阿玛尔纳时期专注于动态表现的经验，在平面成像上探索出了许多叙事的可能性。

同样的叙事方法还被运用在第十九王朝私人墓葬的装饰上。虽然这些与之前的装饰相比可能缺少一些突破性和独特性，但它们仍然能为画面增添一种运动感。在来自萨卡拉的一幅描绘庆典队伍的浮雕上，我们能感受到充斥于画面中的激昂的瞬间。

拉美西斯二世统治期间的艺术成果还要算上宏伟的建筑和巨型雕像。壮观和庞大是首要遵循准则，此外还要能震撼人心，并且需要布满富有含义的装饰内容。如此的建筑理念和建筑艺术标准，即使运用在规模较小的建筑上，也足以让它在后世中脱颖而出，以至于这一时期的风格常被称作"拉美西斯的巴洛克"。

拉美西斯二世为神庙赋予了新的视角与视觉效果。参观者走入位于卡尔纳克的阿蒙－拉神庙的多柱厅内，仿佛有飞虫置身于巨石丛林之中的感觉。拉美修姆（拉美西斯二世的葬祭庙）一直处于改建的状态，其改建的唯一准则就是避免与之前的建造结构形成重复和对称。

这一时期最具代表性的建筑，也被认为是拉美西斯二世统治时期的典型建筑，就是位于阿布辛贝的主神庙。它的特别之处不易被发现。神庙为"伸缩式"的结构，像许多露天的神庙一样，由一系列面积逐渐递减的神殿构成。神庙被开凿于山腰处，这种内部化的形制几乎掩盖了它作为一个整体建筑所传达的信息。正是在这样一个远离埃及本土城市的边陲之地，拉美西斯二世强化统治者个人形象的政策被发挥到了极致。在这

里，法老像神一样接受民众的膜拜。神化法老的事实虽并没有公开宣讲，但已体现在了许多建筑的细节之处。阿布辛贝神庙入口处刻有立体的拉－霍阿赫提形象，即这座神庙所供奉的神明。拉－霍阿赫提也可以被解读为拉美西斯二世的名字，暗示了这座神庙同样献给拉美西斯二世。

塔尼斯出土的一尊巨型雕像，刻画了荷鲁恩（Horun）守护着少年拉美西斯二世。我们也可以从中发现类似的巧妙隐喻，将手指放在嘴唇上蹲坐的儿童形象具有拉美西斯名字的含义。

在拉美西斯二世统治的 67 年里，制作的雕像不计其数。其中一些雕像的风格延续了塞提一世时期的传统，也就是效仿图特摩斯时期的艺术品。这些雕像展现出的法老拥有理想化的形象且独具特色：一位高鼻梁的青年男性，厚实的眼睑包裹着眼珠（阿玛尔纳时期的痕迹），嘴部呈微笑状。但其他的法老雕像没有可辨识的特点，很难判断它们是由拉美西斯时期的工坊制作的，还是出自前朝而后被拉美西斯刻上了自己的名字。

继承拉美西斯二世王位的是其第十三子美楞普塔，他的雕像风格与其父亲的非常相近。第十九王朝的法老们的统治时间都很短暂，历史上存在长期的内部争斗，史实不清。

第二十王朝时，社会重新获得了稳定。基于拉美西斯二世时期的盛名，此时所有的法老都在不同程度上使用其名字，来向他表达敬意。拉美西斯三世模仿第十九王朝早期的风格为自己建造雕像，并仿照拉美修姆在底比斯西岸的麦地那哈布（Medinet Habu）建造神庙。这一时期的建筑不再采用复杂的建造技巧来营造奇观，取而代之的是一种老气横秋的恢宏。

在国王谷建造陵墓的工匠们遗留下来的艺术作品反而能使人耳目一新。工匠们

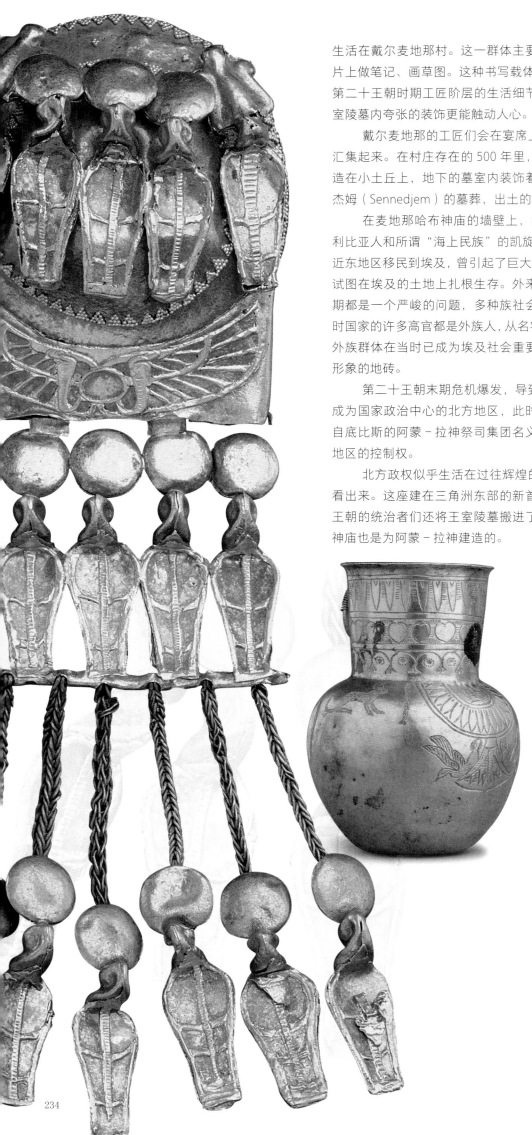

生活在戴尔麦地那村。这一群体主要由书画匠组成，他们通常在石灰岩碎片或陶片上做笔记、画草图。这种书写载体被称作 Ostraca。数千枚残片让我们得以重建第二十王朝时期工匠阶层的生活细节。工匠们在陶片上勾勒出的寥寥数笔远比王室陵墓内夸张的装饰更能触动人心。

戴尔麦地那的工匠们会在宴席上讨论他们自己的墓葬，将每个人的聪明才智汇集起来。在村庄存在的 500 年里，山坡周围建满了金字塔形的小神殿。神殿建造在小土丘上，地下的墓室内装饰着精美的壁画。少数墓葬尚未被盗掘，如塞内杰姆（Sennedjem）的墓葬，出土的随葬品向我们展示了高超的手工艺水平。

在麦地那哈布神庙的墙壁上，拉美西斯三世（Ramesses III）描绘了他抗击利比亚人和所谓"海上民族"的凯旋场面。这些游牧民族在公元前 13 世纪末期从近东地区移民到埃及，曾引起了巨大的混乱。这些小族群在三角洲东部地区落脚，试图在埃及的土地上扎根生存。外来移民对于埃及社会的渗透在整个拉美西斯时期都是一个严峻的问题，多种族社会和种族主义仅一线之隔，矛盾非常尖锐。那时国家的许多高官都是外族人，从名字中可以看出他们有着西亚或利比亚的血统。外族群体在当时已成为埃及社会重要的组成部分，然而法老依旧脚踩着带有外族形象的地砖。

第二十王朝末期危机爆发，导致了国家政权的割裂。拉美西斯二世时期开始成为国家政治中心的北方地区，此时则在第二十一王朝法老的统治范围之内。来自底比斯的阿蒙－拉神祭司集团名义上承认北方的政权，但实际上掌握着对南方地区的控制权。

北方政权似乎生活在过往辉煌的记忆里，这一点从塔尼斯的城市规划上可以看出来。这座建在三角洲东部的新首都，其城区结构完全效仿底比斯。第二十一王朝的统治者们还将王室陵墓搬进了塔尼斯的主神庙内。与在底比斯一样，这座神庙也是为阿蒙－拉神建造的。

对前朝盛世强烈的依附还体现在大量的塔尼斯王室墓葬的随葬品上，它们都曾是拉美西斯二世或美楞普塔的物品（被埋在普苏森尼斯一世的花岗岩石棺内）。下埃及许多城市的大型建筑纷纷被运往塔尼斯。方尖碑、巨型雕像和石柱被认为与第十九王朝的法老有关，因此它们被选择用于装点新的首都。事实上，除了这一时期制作的艺术品之外，塔尼斯还发现了刻有拉美西斯二世和美楞普塔名字的阿蒙奈

P234 左
拉美西斯九世的耳饰

JE 6086 = CG 52323
黄金
高 16 厘米
阿拜多斯
奥古斯特·马里耶特发掘（1859 年）
第二十王朝，拉美西斯九世统治时期
（公元前 1131—前 1112 年）

P234 右
金罐

JE 39871 = CG 53259
黄金
高 7.6 厘米，颈部直径 3.6 厘米
泰勒巴斯塔（Tell Basta，布巴斯提斯）
出土于 1906 年
第十九王朝末期（公元前 13 世纪末期）

P235上
胸饰

JE 31379
贴金木、玛瑙、玻璃
高11厘米，宽14厘米
底比斯西部，哈塔维（Hatawy）墓
埃及文物部发现（1896年）
第十九王朝（公元前1307—前1196年）

P235下
哈托尔头部坠饰

JE 86780
黄金和青金石
高5.5厘米，宽5.3厘米
米特拉西那（孟菲斯），舍尚克王子墓
亚历山大·巴达维发掘（1942年）
第二十二王朝，奥索尔孔二世统治时期
（公元前883—前855年）

姆赫特三世的斯芬克斯像和雕像。

第二十二王朝的法老来自利比亚，他们重新开启了向东扩张的政策。新王朝的缔造者舍尚克一世（Sheshonq I）首次在全埃及范围内成功地将世俗与宗教力量统一起来。在国家内部稳定的情况下，埃及军队向东北方向进发。最后，埃及人打败了以色列人，到达了米吉多（Meggido）。舍尚克一世在图特摩斯三世当年战胜叙利亚巴勒斯坦联军的地点竖立了一块纪念碑。凯旋后，他便把自己的战绩刻在了卡尔纳克神庙的墙壁上。

第二十一王朝末至第二十二王朝初期间，丧葬习俗发生了变化。由于盗墓的盛行，底比斯的墓葬很长时间内不再做华丽的装饰。墓葬壁画上的图案和铭文此时被画在了棺椁上。这时的亡灵书变得规范化，成为了随葬的必需品。在稍早的时期，一些信仰和法老的重生相结合，形成了来世画卷的一部分。这些内容被概括誊写到了纸莎草纸上，被称作《阿姆杜阿特之书》[（The Book of the Amduat），直译为《地下的世界》（What is in the Underworld）]，同样被放进棺椁内随葬。

在19世纪末，除了著名的停放新王国时期法老木乃伊的戴尔巴哈里隐蔽墓葬，另一座埋葬底比斯阿蒙祭司的合葬墓被发现了。这次出土的棺椁中有许多带有鲜艳的彩绘，它们后来被收藏于开罗埃及博物馆内。馆藏空间有限导致其他棺椁被捐赠给了国外的博物馆。

对于利比亚朝代的法老而言，参照历史是将他们自身与前朝盛世相关联的一种手段。但另外的动机却使得第二十五王朝的法老复兴了经典时期的艺术潮流——古王国与中王国时期的艺术风格。埃及新的统治者来自库什王国（Kush，苏丹北部的努比亚地区），他们缺少一个成为法老的正统的理由。法老派昂赫伊（Piankhi）是首位将影响力扩展到整个埃及的库什统治者。庆祝他胜利的庆典游行远达孟菲斯地区，一块仿照中王国时期样式与行文的石碑记录了这一事件。

在第二十五王朝期间，经过了300年的间歇，一位国之重臣重新开始修建大型墓葬。他的名字是哈尔瓦（Harwa），他是底比斯地区最重要的神职人员。他的墓葬被后人视为典范，开凿于戴尔巴哈里哈特舍普苏特女王神庙前方的空地处。像这一时期所有的高官一样，哈尔瓦将自己的雕像放在了各个神庙内。其中一些形象为单腿坐地、单膝置于胸前的姿势。这种姿势在古王国时期虽然不常见，但也被使用过，在反映历史的同时又别具一格。这种高雅古朴的审美就是第二十五王朝的艺术风格，而这一风格也延续到了下一朝代。哈尔瓦的形象体态臃肿，肌肉下垂，面容苍老。这种类似肖像式的雕像表现了库什王朝时期艺术上的革新。这一时期也预示了埃及社会在文化上逐渐向地中海世界开放的重大改变。

底比斯的另外两位高官孟图姆哈特和佩塔蒙霍特普（Petamenhotep）更多地在建筑形制上继承了哈尔瓦。跟随着他们，埃及来到了第二十六王朝。

P236 上
帕哈尔（Pakhar）的木棺

CG 6122-6121
彩绘木
高189厘米，宽59厘米
戴尔巴哈里，巴格苏斯（Bab el-Gasus）
欧仁·格雷博发现（1891年）
第二十一王朝中期（公元前11世纪末期）

P236 下
孟图姆哈特雕像上部

CG 647
花岗岩
高50厘米
卡尔纳克，穆特神庙
第二十五王朝末期（公元前7世纪中叶）

作者简介

弗朗西斯科·提拉底提，1961年生于意大利蒙特普齐亚诺（Montepulciano）。本科毕业于罗马大学，后获得埃及学博士学位，曾在巴黎索邦大学进修，同时担任米兰考古博物馆学术委员。他长期在专业期刊担任编委并负责《特雷卡尼古代艺术百科全书》（Treccani Encyclopedia of Ancient Arts）中有关埃及内容的汇编工作。他在意大利、埃及和苏丹参与过许多考古项目的工作，并负责众多古埃及展览的策展工作。他还是吉萨大埃及博物馆建造项目意大利组的成员，以及卢克索哈尔瓦墓葬考古项目的负责人。

P237
杰德阿蒙伊乌尼安赫
（Djedamuniuniankh）碑

TR 25.12.24.20
粉刷-彩绘木
高28厘米
底比斯西部［戴尔巴哈里或库尔那（Qurna）］
第二十二王朝（公元前945—前712年）

纳赫特敏雕像上部

石灰岩
高34厘米
来源不明；1897年收藏
第十八王朝末期（公元前14世纪下半叶）

这块雕像残块是纳赫特敏夫妻组合像的一部分。两座人像采用同一块石料雕刻而成，人像的背部原本由一块石板相连，石板顶部带有弧度。

假发是为纳赫特敏的面部定制的，波浪形的细发体现了工匠精湛的雕刻技艺，也让头像看起来具有活力。脸部呈窄梯形，眼睛为杏仁形并画有眼线，瞳孔带有颜色，上面是浓密的黑眉毛。

遗憾的是，鼻、口和下巴的部分都已不在了。耳朵上有耳洞，颈部刻有两条细纹。在右手侧假发的下方能看到一把由鸵鸟羽毛制成的扇子，鸵鸟羽毛末端与手柄之间有一朵纸莎草花。羽毛扇和假发边缘接触而呈现出轻微弯曲的样子。面部形状与假发呈现出的梯形相互呼应，体现出这种几何式对照的应用。

讲究的线条、温和的容貌、对假发表现出的用心以及羽毛扇的精致细节，无不体现出对官方完美形象的追求。这些特征让我们能断定，这是一件第十八王朝末期的作品。

事实上，制作这件雕像的工匠很明显在试图恢复在阿肯那吞时期曾被中断的艺术传统。因此，它呈现出阿蒙霍特普三世时期典型的庄重华贵的艺术风格。然而，不是所有阿玛尔纳时期的文化元素都被摒弃了，其中的许多风格特征都进入了埃及工匠的审美词汇表。

在纳赫特敏妻子雕像残留的背板上刻有圣书体铭文，内容为纳赫特敏的头衔：贵族、王室书吏和最高指挥官。拥有相同头衔的人曾在图坦卡蒙的陵墓内献上了5尊夏勃提像，根据刻画的面部来看，或许可以与这件作品联系起来。

从其他材料中得知，纳赫特敏的母亲曾是伊西斯的歌者。结合这位女神和纳赫特敏名字中的"敏"，很有可能说明他的家乡是克普托斯（Coptos）或艾赫米姆。后者也是阿蒙霍特普三世的妻子提伊（Tiye）的故乡。

纳赫特敏可以在国家统治阶层身居高位，得益于他与地方贵族势力的密切关系。此时，这一地区的地方精英在整个国家的政治事务中扮演着关键的角色。（F.T.）

纳赫特敏妻子雕像上部

石灰岩
高85厘米
来源不明；1897年收藏
第十八王朝末期（公元前14世纪下半叶）

这尊华丽的女性雕像是上文提到的纳赫特敏夫妻像的一部分。纳赫特敏呈坐姿，他的妻子站立在他的左侧，右臂伸展揽着丈夫的肩膀。这是恩爱夫妻的典型姿势。她的左臂弯曲于胸前，手执一条珍贵的梅纳特项链。这是一种很重的项饰，颈后有保持平衡的后坠。举行宗教仪式时，在神像面前，项链的后坠会碰撞，发出类似于拍手的声音。

佩戴大而重的假发是这一时期的风尚，它可以勾勒出女性的面容。两组极为精致的发辫垂在两侧，在面颊的高度被发绳系住。前额处的大头冠装饰有精细的花卉纹，正中间是三朵莲花。

精致的面容中透露着阿玛尔纳时期特有的微妙的表情。消失在假发下的浓密的眉毛突显了杏仁形的眼睛。另一个典型的艺术风格是，眼线、瞳孔和眉毛都被涂上了黑色。微微向下的嘴唇可以看到红色颜料的痕迹。在修长的颈部下方刻有两道颈纹。

女性的颈部戴有宽领项链，由多串珠饰组成，但这部分没有被着重刻画。这样使得从颈部裸露处到前胸这一部分显得十分光滑，与全身近乎透明的薄纱所带来的贵气相比，更让人印象深刻。衣服的褶皱突显了臀部的轮廓，同时也带来了一种从右臂向左臂、朝向其丈夫方向的横向律动感。

纳赫特敏夫妻像都有被故意破坏的痕迹。将象征雕像生命力的眼、鼻、口、手的部分凿掉这种迷信的行为一直延续到基督教早期。如此破坏雕像被认为可以阻止其呼吸和使用咒语。（F.T.）

普塔梅墓室浮雕残块

彩绘、石灰岩
高110厘米，全长133.5厘米
吉萨，普塔梅墓
未经批准的发掘（1883年）
第十八王朝，埃赫那吞统治时期（公元前1353—前1335年）

普塔梅（Ptahmay）曾是位于孟菲斯的阿吞神庙的金匠总管。他生活在埃赫那吞所倡导的宗教改革时期。他的墓葬位于吉萨地区，在19世纪末时被附近考姆巴特兰（Kom el-Batran）的村民洗劫一空。墓中的装饰清楚地展示了这一时期的文化剧变，此时的艺术形式与风格发生了根本性的改变并对后世产生了深远的影响。

两块浮雕残块上的内容被分成了许多场景。位于最上方的部分已残破。若干男性形象正在劳作，他们从事的工作几乎可以确定与黄金制作有关。普塔梅位于画面的最右边，他坐在方形的椅子上，仅残存了双腿和短裙的部分。他正在确保工作一切顺利。他面前放有一个箱子和一个天平，其中一个秤盘中放有卧牛形的秤砣。旁边有一名工人坐在三条腿的凳子上，他挥舞着锤子，正在击打面前工作台上的一个物件。目的或许是将一块金锭锤打成金叶。另外站在一旁的工匠只留下了部分形象。一名被刻画得较小的工人同样坐在三条腿的凳子上，背对着前两个人，正在全神贯注地清点一些小物件，他的头上有一个箱子。面前还有一名正在火炉旁忙碌的工人。

位于中部的浮雕为演奏音乐的场景。在画面的右侧，普塔梅和他的妻子提伊分别坐在两把椅子上，下方是他们的两个孩子。提伊的一只手臂搭在丈夫的肩膀上，另一只手挽着丈夫的手肘。普塔梅的左手放在了妻子的膝盖上，右手准备接过面前一位年轻女士献给他的美酒。这名年轻女士的左手中握着一只小瓶子和一块织物。她的假发上方顶着锥形的香脂。她身后的三名乐师中，其中两名头上顶有相同的香脂。

三名乐师身后的画面分为两组。一名裸体的年轻女性双臂抬起，双手置于面前，似乎正沉浸在这美妙的音乐和歌声里。一名男性完全不关心他身后发生的事，正在从一排放在架子上的水罐里取水。在他的上方，描绘的是普塔梅的三个儿子：卡卡（Kaka）、霍利（Hori）、普塔麦斯（Ptahmes）。他们都坐在凳子上，嗅着手中的莲花。在他们身后是一张摆满食物和饮品的供桌。

底部的场景发生在室外，树枝从人物的头顶上方垂下。普塔梅位于画面中央，挂着一根长杖，身披一件过膝披风。他正在检查一名非洲人长相的工人的工作。这名工人挥舞着锤子，正在雕刻一座神龛的上部。在他和普塔梅之间，有一名体形较小的工人，他肩扛着一个很重的篮子。普塔梅身后是他的妻子，她朝向相反的方向，右臂伸向一名挑水工，仿佛在吩咐着

什么。挑水工身后是一名年轻的女性，正在从一排立着的水罐中取水。

所有场景都透露出一种想要表达动感的渴望，这正是阿玛尔纳时期的艺术特点。大小不一、错落有致的人物形象给观看者展现出不同的距离感，也让这种简单的透视效果变得生动。对人物身体的刻画反映了这一时期对于圆润感的偏好。（F.T.）

带有庆典队伍的浮雕残块
·······························
石灰岩
高51厘米，长105厘米
萨卡拉，塞拉皮斯墓中再利用的石块
奥古斯塔·马里耶特发掘（1859年）
第十九王朝（公元前1307—前1196年）

　　虽然这块浮雕被发现于塞拉皮斯墓内，但它原本应属于某高级官员墓葬的一部分。这名高级官员选择在离孟菲斯不远的萨卡拉建造自己的墓。第十八王朝末期，孟菲斯代替底比斯成为了国家的都城。这块浮雕的原位或许是在一面墙的左下角。

　　这幅场景的风格和人物布局使人联想起阿玛尔纳时期之后的艺术。但是，画面中男性形象的拘谨与女性形象的活泼形成的对比，反映出阿蒙霍特普三世统治时期的艺术风格，例如，底比斯的拉莫斯（Ramose）和乌赛尔哈特（Userhat）墓室中的场景。

　　画面左侧是一组女性形象，她们分为两排，每人手中执一面手鼓并高举在空中。击打乐器的手与随节奏摆动的身体使得整个画面带有一种动感。处在不同高度的手鼓勾勒出一个起伏的画面，使得人物的动作更加突出，同时也强调了重复的人物形象——犹如一名女子从左到右的连续的舞蹈动作。这种在平面上表现动作的技术深植于埃及艺术之中，可以同

一系列单帧镜头播放的电影效果相对比。每个女性形象都被装饰有不同的衣物和饰品。

　　在画面的中下部，两名年轻女子正在敲击短棍。这一细节打破了这组女性画面的整体感，额外增添了一种生气。同样的效果还体现在两名女乐师正在甩动的头部，她们分别是第一排左数第一位和第二排右数第一位，甩起的假发加强了动感。

　　队伍中的男性形象只保留了三组，虽然他们略显拘谨，但也被赋予了一定程度的动感。他们从画面的右侧大步走向中央，但三组人步调不一。从右至左，步伐越来越小，给人一种逐渐止步的感觉。他们将双臂举向天空，这一动作在圣书体字符中具有庆祝欢呼的含义。

　　三组人穿着不同的服饰，代表他们所属不同的职业。画面里的圣书体字符记录了其中两个人的称谓：工匠阿那赫特（Aanakht）和书吏阿蒙哈伊（Amunkhai）。（F.T.）

241

塞提一世旗手像上部

·····················

片岩
高22厘米
阿拜多斯
第十九王朝，塞提一世统治时期（公元前1306—前1290年）

塞提一世的登基标志着反宗教改革的进程已结束。在回归传统的文化氛围下，个别的雕塑和整体的艺术开始从图特摩斯三世时期的范式中汲取灵感。因此，开始公开抵制从阿蒙霍特普三世到埃赫那吞的继承者们之间的这段时期的富有创新性的艺术风潮。尽管统治集团（国家和祭司团体）尽力假装图坦卡蒙统治前的 20 年没有发生任何事情，但阿玛尔纳时期在艺术上的变化确实已经生根发芽。

例如，在拉美西斯统治早期，对服饰的精致刻画体现出了阿玛尔纳时期的某些作品中蕴藏的生机，细致的褶皱可以创造出光影交错的强烈效果。这尊塞提一世雕像就属于这类情况，其右胸下方复杂的衣袍结扣成为了衣褶向外散射的中心。这种效果与阿玛尔纳时期的作品相同，但此处肌肉的表现更加真实。

假发则平衡了衣袍炫目的效果，紧致卷曲的发辫自然下垂，与之形成了对比。在服饰与假发的围绕之下，被刻画出的面部特征塑造出了塞提一世理想化的面容。微微的鹰钩鼻和嘴形或许让人联想起图特摩斯三世，被厚实的眼睑包裹着的眼珠也体现出了后阿玛尔纳时期的风格。

这尊雕像来自阿拜多斯，那里是塞提一世建筑最集中的地区。法老为了证明其统治埃及的合法性，在那里建造了一座神庙和一座献给奥西里斯的纪念建筑。

雕像原本应为法老向前迈步的姿势，双臂置于体侧，左臂揽着旗杆。因为旗杆上部不幸遗失，所以我们无法判断上面的神明形象。（F.T.）

塞提一世巨型雕像

·····················

方解石
高238厘米
卡尔纳克，阿蒙-拉神庙，窖藏庭院
乔治·勒格兰发掘（1903—1904年）
第十九王朝，塞提一世统治时期（公元前1306—前1290年）

这尊雕像出土于卡尔纳克的窖藏坑，在被存放到那里前曾被分解成碎块。实际上，它是由复合材料制作的雕像，这种情况在埃及艺术品中很常见。这类雕像通常同时采用多种原材料制作。雕像的主要部分会选用最好的石材单独制作，以便纹理能更好地呈现解剖特征。头部和躯干采用致密的方解石，而腿部和手部会采用更多纹路的石材。那些用珍贵材料制作的衣物、标志和面部五官，通常在埋葬前就被取走了。

根据风格判断，这尊雕像建造于第十八王朝末期。圆润而有肉感的嘴部、长长的眼窝和杏仁形的眼睛以及修长而弯曲的眉毛，这些特征表明这尊雕像建造于阿玛尔纳末期或者结束后不久。通过铭文也得出了相似的结论。塞提一世或许是占用了前一位法老的雕像，在背柱和底部加上了自己的名字。它也有可能是塞提一世时期的作品，只是这件作品的雕刻工匠还保留了前朝的技术和风格。

法老的头饰可能为蓝冠，它常见于第十八王朝末期到第十九王朝初期的雕像和浮雕上。眼睛和眉毛为镶嵌式，下巴下方有一深孔，用于佩戴假胡须，颈部和躯干的连接处原有一条项链。两条手链掩盖住了手部用于装接的凹槽。法老手部的孔洞原本应该放着权杖或是圆柱形的卷轴。法老的短裙应该装饰有金箔和细致的褶皱，肚脐下方的孔洞或许原本装饰有一个狮子头。

法老应该还穿着一双拖鞋，双脚踩踏着"九弓"，这是传统的埃及敌人的代名词。基座上部靠近塞提一世名字的地方可以看到其中两个弓的形象。（F.T.）

CG 616

拉美西斯二世雕像上部

....

闪长岩

高80厘米

塔尼斯

第十九王朝，拉美西斯二世统治时期（公元前1279—前1212年）

这尊拉美西斯二世雕像的上半身与都灵埃及博物馆收藏的那尊著名的雕像相似。两者最主要的区别在于头饰。都灵博物馆收藏的拉美西斯二世雕像头戴蓝冠，而这尊雕像雕刻的法老头戴短款假发，系着代表王室的圣蛇头带。

拉美西斯二世被刻画成青年人的样子。雕刻的线条让其双眼显得凸出而修长，眉毛微微拱起。圆润的面庞下有一张较小的嘴，微含笑意，鼻部已遗失。五串珠饰组成的项链佩戴在胸前，项链下方是带褶的长袍。精美的衣褶在左胸前形成了一个衣结。

保留下来的右臂在胸前弯曲，位于雕像中间的右手握着弯钩权杖，权杖头位于右侧锁骨处，但目前已破损不在。手腕处佩戴了一个手环，上面用浮雕装饰的图案为荷鲁斯之眼。

雕像的组成部分——如带褶长袍和短款假发，开始出现的年代为第十八王朝。光影效果在这里发挥了重要的作用，从卷曲的假发，移到项链的串珠，再到衣褶，产生了强烈的对比效果。褶皱的衣服包裹着左臂，衣褶从雕像的中心向外散发。

与华丽的着装、权杖置于右肩的威严姿态相对的是一张干净、含蓄而古典的面庞。法老的面容体现出他对自己权力的确信，同时这也是拉美西斯时期官方文献宣扬的王室的标准形象。（F.T.）

JE 64735

隼庇护孩童形象
拉美西斯二世的巨型雕像

....

灰色花岗岩和石灰岩（隼喙）

高231厘米

塔尼斯

皮埃尔·蒙泰发掘（1934年）

第十九王朝，拉美西斯二世统治时期（公元前1290—前1224年）

这尊花岗岩雕像被发现于塔尼斯的一处泥砖废墟内，那里属于靠近阿蒙主神庙围墙的附属建筑群。考古工作者在附近的屋子内发现了隼喙的部分，它采用单独的石灰岩材料雕刻而成。因此，这座建筑物很有可能是工匠的作坊。雕像被运到这里打磨，但没有彻底制作完成，并且很难断定雕像被毁坏的确切时间。

塔尼斯位于三角洲地区，曾是第二十一王朝和第二十二王朝的都城。许多在这里被发现的雕像其实都是当年从埃及

其他城市运送过来的。这尊雕像在运输过程中遗落了隼喙的部分。或者更有可能的是，这是一尊原本就带有一点残缺的雕像，但不妨碍它装点神庙。在这种情况下，当雕像运达三角洲后，破损的部分被重新修好了。

这件雕像可能来自吉萨墓地。在新王国时期，这里是西亚民族定居的地方。他们虽然在逐渐地接受被埃及文明同化，但却仍然供奉着自己民族的神明，其中一些神明后来融入了埃及宗教。荷鲁恩就是其中之一，他是逝者的守护神。按照埃及的宗教信仰，他与"地平线的荷鲁斯"哈马西斯（Harmarchis）结合，壮观的吉萨斯芬克斯像塑造的就是他的形象。

这尊巨型雕像刻画的是拉美西斯二世的孩童形象。他全身赤裸，呈坐姿，左手的食指放在嘴唇上，一束粗发辫垂在右肩。这些特征都是古代埃及人用来刻画未成年人的。法老头戴发带，前额处装饰有代表王权的圣蛇，头顶上方是一个太阳圆盘。左手握着一束芦苇，这在法老的形象中并不常见。像许多其他的拉美西斯形象一样，这尊雕像可以被当作一个图像化的谜语——画谜（rebus）来解释。在圣书体字符中，头上的太阳圆盘为 re，孩童形象是 mes，植物为 su。从上至下连起来读作 Ramessu，即法老的名字"拉美西斯"。

拉美西斯二世身后站立着隼形象的荷鲁恩。像早期的雕像一样，隼是法老守护者的象征。它的形象高度程式化，采用一些刻画线来表现羽毛和隼爪的细节有种几何图案的装饰效果，并不是写实的刻画。

虽然这不是一件有太高艺术价值的工匠作品，但它体现了法老巧妙的政治智慧。通过选择将自己置于荷鲁恩的庇护之下，拉美西斯二世安抚了信奉荷鲁恩的叙利亚民族。与此同时，他再次重申了自己统治的合法性。因为根据新王国时期的传统，王位继承人是由斯芬克斯来指定的。（F.T.）

拉美西斯二世的手镯

··

黄金、青金石
最大直径7.2厘米
泰勒巴斯塔（布巴斯提斯）
发现于1906年
第十九王朝，拉美西斯二世统治时期（公元前1290—前1224年）

在泰勒巴斯塔（古称布巴斯提斯）修建铁路线时出土了这对手镯，一起出土的还有其他珠宝和金银器皿。它们当中仅有少数被保存在开罗的博物馆，其他大部分流入市场，如今可以在纽约大都会艺术博物馆和柏林博物馆里看到它们的身影。它们曾经可能是还愿的供品，或者是布巴斯提斯某座神庙的窖藏。此前数月，在其周边地区还发现过其他珍贵的文物。刻在手镯扣环上的拉美西斯二世的铭文暗示这件物品是法老献给当地神明猫女神巴斯特的供品。

每只坚硬的黄金手镯都由两部分组成，两部分由一个铰链连接。手镯精美的装饰采用累珠和几何纹饰。上部装饰有一只双头鸭（或鹅），两个鸭头转向其背部。鸭子的身体由一块青金石雕刻而成，尾部为黄金，同样采用几何纹饰和累珠装饰。带状的黄金手镯下方固定着17条光滑、平行的条状纹饰。

这对手镯体现出非常复杂的黄金制作工艺传统，与图坦卡蒙时期的首饰极其相似。这一传统可以追溯至图坦卡蒙时期。自饰品表面挣脱而出的双头鸭，其形象简洁而优美，给手镯的整体造型带来了某种生命力。

黄金和青金石（经贸易往来从阿富汗获得的一种石材）的搭配在埃及首饰中被广泛使用。这种搭配也再次成功地赋予了这对手镯一种优雅的气质。（F.T.）

梅丽塔蒙残像

··

石灰岩
高75厘米
拉美修姆，王后神庙，主神庙北侧
W.M.F.皮特里发掘（1891年）
第十九王朝，拉美西斯二世统治时期（公元前1290—前1224年）

尽管在雕像背后的立柱上没有保留下王后的名字，仅有她的头衔，但这件作品仍被认为是拉美西斯二世的女儿——梅丽塔蒙（Meritamun）的雕像。奈菲尔塔丽（Nefertari）去世时（法老统治了21年后的某个时间），梅丽塔阿蒙继承了"伟大的王室妻子"（The Great Royal Wife）的头衔。这一点可以在艾赫米姆的最新发现中得到印证。在那里发现的一尊梅丽塔阿蒙的巨型雕像，与开罗这件被发现于拉美修姆废墟中的雕像非常相似。

雕像上的彩色涂装依然保存完好，表现面部特征和装饰元素所使用的黄色与假发的蓝色较好地融合在一起。雕像采用的是高质量的石灰岩，其亮度又加强了黄蓝色彩的表现力。

雕像中人物的面部表情安静祥和。杏仁形的眼睛被作装饰的眼线拉长了（刻有两道细纹），置于两道眉毛的下方。圆润的嘴部带着微笑，笑容与许多拉美西斯二世的雕像相同。颈部刻有细小的颈纹，耳垂装饰有半球形的耳饰。精致的面容被假发从三侧包围，在发际线的位置固定有一个头冠，上面装饰有两条圣蛇，它们头戴的白冠和红冠分别代表上下埃及。

她的头顶戴有一个环形王冠，周边一圈装饰有头顶太阳圆盘的圣蛇形象。或许在王冠的底部曾经立有两根羽毛，中间为太阳圆盘，这种装饰被用来彰显"伟大的王室新娘"的特权。

梅丽塔阿蒙身着适身长袍。肩膀处佩戴的宽体项链由六串珠饰组成，其中五串是圣书体"美丽"（nefer）的护身符图案，最后一串图案为水滴形。左胸处装饰有玫瑰花纹，而右胸处是握在右手中的梅纳特项链的后坠。手腕上佩戴的手环是由两串珠饰组成的。

在为哈托尔神或者其他女性神明举办的宴会上，梅纳特项链常被当作乐器使用，晃动它可以产生巨大的声响。这种项链由数条串珠组成，还有一个后坠用于保持前后平衡。这条项链的后坠部分是一个女性头部的形象，末尾是玫瑰花纹。

在古代埃及，庆典游行队伍中负责歌唱、舞蹈及演奏乐器的通常为女性。女祭司通常在宗教活动中拥有着特殊的职能，而这些职能自然由王后亲自履行。雕像背部残缺的铭文显示的是："……穆特叉铃和哈托尔梅纳特项链的演奏者……哈托尔的舞者……"（F.T.）

JE 31408 =CG 34025

"以色列碑"

·····························

灰色花岗岩

高318厘米，宽163厘米，厚31厘米

底比斯西部，美楞普塔葬祭庙

W.M.F.皮特里发掘（1896年）

第十八王朝，阿蒙霍特普三世统治时期（公元前1391—前1353年）

第十九王朝，美楞普塔统治时期（公元前1224—前1214年）

　　这块弧顶的石碑曾立于美楞普塔葬祭庙的第一庭院内。为了确保自己的功绩被铭记，他使用了旁边的阿蒙霍特普三世葬祭庙的石材（阿蒙霍特普三世葬祭庙目前仅在正门入口旁保留有两尊巨型雕像，也被称作"门农雕像"）。美楞普塔把之前法老的神庙当作自己建造神庙的石材来源地，因此前者被拆毁殆尽。而他选择使用这块石碑的背面，使得位于石碑正面的阿蒙霍特普三世时期的文字得以留存至今。

　　然而，阿蒙霍特普三世的铭文在阿玛尔纳时期几乎全部被毁。这一时期由于受到宗教的狂热驱使，人们抹去了所有图像和文字中出现的有关阿蒙－拉神的内容。阿玛尔纳时期之后是一段反对宗教改革的过程，塞提一世下令修复失去的文字和图像，正如将画面一分为二的竖排圣书体文字记载的那样。

　　在阿蒙霍特普三世使用的石碑正面，法老出现在左右两侧，分别佩戴红白双冠和埃及式头巾。他正在向阿蒙－拉神献上名为"努"（nu）的瓶子。画面的顶部为一个双翼太阳圆盘并装饰有两条圣蛇。圣书体铭文共计31行，上面记录了阿蒙霍特普三世对自己葬祭庙的描述以及令它超越之前所有葬祭庙的装饰内容。法老在碑文中还提到了他下令实施的位于卡尔纳克、卢克索和索勒布的建造工程。碑文以阿蒙－拉的神谕结尾：他对他的儿子（法老）的功绩满意并承认他与他的继承人享有整个世界的统治权。

　　在石碑背面，美楞普塔也采用一分为二的布局，但其构成更为复杂，有许多附加的细节衬托出对称的画面。法老身着仪式用长袍，头戴蓝冠。他一只手握着弯钩权杖，另一只手接过阿蒙－拉神给予他的弧刃弯刀（khepesh）。在右侧，法老身后跟随着孔苏（Khonsu），而左侧为穆特。

　　碑文共28行，年代为法老统治的第五年。碑文主要记录了美楞普塔在埃及西侧边境胜利的战绩。懦弱的敌军四散奔逃。埃及法老俘虏了敌人的妻子，法老的儿子英勇杀敌，火烧敌营。战绩的最后还有一份战败的敌军名单。这份名单中包括了大量来自叙利亚巴勒斯坦沿岸地区的人。其中提到了最早的以色列民族，碑文中说，这一地区已被完全摧毁，"其族不复存在"。在该石碑被发现后的几年里，它成为了证明美楞普塔就是《出埃及记》（Exodus）中法老原型的唯一物证。如今，以色列民族被认为是在非利士（Philistine）地区游牧民族逐渐定居后产生的，而这一阶段要早于美楞普塔统治时期。（F.T.）

JE 31414 =CG 607

美楞普塔雕像上部

·····························

彩绘花岗岩

高91厘米

底比斯西部，美楞普塔葬祭庙

W.M.F.皮特里发掘（1896年）

第十九王朝，美楞普塔统治时期（公元前1224—前1214年）

　　这个雕像残块被发现于法老葬祭庙的第二庭院，位置非常靠近它的基座和另一尊与其非常相似的雕像的基座。这对法老的雕像曾经应该是被对称地安放在神庙中轴线的两侧的。

　　美楞普塔是拉美西斯二世的第十三个儿子，他是其父长达67年的统治结束时年纪最长的王子。尽管他登基时已有五十岁，但其雕像所刻画的面容仍是花季少年。实际上，放弃法老真实的样子而采用理想化的面容是为了强调他仍具备统治国家的能力。

　　雕像展现出法老尊贵但质朴的一面，如同拉美西斯二世的雕像一样，想要呈现出一种仁慈而非严厉的君主形象。这是那时候明君的形象，实践臣民的期许，保护他们免受敌人的侵扰。

　　美楞普塔头上佩戴的有圣蛇装饰的埃及式头巾，是自古王国以来埃及法老的标志性配饰。他的双目细长，眼睑厚重，这是阿玛尔纳风格的残留。特意描画的眼线与眉毛更加重了眼睛的细小程度。鼻梁挺拔，略有弧度，口部宽阔。硕大的双耳与第十二王朝的王室雕像有关，是统治者倾听民意的象征。长袍带有镂空。假胡须用一根带子固定在下巴上，但如今已经遗失。头巾两侧条纹下垂到前胸的位置，可以看到一条很宽的项链，其最外侧装饰有一串花瓣形的珠饰。

　　雕像中的大量元素均为彩绘。双目有黑白颜色，圣蛇、嘴唇和躯干绘有红色，头巾为黄色，项链部分绘有黄色、绿色和蓝色。（F.T.）

JE 39867 = CG 53262

带山羊形手柄的银罐

黄金、白银
高16.5厘米
泰勒巴斯塔（布巴斯提斯）
发现于窖藏（1906年）
第十九王朝（公元前1307—前1196年）

这只精美的银罐是泰勒巴斯塔修建铁轨时发现的首批出土物之一。这里曾矗立着一座神庙，供奉着布巴斯提斯的守护女神巴斯特。数月后，其他贵金属制成的珠宝和器物在附近区域相继出土。

器身呈球状，装饰有竖列叠压的水滴形纹饰，整体上看类似于一根根绳索。手柄对面的部分装饰丰富，一名男性正在膜拜一位女神，而供品看上去却不像埃及所产。女神身着紧身长袍，头饰上方似乎有一簇羽毛。她左手握着代表生命的圣书体字符，而右手握着一根顶部带有纸莎草装饰的权杖，纸莎草上站立着一只不明种类的鸟。该场景两侧的器物肩部对称地刻有铭文，两段铭文最后汇于手柄下方。铭文内容是为阿图姆塔内布（Atumemtaneb）所写的美文，他是一名为法老执杯的侍者。

器物长颈的部分有上下两幅描绘自然图景的装饰画，位于上面的画面内容灵感显然来自东方形象。在图画中，分隔真实动物与幻想动物的植物类似于东方的生命之树（Otiental

Tree of Life）。右侧手柄处有一只精美的双翼格里芬（希腊神话中半狮半鹫的怪兽），另有一只格里芬正在攻击一只猫科动物。一旁有一对正在交配的羚羊。其他的动物形象各有不同，为互相撕咬的状态。

位于下方的画面是在沼泽中的渔猎场景，这是古埃及的经典题材。一名男性正在驾驶一艘纸莎草打造的小船，船上的方形盒子里有鸟巢、篮子和鱼篓，船顶有一束莲花。不远处另一个人在芦苇荡中抓住了一只鸭子。其余的鸭子受到了惊吓，纷纷飞起，把它们的巢和蛋留在了池塘边。池塘中有许多鱼，一名渔夫肩膀上挑着扁担满载而归。扁担的一端挂着两条鱼，另外一端挂着篮子和鱼篓。被纸莎草丛隔开的另一幅图景是：几个人正在收网捕获困在池塘中的水禽，另有几只水鸟正挣扎着逃离陷阱。

器物柄部的造型为一只山羊。这只山羊后腿伸展，左腿蜷曲搭在瓶颈处。山羊的鼻子与器物上沿接触，鼻孔带有一只银环，前额处的三角形孔原来应有镶嵌装饰。

在拉美西斯时期的这场文化变革中，东方装饰图样与埃及典型纹样融合的艺术表现方式占有一席之地。此时埃及与近邻在文化上的相遇，为埃及艺术家创造新风格、表现丰富形象开启了新的篇章。（F.T.）

JE 38706 - 39870 =
CG 53261

带牛形手柄的金罐

....

黄金
高11.2厘米
泰勒巴斯塔（布巴斯提斯）
发现于窖藏（1906年）
第十九王朝（公元前1307—前1196年）

这件器皿是第二个窖藏坑出土物中的一件，有可能来自女神巴斯特的神庙。它在修建贯穿古代城市布巴斯提斯的铁路线时被考古工作者发现。

精美的器身呈石榴形，浮雕装饰图案也与石榴籽相似。自新王国时期起，石榴的形象就被大量运用于器物和首饰的装饰中。这种水果被认为是埃及占领叙利亚巴勒斯坦地区之后引进到尼罗河谷的。在卡尔纳克，图特摩斯三世的"植物园"的浮雕上刻画了许多异域水果，石榴也在其中。

虽然没有确凿的文字可证实，但石榴似乎被赋予了辟邪的功用，经常被用在护身符上。石榴的形象还出现在新王国墓葬中随葬的器物和食物中。图坦卡蒙的随葬品中就有一个石榴形的银罐。

这个来自布巴斯提斯的罐子有圆柱形长颈，上面装饰有四层纹饰。最上层的纹饰为柳叶形，与新王国时期的陶器彩绘纹饰相近。第二层为莲花、葡萄和其他花卉纹。第三层的纹饰为点状纹，围绕中心点形成的圈状物可以被理解成高度抽象的玫瑰花。最下面一层也是抽象的花卉纹，花瓣朝向下方。

这件器皿有一个螺旋纹环形手柄，固定它的部件呈卧牛形，牛的嘴部朝上，两端为棕榈叶纹饰。兽纹和棕榈叶纹的样式明显受到了中东地区的影响，拉美西斯时代的工匠此时已经充分地掌握了这些元素的使用技巧。（F.T.）

JE 39675 =
CG 52397 - 52398

塞提二世的耳饰

....

黄金
长13.5厘米
国王谷，黄金墓室（编号KV56）
西奥多·戴维斯发掘（1908年）
第十九王朝，塞提二世统治时期（公元前1214—前1204年）

这对耳饰和其他带有塞提二世和妻子塔沃斯瑞特（Tawosret）名字的物品一起出土于国王谷的一座无名墓室内。法老墓或者王后墓的盗墓者（后者最有可能）曾将它们暂时藏在这里，以等待时机取回。更有可能的是，这是塞提二世夫妻的某一子嗣的墓葬。

耳饰的流行始于新王国时期。这或许是这一时期埃及人和东方民族往来频繁而产生的结果。耳饰是一种不分性别和年龄的饰品。但是，事实上佩戴耳饰的全部为女性和儿童，目前还没有发现成年男子佩戴耳饰的情况。对新王国时期法老木乃伊的研究结果显示，个别法老的耳垂上有耳洞，并且耳洞的尺寸足以佩戴较重的耳饰。

塞提二世的这对耳饰结构相同，每只都由三部分组成。它们是通过两根窄管连接到耳朵上的，一根管子套在另一根里。略粗的外管末端是一个半球形帽，上面刻有塞提二世的王名。较细的内管装饰有八瓣玫瑰花，其中四个花瓣上刻有法老的王名圈。下面是由两个环连接的垂下的部分，同样刻有塞提二世的王名。每只耳饰下方边缘都挂着三大四小共七个坠饰。每个坠饰都装饰有螺旋纹和可能为罂粟花的花朵图案。（F.T.）

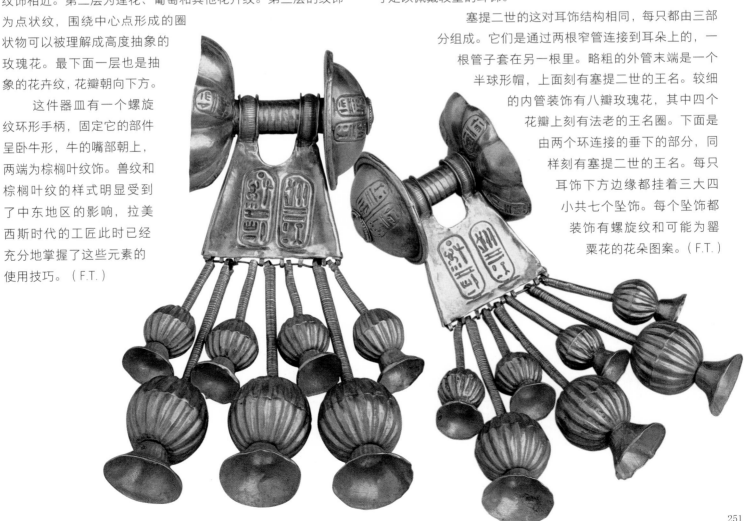

251

JE 38682 = CG 42150

拉美西斯三世的阿蒙-拉神旗手雕像

·····················

灰色花岗岩
高140厘米
卡尔纳克，阿蒙-拉神庙，窖藏庭院
乔治·勒格兰发掘（1905年）
第二十王朝，拉美西斯三世统治时期（公元前1194—前1163年）

在古代埃及，法老还作为最高的祭司象征性地负责所有宗教仪式。显然法老无法在同一时间主持全埃及所有神庙的宗教仪式活动。因此，就由他委托的其他人来代替他管理宗教事务。

在举办各类庆典时，神庙墙壁浮雕上刻画的法老形象可以代表法老出席。或者依照古埃及的信仰，在一个人无法出席的情况下，石像就是他的替身。法老抱着旗帜的雕像曾被安放在神庙入口处，代表着他参加神明旗帜游行的庆典活动。在活动现场，埃及的高官们肩抗太阳舟，船上放置一尊神明的塑像，以便众人瞻仰神明的威仪。

这尊拉美西斯三世雕像为站立跨步的姿势，双手位于体侧。他的外形青春洋溢，理想化的面部特征模仿自拉美西斯二世。他的面部轮廓被精美的假发包围，两侧的发辫长度不一，斜垂在双肩，前额装饰有一条圣蛇，发辫为几何图形样式。年轻的

身躯上身赤裸，肌肉刻画得极具艺术效果。

像大部分拉美西斯时期的雕像一样，法老身着短裙。细窄的衣褶汇集的地方被一块装饰精美的平板或者围裙遮盖。在腰带下方中央的位置有一个豹头，它的下面垂着四条以鸟类羽毛作为纹饰图案的带子。平板下方为五条头顶太阳圆盘的圣蛇。

法老左臂揽着一根旗杆，顶部为公羊头标志。正如旗杆上圣书体铭文刻写的：这是阿蒙-拉神的象征，铭文还刻有法老五个王名中的四个。带有拉美西斯三世的王名圈还被刻在了雕像的肩膀和腰带扣上。

在雕像左手一侧、双腿之间的位置，有一位身着庆典长袍、手执羽扇的王子。（F.T.）

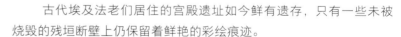

JE 36457 D, A

有西亚人形象的地砖与有利比亚人形象的地砖

·····················

彩釉
高约26厘米，宽约7厘米
麦地那哈布，拉美西斯三世宫殿
埃及文物部发掘（1910年）
第二十王朝，拉美西斯三世统治时期（公元前1194—前1163年）

古代埃及法老们居住的宫殿遗址如今鲜有遗存，只有一些未被烧毁的残垣断壁上仍保留着鲜艳的彩绘痕迹。

考虑到自身生命的短暂，古埃及人没有使用更持久的材料来建造他们的房屋。但他们在建造逝者和神明居住的墓葬及神庙时所花费的心思则恰恰相反。这些建筑要能抵御时间的侵蚀，为永生之人提供长久的栖身之所。我们仅能通过考古发现的遗留下的宫廷装饰来推测当时法老宫殿的尊贵与奢华。在这些遗存中，彩色地砖被用来铺设宫殿公共区域的地面。这样不但可以彰显王室装饰的奢华，还可以展示埃及工匠们制作彩釉的高超技艺。地砖只有经过繁复的烧制过程才能具备这种多彩的效果。

埃及人的各类敌人的形象出现在地砖上。不同种族的特征被细心地描绘出来，以便很快就可以区分出各个民族的来源地。他们的服饰与首饰花色各样，充满特色。这里所展示的两块地砖里有西亚人的形象，其特征是长而尖的胡须；还有利比亚人的形象，其特征是发辫和身上的文身。西亚人本是埃及人的传统强敌之一，可利比亚人却与拉美西斯三世陷入了长期的对抗。

这两块地砖曾位于麦地那哈布王宫的"现身之窗"（Window of Appearances）附近，民众可以透过窗子一睹法老的尊容。脚踏在这样的地砖上，象征着法老对埃及的敌人的征服。（F.T.）

CG 25184

带王室墓葬图的陶片

·····················

彩绘石灰岩
长83.5厘米
国王谷，拉美西斯九世墓（编号KV6）
乔治·达雷希发掘（1888年）
第二十王朝末期（公元前11世纪）

在清理拉美西斯九世墓葬的时候，考古人员发现了这片断裂成四段的石灰岩薄片。幸运的是，碎片可以拼对完好。画在石片表面的平面图虽然是草图，但几乎可以确定内容正是这座墓葬。我们没有足够的证据说这是一张设计图，也不能说这是一张施工图或者是墓葬建造完成后再画上去的平面图。

墓葬墙壁用双红线表示，中间填白色。墓门为正面视角，门楣用白色加以突出，而通道填充为黄色。墓葬的每个部分都

有简要的文字说明，目前唯一可以清晰识别的文字为墓道的阶梯部分。

石棺和其他大件的随葬品可以通过带有阶梯和中央坡道的墓道被运进墓室。说明文字把它描述为与太阳神拉相关的"神之通道"。古埃及人认为，法老死后会与太阳一起乘船遨游天际，他将跟随着太阳日出日落的轨迹获得重生。

走过阶梯之后，可以看到四间侧室，这里分别供奉着来自东方（右手边）和西方（左手边）的神明。走廊连接着第二段和第三段墓道，然后是前厅或者前堂，祭司为逝者遗体举行宗教仪式时，石棺便被停放在这里。

平面图显示接下来的房间内有四根立柱和中央的一块白色地带。这里就是法老停放战车的"战车间"。白色地带代表着从入口通向墓室的向下的斜坡。

石棺被停放在墓室的中央，图中用白色矩形表示。为使法老遗体获得永恒，这座墓葬被命名为"安息者的黄金之屋"。（F.T.）

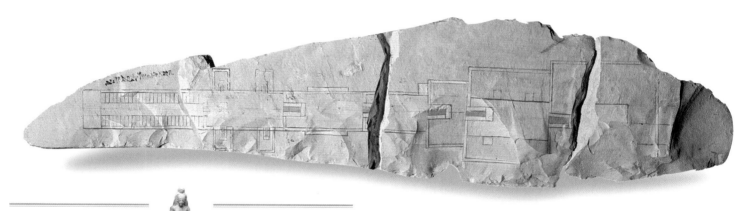

JE 36582 = CG 242162

阿蒙-拉神大祭司拉美苏纳赫特雕像

·····················

灰色花岗岩
高75厘米
卡尔纳克，窖藏庭院
乔治·勒格兰发掘（1904年）
第二十王朝下半叶（公元前12世纪末期至前11世纪）

史料中对拉美苏纳赫特（Ramessunakht）的职业记载很详细。他主要的职位是在拉美西斯四世、五世和六世统治期间担任阿蒙-拉神大祭司。这是那时底比斯最高的宗教职位，在上埃及拥有很大的权力。这一职位的拥有者甚至可以享有本该属于法老的特权。

我们知道在拉美西斯四世统治期间，为了获取建筑石材，拉美苏纳赫特曾率军远征瓦迪哈马马特（Wadi Hammamat）。最近在德拉阿布纳加山丘上的新发现表明，他的权势大到可以建造自己的葬祭庙。

这尊拉美苏纳赫特雕像呈现出经典的书吏坐姿。这类坐像在法老统治的所有时代均有发现。但是，这尊雕像与众不同的一点是，

人物肩膀上站着一只狒狒。狒狒与托特神相关，托特神是书吏的守护神和文字的发明者。狒狒的双手放在拉美苏纳赫特头上的姿势，象征着托特神的保护。这是拉美苏纳赫特之子奈斯阿蒙（Nesamun）献给父亲的雕像，他同样拥有底比斯阿蒙-拉神大祭司的称谓。

拉美苏纳赫特的面部带有典型的拉美西斯时期的特征。双眼细长，鼻小嘴宽，嘴唇薄，两个嘴角处有褶皱。他双眼凝视下方，这是代表书吏聚精会神地工作的典型姿势。双臂置于腿上，长袍上刻有拉美苏纳赫特名字和官衔的圣书体字符。左手执纸莎草卷轴，右手呈执笔状。（F.T.）

JE 43566

巴依石碑

彩绘石灰岩
高24.5厘米，宽14厘米
戴尔麦地那，哈托尔神庙
埃米尔·巴雷兹发掘（1912年）
第十九至第二十王朝（公元前1307—前1070年）

这块圆顶石碑上的雕刻为浅浮雕，并用明亮的彩绘作为装饰。图像内容分为两层，上层是两只面对面的公羊。它们的前额上竖起了圣蛇，头冠上两根羽毛的中间有一个太阳圆盘。一个小型的供桌置于两只公羊中间，上面放有一个类似于壶的容器。

这幅画面的底边是一张草席，如果把它与小供桌和壶看作一个整体，那么它的样子可以被解读为圣书体字符 hetep（意为"供品"）。画面上方是互为镜像的铭文，它们对公羊的描述体现了公羊的神性："阿蒙－拉，美丽的公羊"。

下层图像分为左右两部分，是这块石碑的主要内容。左边是逝者巴依（Bai）的形象，他的称谓是"真理之地的侍者"（Servant in the Place of Truth），这表明他是为新王国的法老和王后建造墓葬的工人。巴依身着宽松带褶的短裙，头戴卷曲的短款假发，并佩戴着项链。

石碑右侧的图像为三对颜色各异的耳朵，分别为深蓝色、黄色和浅绿色。在石碑上画出耳朵的形象常见于新王国时期。这体现了一种新的宗教理念，个体不必通过祭司当中间人获得神的旨意，此时人与神的关系变得更近。耳朵代表神正在倾听来自信众的祈祷，他们祈求从神那里获得救助，比如治愈他们的疾病。但这些大都不是地方神明的主要表现形式。

耳朵的不同颜色可能代表了阿蒙－拉神不同的形态。阿蒙－拉神可化身为空气和水汽（蓝色），或者太阳（黄色），或者植被和水（绿色）。因此，巴依将在新王国时期以及后世均被视为最高神明的阿蒙－拉神的所有形态都描绘在了他的这块石碑上。（F.T.）

带图像的陶片

....

石灰岩
高11厘米，宽11厘米
戴尔麦地那
法国东方考古研究院发掘（1934年）
第十九至第二十王朝（公元前1307—前1070年）

带图像的陶片

....

石灰岩
高28.5厘米，宽23.5厘米
国王谷，拉美西斯六世墓（编号KV9）
1890年出土
第二十王朝（公元前1196—前1070年）

这件陶片上图案的绘制使用了多种颜色。一只用后腿站立的猫在肩上担着一根长杆，带钩子的一端勾住一只篮子。猫的左臂抬起，挥舞着爪子紧握一根棍子。它的面前是站成两排的鹅群，一共有六只。上面有一个窝，里面有四枚鹅蛋。

这幅图采用象征手法生动地描绘了一个幻想出的、违反常理的世界。我们通常可在绘画中见到这种艺术表现形式，而在文学作品中则较少使用。在这个颠倒的世界里，猫养鹅并不稀奇。它肩上挑着的工具实际上是牧民生存所需的必备品。

这幅画充满了滑稽与反讽的意味，通过颠覆万物天然的法则来实现对行为和习俗的批判。艺术家冲破了正统艺术的规矩和限制，用少见但充满创造力的方式表达自己。然而，因为我们与创作者生活的年代相隔久远，所以已无法完全理解这幅图的全部含义。

虽然这是一幅草图，但创作技法相当老练。六只禽也可以被当作圣书体字符的释读。三只一组的排列方式也符合圣书体复数的书写习惯。在古王国及以后时期的书写方式里，同一符号重复三次即为许多的意思。（F.T.）

这是一件双面陶片。如图所示的这面描绘的是两位士兵较力的场景。首先使用红色的笔画出草稿，然后用黑色的笔修改完成。这一过程展示出了创作者的想法，首先是如何表现两个摔跤手的手臂之间的关系。两个人物形象虽然简单，但却生动传神。两个人物的身高略有不同，右侧的人较矮小。两人均戴假发，短裙上还有保护生殖器的护套。他们一只手互相抓住对方的脖子，另一只手锁在一起。人物面部特征有些卡通化。描绘场景的说明文字是用黑色墨水快速书写的圣书体字符。

陶片背面上方是两只非常写实的老鼠。一只正在起身吃着前爪中的果子，另一只老鼠的位置稍微靠下，身体蜷缩，毛皮好像被打湿了一般杂乱。

陶片两面的图画可以被看作是画匠的习作，并且完全有可能是一次写生考试。

实际上，尽管摔跤手的画面非常有表现力，是现实生活中埃及工匠技法的直观体现，但它仍包含讽刺意义。两位摔跤手的面部特征展现出结实而粗壮的肌肉，可以被解读为士兵艰苦生活的速写，这种生活状态受到了同时代刻板的文学作品的讥讽。（F.T.）

JE 27309

伊西斯的木棺

木、彩绘石膏
高193.5厘米
戴尔麦地那，塞内杰姆墓（编号TT 1）
埃及文物部发掘（1886年）
第十九王朝，拉美西斯二世统治时期（公元前1290—前1224年）

　　伊西斯是戴尔麦地那的工匠卡贝赫奈特（Kabekhnet）的妻子，塞内杰姆的儿媳。在加斯东·马斯佩罗负责发掘塞内杰姆墓葬时，一名埃及文物部的工作人员在墓室内发现了伊西斯的木棺。木棺的保存状况堪称完美，这其实是盛放伊西斯木乃伊的内棺。她还拥有一具木乃伊形的外棺，并且在她的木乃伊绷带上直接佩戴了一件胸饰。胸饰在内棺上也可以见到，它的作用是保护遗体免受伤害。

　　在棺盖上，伊西斯衣着华丽，犹如生者。这种表现风格开始于埃赫那吞的宗教改革时期，一直延续到整个拉美西斯时期。阿玛尔纳时期，人们的思想发生了变化，葬俗也受到了波及，这具木棺的外观就是证明。变化还表现在其他方面，比如泰尔阿玛尔纳墓葬中描绘的痛哭的场景，王室的悲痛之情被表现得淋漓尽致。

　　伊西斯身着整身长袍。上面的常春藤植物与莲花的含义相同，代表着来世的希望。尽管伊西斯的形象栩栩如生，但木棺的形状仍是一具木乃伊的样子。在木棺的下半部分，描绘的是居住在地下世界的神明。北方的守护神位于逝者的头部位置，而来自南方的守护神则位于脚部。这两组神明中间由数列文字填充，其中提到了荷鲁斯四子。（F.T.）

JE 27303

塞内杰姆墓门

木、彩绘石膏
高135厘米，宽117厘米
戴尔麦地那，塞内杰姆墓（编号TT 1）
埃及文物部发掘（1886年）
第十九王朝，拉美西斯二世统治时期（公元前1290—前1224年）

1886年，埃及文物部工作人员发现了未被盗掘的塞内杰姆墓。在墓室入口处竟还有一扇木门遮挡着它，起到了象征性的保护作用。木门被底比斯墓葬的泥印封住，上面还有阿努比斯的形象。

塞内杰姆的头衔是工匠，这是居住在戴尔麦地那修建王室墓葬的工匠们的常见头衔。戴尔麦地那位于底比斯群山脚下的荒丘之中，不易被外人发现。

木门为单扇，一侧开合，由多块木板采用榫卯结构拼接而成，双面均有彩绘装饰。外侧图案背景为黄色，分为上下两部分，顶部有代表天空的圣书体字符。上半部分的场景为塞内杰姆和妻子伊奈菲尔提（Iyneferty）以及女儿伊鲁奈菲尔（Irunerfer），三个人站在奥西里斯与正义女神玛阿特面前，恭敬地向他们表达崇拜。下面是塞内杰姆的儿子们，他们以相同的姿势站在普塔－索卡里斯－奥西里斯和伊西斯面前。塞内杰姆和他的长子双臂抬起，做出表达崇拜的姿势。两位女士手持长颈瓶，其他6名子嗣每人手中握有一束长茎莲花。

内侧图案描绘的是塞内杰姆和妻子伊奈菲尔提坐在凉亭内，面前有一副塞尼特棋盘，上面摆着红白颜色的棋子。右边是一张盛满供品的供桌，桌子下面还放有许多瓶罐和植物。这幅图下方共有11列圣书体字符，对应的是亡灵书的第七十二章和第十七章。

这两个章节涉及的内容是逝者的行动自由。第一个咒语可以使逝者走出墓室大门，并且随意进出而不遭受危险。第二个咒语描绘了包括下棋在内的一系列逝者可以进行的活动，实际上游戏也是永生的象征。（F.T.）

TR 23.11.16.12

杰德霍尔依乌夫昂赫的木棺

....

彩绘木

长203厘米，宽61厘米

底比斯西部，库尔那

西奥多·戴维斯发掘（1916年）

第二十二王朝早期

舍尚克一世或奥索尔孔二世统治时期（公元前945—前909年）

杰德霍尔依乌夫昂赫（Djedhoriufankh）是一名祭司，负责管理卡尔纳克阿蒙－拉神庙的祭坛。其木棺的棺盖已丢失，如今只遗存棺体。制作年代大致在第二十二王朝早期，此时上埃及在强大的底比斯祭司团体的统治下是一个独立的政体。这一时期的阿蒙－拉神祭司在下葬时通常有色彩鲜艳的木乃伊形的棺椁。墓葬地点选得较为隐蔽，以防止盗墓贼的盗掘。

木棺表面布满了装饰图像，这些图像类似早年墓室墙壁的壁画，而此时的墓葬墙壁则不加装饰。棺内的装饰图分为几个场景，在黄色背景上进行了彩绘。在逝者头部内壁的位置绘有类似底比斯墓顶一样的装饰。其下方半圆形的部分绘有一只带纸莎草装饰的太阳舟。船上的太阳圆盘

位于两条圣蛇之间，被描绘成从地平线处升起的样子。下方这幅图的中央位置是一个拟人化的护身符 tyt，即伊西斯结，它抬起双臂，托举着承载太阳舟的河流。

下一个场景中有两个王名圈，顶部装饰着太阳圆盘。左侧的王名圈可释读为"伟大的神，天之主，永恒的统治者"，右侧的王名圈内有圣书体字符 men（意为"稳定"）、kheper（意为"显现"）和 re（意为"太阳神拉"），但尚无合理的解读。蒙赫普拉（Menkheperre）是图特摩斯三世的登基名，也是公元前 11 世纪末一位统治上埃及的底比斯大祭司的名字，或者这是阿蒙－拉神名字的字谜。

从风格来看，木棺的制作年代应是第二十二王朝的某个时期。这也意味着我们可以放弃上文中的前两个推测，蒙赫普拉实际上与杰德霍尔依乌夫昂赫的祭司职位相关，是阿蒙－拉神的名字的加密写法。

位于下方的图像被一分为二，两侧为几乎相同的内容。左侧的女祭司正在向普塔神献上香薰和纸莎草；右侧的祭司名为杰德孔苏（Djedkhonsu）。下一个场景为阿努比斯正在室内将躺在床上的逝者处理为木乃伊。四个卡诺匹克罐置于床下的地板上，盖子的形象分别为荷鲁斯四个儿子的头像。最后一个场景是棺内最大的图，顶部有一条圣蛇的装饰带。逝者的木乃伊呈站立姿势，佩戴花环，面前站着一位塞姆（Sem）祭司。他身穿白袍，身披豹皮，正在进行熏香仪式。塞姆祭司的职能是通过开口仪式将生命注入逝者的木乃伊。两个人物之间有两枝莲花。旁边有一位女性正在跪地抱头哭泣。

木棺侧壁也分为许多个场景。顶部为在荷鲁斯之眼的保护下，两只豺狼正在看护一个王名圈。下方的两个场景被一段圣书体字符分开，一名祭司手持鲜花，把两个酒杯递给一个手握着代表王室权力的符号的人。王座后面是阿努比斯。最后一个场景是荷鲁斯四子的木乃伊形象。（S.E.）

圣女阿蒙尼尔迪斯雕像

雪花石膏
高170厘米
卡尔纳克，孟图神庙
第二十五王朝早期（公元前8世纪末）

公主阿蒙尼尔迪斯一世（Amenirdis I）是卡什塔（Kashta）的女儿，派昂赫伊的妹妹。她是奥索尔孔三世（Osorkon III）的女儿舍普努佩特一世（Shepenupet I）的继任者，拥有"圣女"（Divine Adoratrice）和"阿蒙神妻"（God's Wife of Amen）的头衔。她作为祭司于公元前8世纪的最后20年统治着底比斯地区。

在古埃及晚期，尤其是第二十五、第二十六王朝期间，这个非常重要的祭司职位发挥着重要的政治职能，用以平衡宗教首都底比斯与行政首都、法老的家乡与宫廷之间的权力关系。这一时期，这项重任由一名与法老相关的女性（女儿或姐妹）来承担。她作为上埃及人来制约和平衡手握大权的底比斯祭司集团对统治权的挑战。圣女通过领养的方式选择继承人，底比斯地区有大量建筑物和雕像上都刻有她们的名字。

在阿蒙尼尔迪斯一世的十多尊雕像中（有些残破程度严重），这尊雪花石膏雕像也许是最知名的。圣女呈站立的姿势，从面部特征来看似乎它原本是一尊男性的雕像。右臂置于体侧，右手持梅纳特项链的后坠，而左臂弯曲于腰部，左手持百合花形状的扇子，这是女性的象征，也是在圣女形象中常见的物件。她没有佩戴项链这一特点，是目前发现的所有阿蒙尼尔迪斯雕像的共同特征。

这尊雕像的风格遵循了第二十五王朝人像的审美准则，即通过强烈的面部特征表达对古典主义的追求。这尊独特的雕像无疑是其中最成功的作品之一。雪花石膏为雕像表面带来的亮度进一步提升了它的精致程度。（R.P.）

塔哈卡的夏勃提像

釉陶
高27.5厘米
努里，塔哈卡金字塔（编号Nu 1）
乔治·莱斯纳发掘（1916—1917年）
第三中间期，第二十五王朝，塔哈卡统治时期
（公元前690—前664年）

夏勃提像是丧葬雕像，它从中王国开始就成为了古埃及随葬品的一部分。它的职能是代替逝者在地下世界从事繁重的农业生产劳动，因此它的形象常被刻画成人形木乃伊，并配备一系列农业生产工具。根据形制和使用木料的不同，其名字有shabti和shawabty之分，其含义都为"（在主人的土地上的）应答者"。

这尊塔哈卡（Taharqa）法老样貌的木乃伊形小雕像，其双臂弯曲，双手从裹尸布中伸出。一只手握有锄头，另一只手中的绳子搭在其肩膀上，绳子系着一个方形的篮子，挂在雕像的身后。

塔哈卡法老微圆的脸型是其相当常见的特征，他的其他夏勃提像也是如此。与第二十五王朝的其他法老的丧葬雕像相比，塔哈卡的夏勃提像有着极其强健的身躯。雕像下方刻有10列圣书体铭文，内容为与夏勃提相关的经典句子。

1916—1917年间，乔治·莱斯纳从位于努里（Nuri）的塔哈卡金字塔内共发掘出土塔哈卡的夏勃提像1070件。雕像沿着墓室墙壁被排成三排。虽然样貌相同，但是材质和尺寸均有不同。材质有陶、方解石、绿色铁白云石和黑色花岗岩，尺寸为25～60厘米不等。

塔哈卡的许多雕像的面部都非常相似，其中包括一尊出土于卡瓦（Kawa）的花岗岩斯芬克斯像，现存于大英博物馆。（R.P.）

JE 36933 - CG 42236

孟图姆哈特雕像

灰色花岗岩
高137厘米
卡尔纳克，阿蒙-拉神庙，窖藏庭院
乔治·勒格兰发掘（1904年）
第二十五王朝末期至第二十六王朝初期（公元前7世纪中叶）

孟图姆哈特是古埃及晚期极为知名的官员之一。他的这尊雕像采用的是男性形象的传统站立姿势，左腿在前，双臂置于体侧，双手握拳。

他头戴向外张开样式的假发。这种样式的假发在新王国时期使用相当普遍，第二十五和第二十六王朝时又被再次使用。他身着简单的埃及式带褶短裙，腰带上刻有他的姓名和官职。

孟图姆哈特的面部表情非常有表现力：紧锁的双眉，深邃但细长的双目，下方是厚重的眼袋和高耸的颧骨。他鼻宽口阔，双唇紧闭，嘴角平直，加上凝视远方的目光，构成了一副充满信心而坚毅的面孔。

雕像的基座和背部立柱上刻有铭文。内容是给神明的献词以及流行于第二十六王朝献给"地方神"的文字。最后为孟图姆哈特的头衔："阿蒙神第四祭司，底比斯市长，上埃及的统治者"。（R.P.）

保存在都灵博物馆的一份纸莎草纸文献上记录着内卫总管（Chief of the Medjay）的话："神鹰已飞向天空……宫殿里的王子端坐在拉神的王座上。"他向"墓葬里的人"宣布法老已经驾崩，而他的继承人已登上王位。接下来是一系列的丧葬仪式，随后木乃伊被安葬在填满随葬品的墓室内。这些必要的随葬品可以让拉神之子得到安息并且确保他能再次醒来。

自古以来，王室的墓葬就和臣民的有所区别，正如法老在精神世界里有特殊的天命一样。从早王朝时期的宫殿正门样式的马斯塔巴，到阶梯金字塔，再到真正的金字塔（不止有著名的胡夫、

P266中
船模型

JE 4680 = CG 52642
白银
长48厘米，最宽6.8厘米
德拉阿布纳加，阿赫霍特普一世王后墓
埃及文物部发现（1859年）
第十八王朝，阿赫摩斯统治时期
（公元前1550—前1525年）

P266上
生命之符

JE 32491
釉陶
高21厘米，宽12厘米
阿蒙霍特普二世墓（编号KV35）
维克多·洛雷发现（1898年）
第十八王朝，阿蒙霍特普二世统治时期
（公元前1427—前1401年）

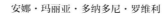

安娜·玛丽亚·多纳多尼·罗维利

国王谷和戴尔巴哈里的隐蔽墓葬

哈夫拉和孟卡拉三大金字塔），王室墓葬都在凭借其坚固且无法进入的外表，象征着荷鲁斯的代言人以及最高统治者的"永恒之地"。人们还认为，法老要确保这个国度有永远的繁荣与安定。

然而，一段著名的文字记录了第一中间期动荡时内部政治的脆弱和金字塔的不堪一击："像神鹰一般被下葬的人被人们从石棺里撕扯出来。金字塔的静谧被打破了……连骨灰盒都没有的人现在拥有了整座陵墓。那些神圣之地的主人们都被抛进了沙漠之中。"［选自《伊布乌尔的哀歌》（The Lamentations of Ipu-ur）］

新王国早期政权重新凝聚后，王

室的墓葬被迁到都城附近的地区。第十一王朝时，底比斯的统治者将陵墓设在位于尼罗河西岸的塔里夫（el-Tarif）和戴尔巴哈里地区，如孟图霍特普一世（Mentuhotep I）的陵墓，而第十二王朝时他们又回到了北方。

在第二中间期时，埃及受到了希克索斯人入侵的重创，第十三王朝和之后赶走入侵者的第十七王朝的法老们在底比斯建造了墓葬。这些墓葬的地点为尼罗河西岸缓坡上的德拉阿布纳加。和第十一王朝时的选址一样，这里临近居住区。塞凯内恩拉·塔奥二世（Seqenenre Tao II）的木乃伊被发现于一座无名墓葬

P266-267
胎儿木乃伊的丧葬面具

JE 39711
石膏、金箔
高16厘米
国王谷（编号KV54）
爱德华·罗素·艾尔顿和西奥多·戴维斯发现（1907年）
第十八王朝，图坦卡蒙统治时期
（公元前1333—前1323年）

P268左
拉美西斯六世的夏勃提像

JE 96857 = CG 48415
彩绘木
高26厘米
国王谷
第二十王朝，拉美西斯六世统治时期
（公元前1151—前1143年）

内，头部有明显的血腥打斗的痕迹。胜利者卡摩斯和阿赫摩斯继承了王位。

第十八王朝的统治者们在稳坐江山之后，选择戴尔巴哈里后面的一处山谷作为他们的"永恒之地"。山谷避开了沿河的居民区，因此传统上由墓葬与神庙组成的丧葬建筑也被拆分开来。埃及语直译为"万年之宅"的葬祭庙被建在了尼罗河岸边，这类建筑被人们用以确保对法老的崇拜可以永恒。而埋葬地点则选在了群山环抱、封闭静谧之地，葬礼队伍仅能通过一条窄路进出山谷。

此地被称作"国王谷"，阿拉伯语意为"国王的大门"（Biban el-Muluk）。对于古代埃及人来说，他们称此地为"伟大之地"（Ta-set-aat），或简称"山谷"（Ta-int）。一座类似于金字塔尖的山峰高耸于山谷之上，这个具有代表性的形状或许是它被法老选中的原因之一。主山谷被分为东侧山谷和西侧山谷。大部分墓葬位于东山谷，而西山谷的悬崖峭壁则极具险峻之美，那里仅有阿蒙霍特普三世和阿伊的墓葬。图特摩斯一世的墓葬是这里已知年代最早的墓葬，里面还提到了实施建造该墓葬的建筑师伊内尼（Ineni）。实际上，伊内尼的墓葬位于库尔那，里面的自传体铭文叙述道："我负责在岩壁上为法老开凿陵墓并且独自完成，除我以外无人知晓此事。我细心寻找着绝

P268右
图特摩斯一世的石棺

JE 52344
黄色石英
长248.5厘米，宽90.5厘米，高100.5厘米
国王谷，图特摩斯一世（Thutmose I）墓（编号KV38）
第十八王朝，图特摩斯一世统治时期
（公元前1504—前1492年）

佳的位置……我建了墓地，以便为陵墓贴上石膏。我在那里所做之事是前人从来没有做过的……所做的探索也是为了后人。"铭文中除去一些固定表达之外（例如，在尊重前任的基础上强调自己的创新），尤其特别的是强调了任务的保密性。

　　丧葬仪式完成之后，除了留有为现任法老建造陵墓的工匠们以及墓区的守卫，山谷仍然处于荒凉的状态。工匠们居住在一处与世隔绝的村落，即现在的戴尔麦地那，每日通过一条小径进入山谷。村里的居民们都是石匠、书画匠、雕刻匠、木匠和金匠。

　　村落选择孤立的位置是为了国王谷和王后谷建造工作的秘密能够得以保守。工匠村南侧的山谷里，埋葬的是法老的孩子、妻子和其他亲属。工匠村拥有自己的神庙和墓地，这里的发现为我们提供了大量的物证，其中一些文献证据展现了这个小社区的日常生活中不为人知的细节。

　　法老的陵墓开凿于峭壁的深处，结构复杂，包括有一系列的阶梯、斜坡和墓道，有时还有很深的竖井。这些走廊里很深的竖井是给盗墓贼制造的陷阱，也可以收集雨水，预防水灾，竖井还代表了努神和索卡里斯的洞穴。主墓室的面积最大，支撑天花板的石柱通常是从岩石上直接雕刻出来的。墓葬房间的排列顺序随着时间的推移而有所演变。第十八王朝时期的墓葬（除阿伊的墓葬之外）遵循直角形的规划法则，墓道走到一半处突然转弯。而在第十九王朝时，墓道近乎是一条直线，在墓道一半处转弯的角度较小。最晚的墓葬形制就是一条笔直的墓道。

　　组织工匠建造和装饰墓葬的流程非常详细。反复冗长的前任法老葬礼结束后，刚登基的法老或许就已开始着手修建自己的陵墓了。仅制作木乃伊这一项就需要大约花费70天时间。若一位法老早逝，或许下葬时他的陵墓都还没有建造完成。特殊情况下，会先占用别人的墓室。

　　首先要选址。选址时要考虑岩石的质量必须适于开凿，以及要临近之前的墓葬。工匠队伍分为两组，双管齐下。石匠开凿墓室，劳工将大量的石灰岩碎块运出，之后就轮到负责装饰的工匠登场了。雕刻匠和书画匠在墓室和走廊的墙壁及天花板上绘满图像和文字，确保法老可以获得永生。文字与图像描绘的是太阳与法老在地下的旅程，途中的艰难险阻都被一一克服。埃及学家将这种文献命名为阿姆杜阿特之书（最古老且引用次数最多）、拉神祈祷文（Litany of Re）、门之书（Book of Gates）和亡灵书（非王室墓葬中出现较多）。另一些只在第二十王朝期间使用，例如洞穴之书（Book of Caverns）、日夜之书（Book of Day and Night）、天牛之书（Book of the Celestial Cow）以及大地之书（Book of the Earth）。

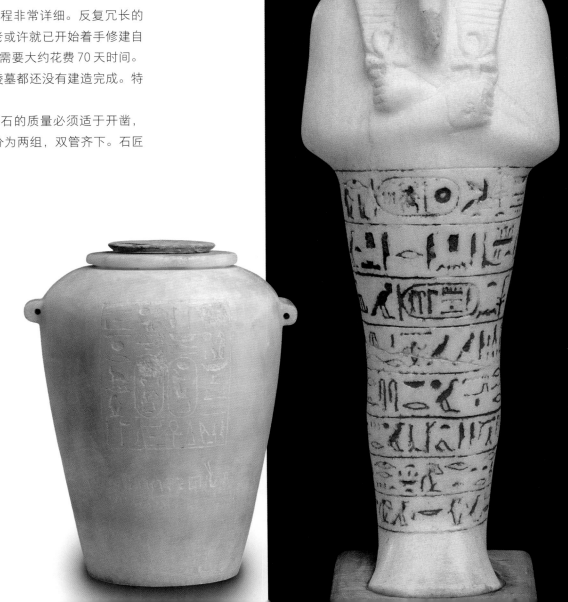

P269左
哈特舍普苏特的石罐

JE 57203
方解石
高33.5厘米
国王谷
第十八王朝，哈特舍普苏特统治时期
（公元前1473—前1458年）

P269右
阿蒙霍特普二世的夏勃提像

CG 24230
雪花石膏
高22.5厘米
国王谷，阿蒙霍特普二世墓（编号KV35）
第十八王朝，阿蒙霍特普二世统治时期
（公元前1427—前1401年）

到目前为止，考古工作者共发现墓葬 62 座，还有许多竖井和埋藏点以及许多葬礼时使用的物品。约翰·加德纳·威尔金森（John Gardner Wilkinson）于 1827 年最早使用墓葬编号系统。后面的发现就延续了这一编号的使用，最后一个编号是 62，为 1922 年发现的图坦卡蒙墓。在这些墓葬之中，只有 24 座王室墓葬，其他的为法老的孩子和其他亲属的墓葬，或者是当时高官的墓葬。从第十八王朝到第二十王朝的所有法老都被埋葬在这里，但有两个例外：阿蒙霍特普四世（即埃赫那吞）将自己的墓葬建在了阿玛尔纳，而拉美西斯十一世（Ramesses XI）的墓葬一直未能完工。不过，有些墓主人的身份尚不能确认。阿蒙霍特普一世的墓葬原址还未被找到，但他的木乃伊被藏在了戴尔巴哈里的隐蔽墓葬里。他和他的母亲阿赫摩斯·奈菲尔塔丽（Ahmose Nefertari）被认为是王室陵墓区的缔造者。

虽然有守卫军保护着山谷里的陵墓，但这里很快就被盗墓贼注意到了，甚至刚下葬就受到了侵扰。这些与法老一起下葬的丰厚的随葬品，不可避免地受到了许多贪婪者的觊觎。

早在第十八王朝时就有侵扰王室陵墓的切实记录。例如，在图特摩斯四世的墓葬中，前厅南墙上用漂亮的祭司体文字记载了在郝列姆赫布统治的第八年时国库官玛雅（Maya）和他的助手杰胡提麦斯对该墓葬进行修复的事件。这位叫玛雅的官员很有可能是活跃于图坦卡蒙时期的那个我们知道的玛雅，他修复了这位小法老的墓葬，并在墓葬上盖上了印章（一只豺狼和九名被俘因徒的图案）。一系列的盗掘事件很有可能源于阿玛尔纳异端所引发的动荡，而随后社会的安定使得人们对墓葬又进行了修缮和维护。王后提伊的父母——尤雅和图雅的墓葬就是很好的例证。这座墓葬在 1905 年被发现的时候，虽然看上去未被盗掘过，但实际上有遭到破坏之后被重新修缮的明显痕迹。

之后的朝代仍有盗墓行为。一份保存在都灵博物馆被称作"袭击纸莎草纸"（Strike Papyrus）的文献，记录着一群工匠在拉美西斯三世统治的第二十九年破坏拉美西斯二世和他的孩子们的墓葬的事件。这样的破坏活动在第二十王朝末期至第二十一王朝初期到达了顶峰。底比斯的高级祭司们不断地发起起义，最终终结了在经济上遍体鳞伤的拉美西斯王朝。

我们有大量这时被记录在纸莎草纸上的盗墓贼的审讯报告，其中保存在大英博物馆的阿伯特纸莎草纸（Abbott Papyrus）在这类文献中记录得最为翔实。莱奥波德-安赫斯特纸莎草纸文献（Leopold-Amherst Papyrus）意外地保留下一段盗墓贼的自白，生动地向我们描述了他在令人窒息的地下墓室里举着火把寻宝的痛苦经历。接着，文献详述了底比斯的管理者们听到了盗墓贼被捕入狱并且没收非法所得的事。但他被释放后，仍跟随乡亲们一起继续进行盗墓活动。

这些叙事无需多言，它为我们提供了一幅国王谷盗墓行动的生动画面。迈尔纸莎草纸 A 和 B 进一步印证了这类盗掘事件。它讲述了盗墓贼盗取塞提一世、拉美西斯一世和拉美西斯六世墓葬的行为。盗墓贼多年之前犯案，证人是两名已故被告的妻子和儿子。妇人用伤感的语调讲述了她的丈夫当年如何盗取墓葬里的铜制品。供出的盗掘品包括青铜和红铜制成的釜、壶和罐，还有上等的衣服和织物。之后赃物被平分为 5 份，每个同伙取一份，大概价值 100 德本（计量单位）的铜。当然，盗墓贼不仅对贵金属下手，还有普通的金属器皿和衣物，有时还有香脂膏。这些物品价高而且便于处理。

在第二十一王朝初期，情况持续恶化，国王谷已经失守了。因此，他们决定对所有的木乃伊进行修复，原棺椁已遭到毁坏的木乃伊会被放到新的棺椁里，并再次埋葬在更加难以靠近的地方。根据棺椁和木乃伊的绷带上的文字记载，这样的迁移不止发生过一次。当再次被发现时，可明显看出这些已经失去了

P270 左
有翼圣蛇

CG 24629
木
高 44 厘米，长 65 厘米，宽 16 厘米
国王谷，阿蒙霍特普二世墓（编号 KV35）
第十八王朝，阿蒙霍特普二世统治时期
（公元前 1427—前 1401 年）

P270 右
拉美西斯二世木乃伊

CG 61078
长 173 厘米
底比斯西部，戴尔巴哈里隐蔽墓葬（编号 TT 320）
埃及文物部清理（1881 年）
第十九王朝，拉美西斯二世统治时期
（公元前 1290—前 1224 年）

最珍贵的随葬品的木乃伊仍然会引发盗墓贼的贪念。

接近 19 世纪末时，马里耶特晚年的时候，一些原本属于法老的纸莎草纸文献和遗物出现在了当地的文物市场，而这几位法老墓葬的位置尚未被发现。时任埃及文物部门负责人的马斯佩罗下令开始调查此事，于是发现阿卜杜勒·哈苏尔（Abd el-Rassul）家族的两兄弟有违法行为。他们被当局逮捕并且进行了长时间的审问，最后当他们知道已无法继续获利时，才如实招供。当时马斯佩罗已回到法国，于是他的助手埃米尔·布鲁格什（Émile Brugsch）接管此事。他被领到这处隐蔽的地点，位于戴尔巴哈里神庙左侧的山沟里，在一座竖井的底部有一条幽深笔直的通道。在狭窄的空间内，层层叠叠地码放着近 40 具木乃伊，其中就有那些伟大的法老：塞凯内恩拉·塔奥二世、阿蒙霍特普一世、图特摩斯一世、图特摩斯二世、图特摩斯三世、塞提一世以及拉美西斯一世、拉美西斯二世、拉美西斯三世和拉美西斯九世。通道尽头有一间小墓室，里面埋葬着这座墓（编号 TT 320）的原墓主人派努杰姆二世（Pinudjem II）夫妻以及杰德阿蒙伊乌尼安赫夫妻。

出于安全考虑，隐蔽墓葬里的木乃伊及文物被紧急转移至开罗埃及博物馆。木乃伊首先被停放在一座墓葬内，之后在大厅内展出。如今它们已经被安置在一个定制的房间内，里面配备了各种仪器设备为木乃伊提供良好的保存环境。

数年后的 1898 年，维克多·洛雷（Victor Loret）在阿蒙霍特普二世的墓葬（编号 KV 35）内发现了第二座隐蔽墓葬。这里是类似的情况，在原墓主人的墓葬内保存着许多遗骸，其中就有阿蒙霍特普三世、图特摩斯四世、塞提二世、美楞普塔、希普塔（Siptah）、拉美西斯

四世、拉美西斯五世和拉美西斯六世以及一位无名女性的木乃伊。在一间侧室内还发现了三具无棺木乃伊，其中一具被称作"老妇人"（Old Lady）的木乃伊被确认为王后提伊。其他墓葬（如编号 KV 55）的墓主人尚未确定，学者推测有可能为阿蒙霍特普四世（即埃赫那吞）。

还有许多的王室木乃伊未被发现，或许还有另一座如 1908 年在郝列姆赫布墓葬内发现的隐蔽墓葬或者公墓，尚未得到正确的解释。如今，埃及政府部门和众多国外团队在国王谷的考古工作正在如火如荼地进行，未来可能会有更多惊人的发现。

P271
放赫努塔维（Henuttawy）夏勃提像的木箱

JE 26272 B
木
高 58 厘米，宽 34 厘米
戴尔巴哈里
第二十一王朝（公元前 1070—前 945 年）

作 者 简 介

安娜·玛丽亚·多纳多尼·罗维利生于罗马，毕业于罗马大学东方考古专业。她于 1965 年开始在都灵埃及博物馆任职，1984 年回到罗马，担任中央修复研究院考古遗产服务处主任，负责博物馆的修复和扩建工作。她曾策划了许多展览，出版了许多兼顾学术性和大众性的书籍。她主持并重启了 20 世纪上半叶意大利团队在哥贝林地区的考古工作。

JE 4663 = CG 28501

阿赫霍特普的木棺

·····················

木、金箔、雪花石膏、黑曜石
长212厘米
德拉阿布纳加，阿赫霍特普王后墓
埃及文物部发掘（1859年）
第十八王朝，阿赫摩斯统治时期（公元前1550—前1525年）

第十七王朝或许有两位阿赫霍特普。其中之一是法老塞凯内恩拉·塔奥一世（Seqenenre Tao I）与王后泰提舍丽之女，继而又是阿赫摩斯的母亲，也可能是卡摩斯的母亲。另一位同名的女士可能是卡摩斯的妻子，她被埋葬在德拉阿布纳加地下的一座很深的墓室里。

木棺只保存下了硕大的棺盖，底部已被毁坏。根据当时的记录，所有的珍贵随葬品被取走后，王后腐败的木乃伊也被丢弃了。

棺盖由一整块木料（无花果树或雪松）雕刻成木乃伊形状，逝者的身体装饰有羽毛纹饰。这种装饰风格常见于第十七王朝和第十八王朝初期，阿拉伯语称之为 rishi，意为"带羽毛的"。棺盖上有一层薄的石膏，用来雕刻装饰，最后贴上金箔。

雕刻在棺盖上的面部周围有很大的假发装饰，上面用细微的波浪纹描绘出头发的样子。假发的末端是两个发卷，中间为蓝色，一直垂到前胸。圆形的发卷是棺盖上最醒目的形状，其余部位被一笔带过。前额处或许曾有黄金的圣蛇装饰，蛇尾部分还保留在棺盖上。

王后的面部和颈部周围有一条蓝色的线，蓝线内代表裸露的皮肤。精致而理想化的脸上洋溢着微笑，让逝者的表情显得很平静。杏仁形的眼睛里镶嵌着半宝石，在眼睑处用石膏固定。眼白部分为雪花石膏，瞳孔为黑曜石。眉毛与眼线的颜色为蓝色。

棺盖的其他部分装饰着大量的羽毛纹饰，代表伊西斯的翅膀保护着王后的身体。位于中央的圣书体字符为一段献祭铭文，其中的王名圈内是阿赫霍特普的名字。逝者的脚下简略地描绘了伊西斯和奈芙提斯的形象，她们跪坐在一个祭坛前。棺盖内侧涂满了黑色的颜料。（S.E.）

JE 4694 = CG 52671

蝇形挂饰

·····················

黄金
链长59厘米，挂坠长9厘米
德拉阿布纳加，阿赫霍特普王后墓
埃及文物部发掘（1859年）
第十八王朝，阿赫摩斯统治时期（公元前1550—前1525年）

阿赫霍特普王后的隐蔽墓葬里保存着一组仪式用的武器以及其他女性墓葬中罕见的物品。这位第十七王朝的王后曾被认为是卡摩斯的妻子，这位法老曾率军抵抗希克索斯人的统治。驱逐外族侵略者的任务最终由阿赫摩斯完成，他统一了国家，成为了第十八王朝的奠基人。阿赫霍特普王后在整个第十八王朝享有很高的地位。

这类项饰属于军队饰品，英勇作战的士兵可以获得法老的"金蝇勋章"（Order of the Golden Fly）。

这条项链有一条打造精细的链子，上面挂着三个蝇形的挂坠。它们的造型如同正在地上休息，双翅光滑而身上带有花纹装饰。头上有两个标志性的凸起的眼睛。虽然整体造型的风格很强，但蝇类的基本特征很容易辨识。双目之间的小环使得挂坠可以被固定在链子上。（R.P.）

JE 4681 = CG 52666
JE 4669 = CG 52668

放在木车上的船模型

船（JE 4681）：黄金、白银；长43.3厘米

车（JE 4669）：木、青铜；长20厘米

德拉阿布纳加，阿赫霍特普王后墓

埃及文物部发掘（1859年）

第十八王朝，阿赫摩斯统治时期（公元前1550—前1525年）

这件物品同样来自阿赫霍特普王后的墓葬。模型表现了一艘由芦苇捆和绳子制成的船，在船头和船尾处有两朵盛开的纸莎草花。船的两侧一共有四个金环。甲板的两端各有一个小盒子，分别是舵手和船长的座位。船长站在船头，面向船尾，他将手放在嘴上，似乎正在向其他船员发号施令。他的座椅上重复装饰着伊西斯结的图案。舵手站在另一端，他站立着面向船头，握紧手中的船舵。身后是另一个座位，上面装饰着狮子的形象和法老卡摩斯的王名圈，他是法老阿赫摩斯的长兄和前任法老。第三个形象是可拆卸的，他坐在船的中间位置。这三个人物形象为黄金材质并且尺寸比其他人物大。

尺寸较小的银制划桨手有 12 名。这些划桨手全部背向船头，双手握着探出船外的船桨（其中两个已丢失）。

船身被放置在一辆有四个青铜轮子的车上。这辆车上还放着另一个出土于阿赫霍特普王后墓葬的银制船模型。

从最早期的随葬品以及居址遗存当中就发现了船模型，那时它们通常由泥土或陶土制成，而晚期则为木制品。这种交通工具大量出现在容器和壁画上，无疑表明行船是尼罗河上主要的交通方式。（R.P.）

JE 4684 = CG 52069

阿赫霍特普的手镯

黄金、青金石
直径5.5厘米，高3.4厘米，重96克
德拉阿布纳加，阿赫霍特普王后墓
埃及文物部发掘（1859年）
第十八王朝，阿赫摩斯统治时期（公元前1550—前1525年）

与阿赫霍特普王后木乃伊一起下葬的还有大量的武器、标志和首饰，并且几乎都刻着阿赫摩斯的名字。几次变迁之后，最后这批文物在马里耶特的看管下，归埃及总督所有。

这座隐蔽墓葬带来的财富和价值实际上几乎全部是由法老的礼物组成的，这表明了王室女性在新王国成立之初所起到的重要作用。另一种看法认为，王室女性之所以重要是因为她们被当作王室血缘的载体而非其个人能力。

这只手镯是王后木乃伊随葬品首饰中最精美的一件，装饰由图案和圣书体字符组成。右手边的装饰由一对镜像的图案构成，端坐的神明为盖伯（Geb），他正庇佑着跪在面前的法老阿赫摩斯。左侧的神明头戴红冠，而右侧的神明头戴红白双冠。两幅图案的中间为神明的名字，法老的名字被刻在左右两端。

手镯的另一半上刻画着两个精灵、法老的祖先和统一的两块土地。两个精灵分别是下埃及隼头形象的派（Pe）和上埃及狼头形象的奈肯。它们双臂抬起做出庆祝的动作，表示承认法老继承王位的合法性。（R.P.）

阿蒙霍特普二世的夏勃提像

灰绿片岩
高31厘米
国王谷，阿蒙霍特普二世墓（编号KV 35）
维克多·洛雷发掘（1898年）
第十八王朝，阿蒙霍特普二世统治时期（公元前1428—前1397年）

阿赫摩斯·梅丽塔蒙的木棺

雪松木
高313.5厘米，宽87厘米
戴尔巴哈里，岩墓（编号TT 358）
埃及文物部和大都会艺术博物馆发掘（1929年）
第十八王朝，阿蒙霍特普一世统治时期（公元前1525—前1504年）

　　这尊精美的阿蒙霍特普二世丧葬雕像与其他许多法老的随葬品一起出土于1898年3月。在各类材质的夏勃提像中，有相当一部分是由片岩制作而成的，并且外形相似。法老呈木乃伊的造型，双臂交叉在胸前，手中握有生命之符，高度为17～31厘米不等。阿蒙霍特普二世头戴条纹装饰的头巾，前额中间有象征王室的圣蛇。在品相完好的雕像中可以看到，细长的假胡子在末端向上微翘。这尊雕像所呈现的法老面容清秀。

　　在手臂下方的下半身部分刻有8列夏勃提专用铭文，是来自亡灵书第六章的内容。铭文的内容与其他片岩制成的雕像和另一尊雪花石膏雕像上的内容大致相同。圣书体字符和其他刻画线条内填充的是黄色的颜料。

　　铭文的内容以法老的出生名开始，随后的段落是要求夏勃提随时答应法老的要求，代替法老完成在地下世界的所有工作。（R.P.）

　　这具木棺被发现于戴尔巴哈里哈舍普苏特女王葬祭庙北侧山谷深处的一座岩墓里。

　　使用者依然不确定。根据铭文，发现者赫伯特·温洛克认为这具木棺的主人应是图特摩斯的女儿——阿赫摩斯·梅丽塔蒙（Ahmose Meritamun）。她也是未来的法老阿蒙霍特普二世的妻子。然而，这一假设并没有得到认可，有人认为木棺的主人是另一位同名的王后，即法老阿赫摩斯的女儿，第十八王朝的奠基法老阿蒙霍特普一世的妻子。

　　这具巨大的人形木棺原本被置于一具更大的石棺里面，如今石棺已残破成碎片。这具木棺本身还盛有一具放木乃伊的小木棺。木棺由雪松木制成，外面的包金和镶嵌的宝石早已被盗墓贼掠走。在第二十一王朝期间，修复木棺的工匠将原本贴金箔的部分涂上了黄色颜料，而有镶嵌物的部分则由蓝色颜料替代。

　　这具木棺的装饰风格沿袭了第十七王朝底比斯经典的rishi木棺的特点。阿拉伯文rishi的意思是"带羽毛的"。木棺外侧仿照翅膀绘上羽毛的图案，古埃及人相信女神伊西斯的翅膀可以保护逝者。

　　棺盖上描绘的是逝者双臂交叉置于胸前的形象。她的面部表情庄重，具有超乎寻常的表现力和独特的魅力。棺盖表面还是保留着原木的颜色，但发挥到极致的打磨仿佛能使人感受

到逝者精致的肌肤。双目原本镶嵌着黑曜石、雪花石膏和青金石，但是现在由琉璃所替代。假发上的蓝色装饰物原本也镶嵌着宝石。胸前和双臂上蓝色的颜料也是在第二十一王朝期间修复的部分。假发和躯干的雕刻缝隙里仍然可以发现有少量金箔的痕迹。她双手握着象征青春与生命的纸莎草权杖，手腕处的两道刻痕代表逝者佩戴的手镯。棺盖的其他部分覆盖着羽毛的图案。最初先用黑色墨水画上线条，然后依照线条雕刻，最后贴上金箔。中间蓝色的铭文从腹部延伸至脚踝的位置，内容为常见的献祭铭文。圣书体铭文中发现的石膏粉或许表明，最早铭文里面镶嵌有蓝色的琉璃。

这具木棺是真正木雕工艺的巅峰之作，是第十八王朝艺术的代表作。（S.E.）

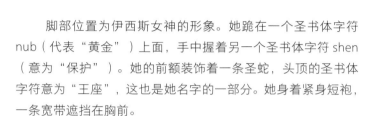

JE 37678 - 52459

哈舍普苏特女王的石棺

···························

红色石英
高100厘米，长245厘米，宽87.5厘米
国王谷，哈舍普苏特墓（编号KV 20）
第十八王朝，哈舍普苏特统治时期
（公元前1473—前1458年）

这具矩形的石棺在其头部的位置呈弧形，使整个石棺有类似于保护法老姓名的王名圈的形状。石棺被发现于国王谷内哈舍普苏特成为法老后在这里为自己开凿的墓室中。埃及工匠将石棺的每个面都打磨得非常光滑，然后雕刻上精细的装饰图案。石英是极为坚硬的岩石之一，而红色又与太阳神崇拜相关。这里描绘的神明的形象，其风格和精美程度与女王的其他物品高度一致。数列圣书体铭文介绍了守护女王地下旅程的神明和精灵，并将画面分为不同的区域。

脚部位置为伊西斯女神的形象。她跪在一个圣书体字符 nub（代表"黄金"）上面，手中握着另一个圣书体字符 shen（意为"保护"）。她的前额装饰着一条圣蛇，头顶的圣书体字符意为"王座"，这也是她名字的一部分。她身着紧身短袍，一条宽带遮挡在胸前。

伊西斯面前的三列铭文记录着："你的双臂环抱法老玛阿特卡拉（Maatkare，哈舍普苏特的登基名），你照亮了他的面容，使他睁开了双眼。"整幅画面的边框为三个王名圈，两个纵向的王名圈在两侧，一个横向的王名圈在上方。石棺的另一端有相同的场景，描绘的是另一位女神奈芙提斯。

石棺右侧描绘的是荷鲁斯的两个儿子：伊姆赛特和杜阿姆特夫，中间位置是"站在神明帐篷前的阿努比斯"（Anubis Khentisehnetjer）。荷鲁斯的另外两个儿子哈皮和克贝赫塞努夫，他们与"防腐者阿努比斯"（Anubis Imyut）在石棺的左侧。两侧的铭文内容都是保护女王的咒语。左侧装饰的一双荷鲁斯之眼可以使逝者观察到石棺外发生的一切。棺内的装饰仍是伊西斯和奈芙提斯的形象。（R.P.）

卡诺匹克罐

方解石、琉璃、石英、黑曜石
高38.5厘米
国王谷（编号KV 55）
爱德华·罗素·艾尔顿和西奥多·戴维斯发现（1907年）
第十八王朝，埃赫那吞统治时期（公元前1353—前1335年）

编号为 KV 55 的墓葬被发现时已是遍地狼藉。连同被故意抹去墓主人名字的棺椁，还发现了其他明显带有阿玛尔纳风格的随葬品和一套卡诺匹克罐。其中一只卡诺匹克罐现藏于纽约大都会艺术博物馆，剩余三只现在保存在开罗的博物馆内。

　　这套罐子的共同特点是刻在罐体上的铭文和装饰图案全部被仔细地除掉了，所以无论是逝者的姓名还是护身咒语都无法释读。这是对这座未完工墓葬内逝者的罪行有意为之的"记录抹除"（Damnatio Memoriae）的惩罚。所以，墓主人的身份长期以来一直是探讨的主题。

　　根据新王国时期的习俗，此时卡诺匹克罐的盖子全部为墓主人的肖像。面部为女性形象，头戴短款假发，两侧的头发斜垂下来。前额原来装饰有一条圣蛇，这一特征表明逝者为王室成员。墓葬中一座带有王后提伊名字的贴金木龛令最初的发现者做出推测，这里是阿蒙霍特普三世的妻子，即埃赫那吞母亲的墓室。这间墓室随后又被人再次使用了。

　　和谐均衡的外观让这套精美的卡诺匹克罐跻身阿玛尔纳时期最惊艳的王室肖像之列。这张神秘的面孔可能是埃赫那吞的某个女儿，也可能是他的妻子吉娅。（F.T.）

被抹去姓名的木棺盖

木、金箔、青金石、琉璃
长185厘米
国王谷（编号KV 55）
爱德华·罗素·艾尔顿和西奥多·戴维斯发现（1907年）
第十八王朝，埃赫那吞统治时期（公元前1353—前1335年）

编号为 KV55 的墓葬里有一具神秘的木棺，上面的姓名被抹去了，并且面部也全部被毁。自从这座被开凿于拉美西斯十一世的墓室下方的小型墓葬被发现之后，它就成为了埃及学界最引人关注的谜团。

　　与木棺一起被发现的还有其他随葬品，它们或多或少都和阿玛尔纳时期相关。在阿蒙霍特普三世的妻子提伊的木龛上，有被精心抹去的埃赫那吞的标志和名字。在用于保护墓室的带有法力的泥砖上却留着埃赫那吞的名字。在壁龛内放有整套的卡诺匹克罐（带有阿玛尔纳公主或埃赫那吞妻子吉娅的特征）。罐体上的铭文已被抹去，前额处的圣蛇也被取走了。

　　在墓室内的碎石块中，还发现了带有提伊名字的物品和许多带有图坦卡蒙王名圈的印章。遗憾的是，当时的发掘记录并不详细，一些遗漏导致在后世学者试图解释时遇到了不小的困难。

　　最初对木棺中的木乃伊进行检查后认定逝者为一名女性。随着研究的逐渐深入，结论证明这是一具年龄在 20～25 岁的青年男性木乃伊。

　　自从墓室被发现后，关于这具木棺主人的真实身份，人们有一系列的猜测。西奥多·戴维斯认为墓主人是王后提伊。尽管事实上木乃伊被认定是一名男性，但是似乎可以肯定的是，墓葬中最早的木乃伊和随葬品属于阿蒙霍特普三世的妻子提伊。她于埃赫那吞统治期间逝世。随后，这座墓葬应该又被打开了 2～3 次：提伊的木棺被移走了（搬至阿蒙霍特普三世的墓葬内），名字被抹去的人的木棺占据了墓室；之后有人再次进入墓室，故意毁坏了随葬品。理清墓室内事件发生的顺序是一件困难的事，而为木棺内的木乃伊找到姓名则是更加困难的。埃赫那吞和他的继任者斯迈恩卡拉曾多次被提及，但这样一个长久以来的谜团始终没有确凿的答案。

　　这具木棺被发现时的保存状况很差，随后被专家修复。棺盖上所呈现的假胡子、前额的圣蛇和连枷，清楚地表明这是一具为贵族木乃伊准备的木棺。不合常理的一点是，头部并没有佩戴常见的埃及式头巾，而是戴着沉重的假发。

　　面部的金箔和眼眉处的镶嵌物已被掠走，铭文里面所有的王名圈内部的名字都被小心地剔除了。这种破坏正是一种被称作"记录抹除"的行为。假胡子上还残留有一些青金石和金箔。双肩上的装饰图案是一条置于披肩上的宽领项链。从披肩里伸出的双手上覆盖着金箔，手中握有代表王室的标志。木棺下半部分的装饰为羽毛图案，与经典的"带羽毛的"（rishi）木棺样式类似。（F.T.）

阿蒙霍特普一世的木棺

彩绘雪松木
长203厘米
底比斯西部，戴尔巴哈里隐蔽墓葬（编号TT 320）
埃及文物部发掘（1881年）
阿蒙霍特普一世统治时期（公元前1525—前1504年）
第二十一王朝，希阿蒙统治时期（公元前978—前959年）
被再次使用

这具带有阿蒙霍特普一世王名的木棺并不是为他本人量身打造的，而是用来放置他的木乃伊的。第二十一王朝期间，阿蒙大祭司决定将底比斯的统治者和祭司们的遗骸安置在一处安全的墓葬内。原墓主人应该为派努杰姆二世。棺盖上木乃伊形象胸前的位置有两段黑色的祭司体文字，可以被断定是派努杰姆二世时期的笔迹。

戴尔巴哈里隐蔽墓葬是阿蒙祭司重新安放法老和祭司木乃伊的地点，是底比斯墓葬区一次罕见的重大发现。

这具木棺为木乃伊形，它在盛放法老的木乃伊之前经过了许多次的修改工作。棺盖由多块木板和皮质的带子组成。假发部分曾经为黄蓝的带状装饰，随后被统一漆成黑色。顶部添加了黄色秃鹫的形象，前额处装饰有一条蓝红黑三段颜色的圣蛇。面部被涂成了黄色，一双大眼睛上方的眉毛显得很突出。嘴角呈微笑状，红色的线条突显出嘴唇的轮廓，也点出了脸颊上的小酒窝。假胡须挂在下巴上。

棺盖表面曾被全部涂成白色，但后来颜料被刮去，露出了原木颜色。最早胸前的彩绘胸饰在盛放阿蒙霍特普一世遗体时被除去了，取而代之的是女神奈赫贝特的形象，她化身为一只伸展双翼的秃鹫。下面有一列献给阿蒙霍特普一世的圣书体铭文，铭文两侧分别有三行圣书体字符，记录着阿努比斯、奥西里斯和荷鲁斯四子的名字。女神奈芙提斯呈跪姿，她抬起的双臂上挂着生命之符。

棺体原本也绘有颜色，但是在被再次使用时颜料被清除掉了。在双肩位置上装饰有荷鲁斯之眼，下方是一个带有红色门的神龛。侧面被铭文分成四部分，内部绘有神像，但文字部分如今几乎已无法识读。木棺内部全部被漆成了黑色。

木棺原有的颜色和一些再次使用时被去掉的痕迹使得学者推测，这具木棺的制作年代应为第十八王朝早期。阿蒙霍特普一世自己的木棺或许已在盗墓贼搜刮棺盖上的金箔时就被毁掉了。像其他法老的木棺一样，替代品的年代大致与统治者生活的年代相符。（S.E.）

CG 61003

阿赫摩斯·奈菲尔塔丽的木棺

木、亚麻布
高378厘米
底比斯西部，戴尔巴哈里隐蔽墓葬（编号TT 320）
埃及文物部发掘（1881年）
第十八王朝，阿赫摩斯统治时期（公元前1550—前1525年）
第二十一王朝时期（公元前1070—前945年）被修复

阿赫摩斯·奈菲尔塔丽是法老阿赫摩斯的妻子、阿蒙霍特普一世的母亲，是当时举足轻重的人物。她是第一位获得"神圣配偶"（Divine Bride）宗教头衔的王后。法老逝世后，她登基成为摄政女王，辅佐年幼的儿子统治国家。鉴于她对底比斯墓葬区和神庙区做出的重要举措，为了感激她一直致力于重组埃及宗教，阿赫摩斯·奈菲尔塔丽从公元前第一千纪初期开始成为了人们歌颂的对象。尤其是在戴尔麦地那工匠村，她的形象出现在不计其数的墓葬中，而她自己的墓葬则位于德拉阿布纳加山谷之中。

王后的木棺为木乃伊形，其巨大的尺寸令人惊叹。在第二十一王朝时，这具木棺和其他王室的木棺一起被转移到了派努杰姆二世的墓葬中。

逝者的形象被描绘在棺盖上，她的双臂交叉于胸前。她头戴的假发上装饰着排列整齐的小圆孔，上面顶着微微向外展开的王冠，一对羽毛立于王冠上。王冠和羽毛的表面同样用规则的小圆孔作为装饰。

她的双目黑白分明，弯曲的眉毛使面部流露出犹豫的神情，嘴部挂着的微笑稍稍抵消了这种神态。由5串珠饰组成的项链围在颈部，最外侧的珠饰为水滴形。双肩和前胸裹着披肩，披肩前面有一个开口并装饰有一系列小圆孔。披肩同样包裹住了双臂，双手呈握拳状，紧握生命之符。手腕处佩戴着一对手镯。

从双臂下方起到棺盖底部刻有一列圣书体铭文，内容为一些献祭词句以及为逝者进行的祈祷——"从北方吹来的舒适的清风"。

棺盖上的小圆孔内填满了蓝色的颜料，曾经覆盖在棺盖表面的金箔已被古时候的盗墓贼掠走。当这具木棺在第二十一王朝时期被修复时，原来金箔的位置被一层黄褐色的涂料替代，以体现古代贴金的效果。

在这具木棺中发现了一具保存状况很差的女性木乃伊（无法断定为阿赫摩斯·奈菲尔塔丽王后本人）和放在红色石膏箱子中的拉美西斯三世的木乃伊。（S.E.）

JE 26214 = CG 61020

拉美西斯二世的棺盖

彩绘木
高206厘米
底比斯西部，戴尔巴哈里隐蔽墓葬（编号TT 320）
埃及文物部发掘（1881年）
第十九王朝，拉美西斯二世统治时期（公元前1290—前1224年）

　　戴尔巴哈里隐蔽墓葬被发现于哈舍普苏特女王葬祭庙南侧的峭壁之上。它由一条在岩壁上开凿的走廊和一个用于出入的竖井组成，并没有其他特别的地上结构。我们现在知道原墓主人是派努杰姆二世。阿蒙祭司们把这里选为新王国时期最伟大的法老遗骸的隐藏地。他们相信这座外表看上去并不起眼的墓葬可以保护这些王室木乃伊免受自新王国末期起发生在底比斯的长期的有组织的盗墓侵害。

　　在被转移到最终的安息地之前，拉美西斯二世的遗体被藏在了他的父亲塞提一世的墓里，这里被认为更加安全。当这座墓葬也被盗掘后，他们不得不做最后的转移。在最后盛放拉美西斯二世遗体的木棺盖子上，一段用祭司体写成的文字记录了这具木乃伊所有被迁移的故事。这段描述文字被放置在了两个王名圈下方，王名圈内就是这位著名的法老的名字，这或许就是木棺内木乃伊的真实身份。

　　这具木棺是否原本就属于拉美西斯二世，这个问题尚无准确的答案。作为一名统治埃及长达 67 年的法老，他下令建造的建筑物的数量前无古人，后无来者，拥有一具像图坦卡蒙墓出土的那样的金灿灿的棺椁似乎更符合人们的期待。然而，盛放拉美西斯二世木乃伊的棺椁却是使用榫卯结构拼接的木棺。原先或许在棺材表面有一层石膏装饰以及金箔，随后被盗墓贼掠走，但是木棺的现状与这一推测并不吻合。从现在的保存情况来看，这更像是一个半成品而非被盗抢的结果。实际上表面也没有一处被强行拆除金箔的严重破坏痕迹。棺盖上的装饰彰显着法老的身份：圣蛇、假胡子、权杖和连枷。

　　朴素的彩绘面部特征使人想起了埃赫那吞统治时期之后的艺术风格。这一点也增加了人们对于木棺主人是拉美西斯二世的疑惑，一些学者认为木棺的原主人是拉美西斯一世。但是，由于人们所获得的信息有限，这些问题都没有办法得到令人满意的答案。可能的情况是，在某次转移拉美西斯二世的遗体时，人们将他的遗体放进了另一位法老的木棺里。

（F.T.）

JE 26278 - 26279
CG 44101

镜匣与铜镜

匣：无花果木、象牙；长28厘米
镜：铜；长12.5厘米，宽11厘米
底比斯西部，戴尔巴哈里隐蔽墓葬（编号TT 320）
埃及文物部发掘（1881年）
第十八王朝（公元前1391—前1353年）和第二十一王朝，
派努杰姆一世统治时期（公元前1065—前1045年）

根据埃及博物馆的文物登记簿的记录，这套镜匣和铜镜被放置在王后赫努塔维木乃伊的前胸位置。她是阿蒙大祭司和法老派努杰姆一世的妻子，她与众多新王国时期的著名法老一起被埋葬在戴尔巴哈里的隐蔽墓葬中。

在埃及，如同大多数古代世界一样，镜子由金属制成并配有木制手柄。精心打磨过的反射镜面容易损坏，通常需要一个皮制的或由植物纤维制成的专用的保护套。从新王国时期开始，人们开始使用装饰丰富的镜匣。

这个属于赫努塔维王后的镜匣里面用柏油覆盖，盖子的外面镶嵌有象牙材质的装饰物。优雅的装饰外侧被边缘的一圈几何图案环绕。中央是一位站立的少女。她左手握着一束从脚下生出的花束，她的右臂抬起，在张开的手掌中立着一株纸莎草花。少女头戴短款假发，在头的一侧垂下一条辫子。许多莲花在她头顶盛开。除了佩戴有一些首饰之外，少女全身赤裸。

中间垂直的条形画面可以看作是河道，而两侧的鸭子面对面呈对称构图，它们扇动着翅膀好像正在水面上嬉戏。条形画面的两端各有一束纸莎草花。盖子圆形部分的装饰刻画了一幅传统风格的湿地场景。纸莎草占据中间位置，而鸟巢和两只鸭子对称地位于两侧。两簇莲花分别位于少女头部的两侧。

使用者可以通过盖子上的球形把手水平打开镜匣。放在镜匣里面的铜镜手柄已遗失。

少女细腻的面容和首饰的风格与阿蒙霍特普三世统治时期的物品高度相似，镜匣或许就是这个时期的物品。随后，它成为了赫努塔维王后的私人物品，并最终陪她一起长眠。（F.T.）

JE 26200

玛阿特卡拉的木棺

彩绘雪松木、相思木、金箔
长223厘米
底比斯西部，戴尔巴哈里隐蔽墓葬（编号TT 320）
埃及文物部发掘（1881年）
第二十一王朝，派努杰姆一世统治时期（公元前1065—前1045年）

在戴尔巴哈里隐蔽墓葬里的数十具棺椁中，首个被发现的就是这具玛阿特卡拉的木棺。她很可能是阿蒙大祭司派努杰姆一世和王后赫努塔维的女儿，拥有阿蒙神圣女的头衔，同时也是阿蒙神的妻子。

木棺为木乃伊形状，其巨大的尺寸似乎是为放下另一具木棺而设计的。棺内盛放着逝者的木乃伊，有一张木乃伊形状的木板覆盖在上面，这是始于拉美西斯时代的习俗。

人物面部刻画得非常精致，硕大的蓝色假发上用细波浪线模仿出了头发的样子，发梢处有贴金。秃鹫的形象装饰了假发的大部分面积，它的双翼从面部两侧展开，翅膀末端位于颈部的位置，并装饰着头戴上埃及白冠的圣蛇形象。秃鹫的羽翼由金线描边，再填入红色、蓝色和金色的颜料。秃鹫的头部原本应由黄金或贴金的木头制作而成，安放在前额位置，两侧装饰有圣蛇，但现在已经遗失。固定假发的宽发带上装饰着红蓝两色的圣蛇图案。面部和颈部全部贴金，眼线与眉毛为蓝色，瞳孔为黑色。

双臂为弯曲的浮雕。双手原先应当握有贴金的生命之符，如今仅存有左手和左拳握住物体的下半部分。手腕处佩戴着两个宽腕饰，上面装饰有莲花的图案。小臂上的图案是一只头顶太阳圆盘并且有翅膀的圣甲虫，大臂上是一只站在黄金符号上展翅的隼。双臂和项链下方的胸饰为神龛的形状，两只隼头神的中间是一只用前腿抱着太阳圆盘的圣甲虫。另一侧是坐在王座上头戴阿代夫冠（atef）的拉神。前额装饰有圣蛇的玛阿特卡拉正在膜拜神明，伊西斯女神在后面展开翅膀守护着她。

腹部绘有一只巨大的展翅秃鹫。下方有两列圣书体铭文，内容为逝者的名字与头衔。横向的三行铭文从棺盖一直延伸至下面的棺体部分。被铭文分隔开的区域展示了玛阿特卡拉向不同神明献祭的场景。棺盖脚部的上面有两只飞翔的隼，两侧是代表阿努比斯的豺狼形象。脚部下面边缘处还刻有两段献祭的铭文。

棺体部分的装饰和棺盖的一样丰富。头部后面是跪在黄金符号上张开双翼的伊西斯女神。女神翅膀下面是阿努比斯的

形象。棺体上沿布满圣书体字符，下面的场景描绘了荷鲁斯四子、托特和象征长治久安的杰德柱。另一个杰德柱图案出现在脚下的位置，两侧装饰着具有辟邪作用的伊西斯结。（S.E.）

阿赛特玛赫比特的蒙棺布

彩绘皮
高195厘米，长272厘米，宽240厘米
底比斯西部，戴尔巴哈里隐蔽墓葬（编号TT 320）
埃及文物部发掘（1881年）
第二十一王朝，派努杰姆一世统治时期（公元前1065—前1045年）

戴尔巴哈里隐蔽墓葬是法老、高级祭司及其家人棺椁的隐藏地。他们大都生活在第十七王朝至第二十一王朝。1875年，这里被当地居民发现并且暗地里将出土的文物倒卖。直至1881年，经过长期的盘查与审问，埃及文物部才找到了具体地点并且挽回了一批保存在里面的重要文物。在清理过程中，人们在走廊入口处发现了一卷皮制物，明显是当年封闭墓葬时被丢弃在这里的。

展开这件物品后，人们发现这是葬礼时覆盖在阿赛特玛赫比特（Asetemakhbyt）木棺上的类似于帷帐的东西。展示丧葬仪式场景的壁画和木制模型曾经描绘过这件物品。在棺椁被抬进墓室的过程中，木棺上通常覆盖着一件蒙棺布。

顶部的装饰模仿灵柩的屋顶，代表黑夜，秃鹫女神在高处展翅俯视下方。这部分共有四帘，每帘由数块皮子缝制在一起。每帘顶部有一排 khekeru 装饰图案，下面方形的画面中按顺序装饰有一只头顶太阳圆盘的有翼圣甲虫、两束纸莎草以及一只跪在代表黄金的符号上的羚羊，下方为红绿相间的格子图案。

圣书体铭文里记录了阿蒙祭司马萨哈尔特（Masaharte）的头衔、他的父亲派努杰姆一世的王名圈以及灵柩的主人阿赛特玛赫比特的名字与头衔。后者是敏神、荷鲁斯和伊西斯在伊普（Ipu，现艾赫米姆）宫殿的总管，据说她是某位阿蒙祭司的女儿。铭文中还包括一些抚慰的词句：愿躺在布下的人死后可以得到安息。（S.E.）

派努杰姆一世的亡灵书

纸莎草纸
高37厘米，长450厘米
底比斯西部，戴尔巴哈里隐蔽墓葬（编号TT320）
埃及文物部发掘（1881年）
第二十一王朝，派努杰姆一世统治时期（公元前1065—前1045年）

在戴尔巴哈里隐蔽墓葬里的逝者之中，阿蒙大祭司派努杰姆一世拥有法老的头衔，并且他在担任大祭司的后半段真正地拥有了法老的权力。他的木乃伊被安放在一具原本属于图特摩斯一世的木棺中，绷带部分已破损。木乃伊的双腿之间保存着一卷纸莎草纸文书，上面用丧葬铭文专用的简化圣书体字符记录了许多亡灵书的章节。

在第二十一王朝如此困难的时期，即便像派努杰姆一世这样拥有巨额财富的大人物，也很难为自己准备一座装饰精美的墓葬。曾经装饰在新王国时期的地下墓室墙壁上的图像被转移到丧葬纸莎草纸文书里，用来陪伴逝者完成精神世界的旅程。最常见的丧葬铭文是阿姆杜阿特之书，它源于王室丧葬礼仪传统，内容描绘了地下世界的样貌。亡灵书则是一部内容极其丰富的丧葬铭文合集，其中一些段落甚至是来自古王国时期的铭文。在第二十一王朝末期至第二十二王朝初期，阿姆杜阿特之书和亡灵书合二为一，成为了一套庞杂的丧葬铭文汇编。

派努杰姆一世的亡灵书更接近新王国时期的传统。典型的特征是它所使用的书体为简化圣书体而非之后常用的祭司体。朴素但精致的彩绘图案装饰着文字部分，令人联想到第十八王朝和第十九王朝时期统治者墓葬内的壁画场景。

纸莎草纸铭文开篇的场景为逝者将双手摆成膜拜的姿势，立于冥界之主奥西里斯的面前。神明的背后便开始了来自亡灵书各章节的内容。先是第二十三章开始的段落，然后是第七十

二章、第二十七章、第三十章、第七十一章和第一百四十一章（或第一百四十三章）的内容。

随后是第一百一十章的插图，图中描绘了逝者到达极乐世界后出现的一片"灯芯草之地"（Fields of Iaru）。插图内容非常接近埃及土地上昔日的景象：逝者在被河道分隔的农田里从事各种各样的劳动。

最终章为亡灵书描绘灵魂审判的第一百二十五章。在本章中，奥西里斯和由42位神明组成的神圣法庭宣布逝者无罪，并且成功获得永生。文字所配的插图展示出了"神圣审判"（Divine Judgment）中最重要的内容。在审判庭内，42位审判者面向两位女神而坐：玛阿特（正义）在上，玛阿提（Maaty，双正义）在下。屋顶上方两端各有一只坐着的狒狒（托特神）。在几乎中央的位置，两只荷鲁斯之眼之间有一位呈跪姿的男性，他向外伸展着双手。剩余的空间交替装饰有一些符号，如圣蛇、正义的羽毛和圣书体中代表火的字符。最后这个字符代表了无法获得永生之人的悲惨命运，他们将被扔进烈焰之池处以火刑。（F.T.）

开罗埃及博物馆为保存和展示一批珍贵的珠宝金器专门开辟了一个展区，这批遗珍就是"塔尼斯珍宝"。在塔尼斯出土的艺术杰作使人想起了图坦卡蒙墓的珍宝。它们都被埋藏在法老未被盗掘的墓葬里，这使得我们可以将两个不同时期（新王国的"黄金时期"和第二十一王朝）的法老永生的方式进行比较。从技术水平和质量上看，普苏森尼斯一世、阿蒙尼姆普和乌恩杰巴乌杰德（Undjebauendjed）将军（二号墓）墓葬中出土的金银器皿和珠宝首饰可以与图坦卡蒙的随葬品相媲美。但是从数量上看，即便算上舍尚克法老和其他两位被埋葬在普苏森尼斯墓室内的法老——塔克洛特一世（Takelot I）和舍尚克二世的随葬品，塔尼斯的出土物仍显得较为简陋。一旁还埋藏着王子霍尔

纳赫特（Hornakht）的随葬品。

第三中间期时期的埃及被困在天然屏障之中，已不再享有新王国时期所拥有的财富。第十八王朝法老的统治疆域曾向西北扩张至叙利亚，向南延伸至尼罗河的第四湍流处。图坦卡蒙随葬品中有大量奢华的宗教仪式用具，同时还有日常生活用品。然而，在第二十一王朝时期随葬品的类别趋势是，日常用品不再出现，丧葬饰品仅限于让逝者成为奥西里斯的护身符。即便如此，在塔尼斯小型墓地的意外发现暴露出了许多未被盗掘过的法老的墓葬，这仍然是一个极有价值的重要事件。

新王国鼎盛时期的法老的木乃伊，除去图坦卡蒙的之外，大都已被盗墓者严重地破坏，他们的随葬品也被盗走

P288上右
普苏森尼斯一世的金碗（细节）

JE 85897
黄金
高3厘米，直径16厘米
塔尼斯，普苏森尼斯一世墓
皮埃尔·蒙泰发掘（1940年）
第二十一王朝，普苏森尼斯一世统治时期（公元前1040—前992年）

P288上左
拉美西斯二世的方尖碑

JE 37474 = CG 17021
粉色花岗岩
现高325厘米
塔尼斯
奥古斯特·马里耶特发掘（1860年）
第十九王朝，拉美西斯二世统治时期（公元前1290—前1224年）

P288-289
伊西斯坠饰

JE 87716
黄金
人像：高11厘米，宽2.2厘米
链：长82厘米
塔尼斯，普苏森尼斯一世墓
皮埃尔·蒙泰发掘（1946年）
第二十一王朝，普苏森尼斯一世统治时期（公元前1040—前992年）

P289
普苏森尼斯一世的石棺

JE 85911
黑色花岗岩
长220厘米，宽65厘米，高80厘米
塔尼斯，普苏森尼斯一世墓
皮埃尔·蒙泰发掘（1940年）
第二十一王朝，普苏森尼斯一世统治时期（公元前1040—前992年）

让·尤尤特

塔尼斯珍宝

P288背景
普苏森尼斯一世的金盂

JE 85893
黄金
高17厘米，口沿直径20.9厘米
塔尼斯，普苏森尼斯一世墓
皮埃尔·蒙泰发掘（1940年）
第二十一王朝，普苏森尼斯一世统治时期（公元前1040—前992年）

了。在此之后，底比斯的祭司家族将王室的木乃伊转移到了位于戴尔巴哈里的安全地点。当时的祭司和被迁移的木乃伊并没有丰厚的随葬品。不过，与底比斯祭司生活在同时代的塔尼斯法老们却将他们的金银珍宝完好地呈现在了我们的眼前。

普苏森尼斯的珠宝和器皿历经3000年历史，成功地躲避了在古代被熔掉重铸的厄运，也逃离了近代文物商贩的魔爪。塔尼斯的考古发掘是抢救和保护文物的杰出例证，同时有助于解答公众最常提及的那个问题：我们还能在埃及发现随葬品丰富但未被盗掘过的王室墓葬吗？我们不得不说，这一愿望的实现很渺茫，并且难以被量化，因为自古代起人们就已开始大规模地破坏陵墓并且持续至今。幸好普苏森尼斯一世的墓室躲过了被盗掘和破坏的噩运。还有相邻的奥索尔孔二世的墓，它虽然遭到了盗墓贼的掠夺，但整体却被保存了下来。

法老普苏森尼斯在一座高大的泥砖围墙内为阿蒙-拉神修建了一座神庙。他将自己的墓建在了神庙西南角的位置。随后，许多继任者的墓都被建在了他的墓的附近。用于建造和装饰这座阿蒙神庙的石材和雕像来自拉美西斯二世时期建造的旧都派拉美西斯（Pi-Rameses）。阿蒙神庙历经后世的扩建与改造，如今地面上已没有任何第二十一王朝时期的原始建筑，仅地下的王室墓葬得以保存。

菲利普·布里索（Philippe Brissaud）通过辛苦的发掘与研究，展示出了王室陵墓区的建造与毁坏的复杂过程。这片区域为沙地，面积为60米

×40米，这里曾不止一次建造新的地下墓室，扩大或翻修之前的墓，或者拆除其中的某些墓。至少有两个通向墓葬的竖井入口被后来的人当成了停放木乃伊的隐藏地。第二十一王朝之后建造的小型墓（六号墓和七号墓）遭到了后人的掠夺和破坏。四号墓最初为法老阿蒙尼姆普所建，里面只保留有一具带有法老王名的精美的石棺。普苏森尼斯一世的遗体与随葬品被发现于三号墓的2号墓室内。

这座墓为石灰岩结构，包括用花岗岩为法老和王后穆特诺杰姆特（Mutnodjmet）所建的两间相同的墓室（1号和2号）。另有一间看上去未被使用过的石灰岩墓室（3号），用来停放一位王子的木乃伊。第四间隐藏的

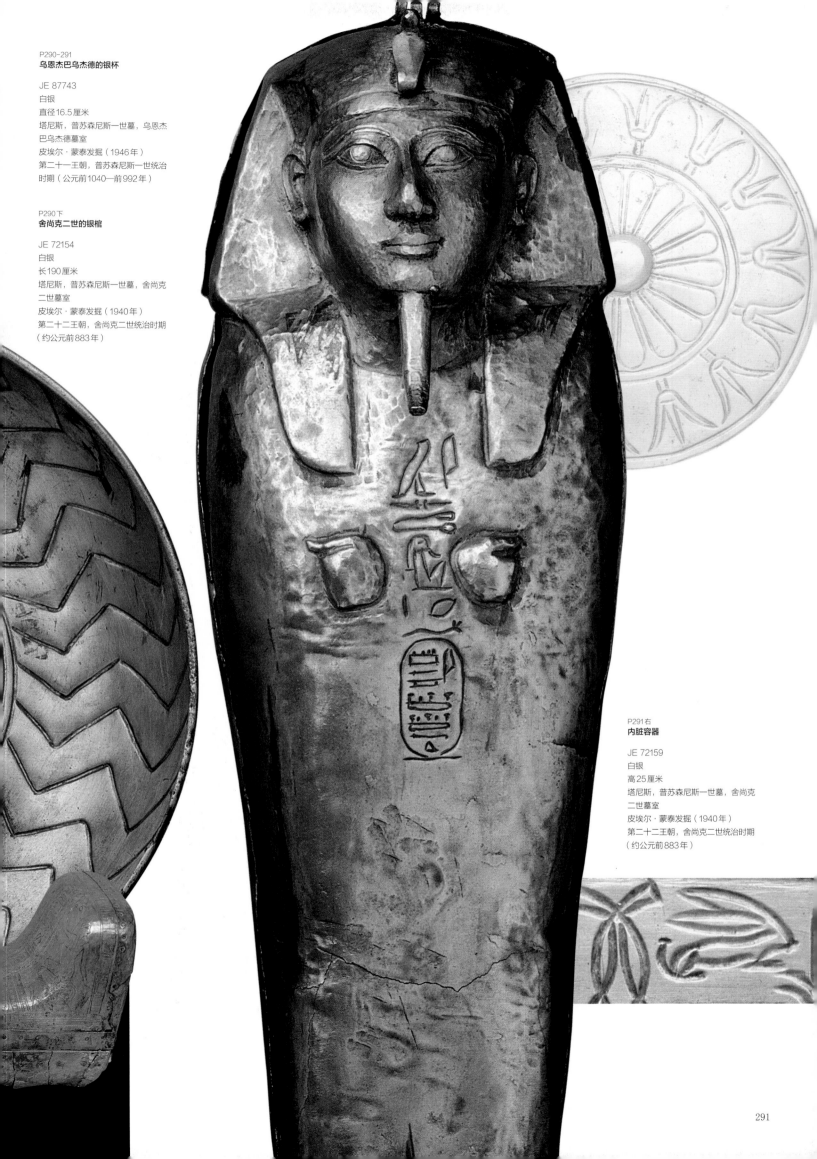

P290-291
乌恩杰巴乌杰德的银杯

JE 87743
白银
直径16.5厘米
塔尼斯，普苏森尼斯一世墓，乌恩杰
巴乌杰德墓室
皮埃尔·蒙泰发掘（1946年）
第二十一王朝，普苏森尼斯一世统治
时期（公元前1040—前992年）

P290下
舍尚克二世的银棺

JE 72154
白银
长190厘米
塔尼斯，普苏森尼斯一世墓，舍尚克
二世墓室
皮埃尔·蒙泰发掘（1940年）
第二十二王朝，舍尚克二世统治时期
（约公元前883年）

P291右
内脏容器

JE 72159
白银
高25厘米
塔尼斯，普苏森尼斯一世墓，舍尚克
二世墓室
皮埃尔·蒙泰发掘（1940年）
第二十二王朝，舍尚克二世统治时期
（约公元前883年）

墓室里停放着乌恩杰巴乌杰德将军的石棺。第二十一王朝早期，在普苏森尼斯一世墓葬的南侧有另一座与之类似的一号墓。地下墓室由花岗岩建造并在石灰岩岩体内开凿出一间前厅。这座墓的建造者和墓主人目前仅有一些推测，但无定论。

另一方面，我们可以确定的是，第二十二王朝中期的一位法老——奥索尔孔二世将一号墓据为己有，将前厅修缮为自己的父亲塔克洛特一世的墓室，并且开凿了一个新的通向地下墓室的入口。接着，被奥索尔孔二世占据的花岗岩墓室又被扩建，他的儿子阿蒙大祭司霍尔纳赫特的石棺也被停放了进来。不知何时，另一座造型简陋的大型墓（二号墓）出现在了奥索尔孔陵墓的南墙一侧。

法老舍尚克三世将自己的陵墓（五号墓）建在了陵墓区的西南角，但他同样地在奥索尔孔二世的石灰岩建筑里做过改动。在他的统治期间，丧葬建筑被一座泥砖地上建筑覆盖。如今遗址留给我们的只有少数的雕刻残片，或者是被再利用的、被遗弃的残块，因此我们难以判断第二十一王朝的神殿的准确布局。

同样地，我们也很难确定法老和王子们的墓在第二十二王朝的哪一年被重新开启并且再次被改造。一位未知的第二十二王朝的法老（可能为舍尚克二世）的银棺和卡诺匹克罐被转移至普苏森尼斯一世墓室的前厅内。而

P292左上和右下
普苏森尼斯一世的手镯

JE 86027 - 86028
黄金、青金石、红玛瑙、绿长石
高7厘米，最大直径8厘米
塔尼斯，普苏森尼斯一世墓
皮埃尔·蒙泰发掘（1940年）
第二十一王朝，普苏森尼斯一世统治时期
（公元前1040—前992年）

且第二十一王朝的两位法老希阿蒙和普苏森尼斯二世（Psunennes Ⅱ）的随葬品全部遭到了掠夺。或许在舍尚克三世时期，有一具巨大的石棺被移入到了奥索尔孔二世陵墓的中央墓室里。于是，在这间花岗岩的墓室内，包括王子霍尔纳赫特在内，共停放了三具木乃伊。目前二号墓的主人还未确定，有可能是舍尚克三世的继任法老帕姆伊（Pami）。

除了普苏森尼斯一世墓之外，那些被移位的木乃伊和被占用的墓室使得塔尼斯王室陵墓区呈现出一种令人畏惧的无序感，增加了考古学家解读的困难

程度。例如，放普苏森尼斯的妻子穆特诺杰姆特遗体的地方被阿蒙尼姆普的遗体占据。另有其他木乃伊出于安全原因被移动了位置，就像在第二十王朝末期和第二十一王朝的动乱年代，底比斯的墓葬区所做的木乃伊的转移。即使木乃伊和棺椁不配套，贵族逝者的木棺也会被集中放到一处安全隐蔽的地方。虽然这意味着只有一小部分随葬品可以跟随遗体一起被转移，但棺椁遗骸也不会被分散遗留在各自的墓中。

导致塔尼斯法老与王子墓中混乱和残缺的另一个元凶就是盗墓贼对墓室

P292中
隼头手柄

JE 85854
青铜、金箔
长16厘米
塔尼斯，普苏森尼斯一世墓
皮埃尔·蒙泰发掘（1940年）
第二十一王朝，普苏森尼斯一世统治时期（公元前1040—前992年）

P292-293
乌恩杰巴乌杰德的金杯

JE 87741
黄金、琉璃
高4.6厘米，直径15.5厘米
塔尼斯，普苏森尼斯一世墓
皮埃尔·蒙泰发掘（1946年）
第二十一王朝，普苏森尼斯一世统治时期（公元前1040—前992年）

P293下
乌恩杰巴乌杰德的金杯

JE 87740
黄金、合金
高5.5厘米，直径13.3厘米
塔尼斯，普苏森尼斯一世墓
皮埃尔·蒙泰发掘（1946年）
第二十一王朝，普苏森尼斯一世统治时期（公元前1040—前992年）

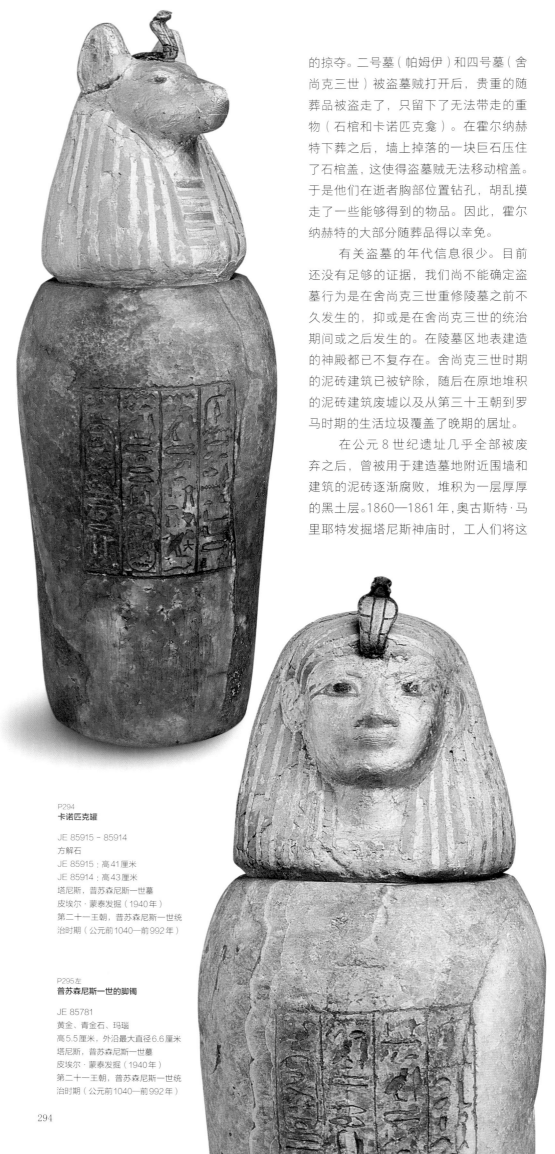

的掠夺。二号墓（帕姆伊）和四号墓（舍尚克三世）被盗墓贼打开后，贵重的随葬品被盗走了，只留下了无法带走的重物（石棺和卡诺匹克龛）。在霍尔纳赫特下葬之后，墙上掉落的一块巨石压住了石棺盖，这使得盗墓贼无法移动棺盖。于是他们在逝者胸部位置钻孔，胡乱摸走了一些能够得到的物品。因此，霍尔纳赫特的大部分随葬品得以幸免。

有关盗墓的年代信息很少。目前还没有足够的证据，我们尚不能确定盗墓行为是在舍尚克三世重修陵墓之前不久发生的，抑或是在舍尚克三世的统治期间或之后发生的。在陵墓区地表建造的神殿都已不复存在。舍尚克三世时期的泥砖建筑已被铲除，随后在原地堆积的泥砖建筑废墟以及从第三十王朝到罗马时期的生活垃圾覆盖了晚期的居址。

在公元 8 世纪遗址几乎全部被废弃之后，曾被用于建造墓地附近围墙和建筑的泥砖逐渐腐败，堆积为一层厚厚的黑土层。1860—1861 年，奥古斯特·马里耶特发掘塔尼斯神庙时，工人们将这种黑泥土全部倾倒在了墓葬遗址的上方，堆成了一座小山。后来的发掘者为了到达王室墓葬的底层，不得不清理了一共高约 8 米的积土。

1939 年 2 月 27 日，在普苏森尼斯墓内围墙南侧一组晚期建筑物的日常发掘过程中，皮埃尔·蒙泰发现了一个盗洞。他要求尽快清理覆盖在上方的土丘，此时可以用小火把艰难地探到一号墓的墓室。随后在 3 月 19 日，他已经可以进入奥索尔孔二世的花岗岩墓了。次日，他进入了普苏森尼斯一世墓室的前厅。1940 年，皮埃尔·蒙泰找到了霍尔纳赫特的石棺。2 月 15 日，他进入了普苏森尼斯一世尚未被打扰过的墓室，4 月他又进入了阿蒙尼姆普的墓室。1939 年 3 月，舍尚克二世的珍宝被转移至开罗埃及博物馆。普苏森尼斯一世和阿蒙尼姆普的珍宝被转移的时间为 1940 年 3—4 月。

首次发现的时间是 1939 年冬，此时席卷全球的危机不可避免地对埃及学界造成了影响，削弱了这次考古发现的影响力。由于战争的原因，普苏森尼斯一世的珍宝几乎未受到关注。它们被保存在开罗地下室的保险箱里，直到 1944 年才向公众展出。蒙泰教授返回法国时，德国人已越过了阿登省（Ardennes）的边境线。他虽然与塔尼斯珍宝分隔两地，但他开始发表的有关出土文物的文章填补了第三中间期的知识空白。

北方王室墓葬的发现对于正在塔尼斯工作的发掘者来说是一次意外收获，因为此时他们的工作目标是寻找希克索斯阿瓦里斯（Avaris）遗址和第十九王朝、第二十王朝法老的居址派拉美西斯。这次突如其来的信息所关联的是一个复杂而混乱的时代，此前我们只在底比斯的神庙和墓葬中略知一二。通过出土的黄

P294
卡诺匹克罐

JE 85915 - 85914
方解石
JE 85915：高 41 厘米
JE 85914：高 43 厘米
塔尼斯，普苏森尼斯一世墓
皮埃尔·蒙泰发掘（1940 年）
第二十一王朝，普苏森尼斯一世统治时期（公元前 1040—前 992 年）

P295 左
普苏森尼斯一世的脚镯

JE 85781
黄金、青金石、玛瑙
高 5.5 厘米，外沿最大直径 6.6 厘米
塔尼斯，普苏森尼斯一世墓
皮埃尔·蒙泰发掘（1940 年）
第二十一王朝，普苏森尼斯一世统治时期（公元前 1040—前 992 年）

P295 右
塞赫麦特坠饰

JE 87718
黄金
高 7.2 厘米
塔尼斯，普苏森尼斯一世墓
皮埃尔·蒙泰发掘（1946 年）
第二十一王朝，普苏森尼斯一世统治时期（公元前 1040—前 992 年）

金容器上的铭文，学者建立了第二十一王朝的法老谱系表，认清了塔尼斯法老和统治上埃及的大祭司之间的家族关系与政治关系。

普苏森尼斯墓室前厅的隐蔽墓葬与戴尔巴哈里著名的王室隐蔽墓葬相同，早期的法老和相关的大祭司们在灾祸动乱的年代被安放在这里得以保全。一方面，它揭示出了北方政权在财政上相对贫困，人们从底比斯运来美楞普塔的石棺给普苏森尼斯一世的遗体使用，二次使用的卡诺匹克罐来自库尔那的墓葬中。

另一方面，从这个王朝的黄金白银用量来看，巨大的财富又是显而易见的。

塔尼斯珍宝携带的极具价值的信息对于历史学者来说，犹如它们对于欣赏其华美和精湛工艺的人一样珍贵。那些容器、项链、胸饰和护身符的品质不言自明。这些文物跨越了伟大的拉美西斯时期和政治上不稳定的时期，证明了金匠和首饰匠人技艺的耐久性。为了塔尼斯法老的荣耀，技艺纯熟的工匠们从事着他们的工作，保存和传承着神圣的法老时期艺术的精髓。

作 者 简 介

让·尤尤特，1948—1963 年间任法国国家科研中心的研究员，1964—1992 年间任高等研究院研究员，长期在法兰西公学院教授埃及学，后被授予荣誉教授称号。

他是下埃及历史地理学的专家，对古代埃及历史的晚近时期有深度研究，1965—1985 年间主持塔尼斯的发掘工作。

美楞普塔的石棺
（普苏森尼斯一世再次使用）

粉红色花岗岩

长240厘米，宽90厘米，高89厘米

塔尼斯，普苏森尼斯一世墓，普苏森尼斯一世墓室

皮埃尔·蒙泰发掘（1940年）

第十九王朝，美楞普塔统治时期（公元前1214—前1204年）

及第二十一王朝，普苏森尼斯一世统治时期（公元前1040—前992年）

这具巨大的石棺被发现于普苏森尼斯一世的墓室中，这座墓葬建于塔尼斯主神庙的围墙之内。棺盖上的王名圈内的名字为美楞普塔，他是第十九王朝的法老拉美西斯二世的继任者。这表明石棺的原主人是美楞普塔，后被普苏森尼斯一世再次使用。

原主人的王名圈本应全部被抹去，刻上最新使用者的姓名，但是由于疏忽，有一处被保留了下来。这一"失误"可以让我们确认这具石棺原主人的身份，像其他在塔尼斯被发现的石棺一样，这是一件几个世纪之后被二次使用的物品。

石棺内有两具木乃伊形内棺，一具为黑色玄武岩材质，另一具为白银制成。棺盖顶部是一个大的平躺的高浮雕人物像，雕刻的是奥西里斯形象的法老。他手中的权杖与连枷以及假胡须都是王室的标志。

棺体上沿一周刻有两行圣书体铭文。铭文下方的两侧刻画了各个神明与恶魔的形象，他们的名字被标注在头顶上方。在两个短边侧面，中间描绘了一座宫殿，两侧各有一组三人像。右侧尾部有一双眼睛位于一座装饰建筑上方，建筑两侧有两个守卫者。铭文内容是关

于保证法老可以拥有看穿一切的特权。另外还有 10 个人头和动物头以及 3 座风格抽象的宫殿。左侧是 15 个端坐着且面朝右的人头或者动物头。这些形象的前面有一座宫殿，后面有一条鱼。

　　棺体四面的下方全部刻有栅栏样式的装饰图案，使人想到古代王室墓葬。栅栏形成的 15 个壁

龛内部刻有门的名字和 4 列铭文。

　　棺体内部同样装饰丰富。在左右两侧的铭文下方，有一排神明的队伍一直延续至两端。中间有一座祭坛，两侧各有一列圣书体铭文。首饰、武器、衣物和凉鞋都被刻画在了棺体的底部。（S.E.）

JE 85911

普苏森尼斯一世的木乃伊形石棺

·······

黑色玄武岩

长220厘米，宽65厘米，高80厘米

塔尼斯，普苏森尼斯一世墓，普苏森尼斯一世墓室

皮埃尔·蒙泰发掘（1940年）

第十九王朝（公元前1307—前1196年）

第二十一王朝，普苏森尼斯一世统治时期（公元前1040—前992年）

由蒙泰在普苏森尼斯一世墓室内发现的粉红色花岗岩石棺内，还有一具保存完好且做工精良的黑色玄武岩木乃伊形石棺。

棺盖被雕刻成逝者的木乃伊形状。逝者双臂弯曲，头戴硕大的竖条纹假发，垂至双肩，双耳露出。面部特征典雅端庄，刻画得极其细腻。细眼浓眉，鼻部挺直，嘴唇圆润并带有微笑。短胡须从下巴处垂下。颈部佩戴着一件很大的项饰，模仿刻有许多串珠。双拳紧握，手腕处佩戴有手镯。

腹部有精致的努特女神，她呈跪姿，双臂和双翼向外伸展。从此处向下，中央有两列圣书体铭文，一直延伸至脚趾。在中间铭文的两侧各有一列铭文与之平行。另有三行横向铭文与竖向铭文交叉，延伸到棺体侧面。还有第四行横向铭文位于手部下方。围绕棺盖底部有一圈铭文，一直延伸至头的后面。这些文本内容中经常出现普苏森尼斯一世法老的王名圈，外观实际上是对包裹木乃伊的绷带形象的模仿。

棺体外壁密集地装饰了许多神明的形象（荷鲁斯的四子、托特和阿努比斯），两侧是他们对逝者的寄语。在左侧肩部装饰着由一对眼睛和宫殿正门组合的图案。在棺盖的脚部和棺体的头部位置，分别刻画了女神伊西斯和奈芙提斯，她们被等同于奥西里斯的逝者的守护神。

这具石棺精致的装饰和表现出的风格使人立刻联想起第十九王朝。此时木乃伊形石棺开始流行，首先出现在富人的私人墓葬中。

石棺上的许多圣书体字符被抹去了，替换为普苏森尼斯一世的名字，这一现象印证了这具石棺确实是为法老的葬礼而被征用的。这是塔尼斯王朝统治者普遍采用的做法。虽然现在已无法知晓石棺原主人的身份，因为他的名字已经被细致地抹去了，但是在添加王名圈之前，这具石棺可能属于一位生活在第十八王朝末期或第十九王朝初期的高级王室成员。（S.E.）

JE 85917

普苏森尼斯一世的银棺

白银、黄金

长185厘米

塔尼斯，普苏森尼斯一世墓，普苏森尼斯一世墓室

皮埃尔·蒙泰发掘（1940年）

第二十一王朝，普苏森尼斯一世统治时期（公元前1040—前992年）

第二十一王朝的统治者普苏森尼斯一世的墓完整地被发现于塔尼斯阿蒙主神庙围墙中的小型墓葬区内。法老的木乃伊被保存在三具精美的棺椁内：最外侧是一具长方形粉红色花岗岩石棺，中间是一具黑色玄武岩木乃伊形石棺，最内侧是一具银制的木乃伊形棺材。前两具石棺均为二次使用，原主人年代为拉美西斯时期，而第三具则是由塔尼斯金匠为普苏森尼斯一世特制的。

银制棺盖上描述的是逝者木乃伊的形象，他双臂交叉于胸前，展示出一系列典型的代表王室权力的标志，如埃及式头巾、前额处的黄金圣蛇、假胡子和手中的权杖及连枷。

法老面部拥有精致的细节和安详的神态，前额处装饰着一条黄金头带。眼睛镶嵌有彩色琉璃，两颊各有一条线，以模仿挂住假胡须的带子。

法老颈部周围镶嵌着多条串珠组成的项链，末端是一枝倒转的莲花。逝者的胸部和腹部装饰着三只鸟，伸展的双翼一直延伸至棺体侧面。棺盖其余部分为羽毛的装饰。

位于中央的两列圣书体铭文内容相同，是普苏森尼斯一世向天空女神努特的祈祷。逝者的守护女神伊西斯和奈芙提斯出现在棺盖的脚部，两侧刻有她们的名字。棺体同样布满了装饰图案：头部下方为重复的头巾条纹图案，其他部分覆盖着同棺盖上一样的羽毛纹饰。

棺内底部有一个精美绝伦的努特的形象，她伸展双翼，站在象征黄金的符号上。她的头部两侧有四列圣书体铭文，而她的下方是女神伊西斯和奈芙提斯手握着象征阿努比斯的权杖。棺体两侧对称的铭文包含努特和普苏森尼斯一世所说的话。

棺体内壁上的羽毛图案装饰是棺盖上三只鸟的羽翼的延续。银棺内盛放着普苏森尼斯一世的木乃伊，其面部被丧葬面具保护着，身体上覆盖着一块黄金护板。制作这具棺材采用了精湛的雕刻工艺。它是用贵金属制成精美物品的工匠作品的典范，也是塔尼斯珍宝的经典文物。（S.E.）

普苏森尼斯一世的面具

黄金、青金石、琉璃
高48厘米，宽38厘米
塔尼斯，普苏森尼斯一世墓，普苏森尼斯一世墓室
皮埃尔·蒙泰发掘（1940年）
第二十一王朝，普苏森尼斯一世统治时期（公元前1040—前992年）

这件被放置在木乃伊绷带上的普苏森尼斯一世的丧葬面具，被用来确保法老的容貌及其身份可以永恒。技术娴熟的塔尼斯工匠制作过不计其数的形状匀称且工艺完美的物品，并以庄重典雅著称。年轻的面庞中透露着威严，从不到1毫米的金箔中散发出的暖光更加突出了这种神态。古埃及人相信神明的身体是由黄金构成的，这种物质可以确保法老拥有不死金身，随着神明一起穿越地下世界。

法老头戴埃及式头巾，头巾上的条纹都被精致地雕刻在了金属上。一条巨大的圣蛇从前额中探出，蜿蜒的蛇身盘踞在头顶。温柔而光滑的脸上有着炯炯有神的目光，眉毛、眼线、瞳孔均为黑色琉璃镶嵌而成，眼白部分为白色琉璃。脸颊处有用青金石镶嵌的两条带状物，模仿的是法老和神明佩戴假胡须用的带子。假胡须是一种复杂的编织物，

其尖端微微向上弯曲。在胸部，搭在双肩的头巾中间露出一截宽体项链。项链由12串珠饰组成，外侧有3条水滴和花朵图案组成的稍宽的装饰带。

面具共有两部分，通过内侧的5颗金钉互相叠压固定而成。（S.E.）

普苏森尼斯一世的卡诺匹克罐

方解石、金箔
JE 859136：高38厘米；JE 859135：高41厘米
JE 85914：高43厘米；JE 859137：高39厘米
塔尼斯，普苏森尼斯一世墓，普苏森尼斯一世墓室
皮埃尔·蒙泰发掘（1940年）
第二十一王朝，普苏森尼斯一世统治时期（公元前1040—前992年）

卡诺匹克罐盛放的是制作木乃伊期间从身体中取出的肝脏、肺、胃和肠。每只罐子都有一位对应的荷鲁斯之子守护神，如伊姆赛特（人头）、哈皮（狒狒头）、杜阿姆特夫（豺狼头）和克贝赫塞努夫（隼头），以及一位守护女神（伊西斯、奈芙提斯、奈特和塞尔凯特）。

普苏森尼斯一世的卡诺匹克罐上装饰有一层薄薄的金箔和蓝色琉璃。每个头像的头顶都有一只青铜鎏金圣蛇。罐体上

有4列圣书体铭文，内容是与罐盖头像相对应的荷鲁斯四子之一的祈祷文，祈求神明保佑逝者。

这些罐子是王室随葬品的组成部分，尽管在数量上无法相比，但在质量和重要性上可以与图坦卡蒙墓中的发现相媲美。然而与图坦卡蒙墓不同的是，普苏森尼斯一世的墓室是未被打扰过的。法老最珍贵的随葬品都在放置木乃伊的银棺之内，包括卡诺匹克罐在内的其他随葬品被摆在了粉红色花岗岩外棺的前面。

在塔尼斯王室墓葬的文物中，普苏森尼斯一世的卡诺匹克罐属于罕见的由石头制成的罐子，而另外有大量罐子是贵金属材质的。（S.E.）

普苏森尼斯一世的金板

·······················

黄金

高16.6厘米，宽9.9厘米，厚0.07厘米

塔尼斯，普苏森尼斯一世墓，普苏森尼斯一世墓室

皮埃尔·蒙泰发掘（1940年）

第二十一王朝，普苏森尼斯一世统治时期（公元前1040—前992年）

这块薄薄的金板盖在了普苏森尼斯一世的木乃伊腹部下方的刀口处。在开始为身体做防腐处理时，内脏通过这个刀口被取出。埃及人赋予这件护身符以强大的法力，用于保护伤口这个被认为是最脆弱的部位，以确保遗体的完整。金板的功能是治愈伤疤，防止邪祟进入逝者的身体。

金板上煞费苦心的装饰强调了它的辟邪属性。长方形的金板中央有一只荷鲁斯之眼，这是古埃及信仰中保护的象征。

荷鲁斯之眼作为文字的意思是"完整如一"。这与隼头神荷鲁斯左眼的传说有关。荷鲁斯在与邪恶神明赛特争斗之后，眼睛受伤，后被托特神治愈。荷鲁斯之眼下面的线，代表痛苦的眼泪和神明的哀伤，对应的是隼羽毛的图案。这只眼睛还是月亮的象征，而荷鲁斯的右眼则代表太阳。

荷鲁斯之眼的两侧各有两位神明，他们呈站立状，双臂抬起，做出祈祷的姿势。这是保护卡诺匹克罐里逝者内脏的荷鲁斯四子的形象。

四位神明每位头顶都有一条圣蛇，这与新王国时期的形象有所区别。图像上方的圣书体铭文是荷鲁斯四子各自的名字，中间是普苏森尼斯一世的王名圈"普苏森尼斯，阿蒙神的挚爱"。

金板上有用细线刻出的边框，四角有洞，用于将其固定在木乃伊的绷带上。虽然体积很小，但这块金板有着良好的平衡感和精致的做工。（S.E.）

普苏森尼斯一世的金盉

·························

黄金
高17厘米，口沿直径20.9厘米
塔尼斯，普苏森尼斯一世墓，普苏森尼斯一世墓室
皮埃尔·蒙泰发掘（1940年）
第二十一王朝，普苏森尼斯一世统治时期
（公元前1040—前992年）

这种出土于塔尼斯的金银器，除了具有很高的艺术价值之外，还具有重要的考古学价值。在获得这些塔尼斯的发现之前，像这样同时具有宗教功能和世俗功能的器具仅见于壁画装饰上。

普苏森尼斯一世墓中有大量这样兼具宗教功能与世俗功能的贵金属容器。这件器物平底阔口呈莲花状，是塔尼斯的金器和首饰中常见的一种形状。

在手柄对面的器身上娴熟地雕刻着普苏森尼斯一世法老的王名圈："上下埃及之主，两土地之主，拉神之子，王冠之主"。

与这件器物一起被发现的还有一个金瓶，后文有描述。这两件器物被并排摆放在普苏森尼斯一世的墓室内。这套物品可能是法老盥洗所用。（S.E.）

普苏森尼斯一世的金瓶

·························

黄金
高39厘米
塔尼斯，普苏森尼斯一世墓，普苏森尼斯一世墓室
皮埃尔·蒙泰发掘（1940年）
第二十一王朝，普苏森尼斯一世统治时期（公元前1040—前992年）

这个金瓶很有可能是法老个人的盥洗用具，与前文中的金盉配套使用。它们被一起摆放在普苏森尼斯一世的墓室内。这是一件形制纯正、装饰精致的物品，是法老的贵金属容器中品质最为上乘的一件。

器身肩部宽阔，颈部极细，到口沿处开始向外打开。颈部仿佛是柱头呈莲花样式的石柱。这个金瓶的口部与金盉的口

拉美西斯二世的仪式用火盆

青铜
高24厘米，长33.5厘米，宽26.5厘米
塔尼斯，普苏森尼斯一世墓，普苏森尼斯一世墓室
皮埃尔·蒙泰发掘（1940年）
第十九王朝，拉美西斯二世统治时期（公元前1290—前1224年）

大量仪式上使用的物品在被从普苏森尼斯墓中发现之前，仅在神庙和墓葬的壁画浮雕中见过。同时还发现了一些礼器，如青铜火盆。器身有四足，顶部呈屋檐状并且上面有一排（4个）散热孔，另有两排圆形凹槽。

在火盆正面刻有细边方框，方框内有拉美西斯二世的王名圈。铭文内容与这位长寿法老的登基庆典有关，这件器物很有可能是因这次庆典而定制的。它应当属于建在派拉美西斯的一处神庙。火盆或者是在向神明献祭的时候使用，或者是用于加热带有香味的树脂。在普苏森尼斯一世的墓中，它被用于祭坛的基座。

将著名的前代法老的物品据为己有是第二十一王朝法老们的普遍做法。很有可能，这件火盆在普苏森尼斯一世时期已经被视为一件贵重的文物了。（S.E.）

部相互呼应，两者同为莲花形。器身处刻有法老的登基名和出生名两个王名圈。

瓶身平顺的线条与口部丰富的装饰形成一种平衡。装饰的风格与新王国时期同类器型的装饰相似。这套物品可能是法老盥洗所用。（S.E.）

JE 85751

普苏森尼斯一世的荣耀之金项链

·····················

黄金、青金石
总长64.5厘米，直径30厘米，扣环高6厘米
塔尼斯，普苏森尼斯一世墓，普苏森尼斯一世墓室
皮埃尔·蒙泰发掘（1940年）
第二十一王朝，普苏森尼斯一世统治时期（公元前1040—前992年）

　　在刚发现墓葬时，普苏森尼斯一世的木乃伊佩戴有三条与神庙墙壁浮雕上出现的项链相类似的荣耀之金（shebyu）项链。这种特殊形制的项链曾在"荣耀之金"仪式上被法老当作奖赏赐给那些最忠诚的官员。

　　普苏森尼斯一世的奢华项链是一件集珍贵价值和完美工艺于一身的至宝。它由超过 5000 个金片穿成 7 串，在胸前制造出金光灿灿的效果。

　　面板上刻有细线，部分嵌有青金石。太阳圆盘在顶部伸展双翼，保护着下方的普苏森尼斯一世的王名圈。王名圈两侧分别有两位呈坐姿的神明，手中握有生命之符和象征权力的权杖。

　　左侧刻画的形象头戴象征埃及统一的红白双冠，而右侧刻画的形象头戴阿蒙神的双羽冠，下巴上还戴着假胡须。

　　一条条华丽的、长短不一的金链从扣环处垂下，末端有 100 多个如同小铃铛般的花朵。这些金链组成的扇面向底部铺开，确保随着法老身体的每一次运动而发出闪烁的金光。（S.E.）

JE 85755 - 85756

普苏森尼斯一世的项链

黄金、青金石
项链（JE 85755）：长56厘米
串珠（JE 85756）：直径1.8~2.5厘米
塔尼斯，普苏森尼斯一世墓，普苏森尼斯一世墓室
皮埃尔·蒙泰发掘（1940年）
第二十一王朝，普苏森尼斯一世统治时期（公元前1040—前992年）

普苏森尼斯一世的木乃伊随葬了许多珠宝首饰，如手镯、戒指和指套，还有6件胸饰、超过30件挂饰和6条串珠。

与其他同类型的项饰一样，这条项链非常简约。它由两条青金石串珠组成，中央有一颗金珠，两侧的珠子直径逐渐减小。外圈有30颗串珠，内圈有26颗串珠。扣环上刻有法老的王名圈："国君、阿蒙神第一祭司，普苏森尼斯"。青金石串珠几乎全部为灰蓝色夹杂白色，仅有一颗是纯蓝色的（无掺杂颜色）。这颗珠子上刻有三行楔形文字，内容为一位亚述宰相向亚述神明祈祷保佑自己心爱的女儿。

这段楔形文字使项链的来源地产生了更多的可能性。一种解释是，它可能随着一位与普苏森尼斯一世成婚的亚述公主于公元前9世纪抵达了埃及。另一种解释是，这条项链是公元前14世纪亚述国王赠给埃赫那吞的礼物。公元前9世纪的可能性较大，但目前依然无法解释它是如何成为普苏森尼斯一世的随葬品的。（S.E.）

JE 85788 - 85799

普苏森尼斯一世的有翼圣甲虫胸饰

黄金、红绿玉石、黑红蓝琉璃、绿长石
坠饰：高10.5厘米，宽12.5厘米；圣甲虫：高6.5厘米，宽4.5厘米；
后坠：高4厘米，宽2.5厘米；链：长42厘米
塔尼斯，普苏森尼斯一世墓，普苏森尼斯一世墓室
皮埃尔·蒙泰发掘（1940年）
第二十一王朝，普苏森尼斯一世统治时期（公元前1040—前992年）

这件精美绝伦的胸饰被贴身放置在普苏森尼斯一世的木乃伊上，银棺内还放有其他的金器。

这件饰品的主题是太阳的重生，以有无尽旅程的有翼圣甲虫为象征。它的头上是法老的王名圈，拖在身后的是象征永恒的字符（shen）。

圣甲虫为胸饰的主要元素，材质为碧玉。在身体两侧外展的双翼由红黑蓝三色琉璃镶嵌成了羽毛的效果。圣甲虫头顶的黄金王名圈内为普苏森尼斯一世法老的出生名，意为"城市中升起的明星，阿蒙神的挚爱"。工匠技艺高超，用彩色宝石赋予了圣书体字符不同的颜色。具体技法是在黄金格子里嵌入彩色宝石或琉璃，类似景泰蓝工艺。

胸饰的背面为纯金材质打造，中间只有一只碧玉圣甲虫，无其他装饰，底部刻有亡灵书第三十章的内容。双翼的背面装饰与正面相同。法老的王名圈在背面依然可以看清楚圣书体字符的内容。

普苏森尼斯一世拥有不少于4件有翼圣甲虫的挂饰。这是墓葬中重要的护身符，它具有保护和辟邪的功能。（S.E.）

JE 85796
85791 - 85795

普苏森尼斯一世的胸饰

黄金、玛瑙、青金石、长石、红玉石
胸饰：高13.8厘米，宽13.5厘米，厚0.7厘米
链：长41厘米（每侧）
塔尼斯，普苏森尼斯一世墓，普苏森尼斯一世墓室
皮埃尔·蒙泰发掘（1940年）
第二十一王朝，普苏森尼斯一世统治时期（公元前1040—前992年）

太阳圆盘。

有翼圣甲虫两侧各有一名呈跪姿的女神，根据头饰判断，她们分别为伊西斯和奈芙提斯。两位女神都伸出双臂抚摸圣甲虫的翅膀，做出保护的姿势，以确保被当作奥西里斯的法老可以获得永生。女神抬起的手臂上方有简短的铭文，内容是她们保佑法老的祈祷文。

所有象征元素的组合全部被置于一个神庙塔门形状的框架之内。底部通过活动铰链连接着17组代表奥西里斯和伊西斯的符号——杰德柱和伊西斯结，它们全部镶嵌有彩色宝石，每个顶部都有一个太阳圆盘。

这件胸饰的后坠是一个镶嵌着彩色宝石花朵图案的装饰物，末端坠饰为水滴形状。

胸饰背面全部为上乘的黄金，并刻有和正面一样的装饰纹样。仅从中间的椭圆形孔里露出唯一的颜色。青金石圣甲虫背面刻有两列圣书体铭文，内容为法老的王名圈。（S.E.）

放在银棺中的普苏森尼斯一世木乃伊随葬品有大量的珠宝首饰，其中包括几件精美的图案为有翼圣甲虫的胸饰，象征着太阳与法老的重生。

这件胸饰采用了成熟的景泰蓝工艺，将各种彩色宝石嵌入金线围成的形状里。

结果证明，塔尼斯的金匠有足够的能力来平衡器物的形状与颜色，产生出一种和谐而典雅的组合搭配效果。胸饰中央为一只用青金石雕刻的圣甲虫。向外伸展的双翼由多彩宝石镶嵌而成，宝石的切割模仿了串珠的排列效果。圣甲虫身下拖着一个黄金王名圈，里面镶嵌的圣书体字符为法老的出生名。第二个王名圈被圣甲虫举在头顶处，采用同样的方法固定，内容为法老的登基名。两侧为黄金圣蛇，顶部有

JE 88501- 89810 - 89800

乌恩杰巴乌杰德的三尊夏勃提像

·····················

青铜
JE 88501：高9.5厘米；JE 89810：高7.5厘米；JE 89800：高8厘米
塔尼斯，普苏森尼斯一世墓，乌恩杰巴乌杰德墓室
皮埃尔·蒙泰发掘（1946年）
第二十一王朝，普苏森尼斯一世统治时期（公元前1040—前992年）

JE 87753

乌恩杰巴乌杰德的面具

·····················

黄金、琉璃
高22厘米
塔尼斯，普苏森尼斯一世墓，乌恩杰巴乌杰德墓室
皮埃尔·蒙泰发掘（1946年）
第二十一王朝，普苏森尼斯一世统治时期（公元前1040—前992年）

前文中展示了普苏森尼斯一世再次使用了拉美西斯二世和三世的随葬品，其中包括青铜制造的夏勃提像。这在当时的埃及是超级奢华的，因为青铜具有很高的价值。同样享受如此奢华待遇的还有普苏森尼斯一世的妻子，也是他的妹妹——穆特诺杰姆特，以及与这对王室夫妻同葬在一起的高级官员乌恩杰巴乌杰德将军。

乌恩杰巴乌杰德的遗体被埋葬在普苏森尼斯一世墓墙壁内的一间狭小的墓室内。由于空间不足，他的夏勃提像被摆放在了墓室的前厅，之后这里还下葬了其他王室成员。

除了典型的陶制夏勃提像之外，随葬品内还有两种青铜夏勃提像：仆人和工头。在发掘报告中，蒙泰写道：他发现了1尊单独的工头雕像，他的周围有20尊仆人像。

实际上，其他夏勃提像早已流入文物市场。今天保存在开罗博物馆内的16尊雕像就是通过此渠道购得的。目前已知有大约40尊乌恩杰巴乌杰德的夏勃提像被分散收藏在全世界许多家博物馆内。

仆人像全部为木乃伊姿势，头戴由三部分组成的假发，双臂交叉于胸前。手臂下方有一列圣书体铭文，记录着乌恩杰巴乌杰德的头衔之一。文字内容有两种：一种是最重要的行政地位——"将军"的头衔；另一种是他所拥有的宗教头衔——"孔苏神的总管"。（F.T.）

乌恩杰巴乌杰德的木乃伊佩戴着黄金指套，面部覆盖有一件珍贵的镶嵌彩色琉璃的黄金丧葬面具。黄金面具覆盖着木乃伊的面部、颈部和耳部，前额处有6个穿孔的小薄片，用于将其固定到木乃伊的头上。

由黑白双色琉璃镶嵌而成的双眼奇迹般地完好无损，眉毛和眼线也采用了同样的工艺。鼻型接近完美，双唇窄而丰满。双耳并不对称，左耳比右耳显得更加凸出。这件面具所呈现的是理想化的乌恩杰巴乌杰德的样子，如同一位面露微笑、平静而安详的少年。

塔尼斯的工匠们再一次通过一张厚厚的金板展示出了他们卓越的技艺水平，并且取得了非凡的成就。面具上可见的敲打的痕迹不应当被看作缺陷，反而是有意为之的结果。金匠更喜欢一种不同寻常的、带有轻微钝感的外表，而不是抛光的外表。这或许更加符合塔尼斯工艺的庄重与典雅的特点。

在塔尼斯发现的所有金属器具，无论是在质量上还是在美学上，都具有极高的水准，展示出了这座被第二十一王朝和第二十二王朝法老钟爱的城市拥有的艺术的独特性。（S.E.）

JE 87742

泳人纹饰浅盘

·······················

黄金、白银
直径18.2厘米，高2.5厘米
塔尼斯，普苏森尼斯一世墓，乌恩杰巴乌杰德墓室
皮埃尔·蒙泰发掘（1946年）
第二十一王朝，普苏森尼斯一世统治时期（公元前1040—前992年）

在乌恩杰巴乌杰德的包金木棺内出土了许多贵金属容器，其中最著名的无疑是这件普苏森尼斯一世赐予亲信的浅盘。

这件浅盘为银制品。白银从近东地区通过贸易经由帕勒斯坦沿岸和利比亚地区传入埃及，是塔尼斯时期常用的材料。第二十一和第二十二王朝时期，银器的制作工艺水平已经达到

了极高的程度。手工艺者经常将黄金与白银结合，制作出一种全新且独特的物品。

浅盘的中央图案为一朵12瓣花，采用景泰蓝工艺嵌有各色琉璃。金盘围绕着中央图案，边缘处有一圈金珠。金盘的装饰图案为戏水场景。4名年轻的女士佩戴着腰带和项链，在有着鱼、水禽和莲花的水塘中游泳。她们两两相对正在试图捕捉鸭子，其中有两个人已经成功地捉到了。

浅盘外围部分为银质，除了圣书体铭文外并无其他图案装饰。铭文内容是"上下埃及之王、拉神之子普苏森尼斯一世法老恩赐底比斯孔苏神总管、孔苏神祭司、将军、法老弓箭队指挥官、所有神明祭司的监督官、祭司乌恩杰巴乌杰德，布西里斯（Bousiris，下埃及第九诺姆的首府）为证"。盘口边沿处用4颗铆钉固定着金质手柄和两个棕榈形的装饰物。

在埃及艺术中，装饰主题经常采用与水相关的内容。这件浅盘的装饰图案或许与其作为容器的日常功用有关。（S.E.）

JE 86059

阿蒙尼姆普的面具

金片、青铜、彩色宝石
高30厘米
塔尼斯，普苏森尼斯一世墓，阿蒙尼姆普墓室
皮埃尔·蒙泰发掘（1940年）
第二十一王朝，阿蒙尼姆普统治时期（公元前993—前984年）

JE 86036

隼形坠饰

....
黄金、彩色琉璃
宽37.5厘米
塔尼斯，普苏森尼斯一世墓，阿蒙尼姆普墓室
皮埃尔·蒙泰发掘（1940年）
第二十一王朝，阿蒙尼姆普统治时期（公元前993—前984年）

这件挂饰被放置在阿蒙尼姆普法老木乃伊的胸前。从这座墓葬内出土的文物相对稀少，原因可以归结为很多物品在阿蒙尼姆普包金木棺被转移至普苏森尼斯一世的妻子——穆特诺杰姆特的墓室之前或期间就已被盗了。

为王后穆特诺杰姆特打造的花岗岩石棺也被阿蒙尼姆普征用了。王后的名字被抹去，取而代之的是新主人的名字。

隼为展翅翱翔的姿态。头部为纯金打造，转向左侧，而其他部位如喙、眼睛和后颈及脸颊上的装饰均为黑色琉璃材质。双翼、身体和尾部采用景泰蓝工艺制作。在金框内嵌入淡粉色和绿色的琉璃，制造出一种绚烂多彩的精致效果。双翼的羽毛向外伸展并且分为两层。鸟身处为水滴形装饰图案，并向尾部延伸。鸟爪抓着象征永恒的符号，符号下面连着两个带有王名圈的小牌匾。王名圈内的圣书体字符也是由彩色琉璃镶嵌而成的。

这个虽相对简单但仍引人注目的面具是阿蒙尼姆普包金木棺的一部分。阿蒙尼姆普是普苏森尼斯一世的继任者，与后者被埋葬在同一墓葬中。

奇怪的是，阿蒙尼姆普下葬的花岗岩墓室原本是为普苏森尼斯一世的妻子穆特诺杰姆特建造的。盛放阿蒙尼姆普木乃伊形木棺的花岗岩石棺也原本属于穆特诺杰姆特。木棺的木质部分和木乃伊因潮湿被毁，仅存面具和指套等黄金材质的部分。

面具采用一张厚厚的金片，依照法老理想化的面容制作而成。圆润的面庞上有着几乎稚嫩的表情，头戴埃及式头巾。双耳露出，但其位置相对于双眼较高。象征法老权威的圣蛇从前额探出，圣蛇为纯金打造，上嵌蓝、红宝石与绿松石，这是以简约为特色的面具唯一具有色彩的部分。瞳孔、眉毛、眼线以及两颊上的线为青铜材质。双唇几乎没有被强调，轮廓线也不清晰。在修复过程中，工作人员将面具的金片固定在一个特殊的石膏模具上，代替木坯当作金片新的支撑物。

这具阿蒙尼姆普金面具是对塔尼斯艺术所有特征的总结。其形式上的贫乏与图坦卡蒙随葬品的富丽堂皇形成了鲜明的对比。（S.E.）

这样的挂饰是王室特有的随葬品，具有辟邪和保护的功能。隼的形象在古埃及中代表荷鲁斯，法老是荷鲁斯在人间的化身。（S.E.）

JE 72170

舍尚克二世的有翼圣甲虫胸饰

···················

黄金、半宝石、琉璃
高15.6厘米，链长75厘米
塔尼斯，普苏森尼斯一世墓，舍尚克二世墓室
皮埃尔·蒙泰发掘（1940年）
第二十二王朝，舍尚克二世统治时期（约公元前883年）

普苏森尼斯一世的墓内还埋葬着其他王室成员。实际上蒙泰发现，在一间侧室、两个隔间和一间前厅内，曾经埋葬过许多人。放置普苏森尼斯一世的妻子穆特诺杰姆特遗骸的地方曾被普苏森尼斯一世的继任法老阿蒙尼姆普的遗体占据。墓室内还发现了一具安赫芬穆特（Ankhefenmut）的空棺、将军乌恩杰巴乌杰德的随葬品以及第二十二王朝法老舍尚克二世的随葬品。舍尚克二世的墓室内还埋葬有身份不明的一男一女。

这件镶嵌琉璃和彩色宝石的黄金胸饰被放在舍尚克二世木乃伊的颈部。金板中央有一个椭圆形的孔，孔内嵌有一只绿色宝石制成的圣甲虫，绿色象征着重生。这只圣甲虫带有翅膀，头尾处各有一个法老的王名圈。圣甲虫底部雕刻着亡灵书第三十章的内容，希望逝者的心可以顺利通过奥西里斯的审判。托举着圣甲虫双翼的是伊西斯和奈芙提斯，她们跪在圣甲虫的左右两侧，头戴代表她们各自姓名的圣书体字符。中央偏上有一个带有翅膀和圣蛇的太阳圆盘，安插在黑金双色琉璃方格装饰的方框之中。上檐

所装饰的第二个太阳圆盘与之相似。

金板下方挂着另一块小金板，雕刻的画面内交替装饰着9个奥西里斯柱和9个伊西斯结，它们都象征着对逝者的保护。金板背面全部为黄金材质并刻有和正面同样的图案。胸饰上框的两个圆环连接着一条金链。一片小而轻的金片通过圆环挂在项链末端，这是胸饰后坠的象征装饰。

两位女神伊西斯和奈芙提斯的金像是分段焊接到背板上的。这件胸饰上的其他装饰采用了景泰蓝工艺，用金线围成小格子组成了圣甲虫的翅膀和两个太阳圆盘的形状。与其他中空的部分一样，这些格子内部被嵌入了深绿色的琉璃。（S.E.）

舍尚克二世的木乃伊共戴有 3 件胸饰，这件小巧精美的胸饰就是其中之一，它象征着日出日落的循环往复。圣甲虫代表着逝去的法老如旭日一样重生。这是塔尼斯墓葬出土的首饰中常见的主题，但这件胸饰构思巧妙，与众不同。

金匠采用景泰蓝工艺，将各种颜色的半宝石嵌入金框内。胸饰中央是一只用青金石制作的圣甲虫，它的头顶处有一个黄金的太阳圆盘。两侧有两条代表王室的圣蛇，它们是太阳的眼睛。蛇的身体从圣甲虫两侧的永恒符号内穿过，被分隔和嵌入了彩色的半宝石，其中一些已经遗失。圣蛇头戴的代表上埃及的白冠是由纯金打造的。

这幅平衡而优美的组合图案还可以被解读为舍尚克一世的名字：hedjet（白冠）、kheper（圣甲虫）和 re（太阳圆盘）。因此，这件胸饰有可能是被舍尚克二世继承并带入墓中的传家之宝。（S.E.）

JE 72172

舍尚克二世的胸饰

黄金、青金石、绿色、红色的釉
挂饰：高7厘米，宽5厘米；链：长31.5厘米，宽0.2厘米
塔尼斯，普苏森尼斯一世墓，舍尚克二世墓室
皮埃尔·蒙泰发掘（1939年）
第二十二王朝，舍尚克二世统治时期（约公元前883年）

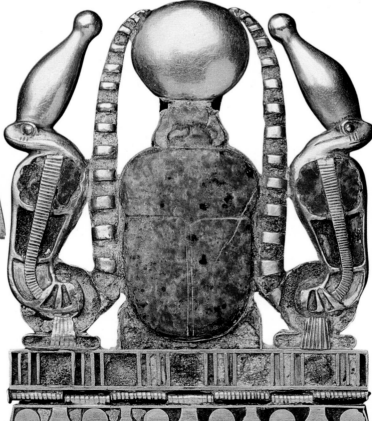

行船的水面用黄金折线表示，内嵌蓝色琉璃。水面下方悬挂着交替盛开的花朵。太阳舟的两端有两片带有铭文的金板，铭文是两行圣书体字符。右侧金板上的铭文续接左侧金板的内容："阿蒙-拉霍-阿赫提每日巡游天际，保卫迈什维什部落首领、最伟大的人——舍尚克，迈什维什部落首领尼姆洛特之子。"（S.E.）

JE 72184 B

舍尚克二世的手镯

黄金、青金石、玛瑙、白色釉
高4.6厘米，最大内径6.1厘米，最大外径7厘米
塔尼斯，普苏森尼斯一世墓，舍尚克二世墓室
皮埃尔·蒙泰发掘（1939年）
第二十二王朝，舍尚克一世统治时期（公元前945—前924年）

JE 72171

舍尚克二世的太阳舟胸饰

黄金、青金石、琉璃
长7.8厘米
塔尼斯，普苏森尼斯一世墓，舍尚克二世墓室
皮埃尔·蒙泰发掘（1939年）
第二十二王朝早期（公元前10世纪）

舍尚克二世在第二十二王朝早期为阿蒙神高级祭司，后被他的父亲奥索尔孔一世（Osorkon I）选为继承人，与其共治很短的一段时间，在真正掌权之前逝世。他的随葬首饰精美至极，其中有一些必定是舍尚克家族的传家之宝。

在法老的手腕附近共发现了7只手镯，右侧3只，左侧4只，其中大部分可以配对。图中这件坚固的手镯和配对的另一只都由两个黄金半圆通过铰链组合而成，且可开合，用于佩戴和摘取。

精致的装饰是一块很大的镶嵌图案，里面有一只引人注目的荷鲁斯之眼。眼线和眉毛以及眼睛下面的线条为蓝色，眼球为白色，瞳孔为黑色。荷鲁斯之眼被放在圣书体字符 neb 的上面。圣书体字符内部细致地装饰着青金石和玛瑙组成的栅格图案。这一字符组合意为对法老永恒的守护。它在青金石的背景中显得格外突出，精心挑选的青金石带有天然纹饰，仿佛蓝天中飘浮的云朵。

手镯的上下边缘有嵌着绿松石和玛瑙的条纹装饰，边框为黄金材质。这对手镯的装饰图案相同，唯一不同之处是它们分别描绘了左右两只眼睛，严格遵守了埃及人偏好的对称和镜像原则。

第二十二王朝的奠基人舍尚克一世法老的两个王名圈被刻在了手镯内壁上。舍尚克二世应当是从家族长辈那里继承了包括这件在内的许多珍贵的首饰。（S.E.）

这件被放置在舍尚克二世木乃伊上的金饰，内嵌青金石和琉璃。盛放木乃伊的棺椁为两具带隼头的木乃伊形棺。

根据铭文显示，这件优雅的首饰属于一位名叫舍尚克的人，他是尼姆洛特（Nimolt）之子。他很有可能就是第二十二王朝的奠基人——舍尚克一世。这件胸饰有可能制作于他登基之前。但是，舍尚克一世的祖父与他同名，也是尼姆洛特之子。总而言之，这件首饰制作于第二十二王朝，作为传家之宝传至舍尚克二世的手中并最后随他入葬。

胸饰主要由黄金打造而成，并装饰有一艘在星辰苍穹下航行的太阳舟。细长的船身上载着一个硕大的青金石材质的太阳圆盘。圆盘内的场景是玛阿特女神与端坐在苍穹宝座上的阿蒙-拉-霍阿赫提。船首与船尾处分别为哈托尔（特征为红色太阳圆盘与从两侧伸出的牛角）和玛阿特（特征为头顶太阳圆盘与鸵鸟羽毛）。女神将带翼的双臂张开，朝向太阳圆盘，做出保护的姿势。她们的头发和翅膀嵌有青金石。她们一只手握着鸵鸟羽毛，另一只手托着一串圣书体字符组合。

太阳舟上方的穹顶为天青石材质，里面有一排黄金星星。在两侧支撑穹顶的是代表上下埃及的两株植物——纸莎草和莲花。它们的枝干为黄金材质，花朵处嵌有彩色琉璃。站在穹顶之上的是两只黄金荷鲁斯，它们头戴象征埃及统一的红白双冠。

19—20世纪期间，埃及考古领域所发生的许多重大发现让辉煌的法老文明吸引了全世界的目光。1922年霍华德·卡特所发现的图坦卡蒙墓中的珍宝，其艺术光芒太过耀眼，以至于掩盖了其他所有的重要发现。但是，假如这些珍宝将新王国鼎盛时期王室墓葬的样子说得栩栩如生，那必须承认，令人懊恼的是它们却对这位年轻法老的生平事迹和其治下的社会环境闭口不言。其他一些考古发现展示的则不是这种情况，虽然较少的珍宝数量使得它们未能获得全世界足够的关注度，但是最终它们对于重建古代埃及历史却更有价值。例如，奥古斯特·马里耶特于1850—1851年间在塞拉皮斯墓地下墓室内发现的大量文献，为学科挽救了一批至今都未被完全充分利用的珍贵材料。另一个例子是于1875—1881年间因盗掘而被发现的戴尔巴哈里的王室隐蔽墓葬，出土

埃尔曼·德·默勒纳埃尔

卡尔纳克窖藏

P320左
在卡尔纳克窖藏参与发掘的工人（1904年）

P320背景和P321
奈斯帕卡舒提（Nespaqashuty）书吏像

JE 36665
片岩
高78厘米
卡尔纳克，阿蒙-拉神庙，窖藏庭院
乔治·勒格兰发掘（1904年）
第二十六王朝，埃普里斯（Apries）
统治时期（公元前589—前570年）

了数量惊人的第二十一王朝的祭司棺椁。当然还有皮埃尔·蒙泰于1939—1945年间在塔尼斯所做的精彩的发掘工作，揭示出了一座第二十一和第二十二王朝时期的王室陵墓区，其中大部分保存完好。这些发现在增添珍宝的同时，对我们了解整个埃及历史时期给予了很大的帮助。在重大发现的名单中，乔治·勒格兰于1903—1905年间发现的卡尔纳克窖藏也必定榜

上有名。

1895年，勒格兰被时任埃及文物管理部门负责人的雅克·德·摩根任命为卡尔纳克地区负责人。雅克·德·摩根的继任者加斯东·马斯佩罗在1901年请勒格兰在一处地点主持发掘时，他已经做出了一些成绩。二人共同将这一地点定为卡尔纳克主神庙第七塔门的庭院。1903年12月注定是幸运的，工人们在工作期间发现

了几块阿蒙霍特普一世登基庆典神殿的石块，于是乔治·勒格兰决定扩大发掘面积。1903年12月26日，他发现了一大块雪花石膏板，它是塞提一世的石碑。在其下方几厘米处，赫然出现了3尊尺寸巨大的雕像，其中一尊为绿色石头雕刻而成的阿蒙奈姆赫特，这让发掘者兴奋不已。这仅仅是一个开端，源源不断的发现一共持续了两年时间。3尊雕像被移走后，后面紧跟

P322
塞努斯瑞特一世斯芬克斯头像

JE 45489 = CG 42007
灰色花岗岩
高38厘米
卡尔纳克，阿蒙－拉神庙，窖藏庭院
乔治·勒格兰发掘（1904年）
第十二王朝，塞努斯瑞特一世统治时期
（公元前1971—前1926年）

着出现了更多的雕像。首批发现中的一尊是埃及晚期一位名为"阿赫麦斯（Ahmes）——帕哈尔孔苏（Pakharkhonsu）之子"的雕像。勒格兰的发现已经可以组成一个丰富的雕像系列了。

在极其艰苦的工作条件下，截止到1905年7月25日发掘工作暂停，共有超过700尊雕像、16000件铜器和不计其数的其他文物出土。为了发掘如此数量惊人的文物，工人们不得不长时间半裸着浸泡在地面以下的泥沙之中。有时他们完全陷入泥中，不得不等待其他工人把他们拖回到地面上。

遗憾的是，乔治·勒格兰仅给我们留下了工作的初步统计结果。毫无疑问，如此海量的文物让他应接不暇。即使他每天都将发现记录下来，最后他的笔记也还是未能保留下来。因此，为了收集发现的日期和当时的情况，考古人员只得在各种书籍期刊中搜索他所发表过的记录，有时还要回看一些二手资料。这些大部分都带有圣书体铭文的雕像没有使得发掘者留下任何记录，这才是最为令人感到惊讶的地方。勒格兰也曾记录

过自己的兴奋之情，但或许有些夸张："我研究过每一件文物，我将它们所带有的铭文都誊抄了下来。发现后及时地归档、分类和拍照。"假如确实如此，那么这批记录材料的丢失无疑是埃及学界最惨重的损失之一。

当1905年7月勒格兰因地下渗水危及工人生命而不得不停工的时候，他一定知道窖藏还未完全展露它所有的秘密。出土雕像总体上是完好的，虽然在发掘时产生了一些破损。有时他可以将碎块拼对完整，但也有一些零散的碎块。至于缺少的部分，他相信终有一天会在更深的地层中发现。但工作的中断让这样的希望落空了。从那时起，这个窖藏坑就一直等待着有人可以完成最后的清理工作。

勒格兰必须严阵以待，才能避免被每天源源不断出土的文物所淹没。首先，需要一个安全防盗的地方。实际上，对于这样重要的发现，消息一旦传播开，各种可疑的人物便会从四面八方闻风而来，伺机而动。提高警惕是必要的，雕像一出土，

则会立刻被放在带有守卫的库房里保管。尽管防备周全，但是勒格兰还是没能阻止发掘初期出土的两尊精美的雕像被盗走了。庆幸的是，经过严格的排查，丢失的文物最终幸运地失而复得。守卫监守自盗，其中4人被判处3年劳动改造。

这些出土的雕像尽可能地被陆续送往了开罗博物馆。1905年的一天，带有10节车厢的列车于下午5点从卢克索出发，次日早晨到达开罗。另外，还有两艘埃及文物部的船各运送了两三次。

然而，勒格兰及其助手们所付出的辛劳不是总能收到回报。围绕这次发现的大量报道引起了古董商们极大的兴趣，他们用尽所有方式想要从中获利。可以肯定的是，一些雕像，特别是中等大小的雕像，神秘地失踪了，或者是在发掘过程中，或者是在运输过程中，抑或是在运抵埃及博物馆之后。在欧洲或美国，几乎所有重要的埃及馆藏都来自卡尔纳克窖藏的出土文物。无论是以何种渠道，盗窃贩卖无疑是罪魁祸首。否则我们如何解释属于同一尊雕像的一部分保存在埃及，而另一部分却保存在其他地方的博物馆内。

文物运抵开罗博物馆后，通常会立刻获得一个入库号，但有时也会耽搁很长一段时间。在清单名册里，一些文物（通常是雕像）的编号后面有一个大写的字母D（代表disappeared），这说明它已经丢失了。应当注意的是，这不代表它们一定是被偷的。开罗博物馆销售大厅曾经向游客官方出售一些被认为库存丰富的物品，有些文物应当是通过这一渠道购买的。其他被标注为丢失的文物，之后又被重新登记在了另一本新的名册里。

埃及学者们最常讨论的问题是：为什么卡尔纳克的祭司会将如此大量的文物埋在一个巨坑之内而且显然他们并不想再找回这些东西，并且是何时将这些布满神庙大厅和走廊的大量雕像从卡尔纳克各个神庙内移走并掩埋的？在战乱期间为了保护神像而埋藏的观点很快被学者们摒弃了。另外的可能性还包括一些自然灾害迫使埃及人保存神庙内所剩的圣物，或者单纯地因为修复神庙而需要将它们保存在一处安全的地方。无论出于何种原因，无论是否全部的埃及学者都认可，从勒格兰的记录来看，卡尔纳克窖藏的形成很明显是一次性行动的结果，里面的物体摆放方式随意，并没有按照时间顺序排列。勒格兰认为，由于未发现晚于公元前1世纪的雕像，因此他推测这座窖藏的年代为"希腊时期末或罗马时期初"。

根据这一观点可以清楚地知道，勒格兰的确认真地研究过雕像的考古信息和铭文内容。在这次发现后将近1个世纪的时间里，还没有与其观点相左的证据。然而，无法基于所有的出土文物得出我们的观点不免令人感到遗憾。1906—1925年间，勒格兰出版了三卷本《开罗博物馆总名录》（*Catalogue*

P323
图特摩斯三世斯芬克斯像

JE 37981 = CG 42069
灰色花岗岩
高32厘米，宽21厘米，长61厘米
卡尔纳克，阿蒙－拉神庙，窖藏庭院
乔治·勒格兰发掘（1905年）
第十八王朝，图特摩斯三世统治时期
（公元前1479—前1425年）

Général du Musée du Caire），收录雕像约 250 件，其中大部分来自卡尔纳克窖藏。它们依照年代顺序排列，一直排到第二十五王朝末期。从那时起，埃及学者们在学术期刊上将雕像编号增加了约 50 个。总而言之，法国考古学者在 21 世纪初发现的雕像仍有一半以上尚未发表，这一点仍不能让人满意。

卡尔纳克窖藏的雕像称得上是一个绝佳的埃及雕像总览。这些雕像几乎涵盖了所有的埃及历史时期，从古王国到托勒密王朝末期，随着年代晚近，雕像的数量不断增加。底比斯在古王国和中王国时期的地位并不突出，所以此时的雕像数量比不上它作为都城的新王国时期、第三中间期和第二十五王朝时期。第二十六王朝的法老将中央政权北移，这反映在此时雕像的数量明显减少上。直到第三十王朝和托勒密时期，雕像数量才再次回升。总体来说，勒格兰收集的大部分铭文证据都与公元前最后 4 个世纪有关。

有趣的是，大量的雕像紧密地契合了底比斯在漫长历史中的兴衰。直到第二十六王朝初期，不仅高级祭司将自

己的雕像放入卡尔纳克神庙内，还有法老及其文武官员们。国家权力中心北移后，底比斯的地位开始衰落。于是神庙内的人员数量骤减，仅剩下了为神庙服务的仆人们。

卡尔纳克窖藏的发现，既是一次埃及考古的大事件，同时也成就了乔治·勒格兰。今天，他对埃及学的贡献是显而易见的。他从黑暗中拯救出了如此丰富的艺术佳品，深刻地改变了我们对底比斯雕像的认知，尤其是王室肖像的研究方面。

人们或许会认为古王国时期的雕像不会出现在卡尔纳克，但是，勒格兰发现了一尊第五王朝法老尼乌塞尔拉立像的下半部分，而上半部分则保存在贝鲁特国家博物馆。中王国时期的王室雕像较多，但仅限于第十二王朝最重要的法老塞努斯瑞特一世、塞努斯瑞特三世和阿蒙奈姆赫特三世。他们的雕像大部分都称得上是杰作，展现了这一时期王室雕塑艺术中生动而写实的特色。塞努斯瑞特一世有一尊几乎完整的斯芬克斯头像、一尊不完整的他与呈坐姿的哈托尔女神的组合像以及两尊他献给前任法

P324 上和 P325 左
阿蒙神第一祭司拉美苏纳赫特和底比斯三柱神的雕像

JE 37186 = CG 42163
片岩（雕像）和砂岩（基座）
高 40 厘米
卡尔纳克，阿蒙－拉神庙，窖藏庭院
乔治·勒格兰发掘（1905 年）
第二十王朝，拉美西斯四世统治时期
（公元前 12 世纪下半叶）

P324 下
奥索尔孔四世雕像

JE 37426 = CG 42197
彩绘石灰岩
高 18 厘米
卡尔纳克，阿蒙－拉神庙，窖藏庭院
乔治·勒格兰发掘（1904—1905 年）
第二十三王朝，奥索尔孔四世统治时期
（公元前 777—前 749 年）

老第五王朝的萨胡拉和第十一王朝的安太夫的雕像。还有两尊塞努斯瑞特三世的巨型雕像，其中一尊头戴白冠，另一尊头戴红白双冠，其所展示的这位伟大征服者的力量与权力超越他的任何一尊其他雕像。同样的表现力度还出现在阿蒙奈姆赫特三世的 7 尊雕像上。它们全部为法老呈站姿，左腿向前迈步，双手平放于短裙之上的造型。

虽然窖藏中有第二中间期的雕像，但它们普遍缺乏特点。直至第十八王朝，王室雕像才再次繁盛起来，并且达到了前所未有的艺术高度。图特摩斯三世统治时期，雕像艺术到达了埃及历史的顶

峰，窖藏中出土了 19 尊这位法老的雕像。其中一些出类拔萃的雕像以其精致的风格和完美的工艺，被列为埃及伟大的艺术杰作。这位将埃及帝国带至巅峰的法老，其容貌几乎没有个人化和细腻温和的特征。图特摩斯三世的肖像比他的继任者的更为人所熟知，很大程度上得益于勒格兰的这次发掘。改革者或是异教徒埃赫那吞法老在卡尔纳克仅留下相对较少的痕迹，其原因显而易见。反而他的继任者图坦卡蒙、阿伊和郝列姆赫布的名字出现在了几尊品相上乘的雕像上。有两尊精致的图坦卡蒙像值得注意，它们均为粉红色花岗岩制作而成，展现了阿玛尔纳时期艺术风格的影响力。

与第十八王朝相比，拉美西斯时期能称作艺术佳品的雕像数量较少。塞提一世占用了一尊可能属于阿蒙霍特普四世的巨型雕像。在拉美西斯二世的 8 尊雕像中，有 3 尊法老呈匍匐的姿势，右腿后撤，双臂向前伸展。拉美西斯三世有 2 尊立像，

其中一尊为巨型旗手像。在拉美西斯三世的继任者中，拉美西斯六世的两种程式化的传统雕像显得与众不同。

在窖藏出土的王室雕像简述的最后，还介绍了一尊奥索尔孔四世（Osorkon IV，第二十三王朝）的匍匐像和一尊沙巴卡（Shabaka，第二十五王朝）的巨型头像。它们是这一时期外族统治者留下的唯一证据，现藏于阿斯旺博物馆。最后的本土王朝和希腊罗马时期的统治者似乎没有在卡尔纳克神庙中献祭过他们自己的雕像。

所有的法老都被他们的家族成员和臣民们效仿，向阿蒙－拉神献祭雕像。从新王朝时期开始，雕像的进献数量大增，但是我们对哈舍普苏特女王统治之前的第十八王朝的私人雕像了

P325 右
带石碑的雕像

JE 37852 = CG 42237

灰绿色火山石

高 40 厘米

卡尔纳克，阿蒙－拉神庙，窖藏庭院

乔治·勒格兰发掘（1904—1905 年）

第二十五或第二十六王朝，
奥索尔孔四世统治时期
（公元前 7—前 6 世纪）

解得相对较少。然而，女王本人的雕像却没有在窖藏坑中被发现，她喜爱的建筑师塞内穆特则有 3 尊格外精美的雕像。古埃及最伟大的法老图特摩斯三世的雕像以及其母亲伊西斯和其他贵族的雕像，展现了雕刻工匠细微而精准的技艺。

第十八王朝之后的雕像的制作手法僵化，缺少情感，无法与早期雕刻工匠的水平相媲美。然而也有一些例外，例如拉美西斯四世统治时期的高级祭司拉美苏纳赫特的 2 尊雕像，是底比斯工匠留给我们的最典雅、最具独创性的雕像代表作。这一时期是底比斯阿蒙祭司集团的权力上升期，这也是高级祭司能遗留下数量庞大的、代表其艺术追求的证据的原因。

在第三中间期时，雕像的产量高速增长。工匠们经常从拉美西斯时期的风格中获得灵感，制作了大量的私人雕像，通常是方块雕像。这种风格后来逐渐被塞易斯（第二十六王朝）复古风潮所取代。如果这一时期的雕像可以被列入高水平艺术品之列，那么主要是因为它们拥有较长的铭文，能够使人们重建利比亚家族统治埃及期间底比斯大祭司家族的历史。从这一

点来看，乔治·勒格兰的考古工作带来的不可估量的信息至今都是无法被超越的。

第二十五王朝的努比亚法老在占领埃及后，定都底比斯，直到被第二十六王朝的法老普萨美提克一世击退。在库什王朝（Kushites）统治期间，他们通过高度等级化的管理让"神妻"对埃及进行严密的监督。神妻是一名单身的公主，她象征性地嫁给了神明，并将某些职位托付给本族人，如阿蒙神第一祭司是法老沙巴卡的儿子霍尔姆阿赫特（Horemakhet）或者法老的亲信伊利加迪加内（Lrigadiganen）。库什王朝的法老也会将埃及人委以要职。这一时期的所有贵族都在窖藏坑内被发现了，以至于我们可以通过几代人建立起他们的家族谱系。

法老派伊（Piye）之女舍普恩乌派特（Shepenwepet）成为"圣女"之后，身边有两位辅佐她的大总管哈尔瓦和阿赫门鲁（Akhimenru）。在阿蒙神祭司集团里有一名大祭司，

名叫孟图姆哈特，虽然只是第四祭司，但身份犹如王室成员，像统治者一样管理着底比斯。他的同僚还有第二祭司——法老塔哈卡之子奈斯舒特夫努特（Nesshutefnut）。第三祭司佩塔蒙奈伯奈苏塔维（Petamunnebnesuttawy）是一个名门望族的创建者，其家族在第二十六王朝法老奈卡乌（Necho I）统治时期衰落。宰相奈斯帕姆度（Nespamedu）担任文官并掌管司法系统。在亚述国王亚述巴尼拔（Assurbanipal）的记载中他被称作"提斯（This，城市）的国王"，后由其子奈斯帕卡舒提继承统治权。后者在塞易斯统治者占领底比斯后，通过其最精美的雕像风格，展现了他毫无任何抵抗地向统治者称臣的一幕。其他雕像则不同，佩塔蒙霍特普在窖藏坑内有 4 座雕像，似乎都只是最朴素的读经祭司的姿势。然而，他在底比斯陵墓区建造了一座埃及规模最大的地下墓葬。

在塞易斯王朝统治时期，这些显赫一时的大人物相继离世，他们的工作场所大部分变得空空荡荡。底比斯在进入罗马时期之时，仍然是一座活力四射的大城市，它所经历的是缓慢的衰落过程，并且再也没有好转。北方派来的王室使节献祭了一部分物品，但窖藏内出土的塞易斯时期的雕像并不多。虽然雕像的数量从第三十王朝开始有了显著的增长，其势头一直延续了整个托勒密时期。但是，雕像刻画的人物只有阿蒙神庙的祭司人员，没有王室成员，也与政治事件无关。在如此海量且未完全发表的材料中，雕像上的铭文内容很大程度上弥补了其有限的艺术价值。除了一些传统风格的自传文，铭文提供了重要的谱系信息：大量的私人姓名以及可以展现阿蒙神庙丰富宗教仪式的各种祭司头衔。有时还有相当详细的王名表，生动地再现了整个家族。许多时候，我们都可以通过文字内容建立一个庞大的家谱。最后，铭文中还有与宗教和丧葬有关的内容，包括向阿蒙神和祖先祈祷以及对生者的告诫，让路过之人向雕像做虔诚的祷告。

材料中缺乏相关的王名圈使得年代表不够完整。由于无法准确地断代，因此几乎所有的雕像都无法帮助我们研究从第三十王朝至罗马征服埃及期间底比斯的政治、体制和宗教历史。

作者简介

埃尔曼·德·默勒纳埃尔，1927年生于比利时布鲁日，1963年在布鲁塞尔皇家艺术历史博物馆任职，1984年担任修复部门负责人，直至1988年退休。他同时还承担教学工作，1973年被聘为根特大学埃及学教授，1988年被授予荣誉教授称号。1966—1988年间担任比利时考古项目在埃及的负责人，并为专业期刊做出了重要的贡献。他自1965年起担任伊丽莎白女王埃及学基金会主席。

为了让这些材料在研究中变得有价值，我们必须研究同时期的相关材料，尤其是世俗体纸莎草纸文献，希望可以找到与雕像对应的人物。好的结果已经开始显现了。某个名为伊瑞托尔鲁（Irethorru）的人的方块雕像突然成为了重要的历史文献。其子于菲利普·阿利多斯（Philip Arrhidaeus）统治的第三年献上了这尊雕像，并成为了非常重要的卢克索神庙建筑工程的监工。另外，得益于一份公元前212年的带有署名的世俗体纸莎草纸文献，另一尊普通的方块雕像也成为了托勒密四世统治下的底比斯衰落的重要证据。

对于乔治·勒格兰在卡尔纳克窖藏里发掘的材料，我们还有很多工作要做，它们对发展埃及学研究的作用还未完全被开发出来。但从它们已经做出的贡献来看，没有比加斯东·马斯佩罗在参观发掘现场时给出的这句激动的评价更合适作为本文结尾的了："自从马里耶特发现塞拉皮斯墓以来，还没有人可以一次性地发现这么多如此重要的考古材料。"

P327右
霍尔方块雕像

JE 36575 = CG 42226
黑色花岗岩带镶嵌物
高109厘米
卡尔纳克，阿蒙－拉神庙，窖藏庭院
乔治·勒格兰发掘（1904年）
第二十三王朝，佩都巴斯特（Pedubaste）
统治时期
（公元前828—前803年）

宰相安胡之父的雕像

··

灰色花岗岩
高115厘米
卡尔纳克，阿蒙–拉神庙，窖藏庭院
乔治·勒格兰发掘（1904年）
第十二王朝末期至第十三王朝初期（公元前18世纪）

雕像端坐在一张低靠背的椅子上，双脚放在凸出的基座上。双手置于膝上，左手平放，掌心向下，右手握着一块布，这是中王国时期的传统姿势。带条纹的假发盖在头部，向两肩下垂时逐渐变宽。雕像人物身着长裙，长裙实则是一整块裹在身上的布，前襟在前胸的位置。穿着这类服装的通常是宰相。

塞内穆特方块雕像

··

灰色花岗岩
高130厘米
卡尔纳克，阿蒙–拉神庙，窖藏庭院
乔治·勒格兰发掘（1904年）
第十八王朝，哈特舍普苏特统治时期（公元前1473—前1458年）

雕像人物的儿子安胡（Ankhu）确实是一名宰相，其生活年代可能为第十三王朝早期。刻在座位上的铭文显示，安胡的父亲可能也在第十二王朝末期至第十三王朝初期身居宰相之位。

他的面部呈规则的椭圆形。细眼低眉，鼻直口小，还戴着很宽的假胡须。这些面部特征能体现出第十二王朝雕像艺术的写实风格。在腿两侧的椅子上刻着传统的铭文。

像大多数中王国时期上层人物的雕像一样，这尊雕像没有被存放在他的墓室里，而是作为供品被献祭给了卡尔纳克的阿蒙–拉神庙，后在世纪之交时被勒格兰于卡尔纳克窖藏中发现。（R.P.）

方块雕像是古代埃及极其独特的一种雕像类型，历史上演变出了极其丰富的表现形式。

这尊雕像刻画的是哈特舍普苏特女王时期的上层贵族塞内穆特。他抱着公主奈菲胡瑞（Neferure），公主只有头部露在外面，头上有儿童头饰和一根辫子。

塞内穆特所拥有的头衔之一是"奈菲胡瑞的老师"。他同时还是哈特舍普苏特在戴尔巴哈里和卡尔纳克的最重要的建筑师。作为回报，女王恩赐给纪念碑和特权，他有许多雕像保留至今。根据这尊雕像上的长段铭文得知，他有幸可以在女王之后，将自己的雕像摆放在神庙中。

塞内穆特有可能因滥用职权，在哈特舍普苏特统治时期的某个时间被罢黜了，这体现为他的大部分遗迹在此时被毁。这尊雕像的鼻子被打掉，似乎也是有意为之，故意不让这位官员的"真人形象"有维持呼吸的能力。

对塞内穆特面部的刻画依照了女王雕像的风格和审美规则，雕像具有细腻的面部特征，大的杏仁眼和细鼻梁，嘴部较小，带有微笑。在古代埃及，私人雕像的风格通常紧紧跟随着王室雕像的风格。头戴的巨大假发搭在肩上，双耳露在外面。

雕像身上布满了铭文。雕像背柱为王座低矮靠背的样式，上面刻有一列铭文，内容为面见普塔和索卡里斯时的仪式习语。奈菲胡瑞的头部两侧各刻有2列铭文。内侧的铭文内容为公主的名字与头衔以及与公主相关的塞内穆特的头衔。外侧的铭文包含了两个和女王名字相关的字谜，塞内穆特称可以让自己平静。雕像前面刻有14行铭文，内容是塞内穆特的完整头衔、他的事迹以及最重要的王室所赐予的特权。（R.P.）

JE 36574 = CG 42126

塞奈菲尔和塞纳伊的雕像

灰色花岗岩
高120厘米
卡尔纳克，阿蒙-拉神庙，窖藏庭院
乔治·勒格兰发掘（1903年）
第十八王朝，阿蒙霍特普二世统治时期（公元前1427—前1401年）和
图特摩斯四世统治时期（公元前1401—前1391年）

这尊雕像刻画的是一对比肩而坐的夫妻，他们坐在高背长椅上，基座向前伸出。塞奈菲尔（Sennefer）坐在妻子塞纳伊（Senay）的右侧。他戴着匀称的、向两侧散开的假发，双耳露出，脖子上戴着4串珠饰，现实中应为黄金材质。这是一种荣耀的象征，"荣耀之金"是对功臣的奖励。根据雕像铭文记录，塞奈菲尔获得奖励时是底比斯的市长。

塞奈菲尔还戴着2个具有辟邪功能的心形护身符。他的身上有些赘肉，这是生活稳定富足的表现，也代表着他不经常从事体力劳动。塞奈菲尔的右肩上有两个阿蒙霍特普二世的王名圈。

塞奈菲尔的妻子是王室的奶妈，她头戴用小辫子编成的长款假发，脖子上佩戴着多串项链。她的紧身长袍上有两条宽肩带遮住胸部，下摆长至脚踝。

二人的面部特征非常相似（塞纳伊的椭圆脸型较丈夫的修长一些）：杏仁形的眼睛和清晰的眉毛，笔直而宽的鼻子，嘴部小而丰满。每个人的衣服上都有一列刻有自己姓名和头衔的铭文。

这对夫妻的孩子之一穆特诺夫尔特（Mutnofret）以很小的尺寸出现在两个人的下方。她的面部被毁，头戴长款假发，辫子垂在肩头。她的长裙上也用圣书体铭文刻着她的名字。在椅子的右侧，还刻有她跪在供桌前的形象；在椅子的另一侧，是她的姐妹奈菲尔塔丽呈同样姿势的形象。雕像出土的位置表明这对夫妇声名显赫，他们有幸能把自己的雕像摆放在阿蒙-拉神庙内，并且摆放在法老雕像的旁边。（R.P.）

JE 38234 bis = CG 42053

图特摩斯三世立像

硬砂岩
高200厘米
卡尔纳克，阿蒙-拉神庙，窖藏庭院
乔治·勒格兰发掘（1904年）
第十八王朝，图特摩斯三世统治时期（公元前1479—前1425年）

这尊雕像刻画的法老双臂放于两侧，呈迈步姿势。支撑雕像的背部立柱无铭文，从底部到顶部逐渐变细。法老头戴代表上埃及的白冠，前额装饰有一条圣蛇，短裙上绑有腰带，带扣上刻着法老的名字。

对法老面部的刻画使人联想到哈特舍普苏特时期庄重的风格，但更加注重的相貌特点也算是某种程度上的突破。在线条的装饰下，双眼显得更窄，鼻子显得更弯，嘴巴显得更僵硬。法老的身材修长，虽然没有刻意突出，但已显现的肌肉展现出法老充满了力量。

法老的脚下是象征着外敌的"九弓"，右脚下踩着4张，左脚下踩着5张。弓代表着外族敌人。9是3的3倍（3在古埃及语里为复数的意思，而2代表一对），代表人数众多。埃及人用这样的方法来表述法老战胜了埃及所有的敌人。

图特摩斯在卡尔纳克建造了一间节日大厅（akh menu），里面装饰有许多极其精美的雕像，这尊雕像无疑就是其中之一。法老左脚一侧的基座上的铭文内容是："完美的神，仪式之主，阿蒙神钟爱的人，在节日大厅主持仪式的人。"（R.P.）

 JE 36988 = CG 42194

被舍尚克征用的旗手像

·····················

绿色角砾岩

高48厘米

卡尔纳克，阿蒙−拉神庙，窖藏庭院

乔治·勒格兰发掘（1903—1904年）

第十八王朝末期（公元前14世纪）和

第二十二王朝，奥索尔孔二世统治时期（公元前924—前909年）

这尊缺少腿部的雕像刻画的是一个正在行走的男性形象，他的左手抱着一根旗杆，旗杆顶端装饰有一个女神的头。女神头戴长款假发，前额处有一条圣蛇，头饰顶端有一个太阳圆盘，旁边伸出一对牛角。这位女神是哈托尔或者伊西斯。从第十八王朝中期开始，伊西斯的外貌开始与哈托尔趋同。

男性佩戴的假发略短，属于中等长度。他的面容饱满，厚重的眼睑和两道弯眉突出了双眼的修长。鼻部细长，嘴部丰满，嘴角处有轻微凹陷。脖子上佩戴着两条荣耀之金项链。这是对为国家做出贡献的官员的奖励。手臂和手腕处佩戴着臂环和手镯。右手握住一块布。

从雕刻风格、面部特征和衣着风格来看，这尊雕像的制作年代为第十八王朝晚期，但是背部立柱上的铭文却为"阿蒙−拉神第一祭司，王中之王，军队最高统领，王子舍尚克，无罪认，两土地之主奥索尔孔之子"。铭文显示，这尊雕像可能在舍尚克逝世之后被再次使用，因为他的名字后面出现了对逝者的称呼"无罪认"（justified）。

雕像被再次使用时，人们对雕像做了一系列的改造。躯干和长裙上的褶皱被抹去后又刻上了阿蒙−拉神和奥西里斯的形象。同时，坏掉的右肩袖被一块新的石头嵌入并修复完整。左手应当也有破损，重新制作的左手尺寸显得略小，修补用的石块制作得明显没有原件用心。

雕像的面部没有为了舍尚克而进行修改。因为征用者已经将后背立柱上的铭文全都抹去并刻上了自己的名字，足以展示雕像的全新身份。（F.T.）

纳赫特夫穆特方块雕像

石灰岩
高42厘米
卡尔纳克，阿蒙-拉神庙，窖藏庭院
乔治·勒格兰发掘（1904年）
第二十二王朝（公元前945—前712年）

杰德孔苏夫安赫（Djedkhonsufakh）之子纳赫特夫穆特（Narkhtefmut）坐在矮台阶上，双腿蜷缩在胸前，形成了经典的方块雕像的姿势。然而，双臂的姿势则不常见，它们不是交叉于膝上，而是放在腿的两侧。唯一被刻画出的双手抱着站在雕像前方的普塔神。

纳赫特夫穆特头戴有条纹装饰的长款假发，额头被盖住，但双耳露在外面，假发散开和肩膀同宽。双眼和小而精致的鼻子很像哈特舍普苏特时期的风格，尤其与森内穆特的雕像相似。

呈木乃伊姿势的普塔神，手中握着杰德柱。方块雕像脚下前方出现的那尊神像的表现方式出现于拉美西斯时期的埃及。在之后的第二十二王朝，又出现了一尊这个类型的哈尔瓦的雕像，他是圣女阿蒙尼尔迪斯（法老卡什塔之女、派昂赫伊的妹妹）的大总管。（R.P.）

JE 37512

宰相霍尔雕像

玄武岩
高96厘米
卡尔纳克，阿蒙-拉神庙，窖藏庭院
乔治·勒格兰发掘（1904年）
第二十二王朝（公元前945—前712年）

这尊雕像刻画的宰相坐在方形的基座上，基座后面的两个角为圆角。他的双腿呈非对称的姿势，非常特别，左腿蜷在胸前，右腿盘坐在地上。这种姿势在古王国时期偶尔出现，新王国时期也偶尔使用。在后来的雕像中也被使用过，如两尊阿蒙尼尔迪斯一世的大总管哈尔瓦（第二十五王朝）的雕像以及一尊侍从贝斯（Bes，第二十六王朝）的雕像。

霍尔穿着布满铭文的短裙，上面雕刻的是他的名字和上层贵族的头衔以及他父亲的名字——祭司尤阿杰克（Luatjek）。霍尔为光头，双耳及锁骨凸出，脸型平常，五官细致，眼神平和，宽肩细颈。他的躯干部分则被雕刻得非常风格化，在短裙腰带的位置显现了很细的腰围。手臂和腿部显得很粗壮，似乎制作得有些粗糙，比例不协调。雕像无后背立柱。

霍尔的姿势和发型以及无立柱的做法表现出，工匠有意向古王国时期的上古塑像的风格回归，这种特色常见于后期的雕塑艺术中。（R.P.）

JE 37150

安赫孔苏之子霍尔方块雕像

片岩
高51厘米
卡尔纳克，阿蒙-拉神庙，窖藏庭院
乔治·勒格兰发掘（1904年）
第二十五王朝（公元前770—前712年）

这尊雕像完好地被发现于卡尔纳克阿蒙－拉神庙内一个埋藏有上千件雕像和铜器的坑内。它被埋入坑中的时间可能是托勒密时期。雕像的主人名叫霍尔，他是安赫孔苏（Ankhkhonsu）之子，也是一位孟图神祭司。孟图神是艾尔曼特（Armant）的隼头神，是早于阿蒙－拉神的底比斯地区的主神。虽然孟图的重要性被大大地削弱了，但正如雕像正面铭文中所提及的，他仍然被称作"底比斯之主"。霍尔的家谱也被刻在了雕像上，

我们由此可知，他的家族成员至少有五代都在底比斯当祭司。

霍尔这尊雕像为典型的方块雕像的造型。这种造型第一次出现是在中王国时期，后断断续续地出现在后世法老的历史中。这类雕像造型的使用体现了第二十五王朝崇尚古风的艺术追求。追求复古是努比亚王朝（此时统治埃及的王朝）的尝试，尝试用最正宗的古埃及传统的方式来获得统治的合法性。

除了中王国时期的经典姿势之外，雕像的另一个复古之处在于假发，这是新王国时期流行的样式。雕像不仅有一些简单的模仿，也有一些独到之处，表现在这尊方块雕像上的是，它不是一块依照传统制作成的几何体，而是按照个人身体形态对人物特征做出的更加自然化的呈现。这一点明显地表现出，制作工匠不是只关注于原版复刻，而是懂得这类雕像的源流。因此，与其他同类型雕像形成鲜明对比的是，用系列曲面刻画出的霍尔方块雕像表现出了充沛的生命力和张力。（F.T.）

JE 37176 = CG 42241

孟图姆哈特与其子奈斯普塔的组合像

黑色花岗岩
高34厘米
卡尔纳克，阿蒙-拉神庙，窖藏庭院
乔治·勒格兰发掘（1904年）
第二十五王朝末期至第二十六王朝（公元前7世纪中叶）

这尊下半部分残缺的雕像刻画的是一位赫赫有名的官员孟图姆哈特和他的儿子奈斯普塔（Nesptah）的形象。他们坐在靠背呈石碑形状的椅子上。根据若隐若现的右前臂的姿势可以判断出他们的确是呈坐姿。

两个人的形象略有不同。从正面看上去，孟图姆哈特坐在右侧，与其子相比，他的身材略高，脸型更宽。胸前的衣袍有更明显的褶皱。两者的相同点是都戴着装饰有平行细纹的长款假发，双耳露出。从雕像刻画的效果来看，祭司原本的服装均为豹皮材质，披在左肩，另有一条衣带斜着从胸前穿过，衣带上面刻着两个人的名字和头衔。他们的脖子上都戴着哈托尔形状的护身符。

背板顶部是一个带翼太阳圆盘，下方有两幅献祭的场景。右侧的场景描绘的是站立的孟图姆哈特举起双臂，向阿蒙、霍阿赫提和阿图姆祈祷和献祭。左侧的场景描绘的是奈斯普塔以相同的姿势向奥西里斯、伊西斯和他的父亲孟图姆哈特祈祷。

下部为圣书体铭文。

除古王国时期之外，两位男性的组合像在埃及艺术中比较罕见。古王国时期的两位男性形象其实是同一个人被刻画了两次，而新王国时期有一例雕像组合描绘的是宰相霍尔和普塔神第一祭司帕赫姆内杰尔（Pahemnetjer）。

这尊制作年代在第二十五至第二十六王朝之间的雕像可以和一些制作年代在第二十六至第二十七王朝之间的男性组合像相比较。自波斯统治时期以来也出现过具有相同特点的雕像，孟图姆哈特和奈斯普塔的组合像甚至有可能是这类雕像的原型。（R.P.）

JE 36665

奈斯帕卡舒提书吏像

片岩
高78厘米
卡尔纳克，阿蒙-拉神庙，窖藏庭院
乔治·勒格兰发掘（1904年）
第二十六王朝，埃普里斯统治时期（公元前589—前570年）

这是一尊宰相奈斯帕卡舒提的盘腿坐像。纸莎草纸卷轴在腿上展开，他的手指抠着卷轴的上沿。根据雅克·旺迪耶（Jacques Vandier）的分类，这种姿势属于书吏坐姿的一种变化。在真正的书吏坐姿中，人物的右手要握一支笔。

宰相头戴有几何条纹装饰的假发，垂至双肩，双耳露出。他身穿短裙，腰上围着一根宽腰带。基座周围刻有一圈圣书体铭文，内容是雕像人物的名字和头衔。人物面部被雕刻得极其精致。长圆形的脸上有轻微的凹陷，在光滑的表面产生出了微妙的阴影效果。眉毛延伸至太阳穴，双目周围有着纤细的鼻梁和不太凸出的颧骨。

根据石料的选择、表面的处理以及其他细节（如纸莎草纸卷轴上竖列的铭文）可以立刻判断出，这是一尊塞易斯王朝时期的雕像。这件作品体现了第二十六王朝艺术的风潮，即重新回归过去的文化和艺术传统，但又以自己独特的方式呈现出来。（R.P.）

JE 37341

佩塔蒙霍特普书吏像

石英
高74厘米
卡尔纳克，阿蒙–拉神庙，窖藏庭院
乔治·勒格兰发掘（1904年）
第二十六王朝早期（公元前7世纪下半叶）

这是大祭司佩塔蒙霍特普的书吏坐像，经典的造型可以追溯至第四王朝。他盘腿坐在地上，右手原本握有一支笔，左手扶着卷轴。不仅是造型，连整体风格也有意模仿古代的风格并且加以改造，以适应当时时代的需要。第三中间期末到埃及晚期开始阶段，所有的艺术种类都追求这种风尚。

佩塔蒙霍特普的发型简洁干练，和许多古王国时期的私人雕像的发型一样。躯干的雕刻体现出塞易斯时期清晰准确的特点。人物的体形修长，表面光滑，用浅浅的起伏刻画出了身体。

佩塔蒙霍特普身着短裙，腰间系着腰带。双腿雕刻细腻，腿上的肌肉纹理清晰且细致。双脚没有完全露出，但比同类型雕像的脚部刻画得更加精准。

雕像底座上刻有铭文。佩塔蒙霍特普的墓葬是阿萨斯夫规模最大的墓葬（编号TT33），以数量众多的石质夏勃提像而闻名。这些夏勃提像目前被分散收藏在世界各地的博物馆中。（R.P.）

JE 36579

帕哈尔孔苏之子阿赫麦斯方块雕像

玄武岩
高70厘米，宽30厘米，深41厘米
卡尔纳克，阿蒙–拉神庙，窖藏庭院
乔治·勒格兰发掘（1904年）
第二十六王朝（公元前664—前525年）

在上百件勒格兰从卡尔纳克阿蒙－拉神庙第七塔门庭院窖藏坑内发现的雕像中，许多都是呈坐姿和跪姿的雕像。这些静态姿势的选择与雕像在神庙中所起到的作用有着直接的关系。它们被摆放在信徒们经过的道路旁，代表着雕像的主人正在等待路人的关怀。正如铭文中提及的，读出雕像上的圣书体铭文，就是对逝者的一种祷告。有认读能力的朝圣者，只要在雕像面前停留并读出上面所刻写的内容，就被认为是在做善事。念出他的名字，就可以让他在众神的领域获得供品，从而实现永生。

这类雕像身上有许多铭文是直接针对那些路过的人的文字，而另外一些铭文是关于献祭的词句，抑或是强调逝者品德高尚的理想化的生平记载。

在神庙内放置自己的雕像，自然是祭司的特权，他们是直接为神明服务的人。帕哈尔孔苏之子阿赫麦斯就是这种情况，他在阿蒙－拉神祭司集团中身兼多个重要的职位。

他的这尊雕像是典型的方块雕像。几何风格的组合和光滑的表面是第二十六王朝时期的特征，也暗示出雕像的制作年代。

阿赫麦斯坐在垫子上，长袍遮住了双脚。双臂放于膝上，在方块表面微微地凸起。右手握着的字符与圣书体中代表祭司的字符类似（埃及语是神的"仆人"）。人物的面部特征高度风格化，呈现出微笑的表情，下巴上装饰着短胡须。（F.T.）

JE 37075

奈斯巴奈伯杰德之子阿赫麦斯雕像

片岩
高95厘米
卡尔纳克，阿蒙-拉神庙，窖藏庭院
乔治·勒格兰发掘（1904年）
第三十王朝末期至托勒密早期（公元前4世纪下半叶）

这是勒格兰在卡尔纳克窖藏中发现的极为有趣的一尊雕像，其发掘编号是 197。阿赫麦斯为经典的男性造型，身体直立，双臂并拢，手中紧握一个圆柱形的物体。雕像站在一个没有铭文的基座上，背部起支撑作用的是一块顶端为三角形的宽板。宽背板取代了常见的背部立柱，和谐地衬托了人物。

阿赫麦斯的光头突出了高高的前额和长长的后脑。耳朵比例匀称但很窄，在头上的位置偏高，耳垂几乎和眼睛处于同一条水平线上。这些细节问题在近看时非常明显，但从其他角度看却不容易察觉，因为高高的额头掩盖了这些瑕疵。

手臂和腿部的直线使得人物的造型非常僵硬。阿赫麦斯身着短裙，腰带的表面全部刻着铭文，记录着他的姓名和头衔。另外一些铭文刻在了背板上，并配有图像。背板顶部的三角形区域刻有两幅对称的画面，分别是阿赫麦斯跪拜奥西里斯和阿蒙的场景。下方的铭文被分为 7 列，内容为人物的头衔。

铭文内容中还包括一系列自传文本。背板侧边的铭文内容是常见的献祭词语。两腿的位置还刻着两幅带文字的图像。右侧图像为阿赫麦斯的长子呈站立姿势，铭文为："他钟爱的长子，奥西里斯祭司，奈斯巴奈伯杰德（Nesbanebdjed，和阿赫麦斯的父亲同名），母亲为叉铃演奏者塔什利特敏(Tasheritmin)。"左侧的图像是跪着的阿赫麦斯，头上有一段16 行的铭文，内容是对生者说的话。

这种特殊的话语常被刻在丧葬雕像上，抑或是被献祭给神庙的雕像上。向神庙进献带有这种文字的雕像的人，是为了让其他祭司和神庙的参观者们诵读上面的文字，从而记住他的名字，代他向神祷告。

这座雕像尤其重要的原因是在自传文本中记录了雕像的主人拥有和艾尔曼特城及布奇斯（Buchis）圣牛相关的官职，他可能是布奇斯圣牛信仰的高级祭司之一。（R.P.）

帕克努姆雕像

....

片岩
高22厘米
卡尔纳克，阿蒙-拉神庙，窖藏庭院
乔治·勒格兰发掘（1904年）
托勒密王朝（公元前3—前2世纪）

这尊仅有上半身的雕像刻画的是呈站立姿势的帕克努姆（Pakhnum）。从光头造型和高度风格化的面部特征来看，这尊小雕像的制作年代是托勒密早期。背部立柱上刻有雕像主人的名字，三角形的顶部符合托勒密时期的年代特征。

帕克努姆身着长袍，衣带穿过左肩系在胸部下方。短裙的长度应当是到膝盖下方，宽松的感觉让人想起了流行于中王国时期的短裙样式。

光头和系在腋下的长袍是埃及祭司的典型装扮。在不久之后，当埃及的信仰在地中海地区传播时，这些祭祀服装的特征仍然得以保留。在欧洲发现的和伊西斯信仰有关的遗迹中，有许多祭司形象都和这尊雕像有可比较之处。

帕克努姆的双臂微微下垂，手中捧着奥西里斯的神像。法老或其他个人手捧神像的雕像类型在埃及艺术中比较常见，并且有一些变化的样式。神像有时是在一个神龛内，有时则完全不出现样貌，仅由一个象征物作为替代品出现在雕像中（比如常见的有哈托尔样式的叉铃）。手捧的神明通常情况下就是雕像所献祭的神庙的主神。然而，这尊雕像中出现的是奥西里斯而不是阿蒙–拉神也属正常。因为卡尔纳克神庙主要供奉的是底比斯地区的神，但也涉及埃及其他重要神明的信仰。这里面就有一座献给"永恒之主"奥西里斯的神殿，帕克努姆应当非常虔诚。

（F.T.）

从第二十五王朝法老统治埃及至亚历山大大帝（Alexander the Great）占领埃及，古埃及晚期延续了将近4个世纪。如果把罗马人到达埃及的公元前30年作为截止时间，那么这将是埃及法老历史的4个主要时期中时间最长的一个。从许多方面来讲，这也是最复杂的一个时期，因为埃及面临的现实是一个快速变化的外部世界。在第二十六王朝期间，法老就已经与小亚细亚的希腊城邦有往来，并且还雇佣过希腊雇佣军。

公元前525年，第二十六王朝被来自波斯的阿契美尼德（Achaemenid）王朝推翻。第二十七王朝是波斯人治下的埃及，结束于公元前404年，延续了一个多世纪。随后是两个孱弱而短命的王朝——第二十八王朝和第二十九王朝。最后，在公元前380年，一个强大

的埃及家族缔造了第三十王朝。他们是最后一批统治埃及的本土法老。但是，像第二十六王朝一样，他们又一次没能抵抗住波斯人的入侵。在公元前343年，第三十王朝的最后一任法老内克塔内布二世（Nectanebo II）被流放出境，埃及的土地再次落入波斯人手中。然而，这次波斯人没有统治很长时间。公元前332年，亚历山大大帝将波斯人驱逐出境。由于埃及居民对波斯人极其厌恶，因此反而对亚历山大大帝的接管欣然接受。

亚历山大大帝虽然在埃及逗留的时间不长，但埃及却给他留下了很深的印象。

P342背景
牛头女神雕像

CG 39134
青铜
高27.7厘米
萨卡拉，塞拉皮斯墓
古埃及晚期（公元前712—前332年）

P342左
圣甲虫

TR 15.1.25.44
琉璃、木、金箔
长11厘米，宽6.5厘米
来源未知
希腊罗马时期（公元前332—311年）

P342右
有翼伊西斯雕像

JE 38891
青铜
高15厘米
来源未知
古埃及晚期（公元前712—前332年）

P343
法老头像

JE 28512
黑色花岗岩
高46厘米
门德斯［Mendes，泰勒鲁巴（Tell el-Ruba）］
1888年购得
托勒密王朝（公元前304—前30年）

埃德娜·R. 吕斯曼

古埃及晚期的艺术

P344
佩特奥西里斯的木棺

JE 46592

木、琉璃

长195厘米

赫尔摩波利斯（图那戈贝尔），
佩特奥西里斯（Petosiris）墓
古斯塔夫·勒菲弗（Gustave
Lefebvre）发掘（1919—1920年）
托勒密王朝（公元前304—前30年）

他自诩为埃及王权传统的继承人和阿蒙神之子，加强了他对自己的神圣使命的信念。他曾亲自去锡瓦（Siwa）的阿蒙神庙朝圣祭拜。在返回的途中，亚历山大的决策影响了埃及接下来3个世纪的历史进程。他首先下令在埃及的地中海沿岸建造一座希腊城市亚历山大港。然后，他将埃及的统治权托付给一名将军（也是他儿时的伙伴）——托勒密将军。不到30年，亚历山大和他的继任者都去世了。公元前305年，托勒密自立为王。出身马其顿、说希腊语的托勒密王朝的法老统治埃及长达近3个世纪，直至公元前30年，克里奥帕特拉七世（Cleopatra VII）和她的情人马克·安东尼（Mark Antony）被屋大维（Octavian）打败。

我们经常误认为古埃及晚期的政治孱弱是因为其文化的日益贫乏。但事实上，大量证据表明埃及文化仍然保留着强大的生命力。正是在这一时期，埃及文化给外国人，尤其是希腊人留下了非常深刻的印象和影响。希腊人对埃及的历史抱有敬畏之心，即使他们发现有

些埃及的习俗和信仰很奇怪，也愿意诚心去供奉许多埃及的神明，接受埃及一些特别的习俗，包括把逝者制作成木乃伊。

埃及文化的力量与活力在晚期的艺术中有所表现。晚期的工匠仍然保持着历史上所达到过的高工艺水平。但是，他们在继承的传统工艺上打上了自己的印记，从而将埃及雕塑和浮雕艺术提升到了一个新的高度。他们处理过的作品造型优雅，外观美丽，追求低调朴素的效果。这些通常不是我们印象中的埃及艺术具有的品质。它们经常被现代观众所

忽视，即便注意到时，也可能会认为它们是受到了希腊风格的影响。其实，这些品质纯粹是埃及的，它们形成于第二十六王朝，而此时希腊艺术刚刚进入其古风时期。

第二十六王朝的法老所居住的地方是三角洲城市塞易斯。他们的统治时期常被称作"塞易斯时期"。"塞易斯的文艺复兴"一词有时被用于形容此时的艺术。塞易斯的文艺复兴是之前法老开启的艺术复兴的一种延续。塞易斯时期的工匠们从前朝继承了对复古风尚的兴趣，即模仿之前的艺术作品。不过与第二十五王朝强调古王国和中王国时期那种节制的力量的风格不同的是，塞易斯时期的复古雕塑与浮雕艺术还体现出了早期作品中的精致与典雅。它们也受到了新王国早期时高度理想化风格的影响。第十八王朝的统治者哈特舍普苏特和图特摩斯三世及其后人的雕像有可能是独特的镰刀形的"塞易斯的微笑"的灵感来源，某些学者认为这是早期希腊雕像中"古风式微笑"的源头。

埃及的雕刻匠一直都是石刻艺术的大师。第二十六王朝雕刻匠的技艺和前辈的相仿，并且他们还有自己的偏好。他们偏爱深色、细颗粒的石材，比如硬砂岩。他们非常在意雕像的表面，会通过一种方法加深其颜色和纹理。这种处理能让塞易斯时期的雕像具有一种细腻的美感，即便雕像的主题和美毫无关系，比如辟邪女神塔沃里特。

大部分第二十六王朝埃及的雕塑和浮雕艺术的特点是具有美感的表面、典雅的造型和风格化的微笑。然而，在王朝末期，一些雕像开始出现肖像的特征。肖像和类肖像的雕像在埃及艺术历史中偶尔出现过，是第二十五王朝艺术极其显著的特点之一。但是，第二十五王朝的肖像表情严肃，甚至严厉。这使得塞易斯王朝末期"塞易斯的微笑"结合了年龄的皱纹之后，就如某位名叫普萨美提克的官员的面部一样，产生出一种矛盾的表情。

普萨美提克的雕像展示了他在以母牛形象示人的哈托尔女神的保佑下的形象。这种形式始于新王国时期，用来象征哈托尔女神和法老之间特殊的关系，故仅限于王室家族使用。所以，在古埃及晚期，它被非王室官员使用的这一现象非常值得留意。

普萨美提克的雕像还有一点不寻常之处。它是一个三人组合像，另外两个形象是呈坐姿的奥西里斯和伊西斯。最主要的是，这个组合像是为普萨美提克的墓葬制作的。纵观古埃及历史，无论是王室墓葬还是私人墓葬，里面都会随葬逝者的雕像。然而，在古埃及晚期普萨美提克统治时期，这一习俗几乎已经被摒弃了，其中原因并不清楚。晚期墓葬的浮雕和圣书体铭文装饰经常被限制在有限的空间内，例如奠堂的门

P345
法老手捧荷鲁斯之眼的跪像

JE 91436
青铜
高26厘米
萨卡拉
古埃及晚期（公元前712—前332年）

（Ankhesneferibre），她是王室的公主，还是阿蒙神的配偶。她的雕像矗立在卡尔纳克的阿蒙神庙内。

塞易斯时期形成的风格决定了之后的古埃及晚期的艺术走向。一尊第二十七王朝的某个名为普萨美提克萨奈特（Psamteksaneith）的人物雕像，他的面部有着如同塞易斯末期的普萨美提克雕像上的迷之微笑。在一件王室头像上，面部呈现了稍晚版本的理想化的塞易斯风格。这件匿名头像被发现于三角洲的门德斯，那里是第二十九王朝王室的宫殿和陵墓的所在地。这件头像刻画的很可能是一名未知的法老。

第三十王朝的艺术依然是基于塞易斯的风格，似乎法老们在有意识地效仿第二十六王朝的成就。但是他们并没

P346左
铜镜

CG 27902
青铜
直径14厘米
亚历山大港
疑似购得
（约公元前5—前4世纪）

P346下和P347左
站在鳄鱼身上的荷鲁斯纪念牌

CG 9401
灰色片岩
高44厘米、宽26厘米、厚11厘米
亚历山大港
发现于1888年之前
托勒密王朝（公元前304—前30年）

P346-347
伊西斯

JE 53671
青铜
高31厘米
购得
（公元前5—前3世纪）

道处，如奈菲尔塞舍姆 – 普萨美提克（Neferseshem-Psamtek）和霍尔霍特普（Horhotep）的浮雕。

丧葬艺术改变的一个结果是几乎所有晚期的雕像都是为了要放置在神庙内而制作的，无论是神像、法老像还是私人雕像。墓葬雕像的没落使得神庙雕像更加受到重视，这些雕像必定受到了一种我们无法察觉的影响。例如，神庙虽说不是真正的公开场所，但它的环境很明显不如墓葬所具有的私密性更强。对意外受损的担心可能在一定程度上解释了为什么晚期雕像偏好采用相对坚固的造型，例如方块雕像。大多数晚期雕像采用质地坚硬的石材，而不用较软的石灰岩或木头。

神庙雕像的强势还解释了为何会出现晚期女性雕像稀少的现象。大部分古代埃及女性雕像都来自墓葬。当然神庙中有女性神明存在，虽然数量相对较少，但这表明她们的形象没有被完全禁止。然而，上层社会的女性一般不会把自己暴露在公共视野下，她们的雕像同样不会，即便这些公众大部分都是由路过的祭司组成的。在神庙中经常出现的女性只有王后和其他有高级祭司头衔的王室女性，例如安赫奈斯奈菲尔伊伯瑞

有机械地模仿,埃及艺术依然在继续发展。第三十王朝的雕像和浮雕区别于塞易斯风格的特点是其面部和身体稍微有点圆润和肉感,眼睛和眉毛被刻画得更正规。少数的第三十王朝的肖像表明,肖像在此时正在更加自由地发展着。埃及艺术中最令人惊讶的形象之一就是刻在特奥斯(Teos)石棺盖上的裸体侏儒形象。

尽管墓葬雕像消失了,墓葬内的浮雕也很有限,但其他的埃及传统丧葬习俗,包括木乃伊,仍在晚期继续沿用,甚至在此后的几个世纪里,许多希腊人和其他定居埃及的外国人都接受了这一习俗。此时的石棺和木棺巨大而精美。比如特奥斯的石棺就是一具雕刻着魔法形象和圣书体咒语的巨大石棺。其他的石棺是逝者的木乃伊形的。在硕大的石棺内部,有一具盛放着木乃伊的木棺,如果逝者无力承受太过奢华的葬礼的支出,那么木棺的尺寸会稍小一些。大部分的木棺会采用彩绘的图案和咒语作为装饰,少数木棺的装饰会更加精致一些。

佩特奥西里斯葬于托勒密早期，他的木棺装饰有精美的琉璃镶嵌而成的圣书体铭文。微小而鲜艳的色彩组合好像是较早的琉璃马赛克作品之一。

当托勒密家族掌权之后，晚期的第三十王朝的影响依然存在。托勒密家族并没有伪装成埃及人的样子，但他们的确宣布了自己是合法统治埃及的法老。他们接受了法老的头衔，并且提倡信奉埃及宗教，兴建庙宇。在神庙中，他们被描绘为以传统法老的样子朝拜埃及的神明。如今埃及保存下来的大部分神庙都建于托勒密时期。

托勒密王朝对埃及传统习俗的接受有助于我们了解这样一个事实：在托勒密王朝初期，工匠（当然是埃及人）制作的雕像和浮雕的风格完全忠于第三十王朝，以至于很难辨别一件作品的具体年代是第三十王朝，还是托勒密早期，例如哈普之子阿蒙霍特普的巨型雕像。

然而，亚历山大港保持着希腊的特色，在托勒密的治理下，它成为了希腊化时期的学术和艺术中心。几个世纪之后，托勒密统治下的埃及发展出了一个埃及文化和希腊文化相互交织，但又

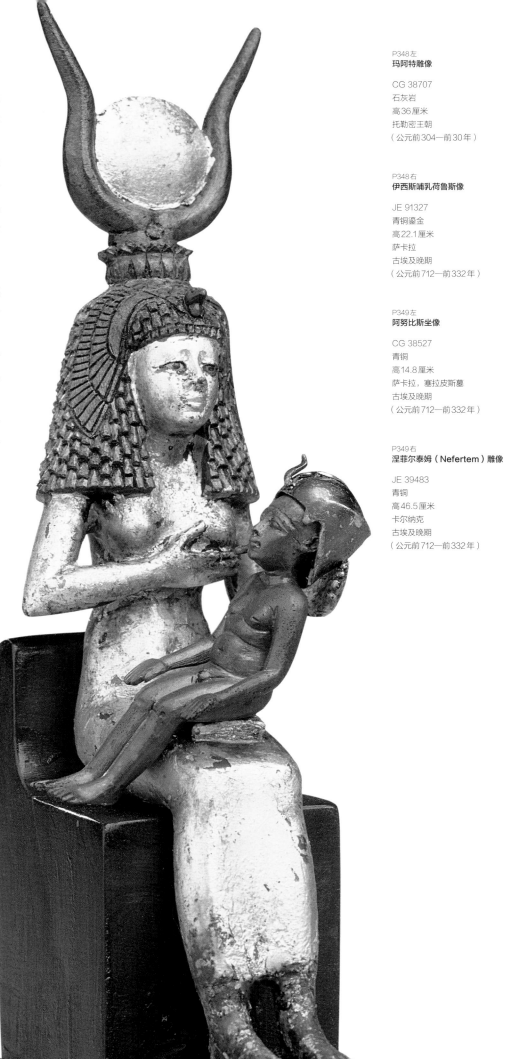

P348左
玛阿特雕像

CG 38707
石灰岩
高36厘米
托勒密王朝
（公元前304—前30年）

P348右
伊西斯哺乳荷鲁斯像

JE 91327
青铜鎏金
高22.1厘米
萨卡拉
古埃及晚期
（公元前712—前332年）

P349左
阿努比斯坐像

CG 38527
青铜
高14.8厘米
萨卡拉，塞拉皮斯墓
古埃及晚期
（公元前712—前332年）

P349右
涅菲尔泰姆（Nefertem）雕像

JE 39483
青铜
高46.5厘米
卡尔纳克
古埃及晚期
（公元前712—前332年）

保持了一定距离的复杂的系统。即便是在托勒密早期，埃及艺术中也体现出了希腊化的影响，但这种影响很大程度上只是流于表面，似乎只是想要追赶时尚的潮流。例如，许多这个时期制作的雕像虽都是采用传统方法来刻画人物的形象，但却使用了希腊式的卷发。

托勒密的法老们有时以埃及风格的形象示人，有时又是希腊风格的样子，有时甚至是两种风格的混合。在很大程度上，王室风格的选择视情况而定：例如在一座埃及神庙的墙壁上，托勒密的法老和王后几乎全部是传统埃及的风格。但是，当希腊风格的艺术已经站稳了脚跟后，一些埃及的工匠也开始制作希腊风格的作品。在托勒密末期，一些私人雕像，无论是装束还是发型都完全采用了希腊风格的造型。这类雕像数量相对稀少，并且我们无法区分雕像所刻画的人物到底是埃及血统还是希腊血统。但是，这预示着当罗马人统治埃及之后，希腊罗马的风格将会在埃及大行其道。

作 者 简 介

埃德娜·R.吕斯曼，博物馆员，古埃及艺术和历史专业教授，主要从事古埃及后期的研究工作。她著有《埃及雕像：开罗与卢克索》（*Egyptian Sculpture: Cairo and Luxor*）一书，并发表了多篇学术文章。她曾执教于多所美国大学，近期就职于加州大学伯克利分校，目前担任纽约布鲁克林博物馆埃及艺术部的博物馆员。

JE 36578

佩塔蒙霍特普坐像

·································

雪花石膏

高98厘米，宽30厘米

卡尔纳克

第二十五王朝末期至第二十六王朝初期（公元前7世纪）

　　古埃及晚期的艺术，尤其是第二十五和第二十六王朝期间，呈现出一种明显的对过去的题材和造型进行复刻的趋势。这一趋势具体体现在这个时期的雕像上。

　　古风的造型（例如书吏坐像）以及古王国、中王国和新王国时期的假发和服装的类型，都代表着雕像的主人属于上层社会。这尊埃及博物馆收藏的佩塔蒙霍特普的雪花石膏雕像（该馆还收藏有一尊他的书吏坐像）刻画了一位坐在方形座位上的官员，他的脚下有凸出的基石。这种风格让人联想起古王国时期的王室雕像。端坐的佩塔蒙霍特普将双手放在膝盖上，左手手掌朝下，右手握拳并水平放置。

　　人物头戴假发，双耳露出，身着短裙，腰间系腰带。圆圆的脸型和普通的面部特征与他的另一尊书吏坐像相同。目光朝向上方，几乎埃及每个时期的雕像都有这一特征，但是以古王国时期最为常见。在躯干部分，两肩宽阔，四肢肌肉健壮，佩戴的胸饰风格也是在向过去经典时期的雕像致敬。

　　圣书体铭文被刻在座椅前面以及基座的周围，但保存状况并不理想。（R.P.）

JE 39194

塔沃里特女神雕像

······································

绿色片岩
高96厘米
卡尔纳克，神庙北部地区
奥古斯特·马里耶特发掘（1860年）
第二十六王朝（公元前664—前525年）

　　这是一尊非常罕见的河马女神塔沃里特的雕像，她的名字意为"伟大的女神"。神像呈人形，双足站立，左腿微微向前。爪子部分似狮子，而上肢则为人的手臂。假发以下的后背被背柱遮住了一部分。还有一条有褶皱的带子盖住了整个后背，带子像一条尾巴垂至脚底。双臂挂着两个代表"守护"的圣书体字符。

　　雕像其他部分均是以传统方式呈现出的河马女神的容貌。头顶上的圆柱体曾是哈托尔的王冠，另外装饰有牛角和太阳圆盘。

　　基座上面刻有三行横向排列的铭文，内容是帕巴萨（Pabasa）给两位女神塔沃里特和瑞瑞特（Reret，同为河马女神）的献词。帕巴萨是普萨美提克一世的女儿，圣女尼托克瑞斯（Nitocris）的大总管。帕巴萨请求两位女神守护法老女儿的财产。

　　该雕像被发现于一座石灰岩神龛内。神龛唯一可打开的是一扇小窗，女神的脸从那里露出来。龛上有尼托克瑞斯向塔沃里特进献叉铃的场景。叉铃是一种乐器，与女性神明的信仰有关。另外，同一场景内还有女神手持手鼓的画面。她们是7个哈托尔女神，是天上的神牛，主管生命与生育。（R.P.）

普萨美提克墓内的伊西斯雕像

....

片岩
高90厘米
萨克拉，普萨美提克墓
第二十六王朝末期（公元前6世纪上半叶）

　　这尊伊西斯雕像被发现于书吏长普萨美提克的墓内，一同被发现的还有其他同样高品质的神像。

　　伊西斯端坐在有着低矮靠背的王座上，下面的基座前方为弧形。女神将双手置于膝上，右手握着一个生命之符。头戴顺滑的长款假发，两侧的头发经过耳朵后面垂至胸前。头上的王冠是哈托尔的标志，由一个太阳圆盘和两根牛角组成。伊西斯的形象经常和哈托尔共用。她同样穿着一件长至脚踝的修身长袍。

　　女神的脸型为椭圆形，面部特征细腻，表情祥和。基座周围刻有铭文，内容为普萨美提克向伊西斯献祭的献词。

　　伊西斯被认为是荷鲁斯的母亲。伊西斯是奥西里斯三柱神的成员之一。作为奥西里斯的妻子和荷鲁斯的母亲，她被象征性地比作王座（她的传统象征符号）以及被当作王室父子传承的守护者。她的丈夫奥西里斯被其兄弟赛特杀害后，伊西斯将其分散的身体重组在一起，用法力使他复活。然后，她怀上了奥西里斯的骨肉——荷鲁斯。荷鲁斯在为父报仇后，合理地继承了埃及的统治权。（R.P.）

CG 784

普萨美提克和哈托尔的雕像

·····················
片岩
高96厘米
萨克拉，普萨美提克墓
第二十六王朝末期（公元前6世纪上半叶）

这尊雕像刻画了母牛女神哈托尔和普萨美提克，这种组合方式常见于王室雕像。

女神的外观为一头母牛，守护着站在她前面的一尊小型人像。他们站在同一块方形基座上。女神的雕像为典型的塞易斯时期的风格，用打磨光滑的表面呈现肌肉，但姿势非常僵硬。牛的脖子用浮雕的形式装饰着一条精致带有后坠的项链，这是哈托尔女神的标志之一。牛的面部与人脸非常接近，头顶有一对牛角和一个太阳圆盘，装饰有一条圣蛇和两根羽毛。

普萨美提克站在女神的身前，他的头部被牛的嘴部保护着。他头戴假发，所戴项链的方形坠饰上没有装饰，长袍前面长方形的板上刻满了铭文，内容是雕像人物的名字与头衔。

人物的双手手掌朝下，放在长袍上。他的面部呈椭圆形，五官精致，双肩宽阔，雕刻精准。基座四周的铭文是给哈托尔女神的献词，她被称作"沙漠之主"。（R.P.）

CG 38358

普萨美提克墓内的奥西里斯雕像

·····················
片岩
高89.5厘米
萨克拉，普萨美提克墓
第二十六王朝末期（公元前6世纪上半叶）

这尊雕像被发现于普萨美提克墓的竖井内，一起被发现的还有另外两尊雕像，即伊西斯雕像和哈托尔女神与墓主人的组合像。这尊雕像刻画的是端坐在王座上的奥西里斯。下面的基座的前方呈弧形。

神像的造型为常见的木乃伊外观，双手从衣服中伸出交叉在胸前，手中分别握着连枷和弯钩权杖。奥西里斯头戴阿代夫冠，这种王冠由两侧带有羽毛的代表上埃及的白冠和在中间竖起的圣蛇组成。神像的面部几乎和伊西斯的面部相同，仅在下巴处多了假胡子。

书吏长普萨美提克给神明的献词被刻在了基座四周，内容均为常见的词句。奥西里斯在埃及的各个时期以不同的形式被崇拜，有时也与其他神明组合在一起。在布西里斯，他很快就取代了安杰提（Andjety），而在孟菲斯，他被当作普塔－索卡里斯－奥西里斯。但是，作为逝者之神的信仰以及法老死而复生成为荷鲁斯的信仰，奥西里斯的主要供奉地还是在阿拜多斯。历代埃及法老都在此为奥西里斯竖立过石碑，建造过神殿和陵墓。（R.P.）

CG 726 = JE 31335

普萨美提克萨奈特抱着神龛的雕像

·····················

灰绿片岩

高44.5厘米

米特拉西那（孟菲斯）

古埃及晚期（公元前6—前4世纪）

这类描绘人物怀抱一座小神龛的雕像在第十九王朝取得了较大的发展。虽然在之前更早的时期已有这类雕像的原型，但直到第二十一王朝以及在古埃及晚期，这类雕像才被广泛使用。

一般来说，这类雕像通常刻画的是官员或祭司，呈跪姿（之后出现了站姿），双臂抱着一尊小神像（在最古老的例子中也有王室人员的塑像）或者一座小神龛，龛内供奉着相关的神明。

这尊雕像刻画的是跪在基座上的普萨美提克萨奈特，他是王室金银器物的主管。他怀抱一座神龛，里面是一尊头戴阿代夫冠的木乃伊造型的奥西里斯像。官员为光头，他身着的 V 领修身长袍几乎是透明的，一件长披风系在胸前。普萨美提克萨奈特有一张方脸，鼻子旁边有 2 道很深的法令纹。两片薄嘴唇几乎张开，带着微笑的表情，嘴角处形成了两道褶。圆圆的下巴微微凸出。这是第二十六王朝至第二十七王朝期间，所谓写实雕像中最精彩的作品之一。世界上其他许多国家的埃及博物馆也有这种风格的雕像。

这些"写实"的雕像是否影响了希腊雕像的诞生，或者完全相反，它们是否是第二十六王朝之后埃及与希腊频繁交流的结果。这类问题一直存在争论。最新的研究结果倾向于将包括这尊雕像在内的一些同类雕像的年代定在公元前 6—前 4 世纪。（R.P.）

JE 36341

杰德霍尔雕像

·····················

黑色玄武岩

雕像：高78厘米，长43厘米，宽35厘米

基座：高38厘米，长93厘米，宽65厘米

泰勒阿特里布（Tell Atrib），1918年偶然发现

托勒密王朝（公元前304—前30年）

这件杰德霍尔（Djed Hor）组合像具有两个古埃及晚期的特征，一是雕像人物手持的哈尔波克拉特斯（Harpocrates）的石碑；二是在基座前方挖出来的用于盛放圣水的水盆。雕像几乎所有表面都刻满了咒语。

雕像本身是一个典型的方块雕像。双腿蜷于胸前，双臂交叉放在膝盖上。头上的假发像袋子一样，双耳露出。即使是在假发上和身体的表面，也都刻满了圣书体铭文。

在雕像人物双脚上放着一块哈尔波克拉特斯的石碑，也被称作"荷鲁斯站在鳄鱼上的石碑"或"荷鲁斯纪念石碑"（cippus）。这类文物常见于古埃及晚期，尺寸从高度为几厘米的到接近 1

米的都有。

这类石碑上的哈尔波克拉特斯（或是幼年荷鲁斯）通常为正面轮廓，偶尔也有腿部轮廓。他站在一对鳄鱼身上，手中握着有威胁性的动物，通常是蛇、蝎子、羚羊或者狮子。

幼年荷鲁斯的上面是贝斯神的头。图像和文字都提到了一个神话传说：女神伊西斯（荷鲁斯的母亲，奥西里斯的妻子）为保护她的儿子荷鲁斯，对抗想用毒虫邪秽篡位的赛特（杀害奥西里斯的人，也是他的兄弟）。得益于她的法力以及其他神明的帮助，尤其是拉和托特，伊西斯成功躲避了赛特的威胁。她在沼泽地里暗自将荷鲁斯抚养长大，直到他为父报仇，夺回王位。

这个神话体现出了埃及统治的基础，确立了继承权的理念，法老的天命（荷鲁斯）战胜了混乱，法老和神被联系在一起。但到了古埃及晚期，这则神话也成为了一个保护的咒语。

避开了赛特设下的陷阱，让哈尔波克拉特斯成为了所有受到毒虫威胁的人的守护神。一般来说，这类石碑的背面还刻有用来抵挡和战胜邪恶的神话或者咒语。这类石碑被个人当作护身符、带有法力的或有治愈功能的雕像来使用，雕像上的人物会变成像哈尔波克拉特斯一样的医治者。石碑会被放在公共区域供任何有需要的人使用。人物双脚前面的水盆可以用来收集淋在石碑上的圣水。由于它吸收了咒语的保护力量，所以被用来预防和治疗疾病。（R.P.）

霍尔霍特普的浮雕

······················

石灰岩

高30厘米，宽126厘米

泰勒法拉因（Tell el-Fara'in，布托）

1920年发现

第三十王朝（公元前380—前343年）

JE 46591

主人公位于浮雕画面的左侧，他坐在一张狮腿椅上，面向进贡的队伍。这一主题是埃及艺术早期的主题之一。这位高贵的人物是布托的大祭司霍尔霍特普，他头戴短而顺滑的假发，短裙长至膝盖上方。他的左手握着一根长杆，撑在地面上。面前有一列雕刻精细的圣书体铭文，内容是他的姓名和头衔。

霍尔霍特普的前面有 8 名成年人（5 男 3 女），还有一些儿童和各种各样的物品及食物。其中有 2 名女子和 1 名男子衣不遮体，另有 2 名男子穿着前面带有遮挡的短裙，还有 2 名男子腰间仅裹着一块布。人物的描绘与早先的浮雕大不相同，例如，

身体的曲线更加突出。人物之间的空隙有一部分被儿童的形象填补，他们的姿势比成年人更自在。这些儿童的参与使得进贡队伍变得没有那么刻板了。人物手中的植物，肩上和手中的动物，如家禽、牛和猪，还有箱子、罐子和果篮等为画面增加了动感。浮雕拥有很高的完成度，其准确细致的特点再次体现出埃及工匠的高超技艺。整体画面清楚地反映出，那时的国家已经发生了巨大的变革，人们已经开始接受新事物带来的影响了。这些都不可避免地对埃及古老艺术产生了巨大的冲击。（R.P.）

JE 39521

亚历山大大帝头像

白色大理石
高20厘米
泰勒提迈［Tell Timai，斯穆伊斯（Thmuis）］
托勒密王朝（约公元前150年）

亚历山大大帝的形象在希腊艺术中经常被加以描绘以及进行演变，这件头像雕塑就是他的形象演变中的一环。

这件头像明显着重于刻画面部五官，而相对忽视了刻画发型细节。长卷发是亚历山大的典型的像"狮子鬃毛"一样的发型。发型明显是不对称的，左侧的头发在耳朵上方，而右侧的卷发则长及颈部。头顶处有一个洞孔，可能是用于放置一些标志性的装饰物。

亚历山大的肖像总是有一些典型的特征，即面部刻画精细而其他细节潦草。从总体构成上来说，作品的完成度不均衡。

这个形象被认为是亚历山大本人，并且推测他曾经戴有埃及王冠——代表他是阿蒙神的王室传承者，或者根据其他相关研究推测出他佩戴的是一颗星。然而，由于细节材料的缺失，我们还不能得出确切的结论。不过，即使是粗糙得近乎印象派的风格，也依然可以让我们识别出符合亚历山大传统肖像特征的一些要素。（A.L.）

CG 27476

亚历山大大帝头像

白色雪花石膏
高10厘米
雅乌塔（el-Yauta），戈伦湖（Birket Qarun）西
托勒密王朝（公元前304—前30年）

这件头像原本是一尊雪花石膏雕像的一部分，但雕像的其他部分都已经丢失了。根据保存下来的部分的大小推测，原雕像应是一件小尺寸的作品。现在仍然可以看出，人物的头部微微转向左侧，头发是波浪形的卷发，长而无序，头后绑着一根头带。

这件头像整体的工艺水平并不高，但雪花石膏的透明度制造出了一种动感和光影的效果。他的头上也有一个孔洞，用来放置一个可能是金属材质的标志物。

根据肖像的整体特征可以断定人物是亚历山大大帝。高度理想化的五官并不是他真实的面容，而是这位马其顿将军固定形象不断发展的艺术化的结果。头带（taenia）是希腊统治者的传统配饰。这个王权的象征被用在了历代希腊王子的肖像上，在埃及人刻画的罗马统治者的肖像上也很常见。

由于使用了这种传统风格的象征物，因此很难判断出这件作品详细的制作年代。从对头发的刻画和整体外观来看，可以确定它是希腊化时期的作品，但没有其他细节支持进一步确定其准确的年代。（A.L.）

JE 54313

托勒密五世石碑

彩绘-贴金石灰岩
高72厘米，宽50厘米
艾尔曼特，布奇斯墓
埃及考察协会发掘（1929—1930年）
托勒密五世·埃庇法尼斯统治时期（公元前205—前180年）

这块保留着许多色彩的石碑由3幅画面组成：碑首为弧形，碑身中间是一幅献祭图像，底部有5行铭文。碑首的上方是一个带弧形翅膀的太阳圆盘，上面装饰着两条圣蛇。在它的下方，画面中间是一只由杰德柱支撑着的圣甲虫，柱子两侧各有一条头顶装饰有太阳圆盘的圣蛇。两侧的竖列铭文写道："贝赫代特（Behedt，现艾德福）的伟大的神，有着多彩的羽毛"。画面两边是两个拿着权杖的阿努比斯。

代表天空的符号分隔出另一幅场景，带蓝色背景的公牛布奇斯的浅浮雕占据了大部分的画面。公牛站在彩色的基座上，面向右侧。牛身上覆有金箔，头上戴着孟图神的标志，即带有两根羽毛的太阳圆盘。一只隼（孟图神的动物形象）在牛背上方展翅盘旋，双爪抓着圣书体字符 shen 和一根羽毛。在隼前面的圣书体铭文写道："孟图－霍阿赫提，伟大的神，南部赫利奥波利斯之主（即底比斯）"。

站在祭坛前献上代表土地符号的人就是托勒密五世法老。他头戴蓝冠，身着仪式短裙，短裙前面有一块方板。手臂、手腕和颈部佩戴有臂环、手镯和项链。法老头顶上有7列圣书体铭文，内容包括布奇斯、法老托勒密和妻子克里奥帕特拉的名字以及太阳神艾德福之主的名字。法老的后面是庇护铭文，而前面是献祭铭文。石碑底部的铭文是托勒密和克里奥帕特拉在他统治的第二十五年献给圣牛的祭文。

圣牛布奇斯是孟图的化身，它的信仰见于从第三十王朝至罗马君主戴克里先（Diocletian）时期底比斯的史料中。圣牛死后，它的遗体会被制作成木乃伊埋葬在艾尔曼特的布奇斯墓内。这种仪式与萨卡拉的圣牛阿匹斯和赫利奥波利斯的圣牛麦维斯（Mnevis）相似。（R.P.）

JE 38582

托勒密王后雕像

彩绘-贴金石灰岩
高47.5厘米
卡尔纳克，阿蒙-拉神庙，窖藏庭院
乔治·勒格兰发掘（1904年）
托勒密王朝（公元前304—前30年）

这尊雕像刻画了一名身着修身带褶长袍的女性。长袍上有一条红色的丝带系在肚脐上方，结扣与伊西斯结相似。女士头戴长款假发，依然可以辨认出上面的黑色颜料，假发上系有红色头带。脸型似方饱满，五官高度风格化。双目呈完美的杏仁形，几乎没有眉毛，微微噘起的小嘴是托勒密早期的特征之一。此时埃及的艺术依然显示出对前朝风格的明显依赖。

雕像呈站立的姿势，左腿迈向前方。右臂置于体侧（右手握拳），左手执代表王后的花束形权杖，置于胸部下方。脖子上的宽体项链覆盖了一层金箔。手部佩戴着金手镯和金戒指。

雕像背部立柱上刻有一名身着长袍、脚穿凉鞋的男性形象。他可能是订制这尊雕像的捐赠者。根据雕像假发上的红头带、权杖和长袍上的带饰可以确定这是托勒密王后像。捐赠者有可能是一名向王后献祭的祭司。（F.T.）

有翼圣甲虫
....
青金石、黄金、白银、半宝石
高77厘米
丹德拉，窖藏
托勒密王朝（公元前304—前30年）

因为古埃及时期动词 kheper 有"圣甲虫"的意思，所以圣甲虫与"存在、成为和蜕变"的概念有着紧密的联系。于是，圣甲虫象征着自然界里生命的轮回，包括尼罗河水的泛滥以及人、动物、植物和神明的死亡与重生。动词 kheper 表达了古埃及思想中最核心的观念之一，也是宗教文献中涉及太阳神早晨的形象"凯普里"时常用的象征之一。

同样地，丧葬铭文中涉及重生的内容中，也经常提及圣甲虫一词。埃及人使用圣甲虫的形象作为护身符。在整个地中海世界，直至今天，圣甲虫仍然在丧葬和宗教的语境里被当作"幸运符"。

圣甲虫的材质通常是绿色或蓝色的釉陶或者是绿色或黑色的半宝石。这些颜色代表着自然界的生命和肥沃的黑色淤泥。有翼圣甲虫通常作为丧葬护身符使用，也被称作"圣甲虫心"。它们的尺寸通常很大，被放在木乃伊绷带里面并对应心脏的位置，或者如许多出土的王室珍宝那样，作为胸饰的一部分出现在墓葬中。底部所刻的铭文一般为亡灵书第三十章的内容。

这些圣甲虫有双重功能。一方面，咒语可以帮助逝者的心通过神圣的审判；另一方面，它将逝者与太阳神联系在一起，让逝者可重生。金字塔铭文第三百三十六段说："逝者像凯普里一样飞行，停落在你的圣舟的空空的王座上。哦，拉神！"在古埃及晚期和托勒密时期，圣甲虫和带翼太阳圆盘还象征着和拉神一样的太阳神阿匹斯、艾德福的荷鲁斯和奥西里斯。

这件圣甲虫是这一时期精美饰品的代表作，也是托勒密艺术的见证。它融合了太阳神崇拜中最重要的形象元素：太阳圆盘和隼的双翼。圣甲虫后腿抓着的字符 shen（象征着"守护"）与它的护身符功能相关。石材和颜色的选用反映出了物品在宗教和魔法上的象征意义以及重生的理念。翅膀上细微的羽毛处嵌有青金石、绿松石和红玛瑙。红色玛瑙象征着太阳。字符 shen 用绿松石和红玛瑙装饰，而太阳圆盘则用金箔装饰。（R.P.）

隼形棺椁
....
黄金、白银
高60厘米，长88厘米
丹德拉，窖藏
托勒密王朝（公元前304—前30年）

对隼形象的天空之神的信仰是在埃及出现的较早的信仰之一。在埃及的历史长河中，隼首先同荷鲁斯联系在一起，随后相继与其他太阳神的各种形象联系在一起。毫无疑问，这与它能在天空中翱翔有关。

在法老时期的形象中，隼的双翼代表天空，它的眼睛代表太阳和月亮。自史前时期以来，法老自诩为荷鲁斯的化身，这是他众多身份中的首要身份。

许多墓地埋葬着代表荷鲁斯的神圣动物。目前已发现隼木乃伊的地方有：考姆翁布（Kom Ombo）、底比斯、丹德拉、阿拜多斯、赫尔摩波利斯、萨卡拉和吉萨。隼死后会被制作成木乃伊，放在木、石或者青铜材料的棺椁或器皿中下葬。

这件精美的棺材由黄金、白银两种材质打造而成，是"丹德拉窖藏"的一部分。棺材本身就是隼的造型，由身体、腿部和头饰三个部分组成。身体分为两部分，均为黄金材质，上半部分可以打开放入隼的木乃伊。腿部为白银制成，细致地雕刻出了每一根羽毛以及爪子的细节。隼的头部有一个太阳圆盘。

像前面展示过的有翼圣甲虫一样，这件文物见证了托勒密时期埃及艺术的高超水准，以及希腊统治者愿意使用兼具价值和艺术性的物品向伟大的埃及神明致敬。（R.P.）

JE 35923 = CG 53668

赫卡姆萨夫的珠网和黄金面具

黄金、半宝石、釉陶
长145厘米，最宽46厘米
萨卡拉，赫卡姆萨夫墓
由亚历桑德·罗·巴桑提带领埃及文物部发掘（1903年）
第二十六王朝，阿玛西斯（Amasis）统治时期（公元前570—前526年）

赫卡姆萨夫（Hekaemsaf）是王室船舶的主管。他的墓葬完好地被发现于在乌纳斯金字塔附近的萨卡拉墓地内。丰厚的随葬品里包括船舶模型、餐具、卡诺匹克罐、401尊釉陶夏勃提像、大量的首饰以及一具石灰岩的石棺。石棺内盛放着一具彩绘木棺和一具木乃伊。

赫卡姆萨夫的木乃伊装饰有一张精美的珠网，珠网与一副黄金面具相连，上面覆盖有一块亚麻布。起初珠网被发现时是破碎的，后由乔治·达雷希修复完整。

黄金面具的头部戴有黑色假发，绿色条纹是嵌入的琉璃。眼睛部位也有镶嵌装饰。下巴上的假胡子向下延伸，至和假发两侧相同的水平位置。

与面具相连的珠网覆盖在整个身体上，它是由用黄金、青金石、亚马逊石制作的连续而规则排列的珠串组成的。珠子之间由铜薄片隔开。珠网周围是由黄金、青金石和亚马逊石的方片组合而成的边框，其中下边框的区域已经遗失。

珠网上还有一条大项链覆盖在木乃伊的胸前，项链的两端位于双肩的位置，分别装饰着两个黄金浮雕的隼头像。项链共由18条形状和颜色各异的串珠组合而成。在项链下方，腹部的位置有一块金片，上面刻有努特女神的形象。这位天空女神头顶一个太阳圆盘，双臂与双翼张开做出守护的姿势。她跪在一条刻有铭文的黄金装饰带上。铭文内容为王室船舶总管赫卡姆萨夫向女神祈祷的话语。

这列圣书体铭文的两侧为荷鲁斯四子的形象，他们两两相对，负责保护逝者的内脏。四位神明均为木乃伊造型，头部为动物头的形象。在逝者右侧的是伊姆赛特和杜阿姆特夫，而左侧的是哈皮和克贝赫塞努夫。（S.E.）

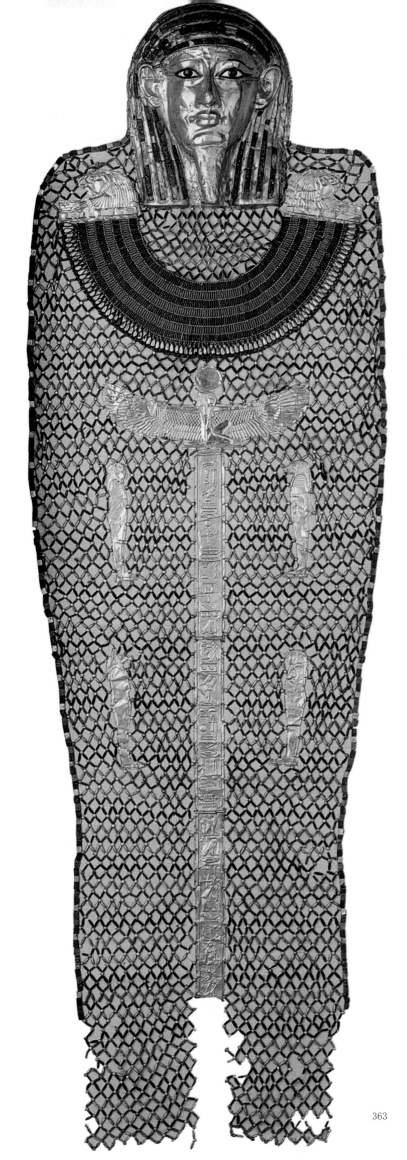

公元前 30 年，托勒密王朝最后的统治者克里奥帕特拉七世逝世。奥古斯都将埃及划归到罗马人的统治之下，更准确地说，归于自己的辖区管理。这片物产丰富且易守难攻的土地不能成为野心勃勃的罗马贵族的基地。于是，统治埃及的人不是元老（senator），而是一名来自骑士阶层的、被短期任命的省长。这位省长在军队的帮助下实行统治，大部分军队都按小单位分散驻扎在埃及的土地上。省长必须要确保将上缴的税收和粮食运送给罗马人。亚历山大港仍然是主要的政府所在地，旧的诺姆区划也得以保留。军队用的语言为拉丁语，而政府的详细公文则使用希腊语记录。埃及经过托勒密时代之后，随着时间的推移，希腊人与埃及人之间的区分界线变得越来越模糊，成为希腊人的标准仅仅是能说得一口希腊语，然后就可以自称是希腊人了。这是罗马征服者所无法理解和无法

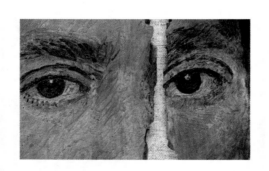

唐纳德·M. 贝利

罗马统治下的帝国行省

忍受的。希腊人拥有希腊血统的祖先，而埃及人没有，希腊人制定了严苛的规则来确保这一点。希腊人必须尽可能地向前追溯自己的希腊血统，通过展示自己的男性或女性的希腊祖先以及体育馆（gymnasium）会员资格来证明。

埃及人被当作下等人，为了让罗马当局执行这一理念，他们撰写了一部名为"特别账户守则"（Gnomon of the Idios Logos）的法律，同时还规定了惩戒措施。这部法律的大部分内容都通过纸莎草纸的形式得以保存了下来。征税不公，最富有的人往往缴得最少。亚历山大港的市民有高度的特权，他们仅需缴很少的税。外省市镇的居民则缴得更多，然而缴税最多的是住在乡村的非常穷苦的埃及人。并且税收名目繁多，其中一个重大的负担就是罗马人提出的人头税，且在罗马人统治的前 300 年里一直存在。

只有亚历山大港的居民才有机会获得罗马人统治早期的重要的奖赏——罗马公民的身份。但是，在 200 年，这一规定发生了变化，塞普提米乌斯·塞维鲁（Septimius Severus）允许亚历山大港设立元老院（Senate）以及诺姆首府委员会（the Nome Capitals Town Councils）。随后，在 212—213 年，罗马皇帝卡拉卡拉（Caracalla）根据《安东尼努斯赦令》（Constitutio Antoniniana），承认了帝国治下除去奴隶以外所有人的罗马公民身份。不过，税赋的负担并没有减轻。无论农田的收成状况如何，皇帝都坚持征税，即使是不好的年景也不予考虑减免税收。有些人因无法缴税而被迫逃离家园，可他们的同乡们则必须补上亏空，被迫在荒废的土地上继续耕种。如果整个村庄都荒废掉了，那么隔壁的村子将必须承担起他们的税赋。那些在早期非常乐意出资建造公共建筑或支持公共服务（例如为浴室提供橄榄油）的地方乡绅们，如今被迫强制执行一些任务，并且经常因额外的负担导致财务状况崩溃。承担了额外税赋的农民诉诸暴力，囚禁绑架不愿缴税的人的家属。

罗马统治时期，有许多时候生活的艰苦令人难以承受，5—6 世纪对于普通人来说可能是最富裕的时期了。人头税可能被戴克里先在 3 世纪末之后废除，不过其他的税赋仍然没变，并

P364左和P365右
兄弟肖像（细节）

CG 33267
木板蜡画
直径61厘米
安提诺波利斯（Antinoopolis）
阿尔贝·盖特（Albert Gayet）发掘
（1899年）
（2世纪）

P364-365背景
赛克画（细节）
美杜莎头的马

JE 67913
马赛克
高26.5厘米，宽33厘米
来源不明
（3世纪下半叶—4世纪下半叶）

且还出现新的税赋，例如用于建设军队的军事稀缺税（Annona Militaris）以及皇冠税（Crown-Tax），由城市和附属地区以黄金的形式缴纳给皇帝。托勒密王朝在埃及留下的粮食和黄金大多数都被罗马人取走了。几个世纪以来通货膨胀缓慢，但从3世纪末之后，物价开始急剧上涨。

与罗马帝国的其他地区不同，埃及受到3世纪的政治危机的影响较小。当时的罗马皇帝们试图用军队维持局势，但最后还是不可避免地产生了暴力死亡。成功地恢复了秩序的皇帝是最伟大的罗马皇帝之一——戴克里先。他令埃及的制度发生了自奥古斯都统治以来影响最为深远的变革。自3世纪末起，戴克里先出于行政管理目的将埃及分为3个省：与亚历山大港一起由埃及省长管理的埃及朱庇特省（Aegyptus Jovia）以及由各自的长官管理的埃及赫丘利省（Aegyptus Herculia）和底比斯省（Thebaid）。这些属于民事上的任命。在军事上，全国的军队被分散开，由一名被称为埃及公爵的指挥官统一管理。拉丁语逐渐成为行政文件用的语言。戴克里先还修改了税收的结构，引入了评

估周期，设置了强制税收的期限，以便于人们能更好地了解自己缴税的能力。临时起意的要求逐渐变得越来越少。

在罗马统治后期，埃及进一步地分裂和合并。尽管有大军驻扎在埃及，但仍有许多起义者反抗罗马人的统治。115—117年，犹太人的起义重创了许多埃及城市，最终遭到镇压。170年左右，三角洲地区牧民的起义也给当局带来了很大的麻烦。布雷米斯人（Blemmyes）在南部和东部不断地侵扰埃及，构成了长期的威胁，埃及人同时还要戒备沙漠民族贝都因人。芝诺比阿（Zenobia）的帕尔米拉王国（Palmyrenes）于3世纪70年代占领了亚历山大港和一些其他地方。3世纪90年代戴克里先不得不对付

篡位者多米提乌斯·多米提阿努斯（Domitius Domitianus）。在罗马统治末期，波斯人控制了埃及长达 10 年左右的时间，后于 627 年被驱逐。15 年后，阿拉伯人最终统治了埃及。他们围攻了位于现在开罗城附近的巴比伦要塞，于 642 年占领了亚历山大港，终结了罗马人近 700 年的统治。

奥古斯都认为埃及祭司阶层是爱国情绪、动乱和反抗的源头，因此他严格地限制了祭司的特权和一般权力。随着基督教的胜利，宗教官员，特别是亚历山大主教的势力变得强大，可以和埃及的统治者甚至罗马皇帝分庭抗礼。毁掉了亚历山大港塞拉皮斯墓的西奥菲勒斯（Theophilus）和阿塔那修（Athanasius）只不过是众多势力强大的主教中的两位，但对于君士坦丁堡来说，却犹如芒刺在背。由于对于基督身体和灵性的解释不同，埃及的一性论教派（Egyptian Monophysite Church）最终从君士坦丁堡和罗马的麦勒卡教派（Melkite）以及天主教派（Catholic）中分离，两个教派从此分道扬镳。

修道主义（Monasticism）首先在埃及发展起来。一群僧侣聚集在圣安东尼隐居的沙漠地区，舍努特（Shenoute）和帕科缪（Pachomius）分别在靠近尼罗河的地方组织建立了僧侣机构。基督教团结了埃及希腊人与埃及人。由于埃及语信众比希腊语信众多，所以圣经和基督教的圣典都是用科普特语记载的。这是一种使用希腊字母和一些额外的世俗体字符书写的埃及语言。随着时间的推移，科普特语也被用于记录世俗文件，尽管希腊语的使用一直持续至阿拉伯时期。

罗马人看到的埃及乡村和法老时期的埃及大致相同，皆由尼罗河水界定。这条纵贯南北的大河将沙漠分开，从两岸向外延伸最多只有几公里的耕地。这条大河在昔日王城孟菲斯以北的地区分成两个主要支流，与其他小支流的中间地带组成了有密集耕地的三角洲地区。

同样重要的农业区还有法尤姆的低洼地区，由一条尼罗河的水渠灌溉。在托勒密早期，这里的土地得到了巨大的改善。西部沙漠有一些绿洲，水源充足的地区之间靠危险的沙漠道路连接，例如巴哈里亚（Baharia）绿洲、法拉法（Farafra）绿洲、达赫拉（Dakhla）绿洲和哈里杰（Kharga）绿洲。位于最西侧、最容易从海岸到达的绿洲是锡瓦绿洲，那里正是亚历山大大帝朝觐阿蒙神的地方。在埃及和法尤姆地区，农业依赖于每年的河水泛滥，在好的年景泛滥的河水会漫到耕地的最远处，并且覆上尼罗河肥沃的淤泥。像埃及式桔槔（shaduf）、阿基米德式螺旋抽水机（Archimedes Screw）和与斗轮水车（sakiya）类似的汲水装置，在枯水期是重要的灌溉工具。尼罗河中有大量的鱼类，可供新鲜食用、制作腌鱼或者鱼类调味品。主要的农作物是小麦（其中大部分被运往罗马，或是之后的君士坦丁堡），葡萄用于酿酒，尤其是罗马统治末期，葡萄酒的产量极其丰富。三角洲的湿地是适宜纸莎草生长的地区。大量的纸莎草被制作成书写材料，不仅用于埃及政府机构的公文和书籍，而且还向

P366
女性头像

CG 27468
大理石
高 73 厘米
来源不明
（公元前 332—311 年）

P367
宙斯（Zeus）小型半身像

CG 27439
黄色雪花石膏
高 17.5 厘米
来源不明
（公元前 30—311 年）

罗马帝国的其他地区供应。虽然这里的土地和河流物产丰富，但是农民的辛苦劳作所得的收成还是需要缴纳重税的。

大多数民众在乡村生活，还有许多人生活在诺姆的首府，这些地方仿佛像一个个大村庄，偶尔会有一条笔直的主干路，其他的均为崎岖的小路。大路两旁一般为公共建筑或者神庙。乡村和城市的繁荣都依赖农业和手工业的产品，尤其是纺织品。埃及最重要的希腊化城市亚历山大港依托贸易产业与内地城市作为支撑。这座伟大的港口本身生产的产品数量并不多，但承担了埃及进出口货物的工作。远在印度和远东地区的异国货品，借助季风先抵达位于红海的港口，然后穿过沙漠地区被运至尼罗河的水道。另外还有 2 座被托勒密家族赐予特权的希腊化城市——位于三角洲地区的诺克拉提斯和位于上埃及的托勒密城（Ptolemais）。第三座希腊化城市是哈德良（Hadrian）于 130 年建造的安提诺波利斯，居民们被优惠的税收和其他特权吸引而定居在此。

许多城镇的神庙依旧延续传统的埃及样式，但由托勒密时期开始建造的希腊样式的建筑（年代更早的建在诺克拉提斯）从罗马时期开始在全国各地变得越来越盛行。全新的希腊化城市安提诺波利斯在规划上得天独厚，虽然主神庙是一座拉美西斯二世时期的建筑，但整体建筑的风格与罗马帝国东部的建筑非常吻合。赫尔摩波利斯不甘落后，在 2 世纪下半叶建造了大量宏伟的建筑。建筑中不仅有神庙，还有其他古典样式的公共建筑，如剧院、赛马场（hippodromes）、体育馆、公共浴室、泉神庙（nymphaea）、石柱街、凯旋门和荣誉柱。古典式的神庙主要是罗马神庙（capitolia）的外观，供奉的神明有塞拉皮斯和伊西斯，也有对皇帝的崇拜（Imperial Cult）。城市和村庄里一些法老样式的神庙年代非常久远，但大多幸存至今的神庙都建于托勒密或罗马时期，如位于菲莱（Philae）、丹德拉、艾德福、艾斯那（Esna）和考姆翁布的神庙。另有一些罗马时期加盖的建筑。

埃及人没过多久便建起了壮观的教堂。3 世纪末，当时很可能大多数埃及人都是基督徒，异教信仰逐渐衰落。尽管异教不会轻易消失，但在 4 世纪之前许多地方的神庙遭到了遗弃。

现存最早的教堂年代是 5 世纪中叶，结构为古罗马式，建筑构件通常来自对早期建筑的再次利用，如建造赫尔摩波利斯大教堂的主要石材来自一座 2 世纪的公共建筑。教堂通常建在异教神庙的遗址上方，并且直到阿拉伯时期仍被记录在大量的纸莎草纸文献中。有许多这样的遗址保留至今。

除去粮食和纸莎草之外，罗马人费尽心力渴望获得的第三种物资就是石头。例如，东部沙漠出产的质地坚硬的石头、蒙斯克劳迪亚努斯（Mons Claudianus）和巴鲁德（Barud）的灰色花岗闪长岩、乌姆巴拉德（Umm Balad）的闪长岩、瓦迪哈马马特的各类石材以及在远离尼罗河谷的蒙斯波尔菲利特（Mons Porphyrites）的帝王斑岩。它们运输时所需的基础设施复杂，这一工作由军队负责。实际上，所有在蒙斯克劳迪亚努斯开采的石材都被运送到了罗马用于建造王室建筑。来自蒙斯波尔菲利特的斑岩用于雕塑和建筑，它的使用范围更加广泛，在埃及和在罗马帝国的其他地区都有使用。比较容易开采的阿斯旺红色花岗岩此时并非像法老时期一样用于雕像，而是被用于制成柱身（Column-Shafts），分布在遥远的罗马帝国境内。在埃及，从当地采石场开采的石灰岩和砂岩常被用于建造公共建筑，既可以当石板料，也可以用作装饰构件（例如柱头、柱基）和层拱（String-Courses）的原料，且经常与阿斯旺花岗岩的柱身混合使用。

罗马时期埃及的艺术和工艺既有继承又有创新。马赛克地板在埃及并没有像在罗马帝国的其他地区那样受到欢迎，但是在一些豪宅和公共浴室中也有发现。大多数城市和乡村的房屋内都有描绘着神明形象的壁画。

在罗马统治时代的早期，一些圆雕遵循了传统的样式，但是其实这一改变早在托勒密末期就已经开始发生了。精美而写实的石头与青铜材质的雕像很难与来自罗马帝国其他地区的雕像加以区分。直到卡拉卡拉统治时期，3世纪初期，我们还可以发现一些身着埃及服饰的罗马皇帝的雕像。不过，在埃及复制的正规的古典风格的皇帝肖像大部分做工精良。仅有一件做工粗糙的哈德良皇帝的头像是个特例，现藏于亚历山大博物馆。尽管在埃及蕴藏着少量的白色大理石，但在法老时期似乎并未被开采，而且在托勒密时期和罗马时期的所有大理石很可能都是进口的。许多皇帝及其配偶，还有现存的许多个人和神明的头像都采用白色大理石制成。塞拉皮斯、伊西斯和阿芙洛狄忒（Aphrodite）的大理石像尤其流行，且尺寸多样。在托勒密晚期，一些私人雕像采用黑色或绿色的石头雕刻而成，他们大多是祭司。这一现象或许持续到了罗马时期的早期。4世纪时，皇帝的半身像采用帝王斑岩

雕刻制成。早期在意大利发现的这类材质的雕像，可能是采用进口石料雕刻而成的，而并非是埃及的产品。偶尔还有大理石的浮雕，例如出土于赫尔摩波利斯的刻有宰杀密特拉（Mithraic）圣牛场景的精美浮雕。但是，大部分石灰岩材质的浮雕展现的都是丧葬场景，比如出土于三角洲特雷努提斯（Terenuthis）的墓葬碑刻画了逝者侧卧在长椅上或站立的双臂高举的姿势，以及埃及博物馆收藏的伊西多鲁斯（Isidorus）石碑。埃及风格且质地坚硬的纪念石碑也有发现。1995 年发现于蒙斯波尔菲利特的一块黑色斑岩石碑尤其重要，它现藏于基纳。这块石碑于提比略（Tiberius）皇帝统治的第四年（公元 18 年），由凯乌斯（Caius Cominius Leugas）献给了东部沙漠之神潘 - 敏，以庆祝在此处发现了斑岩石矿。

埃及的青铜铸造工艺历史悠久，采用失蜡法制作的大型

中空雕像最早可追溯到第三中间期。在古埃及晚期和托勒密时期，还在使用的青铜小神像和动物像数量庞大。它们在罗马时期开始减产，可能是与在神圣动物墓地进行宗教活动的减少有关。供奉在家中神龛内的小雕像还在生产（如出土的伊西斯和阿芙洛狄忒的小雕像）。大尺寸的肖像、雕像和放在家中的装饰物仍然在生产，例如收藏于开罗博物馆的精美的阿波罗（Apollo）雕像就有可能是一个大型的灯台。兼具装饰性与功能性的小型青铜祭坛和铜灯曾经被大量生产，尤其是在罗马统治的前 2 个世纪和罗马时代末期。

在托勒密时期，大量陶塑雕像在埃及的乡村和城市得以发展。其中大部分与人们的信仰有关，他们受到超自然力量的保护，可以在面临自然灾害时逢凶化吉。哈尔波克拉特斯、伊西斯和哈托尔守护着他们，贝斯保护着分娩的女性。在罗马统治时期，陶塑雕像的种类大大减少，奥林匹斯诸神变得更受欢迎。

除了古王国时期和有蓝色釉陶容器的新王国某一短暂的时期，埃及的陶器整体偏向简单实用的风格，制作往往比较粗糙。大概是因为从罗马帝国其他地区进口了精美的陶器，罗马时期埃及的陶器开始变得更加具有装饰性，并且制作精良。从

1 世纪到中世纪期间，阿斯旺的制陶作坊向埃及全国和其他地区输出了大量的泥釉容器、红陶容器和彩绘陶器。红陶是埃及本土制作的陶器。彩绘碗罐通常尺寸很大并装饰有动物或人物图案，这是罗马末期时陶器的特征。不同的是，法老时期的埃及采用陶釉装饰，这种方法也延续至罗马统治的前 2 个世纪。当时位于孟菲斯考姆赫鲁尔（Kom Helul）的窑制作了多种蓝色、绿色的容器和素面容器。罗马统治时期，埃及的玻璃工艺品品质普通，大多是功能器具。没有证据能够证明，在东部沙漠一处军事遗址内出土的 2 世纪的透明切面玻璃文物是埃及本土制作的产品。

罗马时期的一些黄金首饰直接继承了托勒密时期的风格，

尤其是蛇形手镯和蛇形戒指，在公元前3世纪至2世纪期间非常流行。这些首饰数量很多，不仅有实物，而且还作为装饰出现在了木棺上，或者被塑在面具上、被画在木乃伊板上。另外，整个罗马帝国的首饰都非常相似，例如带轮子和月牙装饰的环链，最远在英国都有发现（甚至还在英国制作出了蛇形手镯）。木乃伊肖像中出现的耳环，例如球形和棒形的耳环，在许多其他行省和意大利都有留存。然而，本地的金匠常常制作一些埃及风格的首饰，例如在哈里杰绿洲杜什（Dush）的神庙内出土的藏在一个4世纪的罐子里的珠宝。其中有一顶带有塞拉皮斯神的头冠和两只手镯，它们的制作年代为1世纪末期至2世纪初期；另外还有一件精美的胸

饰，但其制作年代晚了100年，这件首饰是为祭祀仪式制作的。在埃及其他地方，还出土了一些精美程度稍逊的首饰。

提到埃及手工艺，不得不说的还有纺织品，大量纺织品出土于埃及的墓室和城市堆积物之中。埃及的纺织工完成一件成衣后，会用丰富的动植物和人物图案进行装饰。这种纺织品绵延不断地出现，一直延续至中世纪。装饰有神话场景的大尺寸帷幔和带有逝者肖像、阿努比斯及奥西里斯形象的裹尸布都是最上乘的织物。

木乃伊是埃及独一无二的标志物，精美的彩绘贴金石膏棺发展于古埃及晚期和托勒密时期，延续至罗马时期。1—3世纪中叶，木乃伊的风格化人脸常常被以写实的肖像的形式画在平板上，或采用蛋彩画，或采用蜡彩画的方式。埃及人使用的木材种类多样，有些为进口木材。半身肖像描绘着衣着华丽的逝者，他们有些是军人，大部分是平民。妇女和女孩佩戴着精美的珠宝，男人有时佩戴头冠，男孩戴着护身符。少数作品出自优秀的艺术家之手，大多数都是水平优秀或一般的画匠的作品。它们能强烈地拉近我们与尼罗河古罗马居民之间的距离。大部分肖像都出自法尤姆地区的哈瓦拉和鲁巴亚特（el-Rubayat），一些最精美的出土于安提诺波利斯。与此同时，特别是在中埃及地区，木乃伊被装上了石膏的头，上面有彩绘和贴金，女性装饰有非常精致的发型。因为这些与绘画相比过于风格化，因此不能算作肖像。

罗马时期的埃及行省与其他行省不同的是，数不胜数的泥砖建筑的小村庄和稍大一些的诺姆首府，都需要靠近这条古代最伟大的河流。这样跌宕起伏的文明，有过辉煌也有过低谷，有着两千多年历史的语言和文化传统，使得这片土地独树一帜。自来马其顿的托勒密家族和希腊移民为埃及添上了古典的色彩，罗马人继承统治权后接受了托勒密管理体制中有利的方面，摒弃了其他无用的方面。整个罗马帝国都

P370-371
木棺的三角装饰

CG 33102
彩绘木带陶制和涂料装饰
高36厘米，宽41厘米
萨卡拉，塞拉皮斯墓
（公元前30—311年）

P371
带隼装饰的神龛

TR 18.11.24.46
粉刷-彩绘木
长27厘米，宽26.5厘米
来源不明
（1—2世纪）

是一个明显的阶级化的社会。由于埃及干燥的气候，很多文献得以保存至今。因此，人们对埃及的管理方式的了解比其他行省要多。埃及的行政管理很可能与其他行省并没有太大不同，除非是那些作为罗马城粮仓的地方。

自埃及博物馆建馆以来，始终有罗马时期的馆藏文物。1858年，奥古斯特·马里耶特被任命为文物负责人，他主持的众多发掘项目获得的出土文物，其年代涵盖法老时期、托勒密时期和罗马时期，它们都被存放在布拉克区的仓库内。这批库存也就是古代埃及艺术和文物博物馆的第一批馆藏。那是为储存日益增多的文物而建造的一栋新建筑，事实证明其储存空间还是太小，于是博物馆迁至尼罗河对岸。现在位于解放广场的埃及博物馆是于1902年精心设计建造的，大厅和楼上的展厅内都有罗马时期埃及的文物。

在埃及遗址工作的发掘者们在很长一段时间都享受着非常慷慨的文物政策，即可以将它们带回自己的国家。埃及政府仅保留下那些非常重要的发现并将其收

P372上
丧葬面具

TR 18.8.19.1
石膏
高42厘米，长40厘米，宽26厘米
来源不明
（公元前30—311年）

P372下
女性丧葬面具

CG 33187
石膏
高29.5厘米，宽18厘米
图那（1895年）
（公元前30—311年）

P373
女性木乃伊肖像

CG 33281
亚麻布、彩色装饰涂料
肖像：高27厘米
木乃伊：高158厘米
萨卡拉
（325—350年）

藏进埃及博物馆内。这一政策对于罗马时期的文物同样适用。开罗博物馆的馆藏来源不仅有考古发掘，还有农业生产和政府批准的挖土工作（在古代堆土中挖掘一种富含养料的泥土 sebakh）的收获以及一些意外的发现。新近获得的文物也丰富了罗马时期文物的馆藏。因此博物馆有能力策划一个精美的头像和半身像的展览。人物有皇帝也有名人，材质有大理石也有如斑岩一样的其他硬质石料。馆藏中还有古典风格和埃及风格的全身像、巨型像、真人尺寸或更小尺寸的各种神像。还有一定数量的希腊文或圣书体铭文的石碑和重要的历史文献。

馆藏的小件文物在今天也备受关注，包括神明和动物的小铜像、法尤姆和其他地方的陶制塑像、陶灯和玻璃器具。纸莎草纸文献，如信笺、税单、收据、向官员提出的请愿书以及其他主题的文件，大部分用希腊语书写，向我们提供了许多罗马时期的生活细节。

木乃伊的制作延续到了罗马人统治的前 3 个世纪，许多精致包裹或贴金的木乃伊都来自这一时期。他们大部分来自法尤姆和安提诺波利斯，包括有着写实风格的木乃伊肖像。19 世纪 80 年代发现了一批重要的木乃伊肖像画，随后被从木乃伊上取下并放入博物馆中展出。

虽然埃及博物馆保留并展出了一批综合性的罗马文物，但自从

1895 年朱塞佩·波提（Giuseppe Botti）在亚历山大港建成希腊－罗马博物馆之后，许多本应该被运往开罗的文物被保存在了这里。许多保存在布拉克和吉萨的文物也都直接被转运至亚历山大港，而不是新建成的埃及博物馆。埃及博物馆对罗马时期文物的政策时常变动，经常受到外部的影响。其他省级博物馆相继开放，以保存当地出土的法老时期和古典时期的文物，例如伊斯梅利亚(Ismailia)、明亚(Minya)、马拉维（Mallawi）、卢克索和阿斯旺的博物馆。开罗博物馆曾展出过罗马晚期的文物，即所谓的科普特艺术，通常与基督教有关。但是，其中一些于 1899 年之前被转移到了亚历山大港。剩下的文物在 1908 年科普特博物馆建成后，被转移到了开罗老城区。非基督教的罗马时期的文物，如特雷努提斯的墓碑，也在此处展出。因此，罗马统治了 7 个世纪的文物被分散在埃及的数座博物馆内展出，但是其中最重要的藏品集中在了亚历山大港的希腊－罗马博物馆、开罗的科普特博物馆和埃及博物馆，它们的馆藏精品各具特色。

作者简介

唐纳德·M.贝利出生于1931年，1955—1996年任职于大英博物馆希腊罗马部门。他的研究领域之一是馆藏的古代油灯，并于1996年出版了四卷本的研究著作。他从1980年开始开展埃及罗马时期的考古研究，在中埃及赫尔摩波利斯遗址工作至1991年，并出版了关于"罗马建筑"和"罗马和阿拉伯时期的陶器"的两卷考古报告集。他在埃及内陆多处罗马时期的考古遗址工作至1998年，并计划在红海港口遗址进行发掘工作。

老人头像

石灰岩
高8.5厘米
乌姆巴拉盖特［Umm el-Baragat，泰伯提尼斯（Tebtynis）］
托勒密王朝末期（公元前50—前30年）

　　这件头像在埃及雕塑传统中属于写实主义流派。整体风格非常抽象和具有装饰性。这些强烈的几何轮廓显示出工匠在有意夸大人物面部衰老的特征。褶皱的表面带来了丰富的光影效果。颧骨显得尤其突出，在深邃的眼窝的映衬下更加明显，前额处的皱纹弯成了弓形。与这种动感形成对比的是头发的静止状态。

　　头发被雕刻成数条平行的细线条，头部周围是直发，头顶处的头发微微弯曲。区分这两个部分的是头上的月桂花环。这件配饰暗示出头像所刻画的人物是一名祭司。
　　头部后面的部分是镂空的，这里可能是放支撑物的位置。支撑物上通常刻有和人物身份相关的铭文。这件小雕像可能是立像，人物的双臂置于体侧，呈向前行走的姿态。
　　通过对比可以推测它的制作年代约为公元前1世纪中叶。支持这一年代推测的证据来自于在同一遗址内出土的一尊可能为托勒密十二世的雕像以及提及这位统治者的一段铭文。（A.L.）

老人头像

男性头像

玄武岩
宽30厘米
塔尼斯，奥古斯特·马里耶特发掘（1861年）
托勒密王朝末期（公元前80—前50年）

　　这件头像原本应属于一尊尺寸更大的雕像，其他部分现已遗失。人物为一名年长的男性，可能有较高的社会地位。面部下方被3条深刻的线条分开，带有一种严肃的表情。其中2条从鼻子两侧沿着脸颊向下，而第三条线勾勒出下巴。双唇紧闭，鼻子的形状非常规则，在靠近眼部的位置有一个小的凸起。
　　头部后面是一个用来放支撑物的空腔。这一现象说明这原本可能是一尊双臂置于体侧的立像。
　　这件头像可以归为希腊时期埃及的艺术品。在希腊罗马时期，共有3种埃及式的风格：第一是基于埃及本土的传统；第二是带有强烈的希腊风格；第三是两者的结合体。这件头像将希腊罗马艺术的特征和典型的埃及式造型进行了结合。
　　这种不同元素的结合通常会给文物的断代带来困难，单就这件文物来看，根据发型可以推测其制作年代是公元前1世纪上半叶。（A.L.）

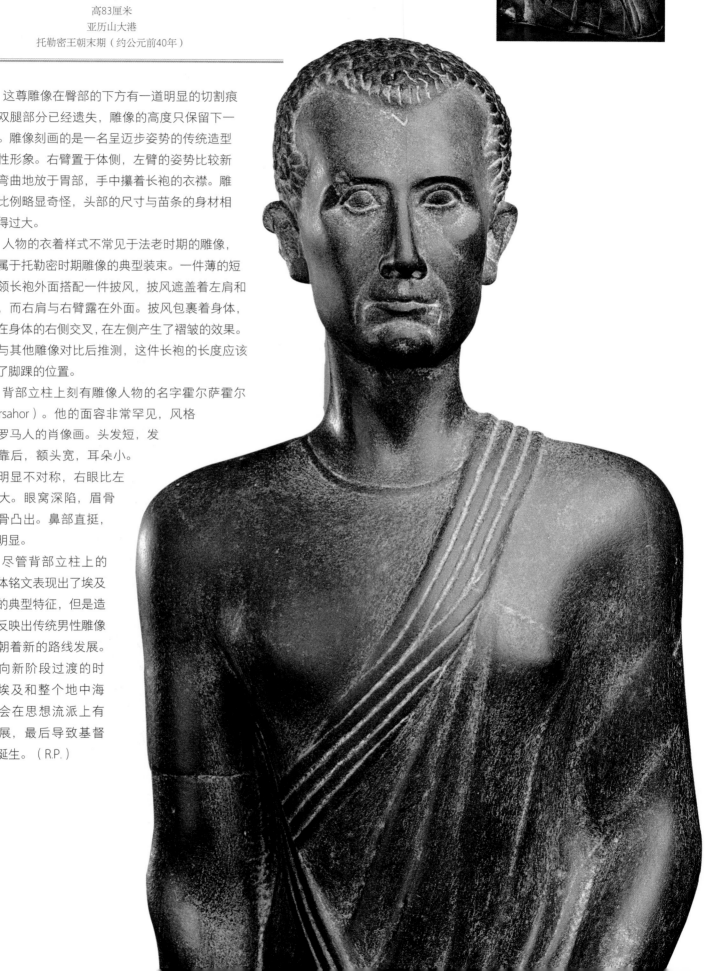

霍尔萨霍尔雕像

....

黑色玄武岩
高83厘米
亚历山大港
托勒密王朝末期（约公元前40年）

这尊雕像在臀部的下方有一道明显的切割痕迹。双腿部分已经遗失，雕像的高度只保留下一多半。雕像刻画的是一名呈迈步姿势的传统造型的男性形象。右臂置于体侧，左臂的姿势比较新颖，弯曲地放于胃部，手中攥着长袍的衣襟。雕像的比例略显奇怪，头部的尺寸与苗条的身材相比显得过大。

人物的衣着样式不常见于法老时期的雕像，而是属于托勒密时期雕像的典型装束。一件薄的短袖圆领长袍外面搭配一件披风，披风遮盖着左肩和左臂，而右肩与右臂露在外面。披风包裹着身体，边缘在身体的右侧交叉，在左侧产生了褶皱的效果。根据与其他雕像对比后推测，这件长袍的长度应该到达了脚踝的位置。

背部立柱上刻有雕像人物的名字霍尔萨霍尔（Horsahor）。他的面容非常罕见，风格接近罗马人的肖像画。头发短，发际线靠后，额头宽，耳朵小。眼睛明显不对称，右眼比左眼略大。眼窝深陷，眉骨和颧骨凸出。鼻部直挺，双颊明显。

尽管背部立柱上的圣书体铭文表现出了埃及雕像的典型特征，但是造型却反映出传统男性雕像已经朝着新的路线发展。这是向新阶段过渡的时期，埃及和整个地中海地区会在思想流派上有所发展，最后导致基督教的诞生。（R.P.）

埃及风格的男性雕像

花岗岩
高95厘米
来源不明
托勒密王朝末期（公元前40—前30年）

　　这尊雕像与埃及传统雕像非常相似，但有些元素又显示出希腊罗马风格的特点。僵硬着向前迈步、双臂置于体侧的姿势以及包裹着臀部的短裙，明显属于法老时期埃及的风格。前胸的肌肉轮廓清晰，躯体显示出强大的生命力。

　　雕像的脸上面无表情，显得毫无生气。带有棱角的几何形头饰是一幅绝对静止的画面。虽然微微凸起的眼眶成功地显示出了一些动感，但整个面部依旧是平淡而僵硬的。

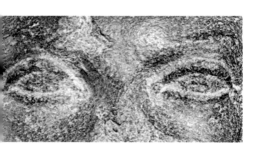

　　这类雕像很难断代。整体风格与埃及传统相同，虽然个别细节体现出罗马时期的风格，例如头发的刘海。由于缺乏关键的面部特征，所以很难辨认所刻画的人物是谁。有人认为这是马克·安东尼的雕像，若真如此，这尊雕像的制作年代应为公元前 40—前 30 年。（A.L.）

塞维鲁·亚历山大头像

白色大理石
高23厘米
卢克索
罗马时期，塞维鲁·亚历山大统治时期（222—235年）

在延续埃及传统制作本地雕像的同时，一种直接受到罗马影响的风格逐渐发展起来并风靡整个帝国。这种形式被称作"帝王的宣传"（Imperial Propaganda），有助于将皇帝的形象在整个帝国，甚至在各省传播。传播皇帝形象的方式主要有两种：钱币和雕像。今天，钱币被用来同雕像做对比，以确认雕像的身份。

雕像通常是极为写实的，这里介绍的这尊雕像可以确认为塞维鲁·亚历山大（Severus Alexander）。

由不规则的线条雕刻出的短发基本呈垂直排列，与胡须的表现方式相同。深邃的眼部产生出明显的阴影。瞳孔处有雕琢的痕迹。丰满的嘴部露出轻微的笑容。而在精美的面容下面，在颈部却搭配了一块粗糙的修复部件，这很有可能是现代人后来添加上去的。由于可以确认人物为塞维鲁·亚历山大，因此可断定其准确的制作年代为222—235年。（A.L.）

皇帝半身像

红色斑岩
高57.6厘米
本哈［Benha，阿司里比斯（Ahtribis）］
罗马时期晚期（3世纪末—4世纪初）

这尊半身雕像刻画的人物可能是一位罗马皇帝。雕像所用的材料斑岩是一种开采于埃及、备受皇帝喜爱的石料。

彻底放弃精心制作的造型和旧的装饰品位是4世纪初期的典型特征，这使得人物变得越来越抽象化。在官方造像中，尤其是面部的静止与冷漠，试图表现出皇帝的权力不掺杂个人感情的、专制的理念。

头部尺寸稍大，类似于方块的形状，并且没有个性化的特征。造型被简化为强烈的几何化的形状，细节部分重复而无变化。这种变化在这尊半身雕像上表现得非常明显。拱起的眉眼使得眼神更有表现力。这尊被推测是伽列里乌斯（Galerius）的雕像，因缺乏详细的特征，故不能得出确切的结论。（A.L.）

女性半身像

·····················
大理石
高61厘米
考姆阿布比罗（Kom Abu Billo，特雷努提斯）
罗马时期（140—150年）

———————————————

这是一件相当动人的上层社会的女性半身雕像。雕像最出色的部分是发型，以简单的几何线条雕刻出了复杂的结构，使发型显得非常平坦。头顶上方 3 条盘绕的发辫通过一系列的三角形表现出来。

眉毛修长呈弓形，下巴上有一道深刻的半圆形褶皱，为面部增添了深度和阴影。眼睛下方的眼睑稍有下垂，瞳孔和虹膜有两圈环形的切线。鼻子高挺，双唇紧闭。

颈部周围是长袍，长袍在脖子后面围得很高，又叠压到胸前，形成大小不一的褶皱。这是整个构图中唯一带有动感的元素。

这个人物曾经被认为是马库斯·奥勒留（Marcus Aurelius）的母亲，但后世的学者并不认同这一推测。从人物的外形，尤其是所呈现出的发型来看，可以确定这件雕像的制作年代非常接近 140—150 年。（A.L.）

伊西斯和哈尔波克拉特斯的浮雕

·····················
石灰岩
高75厘米，宽56厘米
巴特哈里特［Batn Ihrit，戴奥德尔菲亚（Theadelphia）］
罗马时期（1—2世纪）

———————————————

这件浮雕描绘了伊西斯和哈尔波克拉特斯，其侧边框是两根小型的柱子。这个建筑元素构成了一个小神庙的外观。这件文物中的女性形象几乎已探出了边框，因为她的尺寸已经超过了可以利用的空间。她的体形笨重，甚至和手臂的尺寸不成比例。发型为中分，两侧的头发呈波浪形。脖子两侧各有三缕弯曲的头发。

可以通过以下特征来认定，这位女性形象描绘的就是伊西斯女神：头顶处可以看到由两只牛角夹着的月亮圆盘，右手中拿着莲花和玉米穗。

女神的右肩上是一个刻画得相当粗略的哈尔波克拉特斯的形象。他的左耳过于突出，与头部其他地方不太相称。尽管工匠试图刻画出他微笑的样子，但最终还是让他显得面无表情。头发为卷发，头上佩戴着代表上下埃及的王冠。

虽然伊西斯是埃及传统的神明，但她已经完全融入进了罗马神话之中。为这位女神建造的神庙遍布帝国四处，包括罗马。她是代表丰产、富足和航海的女神，经常与同样代表富足的年轻的哈尔波克拉特斯一同出现。

这件浮雕的制作工艺略显粗糙，我们有理由认为这是一件以罗马传统雕塑为基础，由一名水平一般的本地工匠完成的作品。这表现在毫无生气的面部表情和缺乏动感的造型上。这类浮雕经常出现的问题是因为缺乏特征而难以确定其具体制作年代。从整体的装饰图案来看，其制作年代有可能为 1—2 世纪。（A.L.）

家庭浮雕

白色大理石
高85厘米，宽111厘米
来源不明
罗马时期（约150年）

这件浮雕描绘了一组三男两女的群像。主要人物是一名站在中央留着胡须的男子，他似乎比其他人站得更加靠前，应当是工匠有意为之。这名男子的头部微微向左偏，身着长袍和披风。右手里有一个卷轴，而左手抓着的是从肩膀上垂下来、裹在腰间的披风，在左手上还可以看到一枚戒指。

站在这个人物右侧的是一名短发男子，他有着一头卷发并且系着一根头带。他的姿势和服饰都与位于中央的人物相同。他的右手拿着一块布（或者是一个花环），左手抓着披风。这两名男子的姿势和服饰与另一名男子的不同，工匠似乎想通过这些元素来强调人物之间的地位的差异。

群像的两端各有一名女性，她们的服饰相似。几名人物中站在最左端的是一名年长的妇女，头上戴着一块头巾。另一名女性的左臂下垂，右手抓着衣襟。这种构图暗示着一种普遍

的阶级结构，位于中央的人物占据着最主要的位置。

以前，这件浮雕群像被认为是一个皇室家族，中间的人物是安东尼乌斯·皮乌斯（Antoninus Pius），他的右手边是马库斯·奥勒留，左手边是鲁西乌斯·维鲁斯（Lucius verus）。而两名女性分别是大福斯蒂娜（Faustina the Elder）和小福斯蒂娜（Faustina the Younger）。值得留意的是，年长妇人头戴的头巾暗示着她已经逝世和被神化了。这一形象与她在钱币上的被神圣化之后的形象相同。如果这一推测是正确的，那么这件浮雕的制作时间应该是在福斯蒂娜逝世之后，即 114 年。也有人推测，这件浮雕描绘的可能是马库斯·奥勒留和小福斯蒂娜结婚的场景，制作年代为 146 年或稍晚。这很可能是一件体现等级地位的皇室家庭的庆典浮雕。（A.L.）

CG 9259

尼可墓碑

石灰岩
高69厘米，宽53厘米
亚历山大港
托勒密王朝（公元前3世纪上半叶）

这块墓碑由两部分组成，上面是带有装饰的浮雕石碑，下面是刻有希腊铭文的基座。主要的画面被置于两根方柱之间，这种建筑元素使得石碑看上去像一座小神殿（naiskos）。

石碑右侧是一名女性逝者，她垂着头，坐在凳子上。右手拿着一块方巾，左手抓着她的披风。只有左脚露在外面，脚上穿着凉鞋，踩在低矮的脚垫上。妇女前面有一个年轻的小女孩，体形被刻画得非常小。她可能是侍奉这位妇女的女仆，正在向她递上一把竖琴。两个人物之间失常的比例旨在突出女性逝者的重要位置。这同样还体现在两者服饰繁简的对比上。

石碑被放在刻有希腊铭文的方形基座上。

铭文告诉我们这位女性人物的名字和身份是"尼可（Niko）——提蒙（Timone）之女"。她应当是一位上层社会的女性。

希腊铭文准确地反映出了石碑的装饰风格。虽然这块石碑是在埃及出土的，但是上面没有表现出任何能够与埃及文化联系起来的特征。

人物的形象和装饰风格反映出的是典型的希腊化艺术的特征，而全身紧裹披风的女性形象让人联想起公元前 3 世纪在希腊和意大利南部常见的塔娜格拉（tanagra）雕像。因此，根据这座墓碑的图像组合，可以确定其制作年代约为公元前 3 世纪上半叶。（A.L.）

拿着酒囊的萨提尔

····························

陶

高8.5厘米

三角洲地区

托勒密王朝（公元前304—前30年）

陶像是整个埃及历史时期的典型物品，进入希腊罗马时期后仍然继续生产，还加入了来自希腊艺术传统的造型。

这是一位跪在地上的裸体男性，披风围系在他的脖子上。肌肉有着几何形的轮廓，尤其是腿部肌肉令人印象深刻。伸展着的向前压住酒囊的身体与被风吹着向后扯去的披风形成了鲜明的对比，而这两个不同的方向恰好形成了平衡。

关于人物的身份仍存有争论。之前，有人认为他可能是埃洛斯（Aeolus）——风之精灵。帕诺波利斯的（Panopolis，现艾赫米姆）诗人诺努斯（Nonnos，5世纪初）推测他可能是狄奥尼索斯（Dyonysus）。然而，根据那对尖耳朵可以推测出他的另一个身份，这是典型的萨提尔（Satyr）的特征之一。袋子应该是一个盛满酒的酒囊。现有的信息不足以使我们排除任何一种可能性。对于风的着重描绘（被吹起的披风和顶风的姿势）是暗示人物身份的一个关键因素。

这类陶像的制作持续了相当长的时间，因此很难做出准确的断代。但根据典型的古希腊特征可以判断它的大致制作年代为托勒密王朝。（A.L.）

伊西斯-阿芙洛狄忒陶像

····························

陶

高29.5厘米

阿拜多斯

罗马时期（公元前30—311年）

这是一尊裸女像，人物呈站姿，双臂置于体侧。她的头上顶着一个盛满鲜花的卡拉索斯（kalathos）花瓶。身上仅有两条布带交叉在胸前，长发垂至双肩。

裸体形象暗示着这是一尊阿芙洛狄忒的雕像。她也被看作是伊西斯，两位女神关系密切。她们都是爱神、女性的守护神，尤其是对于那些即将结婚的女性。在出土的埃及人的婚姻协议书里面，伊西斯和阿芙洛狄忒都有被提及。她们也是埃及陶像中最常见的形象。

表面上残留的颜色让人们能够欣赏到陶像原有的明亮彩绘。这类陶像需在很长的一段时间内持续制造，因此难以断定其准确的制作年代。（A.L.）

带装饰的陶瓶

·····························

陶

高30.5厘米

来源不明

罗马时期（4世纪）

陶器在埃及的法老时期被广泛应用，并且作为一种传统在罗马时期继续蓬勃发展。人们在这一时期发现了大量和宗教相关的小雕像和容器。陶制餐具的种类尤其在罗马时期增加了许多，出现了许多新的样式。新器型和高品质的产品被出口到罗马帝国的其他地区。

古典时代晚期（4世纪）的工匠们制作了大量用模具装饰

的圆形器皿，图中这件就是其中之一。

瓶身的一面装饰有一幅上下构图的场景，周边依照瓶身的形状围绕着两条平行的环线。环线的内部还有一圈新月形状的装饰图案。

这种构图巧妙地占据了瓶身表面的区域。两排人物穿插在连续的由石柱支撑的拱廊建筑之内。在上排图案中，两侧的拱门小于中间的拱门。在下排图案中，工匠似乎在尝试一种透视元素，内侧的石柱要高于外侧的石柱。两排图像都适应了圆形的器身。石柱和拱门上装饰着一些细长的平行线条。

每个建筑的下方都有一名舞者。然而，在如此局促的空间内，尤其是在上排，两侧的人物形象不得不向有限的空间妥协，外观被刻画得非常粗糙。在下排，相对充裕的空间允许工匠对人物加以细致刻画，对中间女性舞者的塑造尤为成功。从器型和装饰风格来看，这件陶器的制作年代应为4世纪。（A.L.）

带塞拉皮斯的桂冠

·····························

黄金

桂冠：直径22厘米，前面高3.3厘米

牌饰：高12.5厘米，宽8.5厘米

杜什

罗马时期，哈德良统治时期（117—138年）

这顶桂冠由一圈前高后低的锻造金片组成，后面用蛇形钩固定。桂冠的装饰元素丰富，包括中间那块有塞拉皮斯坐像的神殿形的牌饰。神殿由 6 部分组成，底部的基座为矩形，两侧各有一根立柱，采用轧制和铆接的金片制作而成。

在科林斯柱头的上方装饰着伊西斯女神的形象。其中右侧的头像损毁严重，一部分在修复时被重塑，可以看出女神穿着披风，在前面系着标志性的伊西斯结。左侧是一个头戴纱巾的伊西斯女神的形象，太阳圆盘和两只牛角也被蒙在了纱巾下面。

三角楣饰是被两条圣蛇夹着的太阳圆盘的图案。位于神殿中间的是塞拉皮斯的形象，他端坐在宝座之上，双脚踩着脚垫。这是典型的神的形象。他头上戴着卡拉索斯式的头冠，身着长袍，披风盖在膝盖上。

在牌饰的两侧，有数片金叶围绕在桂冠上，其中右侧有 7 片，左侧有 9 片。金叶带有纹路，3 个一组按照扇形排列。还有一些插在金丝上的代表罂粟花的珠饰。

这件头饰可能来自亚历山大港，虽然有些人认为它和一些其他的物品都是被进口到埃及的。佩戴这顶桂冠的人可能是一位祭司。（A.L.）

带挂饰的项链

··················

黄金

38厘米×27厘米

杜什

罗马时期（2世纪末—3世纪初）

这条带挂饰的项链是 1989 年在杜什出土的文物之一。杜什古称奇西斯（Kysis），位于哈里杰绿洲的最南端。与它一同出土的文物还有本章中介绍的手镯和桂冠。这三件文物是在一座神庙围墙内的房间里被发现的，这座神庙供奉的可能是伊西斯和塞拉皮斯。在 4 世纪时，神庙围墙区被改建为防御性建筑，以保护墙内的居住区。首饰被发现时，它们被封在一个陶罐中，陶罐被放在一个壁龛里面。即使这些首饰是在神庙外面的区域里被发现的，它们也非常有可能曾经是在神庙中使用的物品。大概由于 4—5 世纪时基督教扩张而异教衰落，因此它们随后被祭司埋藏了起来。

这条项链由一条金线和 77 块牌饰组成，后面由蛇形扣固定。牌饰很有可能是被放在木模上敲打成形的图案：一座有螺旋纹和凹槽纹立柱的小神殿，殿内是一头面朝左侧或者右侧的阿匹斯圣牛。

这是一种很常见的图案，有人认为这种牌饰是大量生产的贩卖品。购买者很有可能是来神庙许愿的人。因此，作为还愿供品的牌饰成为了庙产，并且被制作成了一条项链。上面还有一件锻造而成的塞拉皮斯半身像，显示出了这座神庙所供奉的神明。塞拉皮斯是传统中的典型的长发形象。在背面刻有一些希腊字母，虽然语意不明，但是有可能具有咒语的功能。在项链中间，有 3 块较大的牌饰，上面装饰的还是小神殿中的阿匹斯圣牛的图案。

项链上还有一枚由金币制成的小奖章，上面刻有"高贵的福斯蒂娜"（Faustina Augusta）的字样，同样与这里供奉的神明相关。金币的背面是女神西布莉（Cybele，在罗马时期她被当作埃及女神伊西斯），脚下有两头狮子，右手握盾牌并且刻有铭文"致伟大的母亲"（Matri Magnae）。（A.L.）

镶玛瑙的手镯

··················

金片、玛瑙

直径9厘米

杜什

罗马时期，哈德良统治时期（117—138年）

这是一只用金片打造的带有植物装饰纹样的手镯。中间有一个椭圆形的宝石托，镶嵌在里面的玛瑙分为黑、白、红三色（长 3.6 厘米，宽 3.1 厘米）。

手镯的主体是一个宽 2 厘米的手环，闭合处在中间宝石托的位置。玛瑙石的两侧装饰着许多带有纹路的金叶。

从三瓣叶的外观来看，很有可能是葡萄叶。叶片之间交替穿插着 3 根卷曲的金线。叶片全部指向位于中间的宝石。

像塞拉皮斯桂冠和上文中提到的手镯一样，这件首饰也属于杜什珍宝的一部分，根据其造型和风格判断，它应该属于哈德良时期。（A.L.）

CG 18009

双耳瓶

蓝色釉陶
高22厘米
罗马时期（1世纪初—2世纪末）

陶器在埃及的手工业中一直占据着主要地位，在罗马时期也是如此，那时有许多不同颜色的、类似于玻璃质感的器皿被生产了出来。这类受人欢迎的器皿有多种器型，它们在罗马时期被出口到帝国的其他地区，装饰着人们的豪宅或者成为随葬品的一部分被放在墓室内。

这里介绍的这件双耳瓶有一个凸起的、扁平的口沿以及一个盖子。双耳与口沿水平衔接，并与器身突然变宽的肩部相连。

瓶身上有三条装饰带，分别突出了瓶颈、瓶肩和瓶身的中间部分。第一条和第三条装饰带相同，是由4片叶子组成的图案，有规律地排列成一条直线。中间的装饰带稍宽，是3片叶子规律排列的图案。根据这件陶瓶的风格很难准确地断定它的制作年代，但是可以确定的是，它属于罗马时期埃及釉陶制品，制作时间约为1世纪末—2世纪末。（A.L.）

CG 27694

阿努比斯小雕像

....
青铜
高14.8厘米，宽6.5厘米
来源不明
罗马时期（2世纪）

这件小雕像刻画的是犬头人身的阿努比斯的形象。阿努比斯在埃及神话中是和丧葬有关的神明，负责守护陵墓和主持木乃伊制作的过程。他经常被描绘成一只豺狼的样子。在罗马时期，不同艺术传统之间融合发展出了"士兵形象的阿努比斯"（Anubis Legionary），正如眼前这件雕像一样。

这位神明有着人的身体，头戴埃及传统的头饰。他的头部是典型的埃及本土的传统形象，但头部以下的造型与罗马文化有着密切的联系。阿努比斯身穿护胸甲（cuirasse），右臂前伸，手中握着一个碟子，左臂高举，胳膊上挂着披风。腿部姿势为一直一屈，暗示断掉的右手中可能握有一支长矛。下半身的比例非常不协调。两侧各有一只蹲着的狗。

朴素的艺术品质展示出了一种罗马风格和埃及传统相融合的本土化的效果。它的装饰类型和外观属于2世纪的风格。（A.L.）

JE 31192 = CG 32731

观赏用玻璃瓶

....
玻璃、青铜、黄金
高13厘米
购得；来源地可能为法尤姆地区
罗马时期（2—3世纪）

玻璃器具的制造在罗马时期之前就已经成为了埃及手工业的一部分。实际上，从公元前第三千纪以来，美索不达米亚和埃及就开始使用玻璃加工技术生产护身符和圣甲虫。第一件玻璃器具大约制作于公元前1500年。

早期的玻璃器具在制作时都使用沙芯作支撑，成型后再把沙芯移除。这种制作方法在公元前3世纪后消失了，取而代之的是塑模和旋转。直到公元前1世纪，吹制的方法才被引进。

这个看上去相当精致的玻璃瓶实际上的制作技术非常简单，就是在基本的器身上应用上了彩色的玻璃丝。

瓶身的造型比较普通，很难准确地断代。但是，这种复杂的附着装饰常见于2—3世纪。

瓶身是吹制而成的，装饰物是分步骤添加上去的。一条蓝色的细线缠绕在瓶颈上，然后被覆盖上挂着铜环的深蓝色蛇形图案。玻璃瓶的肩部还有数个套着青铜圆环的红色装饰物。瓶身上装饰着不同颜色的三条之字形的玻璃线，分别为深蓝的、浅蓝的和红色的。瓶足是三个蓝色和黄色混合的支撑物。瓶口处还点缀有许多红色的玻璃环。（A.L.）

中年男性肖像

木板蜡画
高34厘米，宽18.5厘米
来源不明
罗马时期（2世纪上半叶）

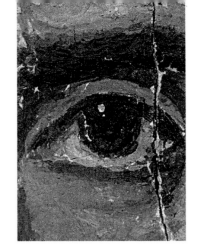

这幅肖像为木板彩绘画。这是四分之三视图的半身像，颈部下面的两条暗线表示出头部的转动角度。人物身着白色长袍，系于左肩上，那里有 3 个褶皱被画成了浅灰色。右手边有一条洋红色的粗线。人物的脸型细长，最突出的特征是带有白色高光的长鼻子。

棕色的眼睛在深色眼线的衬托下显得非常逼真。暗红色的嘴部形状并不规则，下嘴唇有些凸出。灰色的卷发和胡须是人物最为突出的特征，可以让人辨认出这是一位中年男性。

通过与这一时期的其他肖像做对比，根据装饰元素可以确定它的创作年代为 2 世纪上半叶。（A.L.）

年轻女性肖像

木板蜡画
高42厘米，宽23厘米
哈瓦拉；W. M. F.皮特里发掘（1888年）
罗马时期（2世纪）

这是罗马时期埃及最为精彩的放在木乃伊面部的木板肖像画之一。根据这类肖像中描绘的华丽的衣着和首饰，可以确定肖像人物上层社会的身份。

这位女性的脸型修长，皮肤呈橄榄色。面部最有特点的部位是长长的鼻子和一双相互靠近的眼睛。嘴型正常，嘴唇很薄。深色的头发被束在头顶。

脖子上戴着一条由紫色方形石头制成的项链。耳坠采用同样的石料，由一方一圆两种形状组成。长袍为深色调，工匠通过运用深浅两种紫色的对比，在人物颈部周围描绘出了衣服的褶皱。

这幅肖像之所以不同寻常，不仅是因为面部特征的呈现，而且表现在与众不同的首饰和服饰上。根据肖像的总体特征大致可推断这幅肖像作品的创作年代为 2 世纪时期。（A.L.）

年轻男孩肖像

木板蜡画
高35.5厘米，宽16.5厘米
法尤姆
罗马时期（1世纪末—2世纪初）

这是一幅头戴桂冠的年轻男孩的肖像，绘制在
白色的地面上。他的皮肤为橄榄色，面部的白色高光集
中在脸颊、下巴和额头的区域。嘴型正常，嘴唇为淡粉色。
鼻梁短，鼻头阔。男孩的头发采用深色线条绘制，部分头发
被桂冠遮盖住了。头冠上的宽叶片形状规则，紧贴在头部表面。
头部微微转动，脖子上的深色线条强调了这一动作。与头部相比，
男孩的身体显得很小。他身着白色长袍，右肩上有一条洋红色的衣带
（clavus），在另一个肩膀上可以看到一件披风。

人物形象和装饰的特征在法尤姆地区的肖像中非常常见，并且几乎
没有变化。头冠在法尤姆的传统中有具体的含义，代表着健美和年轻。
因此，这类形象专属于上层社会家庭中的年轻男性。

根据这件画作的构图和装饰图案可以确定它的创作年代为1世纪
末—2世纪初。（A.L.）

CG 33267

兄弟肖像

....

木板蜡画
直径61厘米
安提诺波利斯；阿尔贝·盖特发掘（1899年）
罗马时期（2世纪）

　　这幅圆形的木板彩绘图生动地描绘了两
名男性的形象。根据外貌的相似程度，人们
判断他们是一对兄弟。画像的尺寸比真人尺
寸略小，这是安提诺波利斯地区的典型特征。

　　右侧年长的人物的皮肤颜色较深，面部
的高光为黄色的线条。嘴型正常而饱满。这
类肖像常有用平行的短线条描绘出的小胡子。
他的颧骨非常突出，鼻子是正常的形状，但是有
些残破。男人身着白色长袍，褶皱的部分为黄色。
长袍上还披着白色披风，内衬为洋红色。赫尔墨斯
（Hermes）站在他的肩膀上，穿着传统的带翅膀的
凉鞋和披风，右手中握着一根缠绕着蛇的手杖。

　　左侧年轻的男性有着较浅的肤色，面部五官非常
圆润。嘴部的颜色较淡，嘴型正常，上面留着稀疏的胡须。
发型是与其兄长相似的杂乱的卷发。他身穿白色短袍，领口
处有红色的装饰线，在左肩处有一个万字纹饰。短袍外面披着
红色披风，系于右肩上绿色宝石的位置。他的肩膀上有一尊站立
的小神像，他的右腿紧绷而左腿弯曲。头上戴着埃及式王冠。这
件小雕像有可能描绘的是法老亚历山大的形象。

　　光鲜的服饰和站在男性肩膀上的金色的雕像暗示着这对兄弟
出身贵族。（A.L.）

年轻女性肖像

....
木板蜡画
高31厘米，宽22厘米
法尤姆
罗马时期（1世纪末）

这幅肖像的主人公明显是一名上层社会的女性。肖像人物直视观者，其背景为黑色。面部使用粉色调绘制，上面有明显的白色高光。嘴唇为深红色，嘴型正常，鼻部直挺。双目炯炯有神，弓形的双眉采用黑色的平行的短笔触绘制而成。她佩戴着有两个珠饰的耳环，脖子上戴着一条金项链。服饰不可见，但对比同时代的其他肖像作品，可以推测出她身穿配有衣带的紫色长袍。

根据发型可以判断它的创作年代为1世纪下半叶。（A.L.）

女性肖像

....
木板蛋彩画
高61厘米，宽19.5厘米
鲁巴亚特
罗马时期（4世纪的前25年）

尽管这幅年轻女性的肖像画工精细，所呈现的风格极为写实，但她的装饰元素却比较朴素。这位女性没有佩戴贵重的首饰，发型也相对简单。

肖像被绘制在一块灰色的地面上，人物身体朝向前方，头部微微偏向一侧。脸型为修长的椭圆形。橄榄色的皮肤上有一些粉色的高光。嘴型正常，下嘴唇非常丰满。发型为中分，黑色的头发上有一些平行且规律排列的白色细线。右耳戴着一只由3颗珍珠组成的耳环。深棕色的长袍非常朴素，衣褶用颜色更深的线条表示，使得画面带有一定的动感。两侧的肩膀上各有一条深色的衣带。

这幅肖像的年代问题比较复杂。之前有人认为它是4世纪前25年的画作，但最近有些人推测它的创作年代在161—180年。装饰图案过于简单，没有突出的特色。但是，它的整体画面更加接近古典晚期和拜占庭时期的作品，创作时间约为4世纪时期。（A.L.）

JE 63609

《俄狄浦斯》中的插画

彩绘石膏
高98厘米，宽239厘米
图那戈贝尔
罗马时期（公元前30—311年）

这幅绘画作品描绘的是俄狄浦斯（Oedipus）中的一个场景，这是深植于希腊文化的神话之一。俄狄浦斯是底比斯王的儿子，预言里说他会在弑父之后与自己的母亲结婚。

这幅作品再现了这段传统神话的主要情节（未按照时间顺序）：他去往底比斯、杀害自己的父亲以及破解斯芬克斯的谜语。这段讲述底比斯国王拉伊俄斯（Laius）因惧怕斯芬克斯的弑父预言而将自己的儿子俄狄浦斯抛弃的神话，在罗马时期具有强大的象征意义。俄狄浦斯同样承受着预言中与自己的母亲结婚的痛苦，于是他离家出走了，离开了抚养他长大成人的

科林斯（Corinth）的统治者波吕波斯（Polybus）夫妇。这幅作品描绘了他离家出走之后发生的故事。

俄狄浦斯（左侧第一个人物）离开科林斯，奔赴底比斯，其间遇到了斯芬克斯并且破解了他的谜语（什么是早上4条腿，中午2条腿，晚上3条腿？答案：人），最终成为了底比斯的国王。图画中描绘了他与拉伊俄斯见面并将其杀害的场景。画面最右侧跪在地上、被人重伤的形象就是拉伊俄斯。跳舞的女神是无知的拟人化形象，她是这个场面的目击者：俄狄浦斯在不知情的情况下，杀害了他的亲生父亲。

画中场景的安排与故事的发展顺序相反。在神话故事中，俄狄浦斯在去往底比斯的路上与拉伊俄斯相遇，他在杀父后才遇到了斯芬克斯，破解了谜语。

所有的人物形象旁边都标注着他们的希腊语名字。左数第三个形象，坐在斯芬克斯一旁的是谜语的拟人化形象；而第四个形象代表了城市底比斯。

从整体上看，图像展示出的艺术水准一般，最为明显的是被粗糙勾勒出的舞女的手臂，并不能体现出动作的角度和正确的比例。这幅图被认为是罗马时期仿照希腊传统制作的一件复制品。（A.L.）

JE 67913

美杜莎头的马赛克画

彩色石
高26.5厘米，宽33厘米
来源不明
罗马时期（3世纪下半叶—4世纪下半叶）

这是一幅用马赛克技术创作的女性头像的残片。工匠的技术精湛，运用不同的小尺寸的石块成功地使作品达到了色彩丰富且细节精致的效果。鼻部和眼部的深色轮廓线令画面产生了一种纵深感。

按照美杜莎（Medusa）的传统形象，她的头发应该是由无数条蛇组成的。硕大而坚定的双目是这一时期的典型特点，使人想起了神话中美杜莎将人石化的眼神。珀尔修斯（Perseus）凭借着自己的谋略和众神的帮助，砍下了美杜莎的头，并且利用它将自己的敌人全部变为了石像。美杜莎喷涌出的血液变成了珀加索斯（Pegasus）和克里萨俄尔（Chrysaor）。

这一时期首要的艺术特征是呆板的眼神，显得面无表情。面部宽大而扁平，与面部其他部分相比，脸颊显得相对更大一些，而半张开的嘴却非常小。

此画的风格和造型可以与古典晚期的马赛克传统作品相比较。这张面孔经常用于装饰某幅重要图像的边框，场景通常和美杜莎及珀尔修斯的神话相关。或者这幅马赛克残片本身就是某块地板上被框起来的图案，周围可能装饰着许多其他的图案纹样。（A.L.）

译名表

古代人名

阿拜都 Abedu

阿赫霍特普 Ahhotep

阿赫麦斯 Ahmes

阿赫门鲁 Akhimenru

阿赫摩斯 Ahmose

阿赫摩斯·梅丽塔蒙 Ahmose Meritamun

阿赫摩斯·奈菲尔塔丽 Ahmose Nefertari

阿玛西斯 Amasis

阿蒙哈伊 Amunkhai

阿蒙霍特普 Amenhotep

阿蒙奈姆赫特 Amenemhet

阿蒙尼尔迪斯 Amenirdis

阿蒙尼姆普 Amenemope

阿那赫特 Aanakht

阿尼 Ani

阿契美尼德 Achaemenid

阿塞特玛赫比特 Asetemakhbyt

阿莎特伊 Ashayt

阿斯哈伊特 Ashayt

阿塔那修 Athanasius

阿泰特 Atet

阿提 Ati

阿图姆塔内布 Atumemtaneb

阿伊 Ay

埃庇法尼斯 Epiphanes

埃赫那吞 Akhenaten

埃普里斯 Apries

安东尼乌斯·皮乌斯 Antoninus Pius

安赫芬穆特 Ankhefenmut

安赫孔苏 Ankhkhonsu

安赫奈斯迈里瑞 Ankhenesmerire

安赫奈斯奈菲尔伊伯瑞 Ankhneseneferibre

安赫森帕阿蒙 Ankhesenpaamun

安赫森帕阿吞 Ankhesenpaaten

安胡 Ankhu

安太夫 Antef

奥布雷·霍尔 Auibre Hor

奥古斯都 Augustus

奥索尔孔 Osorkon

巴依 Bai

柏尼安胡 Per-nyankhu

贝斯 Bes

戴克里先 Diocletian

德布恩 Debhen

登 Den

多米提乌斯·多米提阿努斯 Domitius Domitianus

菲利普·阿利多斯 Philip Arrhidaeus

福斯蒂娜 Faustina

伽列里乌斯 Galerius

哈巴 Khaba

哈尔霍特普 Harhotep

哈尔瓦 Harwa

哈夫拉 Khafre

哈姆瓦塞特 Khaemwaset

哈普 Hapu

哈塞赫姆 Khasekhem

哈塞赫姆威 Khasekhemwy

哈塔维 Hatawy

哈特 Hat

哈特舍普苏特 Hatshepsut

哈提阿伊 Hatiay

海斯雷 Hesire

海特菲利斯 Hetepheres

海特普 Hetep

海特普塞赫姆威 Hetepsekhemwy

郝列姆赫布 Horemheb

赫卡姆萨夫 Hekaemsaf

赫克努 Hekenu

赫马卡 Hemaka

赫努迈特 Khnumet

赫努纳赫图 Henutnakhtu

赫努塔维 Henuttawy

赫特普迪夫 Hetepdief

胡夫 Khufu

胡尼 Huni

胡伊 Khui

霍阿赫特 Horakht

霍尔 Hor

霍尔霍特普 Horhotep

霍尔姆阿赫特 Horemakhet

霍尔纳赫特 Hornakht

霍尔萨霍尔 Horsahor

霍尔萨霍尔 Horsahor

霍利 Hori

霍特普 Hotep

吉娅 Kiya

杰德阿蒙伊乌尼安赫 Djedamuniuniankh

杰德夫拉 Djedefre

杰德霍尔 Djed Hor

杰德霍尔依乌夫昂赫 Djedhoriufankh

杰德孔苏 Djedkhonsu

杰德孔苏夫安赫 Djedkhonsufankh

杰恩泰特 Tjentet

杰恩提 Tjenty

杰尔 Djer

杰胡提麦斯 Djedhutymes

杰特 Djet

卡贝赫奈特 Kabekhnet

卡卡 Kaka

卡拉卡拉 Caracalla

卡摩斯 Kamose

卡姆克德 Kaemked

卡培尔 Ka-aper

卡什塔 Kashta

卡维特 Kawit

卡乌阿布 Kauab

凯乌斯 Caius Cominius Leugas

克里奥帕特拉 Cleopatra

克努姆特 Khnumet

拉霍特普 Rahotep

拉美苏纳赫特 Ramessunakht

拉美西斯 Ramesses

拉莫斯 Ramose

拉奈布 Raneb

拉奈菲尔 Ranefer

拉奈菲尔夫 Raneferef

鲁西乌斯·维鲁斯 Lucius Verus

马克·安东尼 Mark Antony

马库斯·奥勒留 Marcus Aurelius

马萨哈尔特 Masaharte

玛纳纳 Manana

玛雅 Maya

麦凯塔吞 Meketaten

麦克特瑞 Meketre

麦瑞恩拉 Merenre

麦瑞瑞特 Mereret

麦瑞斯安赫 Meresankh

麦瑞塔吞 Meritaten

麦瑞提特斯 Meretites

麦斯提 Mesehti

梅勒鲁克 Mereruke

梅丽塔阿蒙 Meritamun

梅丽特瑞 Meritre

美楞普塔 Merneptah

孟卡拉 Menkaure

孟图霍特普 Mentuhotep

孟图霍特普·奈布海派特拉 Mentuhotep Nebhepetre

孟图姆哈特 Montuemhet

米特里 Mitri

敏纳赫特 Minnakht

姆瓦塔里 Muwatallis

穆特诺夫尔特 Mutnofret

穆特诺杰姆特 Mutnodjmet

纳尔迈 Narmer

纳赫特夫穆特 Narkhtefmut

纳赫特敏 Nakhtmin

奈菲尔海瑞恩普塔 Neferherenptah

奈菲尔霍特普一世·哈塞海姆拉 Neferhotep I Khasekhemre

奈菲尔鲁拉 Neferure

奈菲尔玛阿特 Nefermaat

奈菲尔塞舍姆 Neferseshem

奈菲尔塔丽 Nefertari

奈菲尔泰姆 Nefertem

奈菲胡瑞 Neferure

奈菲鲁普塔 Neferuptah

奈芙提斯 Nephthys

奈卡乌 Necho

奈斯阿蒙 Nesamun

奈斯巴奈伯杰德 Nesbanebdjed

奈斯奈赫瑞特 Nesineheret

奈斯帕卡舒提 Nespaqashuty

奈斯帕姆度 Nespamedu

奈斯普塔 Nesptah

奈斯舒特夫努特 Nesshutefnut

奈希普塔 Nesiptah

内捷瑞赫特 Netjerykhet

内克塔内布 Nectanebo

尼安佩皮 Niankhpepi

尼可 Niko

尼玛阿特哈普 Nimaathep

尼玛阿特赛德 Nimaatsed

尼姆洛特 Nimlot

尼奈杰尔 Ninetjer

尼特普塔 Nitptah

尼托克瑞斯 Nitocris

尼乌塞尔拉 Niuserre

诺夫瑞特 Nofret

诺努斯 Nonnos of Panopolis

帕巴萨 Pabasa

帕哈尔 Pakhar

帕哈尔孔苏 Pakharkhonsu

帕赫姆内杰尔 Pahemnetjer

帕科缪 Pachomius

帕克努姆 Pakhnum

帕姆伊 Pami

帕瑞胡 Parehu

派昂赫伊 Piankhi

派努杰姆 Pinudjem

派伊 Piye

佩都巴斯特 Pedubaste

佩皮 Pepi

佩塔蒙霍特普 Petamenhotep

佩塔蒙奈伯奈苏塔维 Petamunnebnesuttawy

佩特奥西里斯 Petosiris

普萨美提克 Psamtek

普萨美提克 Psamtek

普萨美提克萨奈特

Psamteksaneith

普苏森尼斯 Psusennes

普塔麦斯 Ptahmes

普塔梅 Ptahmay

普塔摩斯 Ptahmose

普塔舍普希斯 Ptahshepses

萨胡拉 Sahure

萨卡赫卡 Sakaherka

萨那赫特 Sanakht

萨特迈瑞特 Satmeret

萨特奈姆 Satnem

塞昂赫卡拉 Seankhkare

塞赫姆赫特 Sekhemkhet

塞凯内恩拉·塔奥 Seqenenre Tao

塞纳伊 Senay

塞奈布 Seneb

塞奈菲尔 Sennefer

塞内杰姆 Sennedjem

塞内穆特 Senenmut

塞尼 Seni

塞努斯瑞特 Senusret

塞皮 Sepi

塞普提米乌斯·塞维鲁 Septiminus Severus

塞提 Seti

塞维鲁·亚历山大 Severus Alexander

森比 Senbi

森内杰姆 Sennedjem

森内穆特 Senenmut

沙巴卡 Shabaka

舍努特 Shenute

舍普恩乌派特 Shepenwepet

舍普努佩特 Shepenupet

舍普塞斯卡夫 Shepseskaf

舍尚克 Sheshonq

圣安东尼 The holy Anthony

斯迈恩卡拉 Smenkhkare

斯奈弗鲁 Sneferu

斯特哈托尔 Sit-Hathor

斯特哈托尔麦瑞特 Sithathor-Merit

斯特哈托尔伊乌奈特 Sithathoriunet

索贝克霍特普四世·哈奈菲尔拉

Sebekhotep IV Khaneferre

塔哈卡 Taharqa

塔克洛特 Takelot

塔娜格拉 Tanagra

塔什利特敏 Tasheritmin

塔沃斯瑞特 Tawosret

泰 Tai, Ty

泰提 Teti

泰提舍丽 Tetisheri

特奥斯 Teos

提阿 Tia

提比略 Tiberius

提蒙 Timone

提伊 Tiy, Tiye

图坦卡蒙 Tutankhamun

图坦卡吞 Tutankhaten

图特摩斯 Thutmose

图雅 Tuyu

托勒密 Ptolemy

威尔尼 Werirni

乌恩杰巴乌杰德 Undjebauendjed

乌赫维 Urkhwy

乌纳斯 Unas

乌瑞特 Weret

乌塞尔哈特 Userhat

乌塞尔卡夫 Userkaf

乌塞尔穆特 Usermut

屋大维 Octavian

西奥菲勒斯 Theophilus

希阿蒙 Siamun

希克索斯人 Hyksos

希普塔 Siptah

希塔蒙 Sitamun

希塔蒙 Sitamun

亚述巴尼拔 Assurbanipal

伊本提纳 Ibentina

伊布乌尔 Ipu-ur

伊吉 Iji

伊卡 Ika

伊利加迪加内 Irigadiganen

伊鲁奈菲尔 Irunefer

伊美瑞特 Iymeret

伊姆霍特普 Imhotep

伊奈菲尔提 Iyneferty

伊内尼 Ineni

伊内普霍特普 Inepuhotep

伊瑞托尔鲁 Irethorru

伊塔 Ita

伊塔乌瑞特 Ita-weret

伊提森 Itisen

伊西多鲁斯 Isidorus

伊西斯 Isis

尤阿杰克 Iuatjek

尤雅 Yuya

芝诺比阿 Zenobia

左塞 Djoser

现代人名

阿拔斯·希尔米 Abbas Helmi

阿卜杜勒·哈苏尔 Abd el-Rassul

阿布达尔－穆尼姆·阿布·巴克尔 Abdal-Munim Abu Bakr

阿尔贝·盖特 Albert Gayet

阿哈默德·费克里 Ahmed Fakhry

阿哈默德·卡玛尔 Ahmed Kamal

埃米尔·巴雷兹 Émile Baraize

埃米尔·布鲁格什 Émile Brugsch

埃米尔·普里斯·达韦纳斯 Emile Prisse d'Avennes

爱德华·罗素·艾尔顿 Edward Russell Ayrton

奥古斯特·罗丹 Auguste Rodin

奥古斯特·马里耶特 Auguste Mariette

菲利普·布里索 Philippe Brissaud

弗朗索瓦·米莫 Francois Mimaut

弗雷德里克·卡约 Frédéric Cailliaud

弗雷德里克·威廉·格林 Frederick William Green

盖伊·布伦顿 Guy Brunton

格罗佐·扎法拉尼 Garozzoe Zaffarani

古斯塔夫·杰奎尔 Gustave Jéquier

古斯塔夫·勒菲弗

397

Gustave Lefèbvre

赫伯特·温洛克
Herbert Winlock

赫尔曼·容克尔
Herman Junker

亨利·萨尔特 Henry Salt

亨利·谢弗里耶 Henri Chevrier

霍华德·卡特 Howard Carter

加斯东·马斯佩罗
Gaston Maspero

杰弗里·马丁 Geoffrey Martin

杰罗米·马雷克
Jaromír Malek

卡尔·理查德·莱比修斯
Karl Richard Lepsius

卡纳冯勋爵 Lord Carnarvon

莱昂·科涅 Léon Cogniet

利南·德·贝勒丰
Linant de Bellefonds

路德维希·博尔夏特
Ludwig Borchardt

路易吉·瓦萨里 Luigi Vassalli

马克西米利安 Maximilian

马塞尔·杜尔尼翁
Marcel Dourgnon

米洛斯拉夫·维纳尔
Miroslav Verner

默罕默德·阿里
Muhammad Ali

拿破仑二世 Napoleon II

纳吉布·法拉格 Nagib Farag

欧仁·格雷博
Eugène Grébaut

欧仁妮皇后 Empress Eugénie

皮埃尔·蒙泰 Pierre Montet

乔瓦尼·巴蒂斯塔·贝尔佐尼
Giovanni Battista Belzoni

乔瓦尼·巴蒂斯塔·卡维利亚
Giovanni Battista Caviglia

乔治·达雷希 Georges Daressy

乔治·莱斯纳 George Reisner

乔治·勒格兰 Georges Legrain

让－弗朗索瓦·商博良
Jean-François Champollion

瑞法·塔赫塔维
Rifa'a al-Tahtawi

塞利姆·哈桑 Selim Hassa

塞西尔·马拉比·弗思
Cecil Mallaby Firth

赛义德 Said

威廉·马修·弗林德斯·皮特里

Willian Matthew Flinders Petrie

维克多·洛雷 Victor Loret

沃尔特·布莱恩·埃默里
Walter Bryan Emery

西奥多·戴维斯
Theodore Davis

雅克·德·摩根
Jacques de Morgan

雅克·旺迪耶 Jacques Vandier

亚历桑德罗·巴桑提
Alessandro Barsanti

亚历山大·巴达维
Alexander Badawy

亚瑟·卡伦德 Arthur Callender

伊波利托·罗塞里尼
Ippolito Rosellini

伊斯梅尔 Ismail

约翰·D. S.·彭德尔伯里
John D. S. Pendlebury

约翰·拜恩斯 John Baines

约翰·加德纳·威尔金森
John Gardner Wilkinson

约翰·加斯唐 John Garstang

扎基·伊斯坎德 Zaki Iskander

詹姆斯·奎贝尔 James Quibell

朱塞佩·波提 Giuseppe Botti

古代地名

阿布鲁韦斯 Abu Roash

阿玛尔纳 Amarna

阿司里比斯 Athribis，现本哈

阿瓦里斯 Avaris

艾尔曼特 Armant

安提诺波利斯 Antinoopolis

贝赫代特 Behedt，现艾德福

布巴斯提斯 Bubastis，现泰勒巴斯塔

布托 Buto，现泰勒法拉因

布西里斯 Bousiris

达拉 Dara

戴奥德尔菲亚 Theadelphia，现巴特哈里特

底比斯 Thebes

帝奥斯波里斯－帕尔瓦
Diospolis Parv，现胡

非利士 Philistine

赫尔摩波利斯 Hermopolis，

现图那戈贝尔

赫拉克利奥波利斯
Herakleopolis

赫利奥波利斯 Heliopolis

君士坦丁堡 Constantinople，现伊斯坦布尔

卡叠什 Kadesh

科林斯 Corinth

克普托斯 Coptos

库什 Kush

莱昂托波利斯 Leontopolis，现泰勒马克达姆

门德斯 Mendes，现泰勒鲁巴

蒙斯波尔菲利特 Mons Porphyrites

蒙斯克劳迪亚努斯 Mons Claudianus

孟菲斯 Memphis

米吉多 Meggido

奈肯 Nekhen

涅迦达 Naqada

诺克拉提斯 Naukratis

派 Pe

派拉美西斯 Pi-Rameses

蓬特 Punt

奇西斯 Kysis，现杜什

塞易斯 Sais

上埃及 Upper Egypt

斯穆伊斯 Thmuis，现泰勒提迈

索勒布 Soleb

泰伯提尼斯 Tebtynis，现乌姆巴拉盖特

特雷努提斯 Terenuthis，考姆阿布比罗

提斯 This

图拉 Tura

托勒密城 Ptolemais

耶拉孔波利斯 Hierakonpolis，现考姆艾哈迈尔

伊蒂塔维 Iti-Tawi，现利什特

伊普 Ipu，现艾赫米姆

现代地名

阿拜多斯 Abydos

阿布罗阿什 Abu Roash

阿布西尔 Abusir

阿布辛贝 Abu Simbel

阿登省（法国）Ardennes

阿萨斯夫 Assasif

阿斯旺 Aswan

艾德福 Edfu

艾赫米姆 Akhmin

艾斯那 Esna

艾斯尤特 Asyut

巴格苏斯 Bab el-Gasus

巴哈里亚 Baharia

巴鲁德 Barud

巴沙 al-Bersha

巴特哈里特 Batn Ihrit

贝尼哈桑 Beni Hassan

本哈 Benha

布拉克 Bulaq

布奇斯墓 Bucheum

达赫拉 Dakhla

达舒尔 Dahshur

戴尔巴哈里 Deir el-Bahari

戴尔贝尔沙 Deir el-Bersha

戴尔麦地那 Deir el-Medina

丹德拉 Dendera

德拉阿布纳加 Dra Abu el-Naga

杜什 Dush

厄立特里亚 Eritrean

法拉法 Farafra

法尤姆 Fayum

菲莱 Philae

戈贝儿巴卡尔 Gebel Barkal

戈伦湖 Birket Qarun

格尔塞 Gerza

国王谷 Valley of the Kings

哈里杰 Kharga

哈瓦拉 Hawara

赫勒万 Helwan

胡 Hiw

基纳 Qena

吉萨 Giza

卡尔纳克 Karnak

卡瓦 Kawa

卡乌卡比尔 Qaw el-Kabir

考姆阿布比罗 Kom Abu Billo

考姆巴特兰 Kom el-Batran

考姆赫鲁尔 Kom Helul

考姆翁布 Kom Ombo

库尔那 Qurna

库斯 Qus

拉美修姆 Ramesseum

利什特 Lisht

卢克索 Luxor

鲁巴亚特 el-Rubayat

马拉维 Mallawi

马勒卡塔 Malqata

麦地那法尤姆 Medinet el-Fayum

麦地那哈布 Medinet Habu

麦哈迪 Maadi

梅达姆德 Mdeamud

梅尔 Meir

梅里姆达贝尼萨拉马 Merimda Beni Salama

美杜姆 Meidum

米特拉西那 Mit-Rahina

明亚 Minya

莫阿拉 Mo'alla

纳加代尔 Naga al-Deir

努里 Nuri

萨卡拉 Saqqara

塞拉 Seila

塞拉比特哈迪姆 Serabit el-Khadim

塞拉皮斯墓 Serapeum

塞姆纳 Semna

苏努法尔 Sunufar

塔里夫 el-Tarif

塔尼斯 Tanis

泰勒阿玛尔纳 Tell el-Amarna

泰勒阿特里布 Tell Atrib

泰勒巴斯塔 Tell Basta

泰勒法拉因 Tell el-Fara'in

泰勒鲁巴 Tell el-Ruba

泰勒马克达姆 Tell el-Muqdam

泰勒提迈 Tell Timai

陶德 Tod

图那戈贝尔 Tuna el-Gebel

瓦迪哈马马特 Wadi Hammamat

乌姆巴拉德 Umm Balad

乌姆巴拉盖特 Umm el-Baragat

锡瓦 Siwa

象岛 Elephantine

谢赫阿布库尔那 Sheikh Abd al-Qurna

雅乌塔 El-Yauta

亚历山大港 Alexandria

伊拉洪 Illahun

伊斯梅利亚 Ismailia

扎加齐格 Zagazig

扎维耶雅利安 Zawiyet el-Aryan

神名

阿波罗 Apollo

阿芙洛狄忒 Aphrodite

阿蒙 Amun

阿密特 Ammit，Ammut

阿努比斯 Anubis

阿匹斯 Apis

阿图姆 Atum

阿吞 Aten

埃洛斯 Aeolus

安杰提 Andjety

奥西里斯 Osiris

巴斯特 Bastet

贝斯 Bes

布奇斯 Buchis

狄奥尼索斯 Dyonysus

杜阿姆特夫 Duamutef

俄狄浦斯 Oedipus

盖伯 Geb

哈尔波克拉特斯 Harpocrates

哈马西斯 Harmarchis

哈皮 Hapy

哈托尔 Hathor

海赫 Heh

荷鲁恩 Horun

赫尔墨斯 Hermes

霍阿赫提 Horakhty

卡姆泰夫 Kamutef

凯普里 Khepri

克贝赫塞努夫 Qebehsenuef

孔苏 Khonsu

拉 Re

玛阿特 Maat

玛阿提 Maaty

迈海特乌瑞特 Mehet-Weret；

Mehturt

迈瑞特塞基尔 Meretseger

麦维斯 Mnevis

美杜莎 Medusa

孟图 Montu

敏 Min

穆特 Mut

奈菲尔泰姆 Nefertem

奈芙提斯 Nephthys

奈赫贝特 Nekhbet

奈特 Neith

努 Nun

努特 Nut

潘敏 Pan-Min

普塔 Ptah

瑞瑞特 Reret

萨提尔 Satyr

塞尔凯特 Serket

塞赫迈特 Sekhmet

塞拉皮斯 Srapis

塞特 Seth

索卡里斯 Sokaris

塔沃里特 Taweret

托特 Thoth

瓦杰特 Wadjet

西布莉 Cybele

伊姆塞特 Imseti

伊西斯 Isis

伊希 Ihy

宙斯 Zeus

文物图片列表

P077右：塞努斯瑞特一世坐像；JE 31139 = CG 414；第十二王朝，塞努斯瑞特一世统治时期

P078：诺夫勒特王后雕像；JE 37487 = CG 381；第十二王朝，塞努斯瑞特二世统治时期

P079上：无帆的船模型；JE 46716；第十一王朝

P079下：有帆的船模型；JE 46720；第十一王朝

P080左：奈姆耶玛阿特石碑；CG 20088；中王国时期

P080右和P081：伊希石碑；CG 20525；中王国时期

P082：德杜索贝克克丧葬碑；CG 20596；中王国时期

P083上：森比的木棺（细节）；JE 42948；第十二王朝

P083下左：将军石碑；JE 45969；第十二王朝

P084左：阿蒙奈姆赫特三世双人像；JE 18221 = CG 392；第十二王朝，阿蒙奈姆赫特三世统治时期

P085右：萨卡赫卡雕像；JE 43928；第十二王朝晚期至第十三王朝早期

P086：搬运者雕像；JE 30810 = CG 241；第六王朝，佩皮一世统治时期

P087：三个搬运者模型；CG 250；第六王朝，佩皮一世统治时期

P088：制作面包和啤酒的模型；CG 244；第六王朝时期，佩皮一世统治时期

P089上：耕作人模型；CG 249；第六王朝时期，佩皮一世统治时期

P089下：烤鸭者模型；CG 245；第六王朝时期，佩皮一世统治时期

P090-091：孟图霍特普一世·奈布海派特拉雕像；JE 362195；第十一王朝，孟图霍特普一世统治时期

P092：阿蒙奈姆赫特丧葬碑；JE 45626；第十一王朝

P093：安太夫将军雕像；JE 89858 - 91169；第十一王朝，孟图霍特普一世统治期

P094上-095上：埃及士兵部队；JE 30986 = CG 258；第十一王朝

P094下-095下和P096-097：努比亚弓箭部队；JE 30969 = CG 257；第十一王朝

P098：搬运者雕像；JE 46725；第十一王朝

P099：房屋和花园的模型；JE 46721；第十一王朝

P100-101：统计牲畜数量的模型；JE 46724；第十一王朝

P102-103：捕鱼场景模型；JE 46715；第十一王朝

P104：织造工坊模型；JE 46723；第十一王朝

P105：木工工坊模型；JE 46722；第十一王朝

P106：塞努斯瑞特一世的奥西里柱；JE 48851；第十二王朝，塞努斯瑞特一世统治时期

P107：塞努斯瑞特一世的石柱；JE 36809；第十二王朝，塞努斯瑞特一世统治时期

P108：法老雕像；JE 44951；第十二王朝，塞努斯瑞特一世或阿蒙奈姆赫特二世统治时期

P109：女性头像；JE 39390；第十二王朝，阿蒙奈姆赫特一世统治时期

P110：霍特普方块雕像；JE 48858；第十二王朝早期

P111：尼特普塔石碑；JE 45625；中王国时期末期

P112：胡伊的木棺；JE 36445；第十二王朝中期

P113：塞皮的棺；JE 32868 = CG 28083；中王国时期

P114：丧葬面具；TR 7.9.33.1；中王国时期

P115：伊内普霍特普的卡诺匹克罐套装；JE 46774；第十二王朝早期

P116上：河马；JE 21365；第二中间时期

P116下：刺猬；JE 30742；中王国时期

P117："逝者的妾"；JE 47710；第十一王朝，孟图霍特普一世统治时期

P118-P119上：阿蒙奈姆赫特三世斯芬克斯像；JE 15210 = CG 394；第十二王朝，阿蒙奈姆赫特三世统治时期

P119下：身穿祭司服装的阿蒙奈姆赫特三世雕像上部；JE 20001 = CG 395；第十二王朝，阿蒙奈姆赫特三世统治时期

P120-121：神龛里的奥布雷·霍尔的卡的雕像；JE 30948 = CG 259；第十三王朝，奥布雷·霍尔统治时期

第十二王朝的王室珍宝

P122左：塞努斯瑞特二世的胸饰（细节）；JE 30857 = CG 52001；第十二王朝，塞努斯瑞特三世统治时期

P122-123：麦瑞瑞特的胸饰（背面）；JE 30875 = CG 52002；第十二王朝，塞努斯瑞特三世统治时期

P124上：斯特哈托尔项链的扣环；JE 30862；第十二王朝，塞努斯瑞特三世统治时期

P124下：乌瑞特王后的手链；JE 98785 A，B - 98788 A，B-98790 D - 98792 D -98793 D；第十二王朝，阿蒙奈姆赫特二世与塞努斯瑞特三世时期中间

P125上：麦瑞瑞特的胸饰；JE 30875 = CG 52002；第十二王朝，塞努斯瑞特三世统治时期

P125下：麦瑞瑞特的项链；JE 30884A-30923 = CG 53169 - 53170；第十二王朝，阿蒙奈姆赫特二世与塞努斯瑞特三世统治时期中间

P126左：奈菲鲁普塔的连枷；JE 90200；第十二王朝，阿蒙奈姆赫特三世统治末期

P126-127：麦瑞瑞特公主的坠饰；JE 53070；第十二王朝，塞努斯瑞特三世与阿蒙奈姆赫特三世统治时期中间

P127下：斯特哈托尔伊乌奈特的王冠；JE 44919 = CG 52841；第十二王朝，阿蒙奈姆赫特三世统治时期

P128-129：克努姆特公主的项链；JE 31116 = CG 53018；第十二王朝，阿蒙奈姆赫特二世统治时期

P129右：克努姆特公主的臂饰；CG 52958 - 52956 - 52955；第十二王朝，阿蒙奈姆赫特二世统治时期

P130左：克努姆特公主手链的扣环；JE 31091 = CG 52044 - 52045；第十二王朝，阿蒙奈姆赫特二世统治时期

P130-131：克努姆特公主的项链；JE 30942；第十二王朝，阿蒙奈姆赫特二世统治时期

P131右：克努姆特公主的王冠；CG 52860；第十二王朝，阿蒙奈姆赫特二世统治时期

P132左：乌瑞特王后的手链；JE 98786 A，B - 98781 A，B - 98790 B - 98791 B - 98792 B - 98793 B；第十二王朝，阿蒙奈姆赫特二世与塞努斯瑞特三世统治时期中间

P132右：乌瑞特王后的项链；JE 98783 - 98790C - 98791C - 98792C - 98793C；第十二王朝，阿蒙奈姆赫特二世与塞努斯瑞特三世统治时期中间

P133右：阿蒙奈姆赫特二世的圣甲虫；JE 98778 A，B；第十二王朝，阿蒙奈姆赫特二世统治时期

P133左：乌瑞特王后的脚链；JE 98784 A，B - 98789 - 98780 A，B - 98790 D - 98792 D - 98793 D；阿蒙奈姆赫特二世与塞努斯瑞特三世统治时期中间

P134：塞努斯瑞特二世的胸饰项链；JE 30857 = CG 52001；第十二王朝，塞努斯瑞特二世统治时期

P135：斯特哈托尔的腰带；JE 30858 = CG 53123 - 53136；第十二王朝，塞努斯瑞特三世统治时期

P136右：麦瑞瑞特的腰带；JE 30879 - 30923 - CG 53075；第十二王朝，塞努斯瑞特三世及阿蒙奈姆赫特三世统治时期

P136右-137：阿蒙奈姆赫特三世的胸饰项链；JE 30875 = CG 52003；第十二王朝，阿蒙奈姆赫特二世统治时期

P138-139左：奈菲鲁普塔的项链；JE 90199；第十二王朝，阿蒙奈姆赫特三世统治时期

P139右：斯特哈托尔伊乌奈特的镜子；JE 44920 =

CG 52663；第十二王朝，阿蒙奈姆赫特三世统治时期

第十八王朝

P140上：普塔摩斯的夏勃提像（细节）；CG 48406；第十八王朝，阿蒙霍特普三世统治时期

P140中和P141右：哈特的夏勃提像；JE 39590；第十八王朝，埃赫那吞统治时期

P140右和P141左：工匠试刻的奈菲尔提提像；JE 59396；第十八王朝，埃赫那吞统治时期

P142上：塞尼特棋盒；JE 21462；第十七王朝末期

P142下：泰提舍丽石碑；JE 36335；第十八王朝，阿赫摩斯统治时期

P143左：普塔摩斯的夏勃提像；CG 48406；第十八王朝，阿蒙霍特普三世统治时期

P143右：阿蒙霍特普三世雕像（部分）；JE 37534 = CG 42083；第十八王朝，阿蒙霍特普三世统治时期

P144：雕像头部；JE 38248 = CG 42101；第十八王朝

P145：壁画残块；JE 33030 - 33031；第十八王朝，埃赫那吞统治时期

P146左：埃赫那吞斯芬克斯形象的坠饰；JE 97864；第十八王朝，埃赫那吞统治时期

P146右：阿尼石碑；CG 34178；第十八王朝，埃赫那吞统治时期

P147左：埃赫那吞的石棺；JE 54934；第十八王朝，埃赫那吞统治时期

P147右：埃赫那吞的夏勃提像残块；JE 96830；第十八王朝，埃赫那吞统治时期

P148：哈特舍普苏特头像；JE 56259 A - 56262；第十八王朝，哈特舍普苏特统治时期

P149：哈特舍普苏特的斯芬克斯像；JE 53113；第十八王朝，哈特舍普苏特统治时期

P150-151：远征蓬特的浮雕残块；JE 14276 - 89661；第十八王朝，哈特舍普苏特统治时期

P152：塞内穆特和奈菲尔鲁拉的雕像；JE 36923 = CG 42116；第十八王朝，哈特舍普苏特统治时期

P153：图特摩斯三世的母亲伊西斯坐像；JE 37417 = CG 42072；第十八王朝，图特摩斯三世统治时期

P154：图特摩斯三世跪像；JE 43507；第十八王朝，图特摩斯三世统治时期

哈托尔神殿；JE 38574；第十八王朝，图特摩斯三世统治时期

P156-157：阿蒙霍特普二世与麦瑞特塞基尔的雕像；JE 39394；第十八王朝，阿蒙霍特普二世统治时期

P158：阿蒙霍特普二世雕像；JE 36680 = CG 42077；第十八王朝，阿蒙霍特普二世统治时期

P159：图特摩斯四世和其母提阿的雕像；CG 42080；第十八王朝，图特摩斯四世统治时期

P160左：伊本提纳小雕像；JE 63646 A，B；第十八王朝

P160右-161：阿蒙霍特普三头像；JE 38597；第十八王朝，阿蒙霍特普三世统治时期

P162：尤雅的人形木棺；CG 51004；第十八王朝，阿蒙霍特普三世统治时期

P163：希塔蒙的椅子；CG 51113；第十八王朝，阿蒙霍特普三世统治时期

P164：图雅的珠宝箱；JE 95248 = CG 51118；第十八王朝，阿蒙霍特普三世统治时期

P165：图雅的丧葬面具；JE 95254 = CG 51009；第十八王朝，阿蒙霍特普三世统治时期

P166：尤雅的四个铭文罐；CG 51102；第十八王朝，阿蒙霍特普三世统治时期

P167：提伊头像；JE 38257；第十八王朝，阿蒙霍特普三世统治时期

P168：哈普之子阿蒙霍特普坐像；JE 36368 = CG 42127；第十八王朝，阿蒙霍特普三世统治时期

P169：哈普之子阿蒙霍特普书吏像；JE 44861；第十八王朝，阿蒙霍特普三世统治时期

P170：哈姆瓦塞特和玛纳纳的雕像；JE 87911；第十八王朝，阿蒙霍特普三世统治时期

P171左：希阿蒙的香膏容器；JE 31382；第十八王朝，阿蒙霍特普四世（即埃赫那吞）统治早期

P171右：赫努纳赫图雕像；JE 6050 = CG 804；第十八王朝末期

P172：埃赫那吞和一名女性的雕像；JE 44866；第十八王朝，埃赫那吞统治早期

P173：阿蒙霍特普四世巨型雕像的上半身；JE 49528；第十八王朝，阿蒙霍特普四世（即埃赫那吞）统治早期

P174：献祭的埃赫那吞雕像；JE 43580；第十八王朝，埃赫那吞统治时期

P175：崇拜阿吞场景的石板；TR 10.11.26.4；第十八王朝，埃赫那吞统治时期

P176-177：工匠试刻的王室肖像；JE 59294；第十八王朝，埃赫那吞统治时期

P178：王后头像；JE 45547；第十八王朝，埃赫那吞统治时期

P180：公主头像；JE 44870；第十八王朝，埃赫那吞统治时期

图坦卡蒙的一生和他的珍宝

P180背景：图坦卡蒙的第三具棺；JE 60671；第十八王朝，图坦卡蒙统治时期

P180左：伊西斯和奈芙提斯的胸饰（细节）；JE 61945；第十八王朝，图坦卡蒙统治时期

P180右：王名圈形状的宝盒；JE 61490；第十八王朝，图坦卡蒙统治时期

P181：图坦卡蒙的面具；JE 60672；第十八王朝，图坦卡蒙统治时期

P182：普塔神像；JE 60739；第十八王朝，图坦卡蒙统治时期

P183左：图坦卡蒙头戴红冠的夏勃提像；JE 60832；第十八王朝，图坦卡蒙统治时期

P183右：图坦卡蒙面容的孔苏神像；CG 38488；第十八王朝，图坦卡蒙统治时期

P186上：镜盒；JE 62349；第十八王朝，图坦卡蒙统治时期

P186中：伊希神像；JE 60731；第十八王朝，图坦卡蒙统治时期

P186背景：隼；JE 60712；第十八王朝，图坦卡蒙统治时期

P187下左：丧葬床；JE 62014；第十八王朝，图坦卡蒙统治时期

P187右：麦海特乌瑞特样式的丧葬床；JE 62013；第十八王朝，图坦卡蒙统治时期

P188上：圣甲虫项链；JE 61896；第十八王朝，图坦卡蒙统治时期

P188-189：胸衣；JE 62627；第十八王朝，图坦卡蒙统治时期

P189右上：太阳舟戒指；JE 62450；第十八王朝，图坦卡蒙统治时期

P189右下：伊西斯和奈芙提斯的胸饰；JE 61945；第十八王朝，图坦卡蒙统治时期

P190-191：图坦卡蒙的卡的雕像；JE 60707 - 60708；第十八王朝，图坦卡蒙统治时期

P192-193：可移动的阿努比斯神龛；JE 61444；第十八王朝，图坦卡蒙统治时期

P194：站在黑豹背上的图坦卡蒙；JE 60714；第十八王朝，图坦卡蒙统治时期

P195：站在草船上的图坦卡蒙；JE 60709；第十八王朝，图坦卡蒙统治时期

P196：贴金木箱；JE 61476；第十八王朝，图坦卡蒙统治时期

P197：香膏盒；JE 61496；第十八王朝，图坦卡蒙统治时期

统治时期

P198：棋盒；JE 61490；第十八王朝，图坦卡蒙统治时期

P199：彩绘木箱；JE 61467；第十八王朝，图坦卡蒙统治时期

P200-201：贴金神龛；JE 61481；第十八王朝，图坦卡蒙统治时期

P202：图坦卡蒙的夏勃提像；JE 60828；第十八王朝，图坦卡蒙统治时期

P203：图坦卡蒙头戴蓝冠的夏勃提像；JE 60830；第十八王朝，图坦卡蒙统治时期

P204：黄金王座；JE 62028；第十八王朝，图坦卡蒙统治时期

P204：仪式用的交椅；JE 62030；第十八王朝，图坦卡蒙统治时期

P206：船形水盂；JE 62120；第十八王朝，图坦卡蒙统治时期

P207：杯形灯台；JE 62111；第十八王朝，图坦卡蒙统治时期

P208：麦海特乌瑞特样式的丧葬床；JE 62013；第十八王朝，图坦卡蒙统治时期

P209：麦海特样式的丧葬床；JE 62011；第十八王朝，图坦卡蒙统治时期

P210-211：卡诺匹克瓮；JE 60686；第十八王朝，图坦卡蒙统治时期

P212-213：卡诺匹克箱；JE 60687；第十八王朝，图坦卡蒙统治时期

P214-215：盛放内脏的小金棺；JE 60688 - 60689；第十八王朝，图坦卡蒙统治时期

P216：图坦卡蒙的莲花头像；JE 60723；第十八王朝，图坦卡蒙统治时期

P217：图坦卡蒙的模型；JE 60722；第十八王朝，图坦卡蒙统治时期

P218-219：内棺；JE 60671；第十八王朝，图坦卡蒙统治时期

P220-221：图坦卡蒙的丧葬面具；JE 60672；第十八王朝，图坦卡蒙统治时期

P222：有翼圣甲虫胸饰；JE 61884；第十八王朝，图坦卡蒙统治时期

P223：隼形坠饰；JE 61893；第十八王朝，图坦卡蒙统治时期

P224：太阳舟胸饰项链；JE 61885；第十八王朝，图坦卡蒙统治时期

P225：月亮舟胸饰项链；JE 61897；第十八王朝，图坦卡蒙统治时期

P226：荷鲁斯之眼胸饰项链；JE 61901；第十八王朝，图坦卡蒙统治时期

P227：图坦卡蒙、普塔和塞赫麦特的胸饰；JE 61941；第十八王朝，图坦卡蒙统治时期

P228左：圣甲虫手链；JE 62374；第十八王朝，图坦卡蒙统治时期

P228右：有翼圣甲虫胸饰；JE 61886；第十八王朝，图坦卡蒙统治时期

P229：圣甲虫手镯；JE 62360；第十八王朝，图坦卡蒙统治时期

新王国末期与第三中间期

P230中：哈托尔头部坠饰（细节）；JE 86780；第二十二王朝，奥索尔孔二世统治时期

P230上、下和P231：浮雕残片；JE 69306；第十九王朝

P232中：纸莎草纸；JE 31199；第十九至第二十王朝

P232-233：拉美西斯二世神殿；JE 37475 = CG 70003；第十九王朝，拉美西斯二世统治时期

P233中：拉美西斯二世抓住敌人浮雕（细节）；JE 46189；第十九王朝，拉美西斯二世统治时期

P234左：拉美西斯九世的耳饰；JE 6086 = CG 52323；第二十王朝，拉美西斯九世统治时期

P234右：金罐；JE 39871 = CG 53259；第十九王朝末期

P235上：胸饰；JE 31379；第十九王朝

P235下：哈托尔头部坠饰；JE 86780；第二十二王朝，奥索尔孔二世统治时期

P236上：帕哈尔的木棺；CG 6122-6121；第二十一王朝中期

P236下：孟图哈姆特雕像上部；CG 647；第二十五王朝末期

P237：杰德阿蒙伊乌尼安赫碑；TR 25.12.24.20；第二十二王朝

P238：纳赫特敏雕像上部；JE 31630 = CG 779 A；第十八王朝末期

P239：纳赫特敏妻子雕像上部；JE 31629 = CG 779 B；第十八王朝末期

P240：普塔梅墓室浮雕残块；TR 5.7.24.18 - 14.6.24.2；第十八王朝，埃赫那吞统治时期

P241：带有庆典队伍的浮雕残块；JE 4872；第十九王朝

P242：塞提一世旗手像上部；CG 751；第十九王朝，塞提一世统治时期

P243：塞提一世巨型雕像；JE 36692 = CG 42139；第十九王朝，塞提一世统治时期

P244：拉美西斯二世雕像上部；CG 616；第十九王朝，拉美西斯二世统治时期

P244：隼庇护孩童形象拉美西斯二世的巨型雕像；JE 64735；第十九王朝，拉美西斯二世统治时期

P246：拉美西斯二世的手镯；JE 39873 = CG 52575 - 52576；第十九王朝，拉美西斯二世统治时期

P247：梅丽塔蒙残像；JE 31413 = CG 600；第十九王朝，拉美西斯二世统治的第二十一年后

P248："以色列碑"；JE 31408 = CG 34025；第十八王朝，阿蒙霍特普三世统治时期；第十九王朝，美楞普塔统治时期

P249：美楞普塔雕像上部；JE 31414 = CG 607；第十九王朝，美楞普塔统治时期

P250左：带山羊形手柄的银罐；JE 39867 = CG 53262；第十九王朝

P250右：带牛形手柄的金罐；JE 38706 - 39870 = CG 53261；第十九王朝

P251：塞提二世的耳饰；JE 39675 = CG 52397 - 52398；第十九王朝，塞提二世统治时期

P252：拉美西斯三世阿蒙-拉神旗手像；JE 38682 = CG 42150；第二十王朝，拉美西斯三世统治时期

P253：西亚人形象的地砖利比亚人形象的地砖；JE 36457 D. A；第二十王朝，拉美西斯三世统治时期

P254上：带王室墓葬图的陶片；CG 25184；第二十王朝末期

P253下-254：阿蒙-拉大祭司拉美苏纳赫特雕像；JE 36582 = CG 42162；第二十王朝下半叶

P256：巴依石碑；JE 43566；第十九至第二十王朝

P257左：带图像的陶片；JE 63801；第十九至第二十王朝

P257右：带图像的陶片；CG 25139；第二十王朝

P258：伊西斯的木棺；JE 27309；第十九王朝，拉美西斯二世统治时期

P259：塞内杰姆墓门；JE 27303；第十九王朝，拉美西斯二世统治时期

P260-263：杰德霍尔依乌夫昂赫的木棺；TR 23.11.16.2；第二十二王朝早期，舍尚克一世或奥索尔孔二世统治时期

P264左：圣女阿蒙尼尔迪斯雕像；CG 565；第二十五王朝早期

P264右：塔哈卡的夏勃提像；JE 46510；第二十五王朝，塔哈卡统治时期

P265：孟图姆哈特雕像；JE 36933 = CG 42236；第二十五王朝末期至第二十六王朝初期

国王谷和戴尔巴哈里的隐蔽墓葬

P266中：船模型；JE 4680 = CG 52642；第十八王朝，阿赫摩斯统治时期

P266上：生命之符；JE 32491；第十八王朝，阿蒙霍特普二世统治时期

P266-267：胎儿木乃伊的丧葬面具；JE 39711；第十八王朝，图坦卡蒙统治时期

P268左：拉美西斯六世的夏勃提像；JE 96857 = CG 48415；第二十王朝，拉美西斯六世统治时期

P268右：图特摩斯一世的石棺；JE 52344；第十八王朝，图特摩斯一世统治时期

P269左：哈特舍普苏特的石罐；JE 57203；第十八王朝，哈特舍普苏特统治时期

P269右：阿蒙霍特普二世的夏勃提像；CG 24230；第十八王朝，阿蒙霍特普二世统治时期

P270左：有翼圣蛇；CG 24629；第十八王朝，阿蒙霍特普二世统治时期

P270右：拉美西斯二世木乃伊；CG 61078；第十九王朝，拉美西斯二世统治时期

P271：放赫努塔维夏勃提像的木箱；JE 26272 B；第二十一王朝

P272：蝇形挂饰；JE 4694 = CG 52671；第十八王朝，阿赫摩斯统治时期

P273：阿赫霍特普的木棺；JE 4663 = CG 28501；第十八王朝，阿赫摩斯统治时期

P274上-275上：放在木车上的船模型；JE 4681 = CG 52666 JE 4669 = CG 52668；第十八王朝，阿赫摩斯统治时期

P274下-275下：阿赫霍特普的手镯；JE 4684 = CG 52069；第十八王朝，阿赫摩斯统治时期

P276上：阿蒙霍特普二世的夏勃提像；JE 32588 = CG 24183；第十八王朝，阿蒙霍特普二世统治时期

P276-277：阿赫摩斯·梅丽塔蒙的木棺；JE 53140；第十八王朝，阿蒙霍特普一世统治时期

P277上：哈舍普苏特女王的石棺；JE 37678 – JE 52459；第十八王朝，哈舍普苏特统治时期

P278：卡诺匹克罐；JE 39637；第十八王朝，埃赫那吞统治时期

P279：被抹去姓名的木棺盖；JE 39627；第十八王朝，埃赫那吞统治时期

P280：阿蒙霍特普一世的木棺；CG 61005；阿蒙霍特普一世统治时期；第二十一王朝，希阿蒙统治时期被再次使用

P281：阿赫摩斯·奈菲尔塔丽的木棺；CG 61003；第十八王朝，阿赫摩斯统治时期；第二十一王朝时期被修复

P282-283：拉美西斯二世的棺盖；JE 26214 = CG 61020；第十九王朝，拉美西斯二世统治时期

P284左：镜匣与铜镜；JE 26278 –26279 = CG 44101；第十八王朝和第二十一王朝，派努杰姆一世统治时期

P284右：玛阿特卡拉的木棺；JE 26200；第二十一王朝，派努杰姆一世统治时期

P286上：阿赛特玛赫比特的蒙棺布；JE 26276；第二十一王朝，派努杰姆一世统治时期

P286下：派努杰姆一世的亡灵书；SR VIII.11488；第二十一王朝，派努杰姆一世统治时期

塔尼斯珍宝

P288上右：普苏森尼斯一世的金碗；JE 85897；第二十一王朝，普苏森尼斯一世统治时期

P288上左：拉美西斯二世的方尖碑；JE 37474 = CG 17021；第十九王朝，拉美西斯二世统治时期

P288背景：普苏森尼斯一世的金盂；JE 85893；第二十一王朝，普苏森尼斯一世统治时期

P288-289：伊西斯坠饰；JE 87716；第二十一王朝，普苏森尼斯一世统治时期

P289：普苏森尼斯一世的石棺；JE 85911；第二十一王朝，普苏森尼斯一世统治时期

P290-291：乌恩杰巴乌杰德的银手；JE 87743；第二十一王朝，普苏森尼斯一世统治时期

P290下：舍尚克二世的银棺；JE 72154；第二十二王朝，舍尚克二世统治时期

P291：内脏容器；JE 72159；第二十二王朝，舍尚克二世统治时期

P292上和右下：普苏森尼斯一世的手镯；JE 86027 – 86028；第二十一王朝，普苏森尼斯一世统治时期

P292中：隼头手柄；JE 85854；第二十一王朝，普苏森尼斯一世统治时期

P292-293：乌恩杰巴乌杰德的金杯；JE 87741；第二十一王朝，普苏森尼斯一世统治时期

P293：乌恩杰巴乌杰德的金杯；JE 87740；第二十一王朝，普苏森尼斯一世统治时期

P294：卡诺匹克罐；JE 85915 – 85914；第二十一王朝，普苏森尼斯一世统治时期

P295左：普苏森尼斯一世的脚镯；JE 85781；第二十一王朝，普苏森尼斯一世统治时期

P295右：塞赫麦特坠饰；JE 87718；第二十一王朝，普苏森尼斯一世统治时期

P296-297：美楞普塔的石棺（普苏森尼斯一世再次使用）；JE 87297；第十九王朝，美楞普塔统治时期及第二十一王朝，普苏森尼斯一世统治时期

P298：普苏森尼斯一世的木乃伊形石棺；JE 85911；第十九王朝及第二十一王朝，普苏森尼斯一世统治时期

P299：普苏森尼斯一世的银棺；JE 85917；第二十一王朝，普苏森尼斯一世统治时期

P300：普苏森尼斯一世的面具；JE 85913；第二十一王朝，普苏森尼斯一世统治时期

P301：普苏森尼斯一世的卡诺匹克罐；JE 85916 – 85915 –85914 – 85917；第二十一王朝，普苏森尼斯一世统治时期

P302-303：普苏森尼斯一世的金板；JE 85821；第二十一王朝，普苏森尼斯一世统治时期

P304：普苏森尼斯一世的金盂；JE 85893；第二十一王朝，普苏森尼斯一世统治时期

P305左：普苏森尼斯一世的金瓶；JE 85892；第二十一王朝，普苏森尼斯一世统治时期

P305右：拉美西斯二世的仪式用火盆；JE 85910；第十九王朝，拉美西斯二世统治时期

P306：普苏森尼斯一世的荣耀之金项链；JE 85751；第二十一王朝，普苏森尼斯一世统治时期

P307：普苏森尼斯一世的项链；JE 85755 – 85756；第二十一王朝，普苏森尼斯一世统治时期

P308：普苏森尼斯一世的有翼圣甲虫胸饰；JE 85788 – 85799；第二十一王朝，普苏森尼斯一世统治时期

P309：普苏森尼斯一世的项链；JE 85796 – 85791 – 85795；第二十一王朝，普苏森尼斯一世统治时期

P310左：乌恩杰巴乌杰德的三尊夏勃提像；JE 88501– 89810 – 89800；第二十一王朝，普苏森尼斯一世统治时期

P310右：乌恩杰巴乌杰德的面具；JE 87753；第二十一王朝，普苏森尼斯一世统治时期

P311：泳人纹饰浅盘；JE 87742；第二十一王朝，普苏森尼斯一世统治时期

P312：阿蒙尼姆普的面具；JE 86059；第二十一王朝，阿蒙尼姆普统治时期

P313：隼形坠饰；JE 86036；第二十一王朝，阿蒙尼姆普统治时期

P314：舍尚克二世的有翼圣甲虫胸饰；JE 72170；第二十二王朝，舍尚克二世统治时期

P315：舍尚克二世的胸饰；JE 72172；第二十二王朝，舍尚克二世统治时期

P316左和P318-319：舍尚克二世的太阳舟胸饰；JE 72171；第二十二王朝早期

P316右-317：舍尚克二世的手镯；JE 72184 B；第二十二王朝，舍尚克一世统治时期

卡尔纳克窖藏

P320背景和P321：奈斯帕卡舒提书吏像；JE 36665；第二十六王朝，埃普里斯统治时期

P322：塞努斯瑞特一世芬克斯头像；JE 45489 = CG 42007；第十二王朝，塞努斯瑞特一世统治时期

P323：图特摩斯三世斯芬克斯像；JE 37981 = CG 42069；第十八王朝，图特摩斯三世统治时期

P324上和P325左：阿蒙神第一祭司拉美苏纳赫特和底比斯三柱神的雕像；JE 37186 = CG 42163；第二十王朝，拉美西斯四世统治时期

P324下：奥索尔孔四世雕像；JE 37426 = CG 42197；第二十三王朝，奥索尔孔四世统治时期

P325右：带石碑的雕像；JE 37852 = CG 42237；第二十五或第二十六王朝，奥索尔孔四世统治时期

P326和P327左：奈斯奈赫瑞特之子伊瑞托尔鲁方块雕像；JE 37989；埃及晚期

P327右：霍尔方块雕像；JE 36575 = CG 42226；第二十三王朝，佩都巴斯特统治时期

P328：宰相安胡之父的雕像；CG 42034；第十二王朝末期至第十三王朝初期

P329：塞内穆特方块雕像；JE 37438 bis = CG 42114；第十八王朝，哈特舍普苏特统治时期

P330：塞奈菲尔和塞纳伊的雕像；JE 36574 = CG 42126；第十八王朝，阿蒙霍特普二世和图特摩斯四世统治时期

P331：图特摩斯三世立像；38234 bis = CG 42053；第十八王朝，图特摩斯三世统治时期

P332：被舍尚克征用的旗像；JE 36988 = CG 42194；第十八王朝末期和第二十二王朝，奥索尔孔二世统治时期

P333：纳赫特夫穆特方块雕像；JE 36937 = CG 42209；第二十二王朝

P334：安赫孔苏之子霍尔方块雕像；JE 37150；第二十二王朝

P335：宰相霍尔雕像；JE 37512；第二十二王朝

P336：孟图姆哈特与其子奈斯普塔的组合像；JE 37176 = CG 42241；第二十五王朝末期至第二十六王朝

P337：奈斯帕卡舒提书吏像；JE 36665；第二十六王朝，埃普里斯统治时期

P338：佩塔蒙霍特普书吏像；JE 37341；第二十六王朝早期

P339：帕哈尔孔苏之子阿赫麦斯方块雕像；JE 36579；第二十六王朝

P340：奈斯巴奈伯杰德之子阿赫麦斯雕像；JE 37075；第三十王朝末期至托勒密早期

P341：帕克努姆雕像；JE 37456；托勒密时期

古埃及晚期的艺术

P342背景：牛头女神雕像：CG 39134；古埃及晚期

P342左：圣甲虫；TR 15.1.25.44；希腊罗马时期

P342右：有翼伊西斯雕像；JE 38891；古埃及晚期

P343：法老头像；JE 28512；托勒密王朝

P344：佩特奥西里斯的木棺；JE 46592；托勒密王朝

P345：法老手捧荷鲁斯之眼的跪像；JE 91436；古埃及晚期

P346左：铜镜；CG 27902；（公元前5—前4世纪）

P346下和P347左：站在鳄鱼身上的荷鲁斯纪念牌；CG 9401；托勒密王朝

P346-347：伊西斯；JE 53671；（公元前5—前3

403

世纪）

P348左：玛阿特雕像；CG 38707；托勒密王朝

P348右：伊西斯哺乳荷鲁斯像；JE 91327；古埃及晚期

P349左：阿努比斯坐像；CG 38527；古埃及晚期

P349右：涅菲尔泰姆雕像；JE 39483；古埃及晚期

P350：佩塔蒙霍特普坐像；JE 36578；第二十五王朝末期至第二十六王朝初期

P351：塔沃里特女神雕像；CG 39194；第二十六王朝

P352左：普萨美提克墓内的伊西斯雕像；CG 38884；第二十六王朝末期

P352右：普萨美提克和哈托尔的雕像；CG 784；第二十六王朝末期

P353：普萨美提克墓内的奥西里斯雕像；CG 38358；第二十六王朝末期

P354：普萨美提克萨奈特抱着神龛的雕像；CG 726 = JE 31335；古埃及晚期

P355：杰德霍尔雕像；JE 46341；托勒密王朝

P356-357：霍尔霍特普的浮雕；JE 46591；第三十王朝时期

P358：亚历山大大帝头像；JE 39521；托勒密王朝

P359：亚历山大大帝的头像；CG 27476；托勒密王朝

P360：托勒密五世石碑；JE 54313；托勒密五世·埃庇法尼斯统治时期

P361：托勒密王后雕像；JE 38582；托勒密王朝

P362右：有翼圣甲虫；JE 46356；托勒密王朝

P362左：隼形棺椁；JE 46351；托勒密王朝

P363：赫卡姆萨夫的珠网和黄金面具；JE 35923 = CG 53668；第二十六王朝，阿玛西斯统治时期

罗马统治下的帝国行省

P364左和P365右：兄弟肖像（细节）；CG 33267；（公元2世纪）

P364-365背景：美杜莎的头（细节）；JE 67913；（3世纪下半叶至4世纪下半叶）

P366：女性头像；CG 27468；（公元前332-311年）

P367：宙斯小型半身像；CG 27439；（公元前30-311年）

P368：男性肖像；JE 46775；（公元1世纪末至2世纪初）

P369左：正在祈祷的女性陶制小雕像；CG 43228；（公元前30-311年）

P369右：正在祈祷的女性陶制小雕像；JE 62958；（公元2世纪）

P370-371：木棺的三角装饰；CG 33102；（公元前30-311年）

P371：带隼装饰的神龛；TR 18.11.24.46；（1-2世纪）

P372上：丧葬面具；TR 18.8.19.1；（公元前30-311年）

P372下：女性丧葬面具；CG 33187；（公元前30-311年）

P373：女性木乃伊肖像；CG 33281；（325-350年）

P374上：老人头像；JE 65424 A；托勒密王朝晚期

P374下：男性头像；JE 151154 = CG 27493；托勒密王朝末期

P375：霍尔萨霍尔雕像；JE 38310；托勒密王朝末期

P376：埃及风格的男性雕像；TR 5.3.25.15 - 13.3.15.3；托勒密王朝末期

P377上：塞维鲁·亚历山大头像；CG 27480；罗马时期，塞维鲁·亚历山大统治时期

P377下：皇帝半身像；CG 7257；罗马时期晚期

P378：伊西斯和哈尔波克拉特斯的浮雕；JE 47108；罗马时期

P379：女性半身像；JE 44672；罗马时期

P380：家庭浮雕；CG 27568；罗马时期

P381：尼可墓碑；CG 9259；托勒密王朝

P382：拿着酒囊的萨提尔；JE 6102 = CG 26752；托勒密王朝

P383左：伊西斯-阿芙洛狄忒的陶像；CG 26961；罗马时期

P383右：带装饰的陶瓶；JE 54502；罗马时期

P384中：带塞拉皮斯的桂冠；JE 98535；罗马时期，哈德良统治时期

P384下：镶玛瑙的手镯；JE 98537；罗马时期，哈德良统治时期

P385：带挂饰的项链；JE 98536；罗马时期

P386：双耳瓶；CG 18009；罗马时期

P387右：阿努比斯小雕像；CG 27694；罗马时期

P387左：观赏用玻璃瓶；JE 31192 = CG 32731；罗马时期

P388：中年男性肖像；CG 33234；罗马时期

P389：轻女性的肖像；CG 33243；罗马时期

P390左：年轻男孩肖像；CG 33260；罗马时期

P390-391：兄弟肖像；CG 33267；罗马时期

P392：女性肖像；CG 33248；罗马时期

P393：年轻女性肖像；CG 33244；罗马时期

P394：《俄狄浦斯》中的插画；JE 63609；罗马时期

P395：美杜莎头的马赛克画；JE 67913；罗马时期

P406：塞努斯瑞特二世的项链细节；JE 30857；第十二王朝，塞努斯瑞特二世统治时期

文物编号与出版书目

文物编号

如今开罗埃及博物馆沿用的这套编号系统来自马里耶特自己使用的"布拉克博物馆清册"，原件保存在巴黎的法国国家图书馆内。

"清册"的编号随后被当作开罗博物馆正式的存档编号——入馆编号（Journal d'Entrée）。目前，入馆编号名录共有24卷，近99000件藏品记录在案（一个编号可能对应多件文物）。入馆编号通常用黑色颜料写在文物表面，在某些情况下被简写为JE。

此外，博物馆出版的文物总目录的编号（Catalogue Général）通常用红色标记，并简写为CG。

通常来讲，每卷目录的作者在分配编号时，都会立刻标记在文物上。由于一些目录的卷本虽然已经完成，但至今仍未出版，因此可能会出现某个总目录编号（CG）在目前出版物中无法找到的情况。尚未出版的馆藏总目录卷本如下：

CG 1809-2000, 16001-16330

L. Borchardt, *Catalogue Général des Antiquités Égyptiennes du Musée du Caire. Nos 1809-2000: Foundation Deposits, Models and Tools.*

CG 4741-4797

G.A. Reisner, *Catalogue Général des Antiquités Égyptiennes du Musée du Caire. Nos 4741-4797: Tel el-Amarna Tablets.*

CG 6030-6294

E. Chassinat, *Catalogue Général des Antiquités Égyptiennes du Musée du Caire. Nos 6030-6294: La seconde trouvaille de Deir el-Babari II.*

CG 16001-16330 = CG 1809-2000
CG 17101-17120

Ch. Kuentz, *Catalogue Général des Antiquités Égyptiennes du Musée du Caire. Nos 17101-17120: Pyramidions.*

CG 18794-18815

F. W. von Bissing, *Catalogue Général des Antiquités Égyptiennes du Musée du Caire. Nos 18794-18815: Tongefässe II.*

CG 20781-20830

J.J. Clère, *Catalogue Général des Antiquités Égyptiennes du Musée du Caire. Nos 20781-20830: Stèles funéraires et votives du Moyen Empire.*

CG 26350-26665

C.C. Edgar, *Catalogue Général des Antiquités Égyptiennes du Musée du Caire. Nos 26350-26665: Terracotta Lamps.*

CG 26666-27424, 32801-32970

C.C. Edgar, *Catalogue Général des Antiquités Égyptiennes du Musée du Caire. Nos 26666-27424, 32801-32970: Terracotta Statuettes.*

CG 28127-28300

P. Lacau, *Catalogue Général des Antiquités Égyptiennes du Musée du Caire. Nos 28001-28126: Sarcophages antérieurs au Nouvel Empire III.*

CG 29324-29365

H. Gauthier, *Catalogue Général des Antiquités Égyptiennes du Musée du Caire. Nos 29324-29365: Sarcophages anthropomorphiques des Èpoques persane et ptolémaïque.*

CG 32801-32970 =
CG 26666-27424
CG 32971-33000, 43228-44000

Pedrizet, *Catalogue Général des Antiquités Égyptiennes du Musée du Caire. Nos 32971-33000, 43228-44000: Terres cuites.*

CG 34190-35000

P. Lacau, *Catalogue Général des Antiquités Égyptiennes du Musée du Caire. Nos 34190-35000: Stèles du Nouvel Empire. IV.*

CG 43228-44000 =

CG 32971–33000
CG 42251–43226
G. Legrain (then Ch. Kuentz), *Catalogue Général des Antiquités Égyptiennes du Musée du Caire. Nos 42251–43226: Statues et statuettes des rois et des particuliers. Tomes V–VI.*

CG 44701–45252
G. Bénédite, *Catalogue Général des Antiquités Égyptiennes du Musée du Caire. Nos 44301-44638: Objets de toilette. Tome II.*

CG 50201–50299
Kaplony-Heckel, *Catalogue Général des Antiquités du Musée du Caire. Nos 50201–50299: Demotische Ostraka und Holztäfeln.*

CG 54001–54310
A. Moret (then Ch. Kuentz), *Catalogue Général des Antiquités Égyptiennes du Musée du Caire. Nos 54001–54310: Linteaux de portes et montants.*

CG 57050–58000
Dia Abou-Ghazi, *Catalogue Général des Antiquités Égyptiennes du Musée du Caire. Nos 57050–58000: Denkmäler des Alten Reiches III.3.*

CG 58037–58091
W. Golenischeff, *Catalogue Général des Antiquités Égyptiennes du Musée du Caire. Nos 58037–58091: Papyrus hiératiques. Tome II.*

CG 68001–68197
G. Bénédite, *Catalogue Général des Antiquités Égyptiennes du Musée du Caire. Nos 68001–68197: Jeux.*

CG 69001–69099
G. Bénédite, *Catalogue Général des Antiquités Égyptiennes du Musée du Caire. Nos 69001–69099: Matériel du scribe et du peintre.*

博物馆从吉萨搬至解放广场新址期间，许多文物的入馆编号遗失了。工作人员在这种情况下需要为这些缺少描述信息的文物提供一个新的编号系统。于是，他们制定了一个新的临时编号系统，命名为"临时编号"，英文简称TR（Temporary Register），法语简称为RT（Registre Temporaire）。这个编号记录有（重新编号时的）年月日，还有一个递增的编号，用以区分同一天记录的不同的文物。当一件文物的入馆编号或总目录编号被找回后，临时编号便自动作废。

临时编号被记录在一个十字格中，按照从上到下、从左到右的顺序识读。由于字体排版原因，临时编号通常在出版物中用句点隔开。临时编号共有12卷。首个文物记录于1914年5月3日。

20世纪60年代，博物馆的组织结构重新规划，所有藏品被分属至7个不同的部门。

　I. 图坦卡蒙珍宝、首饰和王室木乃伊

　II. 古王国时期

　III. 中王国时期

　IV. 新王国时期和书写工具

　V. 古埃及晚期

　VI. 钱币与纸草

　VII. 圣甲虫、石棺和陶片

每个部门有一套自主的编号注册系统，根据文物所处展厅的位置对每件文物进行编号递增。如今，一件没有编号的文物将不会采用"临时

编号"，而是使用相关部门的"特殊编号"，简写为SR。

特殊编号采用黑底白字卡片的形式放置在文物旁边。在出版物中引用这些编号时，数字前应注明相关部门所对应的罗马数字。

因为在卡尔纳克窖藏坑中出土的雕像和在图坦卡蒙墓中的随葬品中，仅有部分文物被收录进文物总目录内，因此当它们在出版物中被引用时，仍然使用考古出土时所给的编号。卡特为文物拍照时使用的白底黑字的标签仍然被摆放在展柜中。在卡尔纳克窖藏坑的雕像上仍可以找到当年勒格兰标注的"K"字开头的编号。

总目录（CG）

在新博物馆正在建设时，博物馆决定将所有的馆藏文物正式出版成册。文物专家给每一批文物分配一段数字序号。专家通常是博物馆的馆员或文物管理部门的工作人员。

新博物馆落成后不久便出版了总目录的第一卷。但随着第一次世界大战的爆发，出版进度受到了影响。随后的第二次世界大战进一步导致出版的卷数减少，20世纪50年代末期完全停滞。这批出版物在资料的全面性和准确性上独一无二，大约已经出版了原计划80%的内容。其中一些以当年工作过的专家的手稿形式保存，另一些则尚未完成。

直至最近，博物馆才有意恢复埃及博物馆海量藏品的系统性的出版工作。

CG 1–1294
L. Borchardt, *Catalogue Général des Antiquités Égyptiennes du Musée du Caire. Nos 1–1294: Statuen und Statuetten von Königen und Privatleuten im Museum von Kairo. I–V,* Berlin 1911–1936.

CG 1295–1808
L. Borchardt, *Catalogue Général des Antiquités Égyptiennes du Musée du Caire. Nos 1295–1808: Denkmäler des Alten Reiches (ausser den Statuen) im Museum von Kairo. I–II,* Berlin 1937–1964.

CG 1308–1315, 17001–17036
Ch. Kuentz, *Catalogue Général des Antiquités Égyptiennes du Musée du Caire. Nos 1308–1315 & 17001–17036: Obélisques,* Cairo 1932.

CG 2001–2152
F.W. von Bissing, *Catalogue Général des Antiquités Égyptiennes du Musée du Caire. Nos 2001–2152: Tongefässe. Bis zum Beginn des alten Reiches,* Wien 1913.

CG 3426–3587
F.W. von Bissing, *Catalogue Général des Antiquités Égyptiennes du Musée du Caire. Nos 3426–3587: Metallgefässe,* Wien 1901.

CG 3618–4000, 18001–18037, 18600, 18603
F.W. von Bissing, *Catalogue Général des Antiquités Égyptiennes du Musée du Caire. Nos 3618–4000, 18001–18037, 18600, 18603: Fayencegefässe,* Wien 1902.

CG 4798–4976, 5034–5200
G.A. Reisner, *Catalogue Général des Antiquités Égyptiennes du Musée du Caire. Nos 4798–4976, 5034–5200: Models of Ships and*

Boats, Cairo 1913.

CG 5218–6000, 12001–13595
G.A. Reisner, *Catalogue Général des Antiquités Égyptiennes du Musée du Caire. Nos 5218–6000, 12001–13595: Amulets I–II,* Cairo 1907–1958.

CG 6001–6029
E. Chassinat, *Catalogue Général des Antiquités Égyptiennes du Musée du Caire. Nos 6001–6029: La seconde trouvaille de Deir el-Bahri (sarcophages),* Leipzig 1909.

CG 7001–7394, 8742–9200
J. Strzygowski, *Catalogue Général des Antiquités Égyptiennes du Musée du Caire. Nos 7001–7394, 8742–9200: Koptische Kunst,* Wien 1904.

CG 8001–8741
W.E. Crum, *Catalogue Général des Antiquités Égyptiennes du Musée du Caire. Nos 8001–8741: Coptic Monuments,* Cairo 1902.

CG 8742–9200 = cg 7001–7394
CG 9201–9304
H. Munier, *Catalogue Général des Antiquités Égyptiennes du Musée du Caire. Nos 9201–9304: Manuscrits coptes,* Cairo 1916.

CG 9401–9449
E. Chassinat, *Catalogue Général des Antiquités Égyptiennes du Musée du Caire. Nos 9401–9449: Textes et dessins magiques,* Cairo 1903.

CG 9501–9711
U. Wilcken (published by von C. Gallazzi), *Catalogue Général des Antiquités Égyptiennes du Musée du Caire. Nos 9501–9711: Griechische Ostraka,* Cairo 1983.

CG 10001–10869
B.P. Grenfell and A.S. Hunt, *Catalogue Général des Antiquités Égyptiennes du Musée du Caire. Nos 10001–10869: Greek Papyri,* Oxford 1903.

CG 11001–12000, 14001–14754
M. Quibell, *Catalogue Général des Antiquités Égyptiennes du Musée du Caire. Nos 11001–12000, 14001–14754: Archaic Objects,* Cairo 1905.

CG 12001–13595 = CG 5218–6000
CG 17001–17036 = CG 1308–1315
CG 18001–18037, 18600, 18603
= CG 3618–4000
CG 18065–18793
F.W. von Bissing, *Catalogue Général des Antiquités Égyptiennes du Musée du Caire. Nos 18065–18793: Steingefässe,* Wien 1904–1907.

CG 18600, 18603 = CG 3618–4000
CG 20001–20780
H.O. Lange and H. Schäfer, *Catalogue Général des Antiquités Égyptiennes du Musée du Caire. Nos 20001–20780: Grab- und Denksteine des Mittleren Reichs. Teil I–IV,* Berlin 1902–1915.

CG 22001–22208
Ahmed-bey Kamal, *Catalogue Général des Antiquités Égyptiennes du Musée du Caire. Nos 22001–22208: Stèles ptolémaïques et romaines,* Cairo 1904–1905.

CG 23001–23256
Ahmed-bey Kamal, *Catalogue Général des Antiquités Égyptiennes du Musée du Caire. Nos 23001–23256: Tables d'offrandes. Tomes I–II,* Cairo 1906–1909.

CG 24001–24990
G. Daressy, *Catalogue Général des Antiquités Égyptiennes du Musée du Caire. Nos 24001–24990: Fouilles de la Vallée des Rois 1898–1899,* Cairo 1902.

CG 25001–25385
G. Daressy, *Catalogue Général des Antiquités Égyptiennes du Musée du Caire. Nos 25001–25385: Ostraca,* Cairo 1901.

CG 25501–25832
J. Cerny, *Catalogue Général des Antiquités Égyptiennes du Musée du Caire. Nos 25501–25832: Ostraca hiératiques. Tomes I et II,* Cairo 1935.

CG 26001–26123, 33001–33037
J.G. Milne, *Catalogue Général des Antiquités*

Égyptiennes du Musée du Caire. Nos 26001–26123, 33001–33037: Greek Inscriptions, Oxford 1905.

CG 26124–26349, 32377–32394
C.C. Edgar, *Catalogue Général des Antiquités Égyptiennes du Musée du Caire. Nos 26124–26349, 32377–32394: Greek Vases,* Cairo 1911.

CG 27425–27630
C.C. Edgar, *Catalogue Général des Antiquités Égyptiennes du Musée du Caire. Nos 27425–27630: Greek Sculpture,* Cairo 1903.

CG 28001–28126
P. Lacau, *Catalogue Général des Antiquités Égyptiennes du Musée du Caire. Nos 28001–28126: Sarcophages antérieurs au Nouvel Empire,* Cairo 1904–1906.

CG 29301–29323
G. Maspéro, H. Gauthier (in collaboration with d'Abbas Bayoumi), *Catalogue Général des Antiquités Égyptiennes du Musée du Caire. Nos 29307–29323: Sarcophages des époques persanes et ptolémaïque. Tomes I–II,* Cairo 1914–1939.

CG 29501–29733, 29751–29834
C. Caillard, G. Daressy, *Catalogue Général des Antiquités Égyptiennes du Musée du Caire. Nos 29501–29733, 29751–29834: La faune momifiée de l'Egypte ancienne,* Cairo 1905.

CG 30601–31270, 50001–50165
W. Spiegelberg, *Catalogue Général des Antiquités Égyptiennes du Musée du Caire. Nos 30601–31270, 50001–50165 Demotische Denkmäler. I–III,* Leipzig/Berlin 1904–1932.

CG 31271–31670
A.E.P. Weigall, *Catalogue Général des Antiquités Égyptiennes du Musée du Caire. Nos 31271–31670: Weights and Balances,* Cairo 1908.

CG 32001–32367
C.C. Edgar, *Catalogue Général des Antiquités Égyptiennes du Musée du Caire. Nos 32001–32367: Greek Moulds,* Cairo 1903.

CG 32377–32394 =
CG 26124–26349
CG 33001–33037 =
CG 26001–26123
CG 33101–33285
C.C. Edgar, *Catalogue Général des Antiquités Égyptiennes du Musée du Caire. Nos 33101–33285: Graeco-Egyptian Coffins, Masks and Portraits,* Cairo 1905.

CG 33301–33506
C.C. Edgar, *Catalogue Général des Antiquités Égyptiennes du Musée du Caire. Nos 33301–33506: Sculptors' Studies and Unfinished Works,* Cairo 1906.

CG 34001–34068
P. Lacau, *Catalogue Général des Antiquités Égyptiennes du Musée du Caire. Nos 34001–34068: Stèles du Nouvel Empire. I–II,* Cairo 1909–1926.

CG 34087–34189
P. Lacau, *Catalogue Général des Antiquités Égyptiennes du Musée du Caire. Nos 34087–34189: Stèles de la XVIIIème Dynastie,* Cairo 1957.

CG 36001–37521
P.E. Newberry, *Catalogue Général des Antiquités Égyptiennes du Musée du Caire. Nos 36001–37521: Scarab-shaped Seals,* London 1907.

CG 38001–39849
G. Daressy, *Catalogue Général des Antiquités Égyptiennes du Musée du Caire. Nos 38001–39849: Statues de divinités. Tomes I et II,* Cairo 1905–1906.

CG 41001–41041
A. Moret, *Catalogue Général des Antiquités Égyptiennes du Musée du Caire. Nos 41001–41041: Sarcophages de l'Époque Bubastite à l'Époque Saïte. Tomes I et II,* Cairo 1913.

CG 41042–41072
H. Gauthier, *Catalogue Général des Antiquités Égyptiennes du Musée du Caire. Nos 41042–41072: Cercueils anthropoïdes de prêtres*

de Montu. Tomes I et II, Cairo 1913.

CG 42001–42250
G. Bénédite, *Catalogue Général des Antiquités Égyptiennes du Musée du Caire. Nos 42001–42250: Statues et statuettes des rois et des particuliers. Tomes I–III et index*, Cairo 1906–1925.

CG 44001–44102
G. Bénédite, *Catalogue Général des Antiquités Égyptiennes du Musée du Caire. Nos 44001–44102: Miroirs*, Cairo 1907.

CG 44301–44638
G. Bénédite, *Catalogue Général des Antiquités Égyptiennes du Musée du Caire. Nos 44301–44638: Objets de toilette. Tome I*, Cairo 1911.

CG 46001–46529
H. Carter, P.E. Newberry, *Catalogue Général des Antiquités Égyptiennes du Musée du Caire. Nos 46001–46529: Tomb of Thutmosis IV*, London 1904.

CG 46530–48575
P.E. Newberry, *Catalogue Général des Antiquités Égyptiennes du Musée du Caire. Nos 46530–48575: Funerary statuettes and Model

Sarcophagi. I–III, Cairo 1930–1957.

CG 50001–50165 =
CG 30601–31270
CG 51001–51191
J.E. Quibell, *Catalogue Général des Antiquités Égyptiennes du Musée du Caire. Nos 51001–51191: The Tomb of Yuaa and Thuiu*, Cairo 1908.

CG 52001–53855
E. Vernier, *Catalogue Général des Antiquités Égyptiennes du Musée du Caire. Nos 52001–53855: Bijoux et orfèvreries, Tomes I–II*, Cairo 1927.

CG 57001–57023
A. Moret (edited by Dia Abou-Ghazi), *Catalogue Général des Antiquités Égyptiennes du Musée du Caire. Nos 57001–57023: Monuments de l'Ancien Empire III.1: Autels, bassins et tables d'offrandes*, Cairo 1978.

CG 57024–57049
Dia Abou-Ghazi, *Catalogue Général des Antiquités Égyptiennes du Musée du Caire. Nos 57024–57049: Denkmäler des Alten Reiches III.2: Altars and Offering Tables*, Cairo 1980.

CG 58001–58036
W. Golenischeff, *Catalogue Général des Antiquités Égyptiennes du Musée du Caire. Nos 58001–58036: Papyrus hiératiques*, Cairo 1927.

CG 59001–59800
C.C. Edgar, *Catalogue Général des Antiquités Égyptiennes du Musée du Caire. Nos 59001–59800: Zenon Papyri I–IV*, Cairo 1925–1931.

CG 61001–61044
G. Daressy, *Catalogue Général des Antiquités Égyptiennes du Musée du Caire. Nos 61001–61044: Cercueils des cachettes royales*, Cairo 1909.

CG 61051–61100
G. Elliot Smith, *Catalogue Général des Antiquités Égyptiennes du Musée du Caire. Nos 61051–61100: The Royal Mummies*, Cairo 1912.

CG 63001–64906
Ch. T. Currelly, *Catalogue Général des Antiquités Égyptiennes du Musée du Caire. Nos 63001–64906: Stone Implements*, Cairo 1913.

CG 67001–67359
G. Maspéro, *Catalogue Général des Antiquités Égyptiennes du Musée du Caire. Nos 67001–67359: Papyrus grecs d'Époque byzantine. I–III*, Cairo 1911–1916.

CG 69201–69852
H. Hickmann, *Catalogue Général des Antiquités Égyptiennes du Musée du Caire. Nos 69201–69852: Instruments de musique*, Cairo 1949.

CG 70001–70050
G. Roeder, *Catalogue Général des Antiquités Égyptiennes du Musée du Caire. Nos 70001–70050: Naos. I–II*, Leipzig 1914.

CG 70501–70754
F. Bisson de la Roque, *Catalogue Général des Antiquités Égyptiennes du Musée du Caire. Nos 70501–70754: Le trésor de Tôd*, Cairo 1950.

图片版权

塞努斯瑞特二世的项链（细节）

达舒尔出土
JE 30857